让我们 一起追寻

William Dalrymple

A YEAR IN DELHI

CITY OF DJINNS

威廉·达尔林普尔作品集

精灵之城

德里的一年

〔英〕威廉·达尔林普尔　　作品三

黄芳田　译

社会科学文献出版社
SOCIAL SCIENCES ACADEMIC PRESS (CHINA)

致　谢

这是关于在德里一年的故事之书，却耗费了将近四年的时间才完成。这是一个漫长的过程，并且在这个过程中，我得到了许多人的帮助，在此我想向他们致以谢意。

首先，感谢多米尼克·阿巴思诺特（Dominic Arbuthnott）。九年前我同他第一次一起探索德里，当时我还是个背包客。如果没有他，我可能一开始不会深入印度1000英里以内的地方。乔恩·康内尔（Jon Connel）和多米尼克·劳森（Dominic Lawson）让我做他们的印度通讯员，这使我得以再次来到这里；并且在我的书有碍他们发出报道和文章时，两人都表示理解。在那段日子里，我的编辑麦克·菲舍威克（Mike Fishwick）慷慨相助（且有耐心），我的代理玛吉·诺亚也堪称模范。我在北贝里克郡度暑假时，我的父母可谓饱受"折磨"。

其次，特别感谢马尔科姆（Malcolm）和凯西·弗雷泽（Kathy Fraser），他们向我展示了精彩的档案资料。

萨尔曼·海德尔（Salman Haidar）对抗了德里的官僚主义并给我办理第一张居留签证；在德里，苏尼尔（Sunil）和沙利尼·塞西（Shalini Sethi）为我提供居所，直到我找到自己的房子为止。库什万特·辛格（Khuswant Singh）从一开始就将我引向正确的方向；随后，他帮助我了解印度阉人"海吉拉斯"和女神。阿尼尔·西尔（Anil Seal）在剑桥时教过我一些印度历史，他帮我弄到了一张极难获得的尼赫鲁纪念图书馆（Nehru Memorial Library）的门票，我在那里进行了研究。

帕万·维尔马（Pavan Verma）和萨蒂什·雅各布（Satish Jacob）向我展示了旧德里城区（Old City）一些不起眼的角落；尤努斯·贾弗里（Yunus Jaffery）博士则带我了解这个城市的其他部分，此外，他还请我喝了浓烈的热茶，并且不断地向我讲述苏菲派的趣闻逸事。莫扎法·阿拉姆（Mozaffar Alam）协助我了解莫卧儿人。西达尔特（Siddarth）和拉希米·辛格（Rashmi Singh）在洛赫加尔酒店（Rohet Garh）款待了我几个月，在那里我急于找寻灵感，于是我在布鲁斯·查特文（Bruce Chatwin）创作《歌之版图》（*The Songlines*）的桌子前开始了我的写作。

几位朋友通读了我的手稿并提出了宝贵的意见。感谢在英国为我提供过帮助的朋友，他们分别是卢西恩·泰勒（Lucian Taylor）、帕特里克·弗伦奇（Patrick French）、大卫·吉尔摩（David Gilmour）、爱德华·惠特利（Edward Whitley）、露西·沃拉克（Lucy Warrack）和约翰·沃拉克（John Warrack）、尼克·科尔里奇（Nick Coleridge）和乔治娅·科尔里奇（Georgia Coleridge）、法尼亚·斯托尼（Fania Stoney）、伊丽莎白·查特温（Elizabeth Chatwin）、詹姆斯·霍洛韦（James Holloway）、我的弟弟罗布（Rob），以及我的岳父西蒙（Simon）和岳母珍妮·弗雷泽（Jenny Fraser）。同时，感谢以下在印度帮助过我的朋友们：山姆·米勒（Sam Miller）、纳维娜·海德尔（Navina Haidar）、塔夫林·辛格（Tavleen Singh）、贾维德·阿卜杜拉（Javed Abdulla）、曼文德·辛格（Manvenoler Singh）、帕文·维尔玛（Pavan Verma）、萨钦·穆尔伊（Sachin Mulji）和纳维·帕特奈克（Naveen Patnaik）。

不过我最应感谢的当然是我的妻子奥利维娅（Olivia）。她不仅在我陷入困境，决心把稿子全部扔进废纸篓时，两次鼓励（更确切地说是命令）我继续前进，而且她还毫无怨言地每天进行阅读和编辑工作，拾起手稿碎片，给予我鼓励。除了她设计的封面、绘制的精彩的地图和图片外，她在每一页都留下了认真严肃的修改痕迹。

确切地说，如果没有她，这本书绝对无法完成。怀抱着满腔爱意，我将这本书献给我心爱的奥利维娅。

威廉·达尔林普尔

1993 年 6 月 3 日于新德里

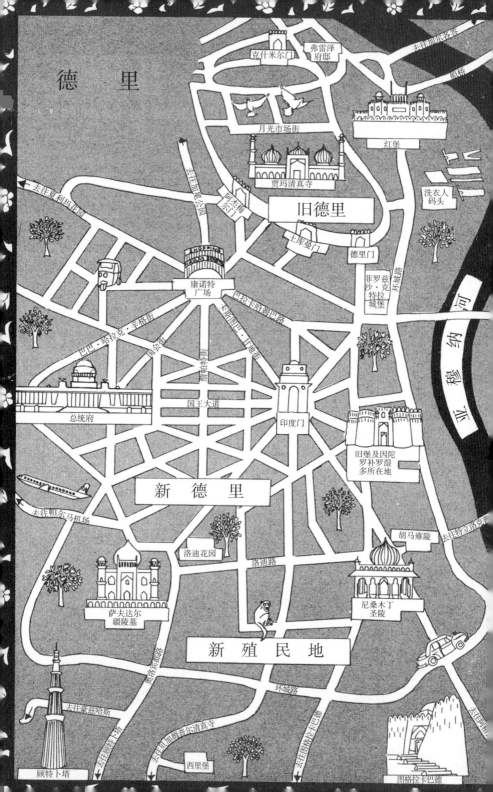

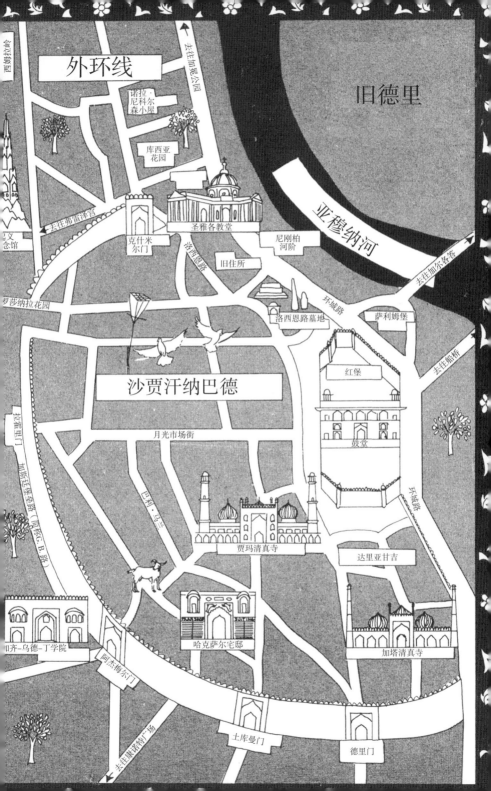

目　录

序言　德里印象 …………………………………………………… 001

第一章　德里居不易 ……………………………………………… 007

第二章　锡克教教徒大屠杀 ……………………………………… 029

第三章　印巴分治 ………………………………………………… 045

第四章　殖民地时期的德里 ……………………………………… 083

第五章　历史上的大英帝国 ……………………………………… 115

第六章　莫卧儿的德里 …………………………………………… 189

第七章　黄金时代 ………………………………………………… 231

第八章　精灵之城 ………………………………………………… 305

第九章　《摩诃婆罗多》 ………………………………………… 387

参考文献 …………………………………………………………… 421

索　引 ……………………………………………………………… 425

序言　德里印象

7　　我生平第一次遇到一位苏菲，是在菲罗兹沙·克特拉城堡（Feroz Shah Kotla）[①] 里。

圣人萨都丁（Pir Sadr-ud-Din）有双狡黠的眼睛，胡须纠结得像八哥鸟的鸟巢似的。这位神秘人士示意我在地毯上坐下，以茶招待我，并且告诉我有关精灵（Djinns）的事。

他说当世界新创，真主安拉（Allah）用泥土创造了人类之后，他也创造了另一种族类——精灵，各部分都跟我们一样，不同的是精灵是他用火造的。精灵是种魂魄，肉眼看不到；你得经过斋戒和祈祷之后才能见到它们。萨都丁曾经半裸着在喜马拉雅山的山脚下静坐 41 天，不吃东西；之后，又花了 41 天时间，在水深及颈的亚穆纳河（Jumna）[②] 中浸泡。

一晚，当他在坟场中熟睡时，精灵之王便来探访他了。

"他很黑，高得像棵树一样，额头的正中央有只眼睛，"这位圣人说，"那个精灵要给我任何我所想要的东西，可是每次我都拒绝了。"

"你可不可以让我看看精灵？"我问。

"当然，"圣人回答说，"不过你会跑掉。"

那时我只有 17 岁，之前在北约克郡（North Yorkshire）高沼区一个偏僻山谷中上了 10 年学，然后便突然发现自己来到了印度，置身德里。从一开始，我就被这个壮观的首都给迷住了，它完全不同于我以前所见过的任何事物。德里乍看之下遍地是财富却令人不适：它是迷宫，也是宫殿之城；既有露天水沟，又有过滤光线的精致镂花雕窗、圆顶林立的景观；还有混

8

---

① 　沙（shah）为印度等亚洲国家的地方统治者称号。——译者注（正文内脚注未做特殊说明的均为译者注。）

② 　即朱木拿河，位于印度北部，为恒河支流。

乱的政治，拥挤的人潮，呛人的烟雾，还混合着一股香料味。

　　除此之外，我很快就发现这座城市还拥有无穷的故事：远在历史以外、深藏在神话与传说幽室里的故事。朋友们会抱怨詹帕特街（Janpath，或译人民路）上的兜售小贩缠人，因而改道前往果阿邦（Goa）①的海滩，然而对我来说，德里始终散发着强烈的魔力。我在此流连，并且很快在城北远郊的一家慈善收容所找到了工作。

　　那里的修女给了我一个房间，它朝向市立垃圾站。早上，我会看到窗外有大群凄然的拾荒者，在恶臭冲天的垃圾堆中搜搜捡捡；他们头顶上的红棕色天空中，秃鹫们正顺着上升的热气流盘旋，形成了像万花筒内玻璃碎片所呈现的图案。到了下午，在把里里外外打扫干净，而且屋里的人都睡着了之后，我常常会溜出去到处走走看看。我会雇辆三轮车前往旧德里城区，在愈来愈窄的水沟、巷道、小弄以及死胡同里穿梭，感觉好像被屋舍紧紧地包围住了。

　　夏天，我比较喜欢到英国建筑师埃德温·勒琴斯爵士（Sir Edwin Lutyens）②规划的新德里林荫大道，那里比较不会有幽闭恐怖感，在阳光脉动中，我在成行的印度楝树（neem）、罗望子树、阿江榄仁的树荫下缓缓散步，一路经过一栋栋白色的、屋前有弧状前院并盛开着灼灼黄色凤凰花的传统印度平房。

　　在这两个德里中，令我着迷的是那些废墟。不管那些做市区规划的人费尽多少苦心去创造耀眼的混凝土新聚落，却总是

---

　　①　印度西南部地区。
　　②　英国建筑师，新德里的市区规划与建设大都出自其手。

会在绕行路线处或市立公园里，突然冒出颓塌的骨灰塔、古老清真寺或古代的伊斯兰学府（medresses），令道路为之蜿蜒，也使得高尔夫球场上的平坦球道黯然失色。新德里其实一点也不新。它的宽阔林荫大道包括一大片古城市的墓地和历朝历代的坟场，有人说，德里共有七座死城，目前这座已经是第八座了；另有一些人则估计有十五或二十一座，但是大家都不约而同地认为，这些古代城镇倾圮的废墟非常多，数也数不清。

然而德里最独一无二的是，城市周围也零零星星地散布着仍有人烟的废墟，而且不知怎的，德里有好些不同的地区，千百年来似乎完整无恙地保留下来。旁遮普（Punjabi）移民可以说是当代的衡量标准；他们通过灵巧的马鲁蒂（Maruti）汽车，以及对各种新奇事物的醉心，组成了通往 20 世纪 80 年代的生存之道。你会在洛迪花园（Lodhi Gardens）里碰到一些正在散步的老少校，也许在半个世纪前他们就感到时不我与、被束之高阁，但看他们的海象胡子，以及很喜感的伊灵（Ealing）腔英文，让人隐约感觉他们仍然停留在 1946 年的风光之中。在旧德里城区里的那些阉人，有些仍讲一口可登大雅之堂的乌尔都语（Urdu），要是在伟大的莫卧儿朝廷上，可能就不会显得不合时宜了。至于在尼刚柏河阶（Nigambodh Ghat）上的那些印度教苦行高僧（Sadhus），在我的想象中就仿佛是因陀罗补罗湿多（Indraprastha，也称天帝城）① 那些流离失所的子民，此城也就是传说中的第一个德里，在伟大的印度史诗《摩诃婆罗多》（Mahabharata）中便已出现。

承袭了不同世纪流风的人，全都可以在这个城里见到。千

———————

① 德里的前身。

年来的不同文化在此并肩共存，怀着属于不同世纪意识的人，走在同样的人行道上，共饮同样的水，然后又回到同样的尘土之中。

但是直到几个月之后，当我遇到了圣人萨都丁，才知道这个城市能不断重新开始新生命的秘密。据圣人萨都丁说，德里是个充满精灵的城市，尽管它曾经一次又一次地遭到征服者焚城，千年复千年，但是这个城市还是会重建；每次它都会如凤凰般浴火重生。就像印度教教徒所相信的轮回转世之说，肉体会一再轮回，直到变得完美为止，德里似乎也注定了要百年复百年地以新轮回之姿出现。萨都丁说，之所以会如此，是因为那些精灵对德里情深无比，无法忍受目睹它变成空城或荒城。直到现在，每栋房子、每条街道的角落都有精灵在流连徘徊。萨都丁说，你是见不到它们的，但是如果很专注地集中心思，你就能感觉到它们的存在：听到它们低语；或者运气够好的话，还会感觉到它们温暖的呼吸喷在你脸上。

在德里，我知道我已经找到了书写的主题：一幅时空不连贯的城市肖像，一个各种不同世代交错在一起的城市，一座精灵之城。

距我第一次待在德里已过去五年，我又回来了，如今是带着新婚妻子。奥利维娅和我是在九月抵达的，我们在尼桑木丁（Nizamuddin）苏菲教派村庄附近找到了一个顶楼寓所，就在这里布置起我们的家。

我们的房东是普里太太。

第一章　德里居不易

11　　那层寓所窝在房子的顶层，是在普里太太天花板顶上额外加盖的，楼梯口散发出 9 月沉闷的热气；而且屋顶薄如波纹铁皮。

到了屋里，迎着我们的是像狄更斯笔下《远大前景》（*Great Expectations*）中的一幕：到处都布满了一层厚厚的灰尘，卷帘上有一窝麻雀，而且墙角上缀满陈年蜘蛛网——简直是蜘蛛丝交织成的大棚子。普里太太站在门口，穿着"莎瓦尔克米兹"（Salwar Kameez）①，身影矮小佝偻。

"上一任房客不大出门，"她说，一边用走路挂的拐杖搅着那些蜘蛛网，一边接着说，"他不是个很整洁的绅士。"奥利维娅对着餐具柜上吹气，灰尘厚得可以在上面签名。

我们那位房东太太虽然已经做了祖母，可是很快就证明了她是个一点也不含糊的女人。普里太太是从拉合尔（Lahore）来的锡克教教徒，在印巴分治时被驱离家乡，并且在 1947 年的动乱中丧失了一切。她乘着牛车来到德里，42 年后，摇身一变，从流离失所的贫民变成了旁遮普公主。她现在真的非常富有，在德里到处有房产，而且也把牛车换成了一支全新的令人羡慕的马鲁蒂汽车车队，而非从前老式的印度大使牌汽车（Hindustan Ambassador）。普里太太也控管着很多生意，包括葛罗莉安娜精修学校（Gloriana Finishing School），这是印度第一所礼仪学校，是一家很独特的补习学
12　校，它教乡村女孩怎样使用刀叉、涂唇膏，以及谈谈关于天气的客套话。

---

① 印度传统的三件式日常服装。上衣"克米兹"（Kameez）是及膝的宽松长衫，下身"莎瓦尔"（Salwar）是上宽下窄的裤子，另配一条披巾。因源自旁遮普一带，故也称为"旁遮普服"。

　　普里太太靠着勤奋工作加上老一辈的节俭美德，赚到了今天所有这一切。在夏天暑气逼人时，她也很少开冷气，冬天，她也只准自己每天用电炉取暖一个小时。我们扔掉的旧报纸，她会收去当废纸卖；晚上我们参加宴会到深夜回来时，仍然可以看到窗上映出她的身影，继续坐在那里织外销的毛衣。"睡眠是银，"她会这样解释，"但是钱才是黄金。"

　　这实在很令人敬佩，问题是，我们很快就领悟到，她期望房客也能仿效她身体力行的那套规矩，而且最好还青出于蓝。我们住进去才一个星期，有天早上，我扭开水龙头，却发现供水被切断了，于是下楼去设法解决问题。普里太太则已经起床好几个钟头，并且去锡克教的谒师所做完祷告回来，那时正忙着要喝她每天早上必喝的米浆。

　　"今天早上我们屋里没有自来水，普里太太。"

　　"是没有水，威廉先生，而且我要告诉你为什么。"

　　"为什么呢？"

　　"你家里有客人来住，威廉先生，而且他们老是上洗手间。"

　　"可是这怎么会导致缺水？"

　　"昨天晚上我数过，一共冲过七次马桶，"普里太太边说边用拐杖敲着地板，"所以我得切断供水以示抗议。"

　　她歇了一会儿没讲话，好让我们理解这个罪行有多大。

　　"你们这些人一个晚上就冲七次马桶，我们印度缺水，我这样做还有什么好奇怪的？"

　　年迈的普里先生，也就是她丈夫，是个相貌堂堂的锡克绅士，蓄着很长的白须，使用底下有小轮的齐默式助行架（Zimmer Frame）。他总是显得相当亲切的样子——每当我们经过时，总见到他坐在安乐椅上向我们礼貌地点点头。但是我们刚租下这

寓所时，普里太太就把我们拉到一边，警告我们，自从 1984
年甘地夫人被刺引起暴乱之后，嗯，她先生就，跟以前不大一
样了。

那是个相当英勇的故事。当一些流氓恶棍开始砸烂大门的
时候，普里先生让拉杜（Ladoo，这个名字的意思是"可人
13 的"），也就是他的专用男仆，把他挪到木屑纷飞的门后。他发
出一声令人胆寒的怒吼，拔出以前用的连发枪，对着门将枪膛
里的子弹发射一空，子弹直穿过门射出去。那些暴民因而逃跑
走，转而攻击停在附近的排班出租车，普里一家得以幸免于难。

然而，从那天起，这个老人就变成了积极支持锡克民族
主义的人。"每个人都应该有自己的家园，"他哼了一声说，
"穆斯林有巴基斯坦，印度教教徒有印度斯坦，旁遮普则是
我们的老家。如果我还是个年轻人的话，就会加入宾德兰瓦
勒（Bhindranwale）①，去跟那些混蛋印度教教徒作战。"

"这只不过是说说而已。"普里太太会这样回他。

"在我死掉之前，我会见到一个自由的卡利斯坦（Khalistan）。"

"你只是在做白日梦而已。你还有多少年好活？"

"旁遮普是我的老家。"

"说来他是生在旁遮普，"普里太太会转过头来对我说，
"但是现在他也没办法再回去过那种乡村生活了。他喜欢抽水
马桶和卫星电视，每个人都喜欢抽水马桶和卫星电视，人一旦
习惯了奢侈豪华的滋味，怎么还离得开这些？"

自从暴乱之后，普里先生也得了间歇性老年痴呆症。今天

---

① 全名贾奈尔·辛格·宾德兰瓦勒，1947～1984 年，锡克教激进派别的领
袖，领导并影响旁遮普地区的锡克教教徒。

可能神智很清醒，第二天却饱受最稀奇古怪的幻象的折磨，碰到这样的情况时，和他对话就多少带有超现实的意味：

普里先生：（站在通往我住处的楼梯上）威廉先生！马上来我卧室把你那些可恶的骡子弄出去！

本人：可是，普里先生，我根本没有骡子呀！

普里先生：胡说八道！不然你是怎么把你那些大箱子搬上楼的？

不过话说回来，我们刚搬进去住的头一个月里，普里先生表现得非常规矩，除了有两次他向我太太求婚，不过即便那两次他的举止也端庄有礼。

五个仆人

那是个很糟糕的雨季。在德里，9月几乎就是赤道区特有的肥沃丰收季节，大地似乎也因为被洗刷过而恢复了元气。但是在我们到来的这一年，焦干的夏季过后，只下了三个星期的雨。结果是，到处尘土飞扬，城里的花草树木好像都被撒上了一层薄薄的爽身粉。

然而空气依然因为湿热而沉闷不堪，我们挥汗如雨地开始打开行李安顿下来，并且接收寓所中所有稀奇古怪的东西：会放两支曲子的门铃，即印度国歌和《希望与光荣之地》（Land of Hope and Glory）；热水器要是开得太久的话，会从屋顶上的喷口喷出一股热泉，露台便会经历一次滚烫的淋浴；露台花园下方有座很漂亮的圆形建筑，起初我们以为那是一座神庙，后来才发现那是当地的污水处理厂。

但是在印度居住，比普里太太还奇怪的，最新奇的稀罕事，莫过于慢慢去习惯生活中突然多了一大堆人来帮忙做家务。出国来到印度居住之前，我们一文不名地住在牛津一间很小的学生租住房里，现在换了生活方式，住处也还是只有两个房间，但是突然发现我们的佣人比房间数目还多出一倍。这不是我们特别找来的，或者有此需求；而是，如普里太太很快就清楚地指出的，为了顾及她家的面子，得忍痛雇用一批佣人。

我们搬进去的第一晚，花了几个钟头扫除灰尘、清洗，直到深夜两点才筋疲力尽地倒头大睡。第二天早上七点半，我们就被嘹亮的《希望与光荣之地》吵醒了。我睡意犹浓地拖着脚步来到门边，却见到普里先牛的男仆拉杜正在门外等候。他端着一个托盘，托盘里有两杯印度奶茶。

"小早餐（Chota hazari）[①]，先生。"拉杜说，原来这是早餐前的茶点。

"真是客气，"回到奥利维娅身边时我这样说，"普里太太叫人端了茶上来给我们。"

"我倒希望她再晚两个钟头才叫人送茶来。"奥利维娅窝在被单里咕哝道。

我喝完了茶，又钻进被窝里，10 秒钟之后，印度国歌门铃响了，我又连翻带滚地下了床去开门，门外有个高瘦的男人，嘴唇因为嚼槟榔而染成了紫色，他头上裹着围巾，而且尽管天气很热，身上却穿着一件野外作业的雨衣，扣子全都扣上了。

"园丁（Mali）。"他自称道，原来是园丁。

他鞠了个躬，便径直来到我身边，随后朝着厨房走去。我从卧室里都听得到他漫不经心地干着活，往水桶里装了水，然

15

---

① 天亮后不久，在家庭或营房里提供的一餐，在英属印度殖民地很常见。

后把屋顶露台上的植物全部浇一遍。他谨慎有礼地在卧室门上敲敲，表示已经做完工作，然后便从楼梯处消失了。园丁之后，接着来的是扫地的穆尔蒂（Murti），然后是普拉萨德（Prasad），他是洗衣服（dhobi）的，最后来的是巴哈杜尔（Bahadur），他是普里太太的尼泊尔籍厨子。我放弃了睡眠下楼去。

"普里太太，"我说，"从早上 7 点半开始，就有一大堆陌生人在我家里进进出出。"

"我知道，威廉先生，"普里太太回答，"这些人都是你的佣人。"

"可是我不要什么佣人。"

"每个人都有些佣人，"普里太太说，"你们也得要有佣人才行，这些人就是来做佣人的。"

我皱着眉道："但是我们非得要有这么多佣人吗？"

"嗯，你们得要有个厨子和男仆。"

"我们不需要男仆，而且我们两个都喜欢亲自下厨。"

"这样的话，你们可以只用一个厨子兼男仆，雇一个人，做两份工作，很现代化，然后是园丁、扫地的、帮你们洗衣服的，而且你们还得有个司机。"普里太太皱起了眉头："有个好司机是非常重要的事。"她很郑重其事地说："要有个穿漂亮制服的家伙撑场面。"

"我又没车，要司机做什么。"

"但要是你们没汽车又没司机，"普里太太说，"那你们又怎么能够到处逛？"

司机辛格

巴尔温德·辛格（Balvinder Singh）是彭杰比·辛格（Punjab

Singh）之子，他是出租车司机中的王子。愿你的胡子永不变灰白！你的肝也不会硬化。你那宝贵的印度大使牌汽车也不会在两车碰撞时垮掉——就像那次我们和满载芒果汁饮料的小货车相撞时那样。

第一次在德里逗留的那一年，虽然我觉得交通简直混乱得令人心惊，但是第二次重游故地时，却体验到这里的交通事实上受到很严格的规则管制。路的右边是属于大型车辆的，巴士需让路给重型卡车，大使汽车让路给巴士，脚踏车对谁都需让路，除了不给行人让路。在路上，就像在印度生活中的许多方面一样，谁强势谁就是对的。

巴尔温德·辛格

16　　不过，巴尔温德·辛格先生是一位个人主义者，坚信维护自己的权利是很重要的事，当面临要被迫向巴士和货车低头的情况时，他从不认为有必要给那些如锡制的新式马鲁蒂货车让路，虽然那些货车比他的大使牌汽车高大得多，可是货车造得并不结实。毕竟，就种姓制度来说，辛格先生属于刹帝利——战士，而且也和他的祖先一样，他很善于表现自己是无所畏惧的。他对胆小懦弱的举止很不屑，例如望望后视镜或者参考指示器读数，等等。他那辆大使牌汽车便是他的战车，而老式的汽车喇叭则是他的剑，以此武装自己，迂回前行地杀进迎面而来的车阵中，和其他的出租车大玩"比胆量"的游戏，巴尔温德·辛格是一位马路之王（raja of the road）。

讲得更确切些，我们到了德里一个月后，辛格先生和我经历了一次交通事故。那次行驶到一条交叉路口时，他比平时更迟钝，结果我们的车猛然冲上了一部马鲁蒂货车。我们的车头撞上了对方车身，于是那货车运送的芒果汁全都喷到了辛格先生的汽车引擎盖上。没有人受伤，而辛格先生——很奇怪，反而因为他的"阵亡"而得意扬扬。"威廉先生，"他说，"我这辈子撞过六次车，而且从来没有一次在撞车时死掉。"

虽然我对他很倾心，但很快奥利维娅指出，从很多方面来看，辛格先生实在是个讨人厌的人。他是个旁遮普的锡克教教徒，堪称东方的埃塞克斯人（Essex Man）①，喜欢嚼槟榔，槟榔汁就吐到车窗外，于是便在汽车右侧沿路留下一道"加速前进"的红色痕迹。每当他把三轮车逼上了人行道，或者赶得那些报童鸡飞狗跳地跌到水沟里时，就会开心地大声乱叫。他会从出租车里跳出去到交通信号灯处撒尿，讲话的时候会用手去抓他的下身。他也像埃塞克斯人一样好色，目光总是追随着德里林荫大道上那些穿纱丽（Sari）的身影；特别会让他分心的，是那些侧身坐在摩托车上的丰满的锡克女孩。每个星期有两次，当奥利维娅没坐在车里的时候，他就会提议带我去加斯廷堡垒路（简称 G. B. 路）上兜风，那是德里的红灯区。

17

---

① 埃塞克斯人是英国 20 世纪 90 年代流行的刻板印象。其作为政治人物，是中位选民的一种，被用来帮助解释 20 世纪 80 年代保守党党魁撒切尔夫人在选举中的成功。

"只是去看看，"他建议说，"德里的小姐们很不错的，胸部长得像芒果一样。"

然而他也有他的原则，就像英国出租车司机一样，他也是主张勤奋工作的人，对那些聚在交通信号灯处的乞丐深感不解。"这些人为什么不去工作？"他问道。"他们有双手双脚，他们又不是手工做成的（handicrafted）。"

"手工做成的？"

"少了条腿，或只有一个耳朵。"

"你的意思是说残疾（handicapped）①？"

"对，手工做成的。锡克族可不是这样的，锡克族的人勤奋工作，赚钱、买车。"

巴士轰隆轰隆地朝我们冲来，他根本没把它当一回事地来个转弯，还使劲挤挤眼表示："之后，锡克人就喝威士忌、看电视、吃泥炉炭火烧鸡，还有去逛 G. B. 路。"

每日生活

我们住的那栋房子面对着一小块郁郁葱葱、亚热带风情的绿地：有一片厚软的草地，鸡蛋花树和无忧树组成的防风林围绕成藩篱，这块绿地便成了展示吠陀式一成不变的日常生活场景。

大清早，在万里无云的蓝天下，各家佣人便会牵着胖嘟嘟的腊肠犬来到草地上，或是，做完了分内工作后，站在人行道上交流家长里短、玩纸牌等。然后，到了9点钟左右，早上的清静便会被接连不断的骑脚踏车小贩给打破了，人人各有自己

---

① 此乃"handicrafted"及"handicapped"二个英文词之差，故有谬之千里的误解。

独特的吆喝方式：收旧报纸的人（"收旧报的人！收旧报的人！收旧报的人！"）之后，跟着来的是水果贩（"芒果！荔枝！香蕉！木瓜！"），以及卖面饼的男孩和推着两轮手推车卖蔬菜的男人。我喜欢弹棉花的人，他做的工作是把旧褥垫弹松，拨弄着一把犹太竖琴式的物件以招徕生意。星期天早上，会有个玩杂耍的人带一只会跳舞的熊，来到绿地上；他有一对鼓，一敲它们，整片绿地上便奇迹般地挤满了小孩。过了中午，来的是个带着手风琴的盲人，他唱的是赞美诗和苏菲派的"卡瓦利"歌曲（qawwalis），有时有钱人会派佣人下去给他一把零钱。

18

到了傍晚，屋子后面的小巷里便可见到一群牛招摇而过，总共有二三十头，不见有照管牛群的人，但是那些牛总是浩浩荡荡、慢慢地穿过巷子走掉，扬起一阵灰尘。偶尔它们也会在后巷里撞上骑脚踏车的家务佣人，那些佣人刚从可汗市场（Khan Market）买杂货回来。接着是很短暂的印度式薄暮黄昏：一轮像法国卡芒贝尔奶酪（Camembert）的暗淡太阳逐渐下沉到树梢；弥漫的做饭时烧木柴的烟味、用牲畜粪便生火的气味；长尾鹦鹉和黑冠椋鸟发出的粗嘎叫声；知了的第一声急促哼唱。

之后，躺在床上，可以听到屋外传来巡夜看守者"噔噔"的脚步声，他们敲着棍子并吹着哨子。在我们住的这个区，从来没有发生抢劫案，雇巡夜看守完全是种多余的奢侈。

但是，就像普里太太说的，总得在面子上做得好看。

19　　辛格先生对于讲面子也有强烈的看法。

"你是英国佬，"第一次见到他并跟他打招呼时，他就这样说，"我知道你是英国佬。"

那是我们抵达德里将近一个星期的某个傍晚，刚刚搬好家住下，而且像所有新来的人一样，我们要开始一趟趟地跑印度政府各部门，累得半死。与外国人管理处（FRRO）约好的会见我们已经迟到了，可是辛格先生这么一口咬定，我却不能不质问清楚。

"你怎么知道我是英国佬？"

"因为，"辛格先生说，"你不好动。"

"事实上我挺爱运动的，"我回答说，"我每天都跑步，夏天去游泳……"

"英国佬没有一个是好动的。"辛格先生一点不为所动地说。

"我的同胞有很多人都非常精于运动。"我反驳他。

"不，不，"辛格先生说，"你没听懂我的意思。"

"我们在1500米长跑的比赛上还有待加强，有时候我们的板球队……"

"不，不，"辛格先生说，"你还是没弄懂我的意思，你们英国佬不'好动'。"他捻着抹了蜡的小翘胡子接着道："所有的男人都应该留醒目的小胡子，'动动'他们的小胡子，因为所有的女士们都对小胡子喜欢得不得了。"

他示意我应该坐进车里。

"这是我们现在的流行趋势。"他说，汽车轰鸣急驰，千钧一发之际躲开了一个行人。

辛格先生的出租车站设在印度国际中心（India International Centre）的后面，因此取名叫作国际后侧出租车站（International Backside Taxis）。这个出租车站是由彭杰比·辛格经营的，也就是巴尔温德那位一家之主的严父，排班的司机则包括巴尔温德和他两个胖嘟嘟的兄弟，古尔穆克（Garmuck）和布尔万（Bulwan），还有轮流当班的堂表亲戚等负责填补周末和晚上的空当，其后的几个月，我们和他们全部都混得很熟，但只跟巴尔温德交上了朋友。

官僚体系

到那儿的第一个星期，以及接下来的几个星期，巴尔温德载着奥利维娅和我跑遍了踢皮球的政府各部门。我们天天去那座叫作"夏斯特里府"（Shastri Bhavan）的陈旧混凝土建筑，也就是奥威尔式严苛到没人性的印度信息和广播部（Indian Ministry of Information and Broadcasting）的中枢部门所在处报到，我往那里前后共跑了九次，提交过四份传真、三份电传、两个装了护照相片（只能是黑白照）的信封，还有从伦敦编辑那里寄来的一捆证明信，一切只为取得外国特派员在此工作的许可。

在官僚制度缓慢的轮子转动下，按照合法程序，我的申请还是办好了——但是在我担任特派员的那家报纸停刊将近一年之后。时至今日，"夏斯特里府"依然毫不气馁地拒绝认同《星期天通讯》（Sunday Correspondent）已经关门大吉，仍旧继续发来它日常例行派发的新闻稿，详述印度生铁产量有下降趋势的原因，或是庆祝第五届国际山羊会议（主题：农村产业中的山羊）圆满闭幕。

比"夏斯特里府"更令人泄气的地方，是马哈纳加尔电话尼甘有限公司（Mahanagar Telephone Nigam Limited）总部，尼甘电话公司是唯一可以提供对外电信通信服务的公司，没有它的协助，就无计可施，为这个组织工作的人都非常清楚这一点；所以凭着这点把握，建立起一个官僚制度混乱、事务执行困难、集体贪污受贿，还有或许比其他都更甚的，大搞冠冕堂皇、拖拉费时的烦琐手续的帝国。

一个炎热、尘埃满天的 9 月早上，我首次踏进 311 号房间，这是拉姆·拉尔（Ram Lal）先生坐镇的地方。拉尔先生正坐在一幅圣雄甘地（Mahatma Gandhi）的海报下方，海报上写着："顾客是来到我们公司最重要的访客，他不靠我们，但是我们要靠他。"

拉尔先生两手抓着一份《印度时报》（*Times of India*），翻到体育版，简直就像存心要颠覆圣雄的信息似的，报纸形成了一道隔阂，把拉尔先生和一大群等待收容的哀求者隔绝开来，那些人在他面前鞠躬作揖，向他递出便条，拱着手行合十礼（namaste），或是哑然沮丧地把头巾晃来晃去。角落上坐着一位旁遮普女士，一遍遍重复地哭诉："可是我有一封交通部寄来的信……可是我有封信……有封信……"他的下属们静悄悄地在门口进进出出，带着档案和一沓沓的影印本。拉尔先生身后摆着一部死气沉沉的计算机，显然是拿来当装饰用的。

当拉尔先生终于纡尊降贵地放下了手中的报纸——而且是以没完没了的缓慢速度来做这个动作，再把它折得整整齐齐——他按铃命令一名下属给他送茶。

“好，”他说，第一次抬起头来看人，“谁是第一个？”

成百只手都举了起来，不过，只有一声“是我”格外引人注意。

讲话的人挤上前来，用一只手抓着他那胀鼓鼓的缠腰布，好让它仍围在身上。他是个大胖子，大概有七十多岁了，戴着厚重的塑料眼镜，下颚满是灰色的胡茬。

“我的名字是苏尼尔·古普塔（Sunil Gupta）——叫我苏尼（Sunny）好了。”他大步走上前去，伸手抓住拉尔先生的手，热情洋溢地紧紧跟他握着手。

“我是个拥护民族主义的人，”古普塔先生说道，“民族主义者兼自由斗士，也是下一届市议会选举的独立候选人。我的助选办公室会设在西区法庭的对面，就在槟榔店的隔壁。我要装一部临时电话，要是您能够尽快帮我装好，实在是感激不尽。”他摸摸大肚皮道：“能早日装设最好不过。”

“你已经申请了电话线路吗？”拉尔先生问。

“没有，先生，”苏尼·古普塔说，“这就是我现在正要做的。”

“到初步申请部门的101号房间去。下一个，请过来。”

“可是，”古普塔先生说，“我得跟选民保持联系，需要马上有部电话。要是你能够不拖时间，装设一条贵宾专线，我会万分感激的。”

“你是下议院的议员吗？”

“不是，我……”

“既然这样，你就得去跟达拉姆·维尔（Dharam Vir）先生联络……”

“先生，拜托请听……”

"……他在 101 号房间。"

古普塔先生以很炫耀、戏剧性的手势，从背心口袋里摸索半天抓出一张纸。"先生，"他说，"请看看这里，这是我的宣言。"

那张纸的上方写了大红字的宣传口号：十足的民族主义者兼自由斗士。古普塔先生扶正了眼镜并读起这份共同纲领：

"我是印度宗教与社会协会（Religious and Social Institute of Iadia）巴特那省（Patna）分会的创办者兼主席……"

与此同时，拉尔先生正在研究那位哭哭啼啼的旁遮普女士的申请表格。他看了两次后，皱着眉，在申请表的右上方签上姓名缩写："去见夏尔马（Sharma）先生让他会签，在 407 号房间。"

那个女人情绪一下子失控，感激涕零地变成了啜泣。古普塔先生则还站在她旁边继续滔滔不绝：

"……我是全印度国民大会党公众委员会的前任成员，隶属帕格尔布尔（Bhagalpur）分部。比哈尔邦（Bihar）那格浦尔（Chote Nagpur）青年协会委员会前任联合秘书。我是诗人兼记者，1965 年印巴战争的战争英雄，隶属斋沙默尔（Jaisalmer）[①] 防区……"

"女士，"拉尔先生继续说，"请到 521 号房间会计部门，找苏温德·辛格（Surwinder Singh）先生付款。"

"……我是创办印度妇女月刊《纱丽》（*Sari*）以及巴特那的文艺双周刊《卡利达萨》（*Kalidasa*）的编辑。曾经捐赠了五英亩的地给那格浦尔乳牛医院，并且曾因追随印度之母

---

① 印度北部城市，位于拉贾斯坦邦的塔尔沙漠（Thar）边缘。

（Mother Bharat）而遭到英国人拘捕并下狱四次。"

"要是你认为此刻糟透了的话，"拉尔先生边收我的申请表边说，"你真该在星期五来瞧瞧这个办公室，那是最忙的时候。"

我在中午时离开了拉尔先生的办公室，到下午四点半时，我已经在办公大楼里九个不同的办公室排过队，在每个办公室里等着收一封有魔力的证明信，以及盖章、签名、会签、即期票据，还有凭据或者收据，以便在长远将来的某个时间，可以恩准我有部电话。

"两个月之内会装好电话，"拉尔先生跟我握手时这样说，困难重重的过程已经完成了，"两个月没问题，或者稍微晚些，因为积压的申请很多。"

古普塔先生依然坐在拉尔先生办公室的后排座位上，此时他闷不吭声，但还紧紧抓着选举宣言，我走的时候向他挥挥手以示同情。

"想想看，"古普塔先生说，"我曾经为了这个而被英国人抓去，和甘地一起坐牢七次。"

拉尔先生坐回办公桌，又看起了《印度时报》的体育版。 23

一切都变了

虽然德里还保存着昔日莫卧儿帝国或甚至是中古时代初期的大部分风貌，但也一直在急速转变中。

古普塔先生的世界——那个力争自由的安逸世界，朴素的社会主义国会以及不结盟运动的世界，所有这一切都已消逝。坐车在新德里到处游逛，就在你的观望中，几乎可以感受到旧有秩序正在崩溃，消失在到处泛滥的日本产马鲁蒂汽车中，消失在混凝土商场及高楼大厦中。如今，接收卫星转播信号的大小耳朵比清真寺的圆顶和庙宇的塔尖还多。钞票突然多了起来：有钱人不再到西姆拉（Simla）避暑；他们把寓所的门一锁，改去伦敦或纽约。

最明显可见的变化是建筑。我第一次见到德里时，它还是个建筑物不高的殖民地首府，长长的林荫大道以及勒琴斯（Lutyens）规划的灰泥平房占了大部分。那些印度式平房为新德里带来了特色：蒲桃树（jamun）和垂枝暗罗（ashupal）形成的树影街道、低矮的红砖墙让上百栋布局凌乱的白色殖民地房屋与破碎的山形墙和高大的爱奥尼柱式相得益彰。

第一次到德里，让我记忆最深刻的一点是，我坐在其中一栋平房的花园里，一杯在手，两脚搭在"孟买私通者"（Bombay Fornicator，有扶手的柳条椅子，为殖民地风格的户外廊亭不可或缺之物）上，面前是一片草坪，草坪上散置着槌球圈；身后是白色弧形前庭，20世纪最具灵感创意的住宅设计之一。放眼屋顶以外的空间，见不到摩天大楼，而且我并不是身在树木茂盛的郊区，而是在新德里市区的中心。和其他现代的首都比起来，德里低矮的市容景观实在独一无二，堪称雅致年代仅存的都市规划余响。

如今，或许是无可避免，它也逐渐被毁掉了：新的建筑迅速地取代了旧有的花园平房；以康诺特圆形大广场（Connaught Circus）为中心辐射出的所有主干道上，如雨后春笋般冒出一座座庞大的街区大厦，17世纪拉贾·曼·辛格王公（Rajah Man Singh）的三文鱼粉色瞭望台——简塔·曼塔天文台（Jantar Mantar）——在那些高耸的大厦包围下，相形见绌，似乎兴建那些大厦的目的便是想遮住它的观天视野。从勒琴斯设计的总督府（Viceroy's House）到印度门（India Gate）这条宏伟的庆典大道上，而今高耸着一座大而无当的玻璃与塑料温室，叫作"艾美酒店"（Meridien Hotel）。

此外，还有更多面目可憎的高楼大厦街区已经规划好了，卡斯图巴·甘地街〔Kasturba Gandhi Marg，本来叫作寇松路（Curzon Road）〕也只剩下两座意大利式别墅，而且其中一座年久失修，墙上的灰泥已经剥落，花园荒芜，杂草丛生，正门上有块很大的标示：

艾洛斯（Eros）先进豪华跃层住宅公寓兴建计划。
完成日期：1994 年。

据说，到世纪之交时，勒琴斯所设计的花园平房住宅没有一座能逃得过被摧毁的命运。

还有其他的转变。西方的货品和观念而今像决堤的洪水般涌进了印度，也把西方的道德观带了进来。公共花园里如今充斥着一对对搞婚外情的人：保险套广告牌触目地耸立在德里的天际线。这座印度的首都，一度曾是受监护处女的最后堡垒，有重门深锁的闺房与父母之命的婚姻，而今慢慢充满了情侣：窃窃私语、娇羞脸红、偶尔手牵手，他们在鲜花怒放的树下踯躅徘徊，像微型画上的身影。德里开始解扣开禁了，在维多利亚王朝衰落之后，这幅裹身纱丽也开始滑落。

这个城市里的其他转变可就不太令人看好，道路上开始出现塞车；污染情况简直恐怖，每天有 3.5 亿加仑的阴沟污水为那条水流缓慢的亚穆纳河加料。

随着中产阶层的暴发暴富，贫苦之人也相对激增。据说，每星期都有 6000 名身无分文的移民涌进德里找工作，在洛迪路（Lodhi Road）上的交通信号灯处都可以见到他们伸手出来乞讨。贫民窟（juhggi）——那些人所居住的一大片破破烂烂的城中村——自 1984 年以来，规模已经增加到四倍之大。新搭的贫民窟已经沿着干涸的沟渠继续扩展疆域，占据了行人天桥，像触须似的伸向人行道以及路肩。到了晚上，可以见到古老的洛迪墓园里闪耀着生火做饭的光亮。

人情态度也跟着转变，占据主导的是一种很微妙的强硬。在德里时髦的上流社会客厅里，这里也是控制印度 8.8 亿人前途命运之处，客厅里的中产阶级似乎愈来愈不容异说；印度教教徒的同化与包容的伟大美德，已经不再受到重视，流行的是一种温和的法西斯主义：受过高等教育的人会告诉你，是该给那些不老实的穆斯林一些规矩的时候了，让他们乖一点——因为国民大会党（Congress Party）已经纵容他们太久了，他们是狂热的人，拼命繁殖后代。女主人则会在为你斟进口威士忌时告诉你，应该把他们全部关起来；光是驱逐他们未免太客气了。

奇怪的是，在这些客厅里，从来都听不到有人抱怨锡克教教徒。不过最近受这种强硬打击之苦的，其实是锡克教教徒而不是穆斯林，这种新近缺乏容忍的心态，就像一块很不稳定的磷，随时有可能会爆发成烈焰。

第二章　锡克教教徒大屠杀

27　　英迪拉·甘地（Indira Gandhi，即甘地夫人）习惯以烤吐司和水果当早餐。那是 1984 年 10 月 31 日，正是九重葛花开时节。

9 点 15 分，她踏出白色花园平房的门廊，越过莲花池旁的草坪，然后行经菩提树的绿荫。她在这里向她手下的锡克警卫、副巡官宾特·辛格（Beant Singh）微笑打招呼，辛格却没有报以微笑，反而拔出左轮手枪对着她的胃部开枪，他的朋友萨特万特·辛格（Satwant Singh）警官接着用手中的斯特恩轻机枪对着她把子弹扫射一空。

今天，甘地夫人的故居成了纪念这位印度前总理的神龛。一车车巴士载来的学童，迤迤沓沓边逛边舔着冰激凌，瞪眼打量着甘地夫人家里的厅堂，今天看到的这些厅堂，从她死的那天便凝结于时空中。有她玩的拼字游戏盘、一幅胡志明的签名照片（"向英迪拉致意"）、她用的一副毛衣织针，以及书籍——很不搭调的藏书，包括马克思、马尔罗（André Malraux）[①] 和《伊夫林·沃日记》（*The Diaries of Evelyn Waugh*）——全部都摆在玻璃后面，编了号码和目录。屋外面，林荫道的中央，有座很怪异又乏善可陈的纪念文物矗立在她倒下的地点上：水晶底座上有束玻璃制红玫瑰，这是捷克斯洛伐克的老百姓送的礼物。似乎这是用来标明她遇刺身亡的地方。但事实上，甘地夫人在挨了二十多枪子弹，倒在地上流着血时，仍然活着。

按照规定，当时她的屋外停有一辆救护车，不过，这里是
28　德里，所以司机翘班喝茶去了。于是甘地夫人的儿媳妇索尼娅·甘地（Sonia Gandhi）把这位总理塞进了一部老旧的大使

---

① 1901～1976 年，法国作家、政治活动者，在戴高乐时期担任法国文化部首任部长。

牌汽车后座，开了三英里的路，前往全印度医学研究所（All-India Medical Institute）。

到达医院时，甘地夫人可能已经死了，但是直到下午1点，这一消息才向度日如年的全世界发布。马上该消息就引发了激烈反应。民众知道他们的领袖已经遇刺身亡，而且要对此事负责的是一名锡克教教徒，德里薄冰般的太平立即就被打碎。悲痛的哀悼者要血债血偿，抓着棍棒和石头，以及任何就近拿得到的武器，随即出发到处去找锡克教教徒算账。

那时候普里先生和太太在医学研究所旁边有栋房子，于是成了首先引起暴徒注意的锡克家庭。普里太太才刚吃过午餐——像平常一样，有木豆，两盘蔬菜和一盘热土豆馅饼（aloo paratha）——而且正照例埋首于饭后织毛衣的工作，当她从毛线堆中抬起头来，从窗户往外窥看时，看到约有三百名群情激昂的暴徒围聚在她家花园门外，并且齐声嚷着："孔卡巴德拉孔（Khoon Ka badla Khoon）！"——血债血偿，血债血偿，血债血偿！

"他们都是最下等的贱民——不属于种姓制度中的高级阶层。所以我就叫拉杜把门锁上，不要让他们进来，"普里太太回忆说，"我们听得到他们正在谈论我们，他们说：'这些人是锡克教教徒，我们去宰了他们。'然后就开始扔石头，把所有的玻璃都打破了。我们关掉所有的灯，假装没人在家。我们以为这回死定了，不过在被杀之前，也要杀掉他们几个人。其实，我们本来就是种姓制度里的战士阶层（Kshatriyas），当时我的血液沸腾，很想给他们好看，可是他们就只站在门外，我还能怎样？"

暴民打碎屋子的每扇窗户，放火烧了普里家的汽车，还把他们儿子的摩托车也烧成灰烬，接着就开始攻击前门。幸亏普里先生在门的另一边，靠着他那滑轮助行架探身向前，全副武装，用他那把老旧连发枪对着门开了三枪，子弹穿过门射到外面，暴民四散而逃。当他们正逃开时，普里老先生命令拉杜踢开门，然后对着那些人扫射。

29　　三个钟头之后，巴尔温德·辛格正开着出租车到处兜圈找生意，经过绿色公园（Green Park），这地区离医学研究所不远，他就在这里碰上了另一群暴民。他们包围出租车并拼命扔石块，巴尔温德没有受伤，但是挡风玻璃窗碎掉了。他挑了几句旁遮普的粗言秽语诅咒了一番，然后赶紧回到了出租车站。第二天，巴尔温德和他的兄弟们无视局势日趋动荡，决定还是回去照常工作。他们在绳编床（charpoy）上坐了一个钟头，紧张地望着外面空荡荡的街道，最后才同意把车藏起来，并关上出租车站的大门。11点5分时，他们接到一个电话，警告他们靠近苏詹·辛格公园（Sujan Singh Park）的那座谒师所正在燃烧，而且一大帮见人就杀的暴民就快杀到他们这里来了。他们什么也没带，匆匆忙忙地动身前往位于亚穆纳河对岸的家，12个堂兄弟分乘三辆出租车结伴而行。

　　快到河上一座桥时，有个巡逻警察挥旗拦下了他们。警察告诉他们，远处在闹暴乱，再往前去很不安全。巴尔温德的父亲彭杰比·辛格便说，眼前附近也有暴乱，再往回走也不可能，更何况，他们也不能丢下老婆孩子在家没人保护。警察让他们过去了，他们畅行无阻地开了5分钟，然后，快到拉克西姆那伽（Laxmi Nagar）时，碰上了路障。一大帮人放置了一辆燃烧中的卡车拦路，这些人围聚在它后面，以棍子及铁棒为

30　武器，全副武装。彭杰比、巴尔温德以及他的两个兄弟坐在前

二部出租车中，车子急转方向绕过了这道路障；第三部出租车里坐着彭杰比两个年轻的侄子，却遭到拦截攻击。两个男孩被拖到车外，先遭到棍棒殴打，随后又被浇上煤油放火焚烧。

那天晚上，巴尔温德和家人从自家屋顶上可以看到德里到处火光冲天。为了让自己免于堂兄弟那样的下场，这几兄弟决定剪发剃须；这是生平第一次。彭杰比一再提醒他们的宗教信仰，并且试图阻止他们这样做。之后，作为赎罪，他整整一周拒绝进食。

与此同时，辛格这家人也采取了更具体的措施来保护自己。这家人住在全是锡克教教徒的地区——堪称出租车司机的殖民地——该区居民很快就以圣刀（kirpans，锡克教教徒举行庆典时用的短剑，也称圣刀）武装起来，并且组成了临时的安保自卫队，以保卫他们的那些窄巷。暴民因为更愿意去攻打那些较不坚守家园的地区，所以便放过了他们。他们在暴民的围困下坚持了四天。等到当局调来军队，那些闹暴乱的人很快就销声匿迹了，就像当初他们突然冒出来一样快速。

在暴乱之中，巴尔温德有三个堂兄弟丧生，还有其他较小的损失：巴尔温德的大哥布尔万住在离其他人稍远处，结果房子被烧得片瓦不留，因为他丢下房子到兄弟家去避难。他所有的财物都被毁之一尽。国际后侧出租车站的棚屋也被人撬开进去洗劫过；棚里的汽化煤油炉、电话，以及三张绳编床全被偷走。还有人发现了巴尔温德藏起来的出租车，并且偷走了后座、电池以及计程表。可是与首都里其他锡克家庭比较起来，巴尔温德·辛格一家人已经算是幸运的。

洛格布里

德里洛格布里（Trilokpuri）是安置德里穷人的地方。

它建于 1975 年紧急状态（Emergency of 1975）期间，位于亚穆纳河对岸的一块荒地上，建设它的初衷是收容那些在德里市中心、侵占人行道搭临时住所栖身的人。这些人是在桑贾伊·甘地（Sanjay Gandhi）授命下，从那些临时住所被驱逐的。这个地区就此成为整个城市中最没得救的贫民窟。1984年，也就在这个可以逃过记者、外交人员和中产阶级耳目之地，发生了最惨无人道的屠杀：在这为期三天的首都暴乱中，共有2150 名锡克教教徒遇害身亡，绝大部分都是在这个地方被杀害的。

我前往德里洛格布里参观时，正是 10 月初一个暖洋洋的下午。之前，我从来没有去过亚穆纳河对岸，所以不知道要看什么。巴尔温德·辛格开车经过了胡马雍老堡垒（Old Fort of Humayun）①，途经环城路（Ring Road）朝亚穆纳河下游的一

---

① 胡马雍为莫卧儿统治者。

座桥驶去——完全按照他和堂兄弟在 1984 年 10 月所走的路线行驶。

过了桥，一切景物突然变了；要是你把勒琴斯所规划的德里当作是第八座德里城的话，那么我们已经过了那些区域而进入第九座、刚好形成鲜明反差的德里城：一座贫民的大城市。这里没有树木成行的林荫大道，只有少数广告牌，以及稀少的汽车。我们经过一处垃圾场，那里挤满捡破烂的人。一些瘦巴巴的鸡在路旁那些乱七八糟、快要垮掉的棚屋周围啄食，妇女用手掌把水牛粪团压成薄饼状，用来当燃料生火做饭。一股呛人的烟雾笼罩住一切：那是从附近发电厂冒出的飞灰。在这里，首次让人体验到一个事实，德里城几乎就像是为了隐藏这个事实而兴建的：这个城市以前是大不列颠帝国王冠上的珠宝，但它不仅是区域性复活重生的首都，而且也是一个极穷的第三世界国家中的主要大城市；在这个国家里，一贫如洗的农村广大群众是富裕的中产阶级人口的四或五倍。

当外界首次发现德里洛格布里的大屠杀事件时，暴乱已经过去很久了，此地的第 32 街区却占据了头条新闻，因为有人发现狗群为了争食成堆发紫的人类内脏在打架。焦黑及烤熟的躯体大堆地弃置于沟渠中；空气中仍然弥漫着浓厚的煤油烟味。在活活把锡克教教徒烧死之前，他们所剪下的毛发被丢弃在檐下的走廊上，被砍下的四肢堵塞了水沟。

然而，记者很快就发现，很难找到人肯承认在这场丧失理性的事件发生期间目睹过现场。人人都含含糊糊、不表态：凶徒是从外面来的；我们都在睡觉；我们什么也没看见。5 年之后，想要找到目击证人或是生还者也非易事。我经过一座又一座的街区，从前曾是锡克教教徒居住者占绝大多数的地区，如

32

今住的全都是印度教教徒。锡克教教徒都搬走了，大家这样告诉我。没有，那时候我们一个都没住在这里。事发的时候，我们正好回乡下村子里探亲去了。没有，没有人见到任何事发生。那些男人盘腿坐在绳编床上，很郑重地摇着头。

还是巴尔温德在一家茶馆里跟人闲谈时，才发现还剩下一家锡克人，他们住在第 30 街区。他说，当时他们在此，因为躲在一个洞里而得以生还，此外，他们更是目击证人；从一道缝隙中窥见了一切。

索汉·辛格·桑杜（Sohan Singh Sandhu）是个老人家，穿着一套米色的沙丽克米兹，有两条我从没见过的粗浓眉毛，它们简直就像跟络腮胡的两鬓处相连，让人觉得那张脸仿佛是从一堆浓密杂草中向外窥视似的。他盘腿坐在一张绳编床上，背后墙上有带状装饰，都是锡克人的神圣图画：长了大胡子的人的圣像画以及剑、光环等，占满了墙壁。索汉·辛格·桑杜是当地谒师所里的锡克读经师（granthi），他给了我们一张名片，等我们在绳编床上坐下来之后，他便提高嗓门对着厨房喊话，叫他太太——我们还没见到——给我们送点茶。

他一家人本来住在夏斯特里纳加尔（Shastri Nagar）一栋很像样的房子里，它位于亚穆纳河的富裕岸区，但是在 1975 年，即紧急状态期间，推土机把他们的家夷为平地；只给他们半个钟头的时间收拾细软离开。据警察说，为了腾出地方来架设一个新的电塔，所以拆除行动是必要的，但是上次他旧地重游，到以前老家房子所在的地方，那里还是一片空旷之地。房子被拆掉很久之后，他们被分到了位于德里洛格布里的一小块土地，还有政府贷款，用来购置建屋施工材料。三个儿子和他亲手盖了这栋房子。他说，这里不算是很差的地区，虽然有点偏僻，但还过得去，而且跟邻居一向处得很好，他们也都像他一样，饱受被迫迁徙之苦。

骚乱来得很突然，始于 1984 年 11 月 1 日，有个锡克男孩从小巷弄跑来嚷着说，有为数四五千的暴民正在附近聚拢过来，随后，他们就很焦急地听着收音机里的新闻报道。

"我们大概有 150 个人齐集在这座街区边缘的荒地上，"他说，"暴民向我们扔石头，我们也扔石头还击，就是在互相扔石头的时候，我儿子被石头打中了。"

他指指房间黑幽幽角落上的一张绳编床，上面躺着一个和我年龄相仿的男孩，因为悄然无声，以致我们没有注意到他。像他父亲一样，他有着浓密、没有剪过的胡须，体格强壮，但举止很怪异，虽然很明显听到我们在讲他，却还是躺在绳编床上，举着手中握着的三轮车后视镜欣赏自己。

"他的头部受了重伤，"他的父亲平静地说，"现在脑子有点问题。"

那个男孩根本不理我们，继续盯着镜子看，就在我们望向他时，他脸上突然露出充满稚气的快乐表情，望着镜子尖着嗓门爆出一阵吃吃的笑声，他父亲皱起了眉，把视线移向别处。

"互相扔石头扔了两个钟头之后，警察突然出现来阻止我们。他们护送暴民离开，然后回来把我们的武器统统收走：拿走了我们的粗棍（lathis）和圣刀（kirpans）；他们甚至拿走了摆在我们房子周围的石头和砖块。他们说：'有宵禁，回家去把门锁上。'等我们遵照他们的指示撤退回家里，他们就让暴民出动了。"

一群群四五十人的暴徒从一条小巷弄出来，用手上的铁棍沿路胡乱敲击四周："他们会去敲人家的门，要是不开门的

33

话，他们就破门而入。有时候，人家把门顶得死死的进不去，他们就爬到屋顶上，敲破天花板，把煤油倒进去，放火活活烧死屋里的每个人。"

"他们用的还是我们的煤油。"桑杜的太太说，她捧着装茶的托盘出现了，给我们每人一杯茶之后，便在她丈夫身边坐了下来。"他们偷了我们的煤油，然后拿我们的煤油来杀害我们。"

"有一次他们高喊着：'把男人交出来，我们不会伤害他们。'有些人家开了门，我们有些邻居向他们投降，他们把邻居带走，后来我们才知道，邻居被带到街区边缘地带，遭人强迫喝下煤油，然后被他们点火活活烧死。"

"你怎么逃生的？"我问。

"你看。"桑杜说着，从绳编床上站起身来，拉开遮住其中一面墙壁上方的帷幕，幕后有个很小的隔间，摆了一个金属大箱子和两个行李箱，就把这小地方挤得满满的。"兰吉特（Ranjit），"他指指依然躺在角落的儿子，"兰吉特和我在那里躲了三天。"

"可是你不可能挤得进去的。"我说。

"我们办到了，"桑杜回答说，"因为没得选。"

"他们难道没想到要看看帷幕后面吗？"我问。

"我们把首饰和贵重物品散置在屋子入门的地方，多数的暴民只对抢东西有兴趣，他们拿了首饰就忘了找我们。"桑杜微笑着说，"有一次，其中一个首领——他是本地的议员——走进屋来骂他们：'你们光是顾着抢东西，'他说，'你们应该去宰人才对。'他把帷幕撩开看到了我们的隔间，但我们早就用箱子和床垫等挡在前面，他就说：'这里太小了，没有人能够藏在里面。'"

"那是最糟糕的一刻，我悄悄对兰吉特说，'不要害怕，只是一刹那的痛苦而已，之后就一了百了。'而且我告诉他，身为锡克教教徒一定要勇敢，我说，'他们一定会杀你，事到临头时，你千万不要去求他们饶你一命。'"

"你们很幸运。"我说。

"我是很幸运，"桑杜回答说，"但是我另外两个儿子却不够幸运，第二天他们就被人发现躲在某个印度教朋友的店里，暴民放火烧掉店铺，他们在我儿子的脖子上套上橡胶车胎，浇上汽油，放火把他们烧死了。"

这个老人盘着腿坐在妻子身边，讲话声音低沉了下来，但还是以就事论事的语气讲着，直到这一刻之前，他几乎没提过另外两个儿子。

"每件事的背后都有上天的旨意，"他说，"这一定是跟我们过去所做的冤业有关。"

"可是你逃过了这一劫。"

"那是因为时候还没到而已，"他回答，"所以我们才活了下来。"他耸耸肩指着天花板说："他才是拯救我们生命的。"

谈话就此打住，此时已经无话可说。

桑杜拿出了一本相册：有两个死掉儿子的照片——在照相馆里拍的一本正经的黑白照，两个戴了头巾的年轻人双眼直直地瞪着照相机，一个戴了厚重的塑料眼镜，另一个有轻微斗鸡眼；有一张屋子遭洗劫破坏之后拍的照片——衣服扔得到处都是，砸烂的陶瓦器，还有一个半烧毁的绳编床；另外有一张被砸烂的机动三轮车快照，一堆变形弯曲的金属以及挡风毛玻璃。

"那是兰吉特的车，"兰吉特的父亲说，"他以前是个车夫。"

35

有几秒钟没人讲话，然后我问了："你怕不怕这种事会再度发生？"

"不怕，目前我们已经没有什么好担心了。我还是在谒师所里面担任读经师，布施食物（langoor）给贫苦的印度教教徒；有钱的印度教教徒则送供品给我们，这些伤痕已经愈合了。"

"不过，还住在同一条街上会不会心里很不舒服呢？住在你的孩子被杀害的地方？"

"我个人很愿意离开这里，并回到旁遮普，但我太太希望留下来，她说：'我们孩子以前在这里吃饭、睡觉、玩耍、嬉笑……'"

"我觉得他们好像还在这里，"桑杜太太说，"他们亲手盖了这座房子，砌了一块块的砖还糊上泥。"她摇着头说："自从他们死后，我没有一天离开过这地方。我要死在这里。"

在角落的那张床上，她那生还的儿子突然又爆出笑声，我们都转过头去看他，只见他仍然对着他以前用的三轮车后视镜，盯着自己看。

冲突连连

德里有很多缺点，但我从来都不觉得它是个充满暴力的城市，每次到古老城墙之内的黑暗区域（mohallas）里消磨时光，从来都没有提心吊胆之感。日落天黑之后，也没有哪一区会令我感到怯于前往。我反而发现德里人，尤其是穷人，他们的善意与客气有礼实在令人赞许。无论我们走到何处，素昧平生的人往往会邀我和奥利维娅坐下来一起喝杯茶、聊聊天，对于生长在英国刻板拘谨环境中的人而言，德里人这种惯有的盛情美意，实在是很感人又颇奇特。

然而，巴尔温德和桑杜却能够见证，当这个民风温和的城 36
市受到挑拨刺激时，会闹出极其残暴的事。当隔壁邻居遭人活
活烧死或开膛破肚时，那些人会转移注意、避而不见。会与你
分享他们最后一碟食物的人，同样也会自发地失控而变成杀人
狂。之后，他们却又能够怀着同样的泰然自若，重新回到他们
的集市和店铺、工厂和办公室，若无其事地照常生活。这实在
是令人费解。

除此之外，德里虽然在印度的历史上素来享有文化最昌盛
城市之誉，但是这个城市的历史却不时加插了许多此类恐怖、
血祭式暴力的突发事件。并不是只有征服者才会置德里人民于
剑下。在中世纪以及莫卧儿整个漫长的衰落时期，这个城市就
因为各种血腥暴乱，甚至出现小型的内战而呈现分崩离析的状
态。历史上的前十二个苏丹之中，只有两个是寿终正寝的；其
他统统被杀害，而且几乎都是侍臣或臣服者所下的毒手，死法
可怖。像瘸子帖木儿（Timur the Lame）那样的征服者之所以
能够直捣高高的城墙，就是因为城里的居民正忙着互相割喉
咙。就以发生在18世纪的鞋贩大起义来说，发生在集市里的
纷争而导致的死亡人数竟然成千上万。

最后一场大规模的冲突灾难则是"印巴分治"（Partition），
在英国的统治奄奄一息之际，这个次大陆按宗教人口成分而分
裂成属于巴基斯坦的穆斯林旁遮普省，以及归于印度的印度教
教徒旁遮普邦，1200万的人口因此被迫迁徙流离，成了难民。
大批的非穆斯林——锡克教教徒和印度教教徒——从位于巴基
斯坦境内、世代居住的村落中逃难出来；印度境内被迫迁徙的
穆斯林则反其道而行，堪称现代世界中空前未有的一场大规模
的迁徙。然而，德里再一次被付之一炬。在发生过几场历史上

最惨不忍睹的暴乱之后，德里城内已度过悠久岁月的穆斯林人口——那些曾经兴建顾特卜塔（Qutab Minar），并夹道为伟大的莫卧儿王朝欢呼之民的后裔——将近一半都得收拾行囊，走向一个新的国家。他们的家园被那些从旁遮普西部来的难民接收了，普里先生、普里太太，以及彭杰比·辛格也是其中之一。德里从一个本来只有 90 万人口的小规模行政首府，转而变成有半个伦敦大、旁遮普语盛行的都会大城。

在此之前的千年中，曾经有两种人统治过德里，英国人是完全消失了，而印度穆斯林则锐减成为贫苦的少数。在几个月的空档中，这个城市面貌的急剧转变，这些变化可能已经比千年前穆斯林第一次来到印度之后任何时期的都更大。

37

第三章　印巴分治

39 　　"我们那个村落最出名的特产是甜点，"彭杰比·辛格说，"人们大老远从几里路以外跑来，为的是尝尝我们村中甜点师傅做的炸糖卷（jalebis），整个旁遮普地区别的地方都没有我们做得好吃。"

　　我们正坐在国际后侧出租车站里的绳编床上。之前，我已经恳求了巴尔温德的父亲好几个星期，请他讲述1947年他是怎么来到德里的往事。然而，不苟言笑的彭杰比却总是眉头深锁，并顾左右而言他，仿佛印巴分治是个不能公开的话题，是不宜在礼貌谈话中提及的尴尬事。

　　在一次又一次地缠着他，还有巴尔温德站在我这边帮忙敲边鼓之后，彭杰比这才发了慈悲心软下来，可是他一开了头，就很快沉浸在故事里。

　　"瑟蒙德拉（Samundra）是莱亚尔普尔（District Lyallpur）①一座很美丽的小村庄，"他说，"那是整个旁遮普最美的地区之一，气候很不错，而且土地非常肥沃。村子坐落在一座古堡垒的废墟里面，四面都有高墙围住，就像这样。"

　　这个老人曾亲手兴建了堡垒的围墙，从他用手指描出的细节图样，可以看得出他对每个棱堡、城垛、射口都记得一清二楚。

　　"我们的村子除了几个扫地的人是印度教教徒外，其余全部都是锡克教教徒，附近邻居则是穆斯林。在1947年之前，我们40 拥有大部分土地，大家像兄弟一样生活在一起，不分彼此……"彭杰比摸着胡子，想起了童年往事，不觉面露微笑。

　　"1947年8月15日那天，政府当局宣布印巴分治的消息，

————————

　　①　巴基斯坦费萨拉巴德的旧称。

我们并没有感到害怕，也已经听说关于成立巴基斯坦政府的事，但总认为对我们来说没多大分别。我们知道将会有个伊斯兰政府从英国人手里接管一切，但是在我们旁遮普，向来都有不同的政府来来去去，这种事对住在村子里的穷人来说，没什么分别。

"接着，突然之间，在 9 月 10 号那天，我们从莱亚尔普尔专员那里收到通知：'你们这些人不能留在这里，必须离开住宅和你们的村子到印度去。'每个人都觉得很凄惨，可是还能怎么办呢？所有的村民都开始把收拾好的行李装上牛车，老年人感到特别伤心，因为他们一辈子都住在这个村子里。但是我们还年轻，不懂得为什么这些老爷爷都在哭。

"住在村子周围的那些穆斯林听到我们被迫搬走，很多跑来说：'你们一定要留下来，不要走。'但是有些人却不怀好意，想要占有我们的财物。"

"大概到了早上六七点钟的时候，我们正准备出发，突然一群为数众多的穆斯林——可能有五六千人——出现在我们村子堡垒外面，挥着手里的剑，还骂我们是狗、是不信真主的人。看门人把村子堡垒的门都关上，在里面的人只有九百个左右，还包括老太婆和小孩子，我们没有武器，所以已经认命准备让人宰了。"

"那时候，做甜点的大师傅（Pradhan）说话了：'我们没有武器，不过我们有锅、糖、水，我们来做炸糖卷招待我们那些穆斯林朋友吃。'有些人以为这个甜点师傅发疯了，他们摇着头扯着胡子伤心地说：'这个人发疯了，那些穆斯林尝了我们做的美味炸糖卷之后，才不会放过我们，反而会跑进村子里把我们都宰掉。'那些老人家非常伤心，便跑到谒师所祷告去了。

"可是那个甜点大师傅却带着助手上到城垛处，生起了一堆旺火，用锅把水烧开，加进了糖，搅着这锅糖水一直等它变得很稠，并且引来苍蝇嗡嗡地绕着飞。他嘱咐其他做甜点的人，各自拿着锅到其他三座大门上的墙头去做炸糖卷，他的助手们便照着他的话去做了。"

"这时城墙下方的穆斯林已经弄来了一根大树干，正用它来撞堡垒的大门，但门还是关得紧紧的。到最后，那一锅糖浆煮好了，大师傅就对着墙下的人喊话说：'你们喜欢炸糖卷吗？'然后他就从城垛的墙上把那锅一倒，滚烫的糖浆就泼在那些坏心眼的穆斯林身上，他们统统被烫个半死。"

彭杰比露出灿烂的微笑说："这些下流的穆斯林整日整夜地想尽办法要进到堡垒里面来，但是不管什么时候，只要他们一靠近堡垒大门，那些做甜食的人就让会他们尝尝我们最有名的炸糖卷。然后，到了第二天晚上的深夜2点左右，我们的人见到有车灯越过田野向我们驶来，原来是英军。他们因为见到甜点师傅在城垛上生火的火光，所以跑来调查究竟。这支保卫队是由一名英国上校率领，他朝空中开了六枪，那些穆斯林就一溜烟消失在黑夜里，好像被他们的撒旦追赶似的。"

"第二天，英国上校用他手下的几辆卡车疏散我们离开。我们每人只能带一小包行李，所有的拖车、山羊、绵羊、水牛、拉车的牛，等等，全都得丢下，着实让人伤心难过，不过我们总算还活着。上校把我们送到了阿姆利则（Amritsar），我们从那里坐火车到德里。啊！对我来说，德里真是个神奇的城市，我对满街跑的漂亮汽车感到惊奇不已，所有的穆斯林车夫都到巴基斯坦去了，所以我就决定当出租车司机。从那时起，我就一直做这份工作。"

"经过那天之后，谢天谢地，我弟弟库尔温德（Kulwinder）就开始做起炸糖卷来，他在贝加姆普尔（Begampur）至今仍然开着一家店，而且我听有些人说他做的炸糖卷是全德里最好吃的……"

新旧德里

在德里住了几个月之后，我才开始醒悟，每天所接触到的人中，竟有这么多人曾经是印巴分治造成的难民，甚至德里最功成名就的人物——报纸编辑、成功的商人、有权有势的政客——都有一肚子的故事可讲，关于一分为二的童年时期，关于徒步走过旁遮普平原的漫长之旅，关于被弃在身后的老家房屋，关于遭到绑架或强奸的姊妹：惨绝人寰却大同小异的连串陈述，都是有关印巴分治的惨状。

普里家的故事算是相当典型的一个。在印巴分治之前，他们在拉合尔有栋市区新式住宅。暴乱发生的时候，他们收拾了两个行李箱，买了辆牛车前来德里。他们所有的身家财产都锁在了那栋豪宅（Haveli）里，由那些穆斯林佣人负责看守。就像一年之后发生同样情况的巴勒斯坦人，以为几个月之后，等天下恢复太平就可以再回老家了。结果也像巴勒斯坦人一样，他们再也回不去了。

到了德里，他们在旧德里的苏卜兹门迪（Subzi Mandi）找到一栋被洗劫一空的房子。房子原来属于一户穆斯林人家，几个星期之前，他们已经逃难走掉了。普里一家人就干脆装了一扇新的门搬进去住。那时仍然还有屠杀事件发生，集市周围偶尔还有流弹飞窜，但普里一家人总算渐渐地习惯了新环境。

"我们一点一点地置家，"普里太太回忆说，"我先生开始做起买卖小房子的生意来，我织毛衣。起初的日子真的非常艰难。"

靠着漏水的水桶提了一年水回家之后，那栋房子终于接入了供水系统；稍后普里家又申请装了电线，到了1949年，他们买了电扇；1956年又添了电冰箱。在20世纪60年代末期时，普里一家人搬进了位于城南扩建区里的一栋漂亮新房子，他们总算有所成就了。

我们一再听到类似的故事。我们甚至发现，看起来最平淡无奇的邻居，也有关于1947年的惊人经历：特许会计师道出孤身击退穷追猛打的暴民之事；那些在政府部门做事的无名小卒，却曾是街头浴血战之中的英雄好汉。而今这些人所拥有的一切，都是过去几年白手起家获得的。

住在隔壁的邻居塞特（Seth）先生是从印度铁路局退休的职员，他是个身穿游猎装的公务员，彬彬有礼、胆小、害羞又平凡。从沃尔顿铁路训练学校（Walton Railway Training School）毕业之后，于1946年找了第一份工作：在靠近拉合尔的谢赫布尔（Sheikhapura）担任助理查票员。一年后，碰上了印巴分治，塞特先生是印度教教徒，发现自己正好身处时不我予的一边。屠杀已经开始了，锡克教教徒和印度教教徒把满载难民、驶往巴基斯坦的火车拦截下来，杀掉所有的穆斯林，穆斯林也同样拦截驶往印度的火车，杀掉车上的锡克教教徒和印度教教徒。

"所有从印度驶来、途经我们车站的火车，全都惨不忍睹，"塞特先生回忆着说，"妇女、儿童、老的、年轻的，全部都被杀害，车厢里血流如注。"

后来有一天，从拉瓦尔品第（Rawalpindi）驶来满载难民的火车经过当地车站，火车上有廓尔喀雇佣兵（Gurkhas）负责监护。由于生怕遭到穆斯林的攻击，那些廓尔喀兵——全部都是印度教教徒——从火车窗口开枪齐射以作掩护。流弹射中了穆斯林站长的太太，悲痛欲绝的站长在失常状态下，便意图枪杀车站里唯一的印度教教徒职员——他的助理查票员塞特先生，结果没射中后者。不过塞特先生醒悟到，是时候逃离巴基斯坦了。于是他从月台跳下去，沿着铁轨往印度方向跑，跑了没多久，遇到对面反方向来的一群穆斯林，遭到他们突袭，把他抢得一干二净，包括鞋子、衬衫和长裤。

"我就赤着脚只穿着一条短衬裤一路走，"塞特先生说，"我死里逃生四次。四次！半夜时我来到了阿姆利则火车站，从站长那里拿到一套新制服，第二天早上9点整，我就报到开始上班了。"

"后来怎么样？"

"升职！"塞特先生说，笑容灿烂，露出一口嚼槟榔的红色牙齿，"我先后做过与包裹部职员同级的商务会计、售票员、收货员等不同的职位。之后我被调到德里来，分配到了位于洛迪殖民地（Lodhi Colony）的一栋临时住所。这栋房子以前为一个穆斯林所有。我听说他是在屋子外面的走廊上被枪毙的。"

暴力令德里许多较贫苦的地区四分五裂，但是即使是最富裕的地区也大受影响。就在顾客亲眼见证之下，印度教的暴民掠夺康诺特广场（Connaugh Place）那些穆斯林开设的时髦裁缝店和精品店；店家遇害之后，路人便闯进店里，毫不客气地自己动手拿那些存货，例如唇膏、皮包和一罐罐的面霜等。在

洛迪殖民地，成群结队的锡克教教徒冲进勒琴斯设计的白色平
房中，那些平房都是担任高级公务员的穆斯林所有，他们在屋
里见到人就杀。

在旧德里某些城区里，尤其是土库曼门（Turkman Gate）
和贾玛清真寺（Jama Masjid）周围一带，穆斯林以迫击炮和
重机枪武装起来。他们以窄巷为据点，不仅与闹事暴徒对抗，
也与印度军队对抗，而今多数仍然留在德里的穆斯林家庭，当
初就是躲在这样严加防御的拥挤地区里，得以幸存下来。

与此同时，难民潮大量涌进印度。"目前正有30万名锡
克教和印度教的难民迁移到印度来，"1947年的《印度时报》
上，其中一小页这样写道："靠近阿姆利则的地方，沿途60
英里的路上，共有15万名难民迤逦而行，堪称为人类历史上
最壮观的旅行队伍。"虽然德里的穆斯林大量迁徙离开了，但
这支源源不绝的旁遮普难民队伍，却使得德里的人口不断膨
胀，从1941年的91.8万人，变成了1951年的180万人。报
纸上的报道配上了图片，让人见到新德里火车站死尸堆积如
山，其他一些照片则拍到位于山脊上的难民营，彭杰比·辛格
刚来时，就曾待在这些白色帐篷组成的营区里。还有些镜头是
烧焦的、被洗劫一空的房屋，矗立在旧德里苏卜兹门迪的瓦砾
堆中。普里先生和太太刚到这个新环境的头一个月，就是把这
类房子中的一栋拿来当栖身之所。

我阅读愈多，就愈了解1947所发生的种种事件，它们确
实就是形成现代德里的关键因素。各种报道凸显了此城的主要
矛盾：德里，这座世上最古老的城市之一，绝大部分居民在这
古老城市中生根也不过40年而已。这也就解释了为什么德里，
这座如风华绝代老贵妇的城市，而今表现得却像是个暴发户的

女继承人：有着尽情炫耀的庸俗，以及摆阔式的挥霍。对一位这般年龄的名门淑女而言，这都是很不得体的作风；更何况这种作风和她那种身世教养及文化背景完全格格不入。

这种矛盾也暴露出这个城市的紧张气氛。世代都住在德里、操乌尔都语的老一辈精英分子——包括印度教教徒和穆斯林两者——习惯上瞧不起那些旁遮普人，视后者为勤劳的乡巴佬农民。他们怀着民间回忆，依然记得往日莫卧儿朝廷上的早朝（mushaira），德里大诗人群集的文艺良宵（mehfil），以及对德里乌尔都语、德里菜肴的精雅完美满怀自豪，因此他们永远无法甘心与那些工作勤劳却（在他们眼中看来）绝对有欠斯文的旁遮普移民打成一片。这就好像是要那些布鲁姆斯伯里文化圈（Bloomsbury）① 里的人忍受占多数、乡土气息浓厚的约克郡农民一样。当然，在这些人看来，普里太太的女子精修学校简直荒唐到极点：一个旁遮普移民利用西方教材来教德里人礼仪，而这个城市千百年来一向自诩最权威的礼仪之邦。

从旁遮普人的角度来看，他们也瞧不起老一辈的德里人，觉得其太娘娘腔、懒怠又不上进。"也许这些德里人并非老是那么懒洋洋的，"彭杰比·辛格有一次跟我说，"可是他们也不怎么有活力。旁遮普人很能赚钱，也能花钱。他们享受生活。德里人却又贪心又刻薄，他们想过好日子，可是从来不为此努力工作。"

直到今天，莫卧儿流风余韵的老德里和旁遮普人的新德里，这两个世界依然泾渭分明。他们各行其道，各自一口咬定比对方更强，即使是过同样的节日，例如十胜节（Dusshera），

45

---

① 指伍尔芙（V. Woolf）等一群经常聚在一起的文人形成的文化圈。

传统上一向是印度教教徒和穆斯林社群不分彼此地一起庆祝，而今举行的庆典却是完全分开的，一处在旧德里的红堡（Red Fort）以及拉姆利拉广场（Ram Lila Grounds）一带，另一处在勒琴斯建设的市区以南，旁遮普人住宅区里的各个公园和花园里。

虽然双方信徒中的政客都曾尽力去区隔印度教教徒和穆斯林，从早期的全印穆斯林联盟（Muslim League）到最近突然兴起的印度人民党（Bharatiya Janata Party，BJP），然而这两个对立教派之间的裂痕，却远不及老德里人和旁遮普移民之间的鸿沟来得怵目。

十胜节

十胜节是印度教节日，庆祝罗摩王（Lord Ram）大胜恶魔罗波那（Ravanna）；这个节日也意味着已度过暑热，到了凉爽的季节。

根据传说，罗波那掳走了罗摩的新婚妻子悉多（Sita），并且把她带到他的堡垒之岛兰卡（Lanka）。他在岛上出尽奇谋，想要收悉多为宠妻，但是罗摩在猴神哈奴曼（Hanuman）的鼎力相助之下，跃过海峡来到兰卡岛，解救了悉多，经过一番奋勇大战，终于砍光了魔王的 10 个脑袋。

9 月的最后两个星期，德里的各个公园和广场空地上，都竖起了用柳条编的模拟巨像，有罗波那和他两名恶魔兄弟梅格那（Meghnath）和库姆巴卡兰（Kumbhakaran）：工人像麻雀似的攀附在摇晃、不牢靠的竹搭鹰架上，忙着把那些鼻子、耳朵钉上去。到了节庆那天，在一阵闹哄哄的仪式和庆祝活动之中，所有的模拟像统统被放火烧尽。

十胜节这一天——炎热、尘土飞扬又潮湿——一把火烧尽之后，转而变成美好的温暖夜晚。有位德里记者朋友邀请奥利维娅和我去城南扩建区跟他一起过节。我们一起散步到他家附近的一个公园，见到一个高达120英尺的罗波那稻草人，它穿着鲜艳的粉红色睡衣睡裤，靠六条牵索把它撑起。旧德里有些大的公园里则竖了整个恶魔之家——罗波那全家成员都到齐了，总共有10或11个，气势汹汹地排成一行，翘着黑色的八字胡——可是我们这位朋友却对他家附近这个孤零零的粉红色恶魔感到十分自豪，而且不可否认，它的确是个很不错的恶魔。

罗波那的脚踝旁边，搭了一座游园会帐篷，有支由果阿男孩组成的乐队正在演奏最新的印度电影歌曲。我们找了座位坐下，并且听了一首叫作《叮当》（*Ding Dong*）的歌——显然几个月前曾经流行一时。有个裹着印度传统缠腰布的胖男人拿个盘子到处募捐。

接着，在现场两百个小孩的兴奋之时，太阳西下，开始放起烟花来。罗波那的两腿间有些喷着火花的罗马焰火筒。一排烟花整齐发射到他的肩膀之上形成拱形，裹着缠腰布的胖男人略微一旋身，拿支点燃的火炬去点着罗波那的两脚，一道蓝色的火舌慢慢向上舔着它的双腿并盘旋在它的腰部。突然，它那粉红色的睡衣也着火了；一转眼，整个模拟像都已在烈焰之中。我们可以感觉到热气像火炉似的冲上脸，接着，藏在罗波那胸部里面的鞭炮也炸开了，震耳欲聋，群众齐声欢呼；此时一轮圆月在这座余烬犹燃的残骸上空升起。

那个10月有着很怪异又如火如荼的日落：天边形成了一大片火烧云，景象十分壮观。有时候，太阳刚下山，朦胧的暮 47

色混合着贫民窟烧牛粪的烟雾，沿着洛迪路形成一道雾幕。再过去，混浊而且尘土飞扬的空气在薄暮中变成了诡异、不自然的色彩：鲜明的、亮丽的淡紫色；昏暗的猩红色；深浓的血红色。有一次我见到萨夫达尔疆陵墓（Safdarjung's Tomb）的洋葱形宏伟圆顶闪耀着落日余晖。只是一刹那的光辉，却让这座宏伟的莫卧儿墓冢借着超凡的亮光跃然而出，和屠宰场般的天空成强烈对比。

跟前面几个月比起来，气温陡然下降了许多。喜马拉雅山脉的高处已经开始下雪，冷风也从山上吹下来，吹熄了平原上的炽热。虽然天气还很暖，但是在过去 6 个月白热化期间所积

压的郁闷，都随着爆发的义愤而滔滔不绝地宣泄出来。德里突　48
然冒出了许多小阵营：每座安全岛上都有人正在绝食；每天都
有新的压力团体（pressure group）游行到国会。可以看到他们
浩浩荡荡，两人一排列成纵队慢慢走着，高举着标语横幅，或
者挥汗坐在国王大道（Rajpath）的树影下：他们之中有老师
和藏族人，有献血人和狗主人；有一次还让巴尔温德·辛格开
心得半死，因为甚至有一群在 G. B. 路上谋生的流莺团成员来
请愿。最引人注意的是，所有静坐的、走来走去的、游行示威
的，都心情很好的样子；甚至绝食抗议的人也颇奇怪的，像是
很自得其乐。

　　那时天气已经凉快了，奥利维娅能够在早上出去写生。每
天她都会在 8 点左右起床，然后便带着笔刷和水彩失踪了。为
了来德里，她放弃了艺术学校的职位，所以她决心要尽量把握
这个机会。在整个寒季的其他时间里，她在旧德里的围区
（Ruchas）和巷弄中钻来钻去，画人物、建筑和废墟素描，有
时候直到黄昏才回家。

　　新的季节也为楼下普里家里带来了新转变。从 10 月中旬
起，普里先生的冬季生活惯例，就多加了一项早上到楼下屋外
空地上散步的活动，虽然那块空地只有半个足球场大，可是要
让普里先生绕着它走一圈，还真是项挑战，所以又雇了新的佣
人来照管他每日这趟巡行。这人是个尼泊尔小男孩，显然还没
满 8 岁，我对普里太太这样说。

　　"他 19 岁。"她回答。

　　"可是他只有三英尺半高。"

　　"他是尼泊尔人，"普里太太说，"尼泊尔人都长得很矮小。"

　　"不过他连胡子也没长，也没变声，他根本应该去上小学。"

普里太太也注意到这一点。"他们在尼泊尔都吃得很不好，"她解释说，并且摇着头，"等他吃我们那些营养丰富的木豆和米饭一年之后，他会长高一倍。然后他会长出小胡子，说不定也会长出大胡子。"

每天，这个男孩尼库（Nickoo）都要执行那个难倒人的任务，就是帮普里先生在头上缠一条新的白头巾，然后操纵吊机把这位难驾驭的老头弄到楼下，接着他便推着普里先生去空地上随处走走——这老头一路上碰到路人就胡言乱语，或者是提出很不像话的要求——走完之后，再把他推回屋里去。然而，毫无疑问，普里先生显然非常享受整件事，每天都兴致勃勃期待着这个节目，而且要是在他正在逛时碰到他，他绝对又笑又闹开心得很。

"早安，普里先生。"奥利维娅有一次在空地附近碰巧遇到了他和尼库。

"我亲爱的，我的甜心，"普里先生回答说，有点喜出望外，"做我太太吧！"

"你挑错对象了，普里先生。"奥利维娅回答，大踏步走开，手上抓着一支笔刷。

跟前几次一样，这次泼冷水并没有就此摆脱普里先生的纠缠，虽然他的确已透过尼库来打听，奥利维娅是不是真的和我结过婚了，但同时他还是继续借助那副有滚轮的助行架满屋子盯奥利维娅的梢，要是奥利维娅胆敢下楼去借点牛奶，他就穷追不舍，后来终于被他逮到了机会。

有一天，奥利维娅正站在门口和普里太太聊天，此时普里先生出现在楼梯最下端，他刚刚散完步回来，不知道他太太正站在门里的那一边。

"我的甜心，你是小姐还是夫人？"他问。

奥利维娅转过头，见到普里先生正向她走来。

"这个人，"他边说边指着尼库，"说你是夫人，我说你还是小姐。"

普里太太用力把门拉开，用旁遮普语对着她老公爆出一顿连珠炮，然后她转过头来对奥利维娅说："他的意思是，你结过婚的话，就是'夫人'。"她沉着脸怒视着她老公说："结婚以前你还是'小姐'。"

"你是小姐还是夫人？"普里先生重复问，大无畏地勇往直前，抓着尼库作为扶持一级级地往上向奥利维娅逼近。

奥利维娅亮出结婚戒指，就好像是向吸血鬼亮出大蒜。"普里先生，"她说，"我是夫人。"

逐渐失传的手艺

那个 10 月，我经常陪奥利维娅到旧德里的小巷里游逛写生，有一次走到沙贾汗纳巴德（Shahjehanabad），以前是莫卧儿大帝国的首都。我一向很喜欢这一区，但无可否认，如今它已时运不济、遭逢艰难。古城区是在德里盛极一时、最富庶之际兴建的，然而盛极必衰，在兴建完成后，实际上就已逐渐走下坡路了。然而，它的富丽所遭到的最后，也是最关键的大破坏，却是发生在 1947 年。

印巴分治的结果，造成了新德里的兴旺与成长，相对的，也导致旧德里走上没落穷途。曾经在 17 世纪和 18 世纪间令世界各地旅客为之目眩神迷的神奇之城，伟大诗人米尔（Mir）、扎马克（Zauq）和哈利比（Ghalib）的故居所在之地；印度舞娘和周旋于达官显贵之间的交际名花之都；帝王之居所，神明之荫翳，世界的庇护所，如今已变成了隔离聚居处，尴尬又可怜兮兮地成了位于它南面大都会的累赘。自从 1947 年以来，旧城区因为成了印度北部地区批发业的货仓，才得以留存至今；一座座古老的府邸华宅，相继改为货仓和储藏室。如今它因为旧货市场和汽车零件集市而被人注意，而没有人再去留意它那消退的富丽，或者昔日的流风余韵。千百年来发展出来的工艺与技巧，曾因德里精英的品位爱好而展现在这个讲乌尔都语的古都中，如今则转而去适应较不讲究的旁遮普市场，或者干脆消失了。

靠近阿杰梅尔门（Ajimeri Gate）处是古老的鞋匠集市，大多数曾在这里营业的穆斯林鞋匠在 1947 年时都逃难到卡拉奇（Karachi）去了，今天在此取代了他们的旁遮普人多半卖锁、铁链以及五金制品，但仍然有少数几个从前的老鞋贩留在此地，其中一家便是沙米姆（Shamim）和阿里·阿克巴尔汗（Ali Akbar Khan）这对兄弟的鞋铺。且不提他们这个工作坊，其实沙米姆和阿里的父亲当年是德里最负盛名的书法匠之一。沙米姆继承了父业，仍然靠刻印美丽的题献，以及书写遗嘱、婚约为生。

我在阿杰梅尔门清真寺外的茶馆中遇到沙米姆，他是个 50 岁出头、温文尔雅的高个子，穿着整洁无瑕的穆斯林高领及膝外套（Sherwani），戴着一顶羔羊皮无檐高帽，颧骨很高，肤色白净并有一双细长的杏眼，透露出他有着中亚祖先的血统，下巴上蓄着山羊胡须。他在店里后方一张桌子旁坐下，坐在我身边，拿着一杯马萨拉（masala）香料茶，我们便开始交谈起来。

"我的祖先世代都是在莫卧儿宫廷里担任缮写工作，"沙米姆说，"在那之前，是撒马尔罕（Samarkand）的书法匠，我们家族一向都做这个行业。"

"你还是完全照令尊教你的方法，用金银色彩在文件上装饰字母吗？"

"家父是个非常博学多才的人，他懂得乌尔都古文体（shikastah script）和波斯体（nastaliq）；波斯文和乌尔都文他都会写。我只学了古体波斯文。这些技巧都慢慢失传了，目前在德里只有另外两个书法匠，而且他们的水平颇差。"

沙米姆把茶馆的跑堂叫来算账，账单送来后，他又算了一次总数，有点像个一本正经的学究。

"如今大多数需要用印地文来写，"他说，"因为这样，所以我们生意很少。"

"你不能去学写印地文书写体吗？"我问。

"我懂得印地文体，但是从乌尔都文转到印地文会失掉很多韵味。从前这是份很被人看重的工作，只有少数几个人够格能做：得要熟悉伊斯兰的律法，知道德里的古风习俗，除此之外，还得有书法天分。现在我只能算是个文书；而大多数的文书工作用打字机三两下就解决了。"

他一口喝光了剩余的茶，然后转动着杯中的茶渣："这都是因为那些新来的人，他们有很不同的文化；对精美的书法一点也不感兴趣。"

我们一起穿过摩肩接踵的人潮，走回他的铺子；在路上，他告诉我有关阿里的事；似乎，由于这个趣味低俗的弟弟也有继承权之故，所以在铺子的前半部开了一家不大见得到人的照相馆。

"我弟弟不懂乌尔都文书写，"沙米姆说，"就像很多年轻人一样，对自己的文化一点认识都没有，他只对照相有兴趣。"这个书法匠眉头深锁。"阿里跟一些很糟糕的人混在一起，"他低声说，"拍照是我们唯一能让他转移注意力，不去52从事更恶劣行为的行业，可是我还是觉得很丢脸，叫人怎么去解释那些照片呢？"

我们已经到了铺子——跟一个临街的小洞差不多，沙米姆指着钉在墙上，成行成列从印度杂志上剪下来的香艳照片，那真是叫人大开眼界的集锦：肉感的女演员躺在虎皮上，身上没有多少部分被遮住，无上装的白种妞儿在果阿海滩上搔首弄姿，还有一系列肥胖的埃及肚皮舞舞娘，浑身上下挂了一堆耳环、手镯，肚脐以下那一圈裙褶上的亮钻闪闪发光。我见到阿里正在照相馆柜台后方，用一部新日本相机在帮人拍护照证件照，阿里穿着米色宽松便裤和化纤衬衫。

"这些照片是我弟弟最关心的，"沙米姆低声说，仍然对着那些香艳照片做出一脸不屑的怪表情，"它们跟我无关，可是因为这些照片，我就没办法邀请那些有宗教信仰的亲友来店里坐，好的穆斯林会因为这些照片而不肯来这个铺子，太违反伊斯兰教义了。"

"或许时候到了阿里会把它们拿下来的。"我说。

"也许吧，"沙米姆同意道，"人在年轻的时候会喜欢搞照片、喜欢喝啤酒和裸照，但是，"他接下去说，"等他们年纪大一点时，就会回到伊斯兰世界了。"

"等人年纪大一点时，就会决定留长胡子并且看起来很虔诚的样子。"阿里说，他已经来到柜台处，而且听到我们所讲的后半段话。"可是人是不会变的，我认识几个看起来像沙米姆一样的人——留着长胡子、穿高领及膝外套——可是他们却会跑到 G. B. 路上去嫖妓。"

沙米姆皱起了眉，可是阿里还没讲完。

"附近这些人的问题在于目光如豆，"他不假思索地说，"他们心胸不开阔。他们根本不看孟买出版的杂志，也不知道外面世界发生了什么事。"

"显然你看过很多孟买的杂志。"我回答说，边指着那些香艳照片。

"你喜欢它们吗？"

"那些埃及女士的照片可难说。"

"我用它们来吸引顾客，"阿里答道，"我哥哥对我不满，只不过因为我的生意做得比他好。如今再没有人需要书法匠了，甚至是在德里这样的城市里。"

阿里走出店里站到外面人行道上，对着街道做了个轻蔑的手势："你看！这个城市现在这么肮脏，每样东西都古旧又破败，我为什么要留在这样的地方？有一天，我会离开这里到孟买去，德里已经完蛋了。"

一个披挂了大堆黑绸的身影走进照相馆，陪着她的是胡须浓密的丈夫。那个男人跟阿里讲过话之后，三个人便走进帷幕小棚中，那是专为身着卡多尔（chador）① 的穆斯林妇女所设的影棚。

"这家人是家父以前的顾客。"沙米姆说，意图解释为什么像样的穆斯林家庭会想到要使用他弟弟的服务。

"令尊的顾客也来你这儿光顾吗？"我问。

"1947 年这里发生了很多流血事件，"沙米姆回答说，"家

① 穆斯林妇女使用的一种盖头，遮盖头部和上身，只露出脸。

父大部分顾客不是死了，就是逃到卡拉奇去了。老德里人还是继续来光顾，但是现在他们人数非常少。"

"所以你这套本领会失传？"

"我儿子不肯学这行手艺，他想要成为生意人，或者从事其他现代化的行业。"

"可是你会继续下去？"

沙米姆的脸色一沉。"如果真主愿意的话，我会继续下去，"他答道，"赚不了钱——但这是我的手艺，也是家父的手艺。"

他说："我一定要忠于它。"

古城今昔

五年前我首次探访沙贾汗纳巴德的迷宫巷道，后来我又阅读了 17 世纪作家和诗人执笔所写的，有关这个区域的描述。"此城的诸塔是太阳的休憩之所，"昌达尔·班·婆罗门（Chandar Bhan Brahman）在 1648 年这样写道，"城里的大道怡人万分，而它的小巷则像是天堂中的道路。""就像是有人类居住的伊甸园，"吴拉姆·穆罕默德汗（Ghulam Mohammed Khan）这样唱和着，"它是八重天的底座。""帝国所在地……大伊斯兰圈的中心。"

尽管旧城的魅力无边，但很难令人把这些诗人所歌颂的人间天堂和今天窝在莫卧儿倾圮城墙内的阴郁贫民窟联想在一起。即使是从波斯传统夸张修辞法角度去考虑（多数的文人墨客事实上也都是极懂奉承的行家——雄心万丈的德里人自古最普遍的恶习便是阿谀谄媚），此城的这两种形象实在有天渊之别。

最叫人失望的莫过于月光市场街（Chandni Chowk），在古诗和旅游见闻里，月光市场街被歌颂成犹如东方的巴黎郊区新市镇，以其宽广的林荫大道、雅致的商队客栈及壮观的莫卧儿花园而驰名。读过有关这条曾在伊斯兰世界中首屈一指的壮丽大道的描述之后，当你坐在三轮车上前往迷宫般的旧城时，还会半怀期望地想找到那些店铺，摆满莫卧儿建筑者所用的水苍玉和缠丝玛瑙，花岗岩工匠师傅用来镶嵌的珠母贝；期望会见到一连串来自大夏国（Bactria）①喀什（Kashgar）②的骆驼，以及一把把来自马达加斯加岛（Madagascar）的肉桂，还有费尔干纳（Ferghana）③的商人、伊洛瓦底江（Irrawady）的高棉侍妾；或许更有来自新大陆的、罕见的火鸡或是斑马可以用来充实皇家万兽园并取悦皇帝。

但是取而代之的是，你困坐于交通车阵之中，被三轮车的马达废气和市立公厕的尿臭味呛得半死。环顾四周，见到的是一片凄惨景象，店面倾毁，栏杆断落，破败的货仓用一块块瓦楞铁皮和生锈的铁板补得斑驳，原来那条流经市场街中心的运河水道已经填平；树木被根除，一切都流露出黯淡、残败。人行道上，有一头婆罗门教的牛正无法无天地从一个小贩的麻袋中啃咬蔬菜，津津有味地大嚼；一个专帮人掏耳朵的穆斯林蹲在锡斯根杰（Sis Ganj）谒师所门外，低头窥瞄着一个锡克教护法使者（nihang）的耳洞。有个男人拉着你的手臂，用旁人听得到的音量低声说："先生，你想要用一层巴掌般大小黄糖

---

① 西域古国。
② 位于今日的中国新疆维吾尔自治区。
③ 大部分位于今日乌兹别克斯坦东部，部分位于吉尔吉斯斯坦和塔吉克斯坦境内。

块状的大麻兑换钱、色情电影、性感女人，没问题！"

另一个小贩对着你的脸晃着一些廉价塑料小玩意。"哈啰，我亲爱的，"他说，"你要吗？"

他的兄弟也来抢生意，手臂上都是海报："你要什么？我什么都有！戈宾德·辛格上师（Guru Gobind Singh）、阿尔卑斯山草原风景、阿诺德·施瓦辛格（Arnold Schwarzenegger）、两只小猫咪、伊拉克总统萨达姆·侯赛因（Saddam Hussein）、湿婆神（Lord Shiva）①、卓别林……"

55　　人潮聚拢过来。

"你的祖国是哪里？"

"这位女士是你太太吗？"

"有几个孩子？"

包围愈来愈紧，到该跳上等候的三轮车撤退的时候了。

旧城的南门土库曼门（Juckman Gate）人流比较少，但更令人沮丧，这一区是以11世纪一位土库曼云游者为名的，他后来成为伊斯兰教的苏菲，并且在此兴建了隐居之所；但是1947年迁进来的旁遮普人把名字搞混了，因为有很多货车司机常跑来那些路边的餐厅吃东西，于是现在便张冠李戴地变成了特鲁克曼门（Truckman Gate，Truckman为货车司机的意思）。

这里的街道很狭窄，而且到处是养得很肥壮的山羊，准备用来在古尔邦节（Bakri Id）②宰祭用。驮驴踏蹄经过，驴背上驮了装满碎石的鞍袋。当你经过悉多罗摩（Sita Ram）集

---

① 印度教主神之一，为毁灭之神。
② 又称宰牲节，伊斯兰教重要节日。该节日是为了纪念先知易卜拉欣忠实执行真主安拉的命令，打算献祭自己的儿子。

市，留意到那两边古老华丽的门楼正变成断瓦残垣时，你才会深深体会这里究竟发生了什么事。如今形成那些摇摇欲坠槟榔铺和肮脏货栈的墙壁，曾经是用来支撑德里那些占地颇广的大宅以及漂亮豪宅的。你可以亲眼看到，这个破烂的贫民窟以前曾是座府邸华厦处处的城市。

位于沙贾汗纳巴德中的屋宇设计非常精心，简朴的门面只用一座精美的门楼作为装饰，穿过这里便进入一座中庭；从这座中庭可以通往旁边那些怡人花园、女眷闺阁（zenana）、一间警卫室或者微型的清真寺、豪宅图书室以及按惯例会有的明镜厅（shish mahal）。豪宅里别有洞天，独门独院而完全隐在路人的视线之外。如今，许多壮观的门楼依然幸存，却空有其表。你穿越这样一座大拱门走进去，却发现身在铺满碎石的停车场，而以前这里曾有汩汩的灌溉小沟流过。明镜厅面目全非，被分割成一间间小工厂和铺子；铁卷门取代了绣帷门帘，女眷闺阁变成上了锁的储藏室；花园早就消失在混凝土中。只有孤零零的柱廊，或半埋在土中的莫卧儿晚期的精雕细琢装饰，让人知道这里曾经有过的繁华。

见到有历史价值的豪宅遭到蹂躏破坏时，更令人感到可悲。在悉多罗摩集市的尽头处，坐落着哈克萨尔宅邸（Haksar Haveli），七十多年前，印度第一任总理尼赫鲁（Jawaharlal Nehru）就是在这里迎娶他的夫人卡姆拉（Kamla）。此宅邸当时属于德里名门望族之一、克什米尔书香世家哈克萨尔家族所有，并且以宅邸规模之大和壮观华丽著称。那座门楼还在，堪称当年富丽堂皇的余响：门面用托尔布尔（Dholpur）产的砂岩建成，有精美的凸窗阳台以及细致的鱼尾图案，景象依然壮丽。但内部却是空荡荡的废墟，从上锁的铁栅栏间可以窥见一

56

片荒凉景象：崩塌的屋椽如今被当作踏脚走道，厨子经它走来，蹲在瓦砾中炸萨莫萨三角炸饺（Samosa）；一间间小室已逐渐湮没在他那些厨余垃圾和陈年马铃薯皮中。砂岩建成的尖顶拱则连柱头都埋没在瓦砾堆中了；一堆仅剩断瓦残垣的砖砌建筑上方悬着拱顶。似乎没有人在意，就好像德里人一心一意地忙着搬进新德里中乏善可陈的混凝土建筑，已经撇清了和旧城区内古老华宅的关系。

57 　　这里的确还有些东西流传下来，有少数几项古风传统、幽美余韵，但你得要很努力地去寻找才行。

　　10月底的某一天，我和奥利维娅偶然来到阿里曼济勒（Ali Manzil），也就是哈米达苏丹夫人（Begum Hamida Sultan）家，这是仍然保有古代风格的最后几座豪宅之一，从门楼有道狭窄过道，通往遍植印度楝树与桑葚的阴凉中庭；这处开放式的空间两旁各有一座木造精雕阳台，雕工精致得简直像编织出的蕾丝花边一般。中庭前方有一排沙贾汗风格的尖拱柱廊，这里不久前曾是前任印度总统法赫鲁丁·阿里·艾哈迈德（Fakhruddin Ali Ahmed）的府邸，所以才挽救了它免遭类似其他华宅迅速失色的噩运。不过，即使是这座府邸也无可避免地受到侵毁，中庭的外缘最近已毁之一尽，好把空间腾出来给店铺用，几座阳台也在崩圮状态中，色彩剥落，檐下的游廊无人打扫。

哈米达苏丹夫人和她那位文静的妹妹坐在一张大柚木桌旁，身穿破旧宽松的棉上衣与长裤，年纪很大又身体衰弱，有着一头白发和纤细的手腕，但正襟危坐，像是要表现出她引以为豪的莫卧儿名门血统和教养。她肤色白净，但那张贵族气质的脸孔——显然以前是非常美丽的——如今却布满皱眉蹙额之纹。

"我很抱歉，"她说，指着地面上的杂物以及没扫的灰尘，"我们没有佣人，最后一个佣人在两年前死了。"

她和妹妹还是年轻女孩的时候，经常乘坐敞篷四轮马车，由人驾车从阿里曼济勒送到玛丽女王学校去，在当年，这座宅邸中总是有许多作家、乐师、政客和诗人，济济一堂；甚至光是进到中庭的外部都得先预约才行。

"我们每天都有 50 个访客，如今……"她的声音沉下去了，"印巴分治把我们的德里毁了。"

"你还记得那时的情况吗？"我问。

"我们那时候在西隆（Shillong），等我们回到这里，发现房子已经被人洗劫，厨子逃掉了，园丁则遭到杀害。我的亲友，洛哈鲁（Loharas）家族，只有纳瓦人（Nawab，属帕陶狄家族）一族留下来，其他人都逃到巴基斯坦去了。"

她摇摇头："我爱德里，可是如今德里已经死了。"

58 "你的意思是指？"我问。

"剩下的原居民没有几个，从外地来的人掌管了一切，甚至连我们的语言也死了。"

"可是在德里还有很多人讲乌尔都语的。"

"乌尔都语是一种贵族语言，不是劳动阶层讲的语言，那些还留在这里的——手工艺匠——讲的是工厂乌尔都语（Karkhana），诗人所讲的乌尔都语已经死了。"

一只瘦巴巴的猫饿得喵喵叫，本来在这位遗孀的脚边打转，后来又跳到桌面上，撒娇地用身子贴着她骨瘦如柴的手，这位穆斯林贵妇把它给推走了。

"印巴分治对德里而言是场浩劫，"她说，"那些留下来没走的人都处境堪怜，那些离了根的人也一样处境堪忧。太平盛世的德里已经成为过去，而今完全过去了。"

奥利维娅问她我们是否可以再回来拜访她，她需不需要我们从新德里带些什么来。

"我什么都不需要，"这位穆斯林贵妇傲然地回答，"不要再回来。"她顿了顿；然后很快又加了一句，几乎是细语般："我只希望被遗忘。"

德里暮色

有关哈米达苏丹的沙贾汗纳巴德的最美好印象——这个在1947年被毁掉的城市印象——无法在照片或图画中找到，也无法在那些劫后余生者疲旧的回忆中找到，但是可以在一本1940年出版、颇受佳评的薄薄小说中略窥一二。

虽然艾哈迈德·阿里（Ahmed Ali）透过《德里暮色》

(*Twilight in Delhi*) 所表现出的才华，立即就被福斯特（E. M. Forster）和伍尔夫两人赏识，但是 1940 年纳粹对伦敦空袭大轰炸时，霍加斯出版社（Hogarth Press）的仓库全毁。于是阿里的小说大部分也都不见了，后来也没有再加印，结果这本书先是因为第二次世界大战中的灾难而被忽略，接着又碰上印巴分治的浩劫而被湮没，直到现在因为有了最新的平装版出现，这本书才终于得到应有的赏识。尽管（直到最近为止）《德里暮色》也被它书中永垂不朽的城市遗忘，它仍然是本写得非常好的小说，而且也记录了已消逝的战前德里生活和文化，无人能及。此书是 1947 年发生浩劫前 7 年写成的，阴郁的风格和悲观的书名简直是未卜先知，连艾哈迈德·阿里也想象不到之后的事。

　　小说以一个传统穆斯林家庭的遭遇为主线，这家人住在一座与阿里曼济勒很相似的豪宅里，书一开头，此宅便笼罩在一片愁云惨雾中：大家长是位莫卧儿老先生叫米尔·尼哈尔（Mir Nihal），不赞成他儿子追求一个名叫毕勒基斯（Bilqeece）、出身背景不佳的女孩，随着男女主角阿什加尔（Ashgar）和毕勒基斯爱情花朵的成长、盛放并随后枯萎的过程，沙贾汗纳巴德奄奄一息的世界中，关于放鸽子的人以及诗人、炼金术士和苏菲、乞丐与商人的回忆被整个唤醒。

　　在克什米尔门（Kashmiri Gate）那边，英国人推翻了莫卧儿皇帝统治，迫使德里人俯首称臣，但甚少屈尊去与他们打成一片。第一次世界大战以及大流感使得年轻一代人口锐减；秃鹰在上空四处盘旋。然而，豪宅门墙之内，以及女眷闺阁绣帷之内，依然一如往昔地过着日子。婚嫁之后接着而来的是生儿育女，爱情萎谢，由中年渐渐迈入风烛残年——然而所有的故事和传统依旧传承了下来：

"遮盖住你的头，女儿，不然某个邪魔可能会伤害你……"

"如果你在床脚摆一个扫把，暴风雨就会平息……"

"刮起尘土飞扬的暴风时，就表示精灵都正要去参加婚礼庆典……"

男人们在屋顶上的露台讨论赛鸽的品种：戈利（golay）靠着屋顶低飞，但是飞行路线很直；飞得又快又高的是卡布利（Kabuli kabooter）；还有飞得慢，但有美丽的扇形尾巴的尼萨雷（nisaray）鸽子。在别的地方，那些伊斯兰教托钵僧（fakir）和炼金术士正讨论可以将锡炼成黄金的草药和仪式；他们压低嗓门谈着炼金术士最有效的配方材料，一种色彩鲜艳名为"夜灯"的花朵，这花生长在拉杰布达纳（Rajputana）干涸的山坡上，黄昏时像萤火虫一样闪闪发光。

《德里暮色》在印巴分治之后留传下来，为今天另一种新读者呈现了当年古老德里的生活风貌，但是我在想，不知道此书的作者究竟如何了？手上这本书的版本并未能给我任何线索；我跑遍书店也找不到出自同一位作者的其他较后期的作品。后来是一位德里的发行人告诉我，事实上作者阿里尚在人间，如今垂垂老矣又默默无闻地住在卡拉奇。这就更令人感到好奇了：为什么一个显然极热爱德里的人会选择离开它呢？还有，为什么他没有继续写出更好的作品来？

许多有关 1947 年的疑问，解答关键似乎尽在卡拉奇，不仅是因为这个城市有 20 万的人口都是在动乱的那一年中，由德里逃难来巴基斯坦的难民，也因为它藏着这些人之中最受瞩目的记录者。我动身前往卡拉奇的时刻到了。

拜访艾哈迈德·阿里

在德里，我通过他人介绍认识了沙努拉克·哈吉（Shanulhaq Haqqee），他是位抽烟斗、讲乌尔都语的诗人，而且是阿卜杜勒·哈克（Abdul Haq）的直系子孙，此君是以前沙贾汗（Shan Jahan）①王朝著名的文人。沙努拉克在1947年从德里逃难到卡拉奇，他离开是为了躲避暴乱，打算等到恢复正常秩序之后就尽快回去。他就像个异国观光客似的，本来没打算要在卡拉奇逗留超过一个星期，直到后来才改变了主意。从当年他最早的老祖宗在13世纪离开突厥斯坦（Turkestan），为了与德干半岛上的苏丹阿拉丁·卡吉（Ala-ud-Din Khalji）作战而来到德里，到他本人离开德里为止，已过去了几乎700年。

沙努拉克是唯一一个我能找到的，确实是艾哈迈德·阿里真正朋友的人。"阿里不大跟人来往，"有位巴基斯坦朋友曾经告诉我，"他从来都没真正适应卡拉奇。""他脾气有点冲，"另外有个人这样说，"你知道……挺让人吃不消的。"

我到的那天晚上，沙努拉克·哈吉就开车送我去见艾哈迈德·阿里。但是哈吉要我先去他家见见其他来自德里的流亡人士，他会在茶聚时间在家等我。

那些流亡人士——如今都成了年高德劭之辈——端坐着，用瓷杯啜饮茉莉花茶，斯斯文文地吃油炸面团或小黄瓜三明治。墙上挂了一张褪了色的深褐色照片，那是1912年间，沙努拉克家人于靠近阿杰梅尔门处的自家豪宅中拍摄的；旁边挂

① 即吉亚斯丁·沙·贾汗，1592～1666年，印度莫卧儿帝国皇帝，兴建了泰姬陵和德里新城。

了另一张照片，是个穿戴莫卧儿晚期宫廷服饰的稚龄男童：一件穆斯林穿的织锦高领长外套、如睡衣裤的白色宽松装束，头上还戴了顶小小的红色土耳其帽。

"卡拉奇的乌尔都语当然是纯正地道的德里乌尔都语，"有位法官一面咬着块油炸面团，一面解释，"如今在印度已经把所有的方言都梵文化了，现在，只有在这里你才听得到乌尔都语。"

61 你可以听到外面传来卡拉奇车水马龙单调沉闷的噪声，这个城市不断让我想起波斯湾国家：新建的高速公路、庞然高耸的建筑、日产汽车。但是当你和那些流亡人士交谈时，出现在你脑海中的却总是巴勒斯坦人。人人都把童年回忆当作所有权般珍惜无比，每个人心中都对那场大难、大屠杀以及大迁徙的故事了如指掌；40 年来的流亡异乡故事就像最新的流言蜚语般从每个人口中一泻而出。每个人谈到那座古城时，口气仿佛自从他们离开的那天起，都没有改变过。

"你有没有去过古利丘里瓦兰（Gulli Churiwallan）？"那位法官问，他提到的地方如今是遍布倾圮货仓的肮脏贫民窟，"那里的豪宅是全德里最壮丽的，那些石工、喷泉……"

这话令我想起两年前在约旦河西岸，靠近拉姆安拉（Ramallah）的一座难民营中，曾经有过的一段对话；乌萨马（Usamah）问我，你可知道靠近贾法（Jaffa）的比迪雅（Biddya）那里的橙树果园？比迪雅果园生产的香橙是全巴勒斯坦最好的，他说，他还记得小时候常溜进果园爬到树上去，之后，果汁流得满脸都是……我怎能告诉他，他记忆中的果园如今已消逝在特拉维夫区最丑陋的郊区之一中？

"你去过伯恩斯路（Burns Road）吗？"一位公务员的太太问，打断了我的思绪，"就在你住的旅馆附近，所有从德里来，以前在贾玛清真寺那里卖甜食的小贩，现在都在那里摆摊。有时候我就只是去那里听听，坐在路边的餐厅里，闭上眼睛，然后就嗅到一阵阵飘来的烤肉串香味，我就会想：啊！这是我小时候闻过的味道。"

"现在学校里还教不教迦利布（Ghalib）① 的作品？"有个新闻广播员问，他提到的是乌尔都语的伟大诗人，"还是只教迦黎陀娑（Kalidasa）② 和《罗摩衍那》（Ramayana）③？"

"我敢打赌，现在德里甚至没有人知道迦利布是谁，"法官说，"他们可能以为他是个槌球队员。"

稍后，沙努拉克开着车，带我在卡拉奇街道上慢慢兜风，我们一路驶过时，他指出那些以前曾经林立在德里街道上的店铺：英国靴屋（English Boot House），以前开在康诺特广场；阿卜杜勒·哈利克（Abdul Khaliq），月光市场街以前最有名的甜点小贩；尼哈利（Nihari's）的店，这个人以前在德里的大清真寺阶梯那里卖烤肉串。他指出某某地方为何依然保持了以前德里某某地方特有的用语习惯，或某某地区独有的库尔塔（Rurta）④ 长袖衣裤的剪裁方式。

甚至连街名都像是本德里传记字典。正当现代化的德里街道以一系列 20 世纪政治家为名时——马卡里奥斯大主教（Archbishop Makarios）⑤、铁托，诸如此类——而卡拉奇的街道却以德里的历史名人命名：在去往艾哈迈德·阿里家的路

① 1797～1869 年，印度波斯语和乌尔都语诗人，散文作家。
② 4～5 世纪时印度笈多王朝诗人、剧作家、梵文古典文学代表作家之一。
③ 印度古代梵语两大史诗之一，一译《罗摩传》。
④ 印度无领长袖衬衫。
⑤ 塞浦路斯首任总统。

上，我们接连经过了许多以德里的苏菲和苏丹、诗人及哲学家命名的街道，而后才左转进入阿米尔库斯洛大道（Amir Khusroe Drive）。

艾哈迈德·阿里在那里等着我们，他戴着朴素的黑框眼镜，眼镜之上是一对稀疏的灰色眉毛，讲话时，辅音发得很含糊，有点无力的手腕及龙钟老态却流露出布鲁姆斯伯里文化圈的文人气质，他的头发已灰白。这个人曾经被视为德里文化圈中的佼佼者，他捍卫东方文明使之不受西方影响的渗透，而今艾哈迈德·阿里却出人意外地以英国人形象出现：一口含糊不清的口音，一件花呢外套、袖肘缝有陈旧的皮革肘垫，他倒可以很好地扮演科沃德（Noël Coward）[1] 剧中的俱乐部区人物角色。

然而在他那舒适安乐的表面之下，艾哈迈德·阿里却是个怒火中烧、愤愤不平的人。跟他相处的那几个小时里，他口沫横飞、话音不绝，简直像个滚烫的油锅，开头是因为我不小心提到他如今已是巴基斯坦的公民。

"胡说八道！鬼扯！"他说，"我一向都反对真纳（Jinnah）[2]，从来都没有兴趣待在巴基斯坦。"

"冷静点！别急！"沙努拉克说。

"见他的鬼！"阿里说，"巴基斯坦根本就不是个国家，从来都不是，它只是个七拼八凑的大杂烩，它不是你的或我的国家。"这时他对着沙努拉克吼起来了："它只是一些混蛋封建领主的国家……强盗、血淋淋的杀人凶手、绑匪……"

---

[1]　1899～1973 年，英国演员、剧作家和作曲家。他有许多成功之作，如《干草热》（*Hay Fever*）。

[2]　穆罕默德·阿里·真纳，1876～1948 年，巴基斯坦国的创建者。

这顿气急败坏的连珠炮逐渐消失在沉默之中。

"可是，"我大着胆子问，"你不是选择到巴基斯坦来了吗？相信要是你愿意的话，大可以留在德里的。"

这话又引起了另一场情绪爆发。

"我选择来巴基斯坦？我才没有！那该死的印巴分治发生时，我正在南京担任客座教授，那些混蛋印度教猪猡不肯让我回老家，所以……"

"你这话怎么说？"

"我到北京去见了印度大使，该死的……该死的猪猡说我不能回去，说那是有关印度教教徒反对穆斯林的问题，他无能为力。我就被困在中国，哪里都去不了。"

"注意言辞。"沙努拉克说，眼见他朋友已经快到失控的地步。

"那么，你最后是怎么来到了卡拉奇？"

"等到我在南京的薪水被停掉之后，我想办法去投靠香港的一些朋友，他们把我弄上了一架飞往卡拉奇的水陆两用飞机，我不能回德里，还能上哪儿？"

阿里本来气得发抖，现在停下来不抖了，只是脾气还很坏、很易怒。

"我从来都没有选择来巴基斯坦，"他说，慢慢恢复了平静，"我所属的文明——德里的文明——是经由两种不同文化水乳交融而成的，也就是印度教和伊斯兰教的文化，这种文明不受打扰地繁荣了一千年，直到某些人出来否认这种水乳交融般的存在。"

"像这样的看法会让你在这里不受欢迎。"

"在巴基斯坦他们从来都没接受过我，他妈的，我已经被人家剔除了。他们不出版我的书，已经把我除名，当《德里暮色》从印度运到卡拉奇海关时，他们把书退回去，说这些书是关于边界那边的'禁'城，他们暗示这种文化是外国的，而且具有颠覆性。哈！"

"既然这样，你难道不能回德里？你不能再次申请印度公民资格吗？"

"如今没有一个国家是我的祖国，"阿里说，"德里已经死了；那个城市曾经的……语言……文化。我所熟知的一切已不复再有。"

"这是真的，"沙努拉克说，"在印巴分治13年后，我曾经回去过，一切已经面目全非，我住在一家新的旅馆——国宾大饭店——后来才知道这家旅馆是建在一座坟场上，我有好几个朋友都是葬在这里。以前在我住的围区里面，人人都认得我，可是突然间我却变成了一个陌生人。我家那座豪宅被瓜分成十个部分，被旁遮普人侵占了。我太太家的房子变成了一座神庙。德里已经不再是德里人的安居之所，甚至连城墙都变了，实在让人感到非常沮丧。"

"在印巴分治之前，它是座独一无二的城市，"阿里说，"虽然已经很穷了，但是仍然保有自己的高雅文化，这种高雅文化甚至流风遍及市井，人人都沾光：即使是送牛奶的人也会引述米尔和达格（Dagh）……"

"妓女会唱波斯歌曲并且朗诵哈菲兹（Hafiz）① ……"

"他们可能不懂得读和写，但是他们记得那些诗人……"

---

① 约1325~1390年，波斯诗人，运用波斯古典诗歌中的抒情诗体创作了近五百首诗篇。

"还有语言，"沙努拉克说，"你无法想象出德里乌尔都语有多纯正高雅……"

"而且多丰富，"阿里加了一句，"每个城区都有各自的表达用语；淑女的用语和男人的用语有相当明显的区别。如今这种语言已经枯萎了，很多词语都已经失传。"

我们谈了一个小时，都是关于他们童年和青少年时代的德里，我们谈到了阉人和苏菲，鸽子和诗人；雨季时在梅劳利（Mehrauli）的野餐，还有爱上艾哈迈德姑姑的精灵。我们谈到营业到凌晨三点钟的甜点铺；能够对整个城区施法的法师；中了魔的女人往往会垂直行走在女眷闺房墙壁上；还有哈基姆·阿杰马尼汗（Hakim Ajmal Khan）这位伊斯兰教医生的妙手回春。这个老人在乡愁之海中载浮载沉，直到最后才走上一筹莫展的忧郁之岸。

"可是这一切都成过眼烟云了，"阿里说，"所有德里不同凡响之处都被连根拔起并且消除了。"

"现在只剩没有灵魂的残骸。"沙努拉克说。

"我已经成了化石，"阿里说，"沙努拉克则正在变成化石。"

"不过，总而言之，"我坚称，"要是两位这么爱德里的话，至少会乐意再见它一次吧？"

"我永远都不会再去看那个城市的，"阿里说，"有一次我应邀到澳大利亚演讲，飞机发生了点故障，于是就转飞到德里降落，可是我拒绝走出机舱。我说：'我不出去，我不需要出去，尽管去叫你们那个该死的董事长来，但是我绝对不会把脚踏在这片土地上，因为它曾经是我的神圣土地，而今却已被人亵渎。'

"他们把整个机场的员工都调来对付我，要把我弄出机舱，我就是不动。我怎么能动呢？我怎么受得了再看到那些曾 65

经属于我，现在却已不再属于我的一切呢？当他们问我为什么
要这样做时，我只是坐在座位上向他们引述米尔·塔基·米尔
（Mir Taqi Mir）的诗句：

> 关何紧要，清风啊，
> 即使现在春天已来到
> 而我却已经失去了这两者
> 花园以及我的安乐窝？

"结果怎么样？"我问。

"那些猪猡都是旁遮普人，"阿里说，"老实对你说，我根
本不认为他们能听懂我讲的任何一个字。"

第四章　殖民地时期的德里

67 　　我从卡拉奇回来后第一件要做的事，便是去德里海关的存关货栈领回我的计算机、打印机、手提式录音机，以及珍贵的电水壶。它们怎么会在这里，说来是个很长又很折腾人的故事。

　　5 天之前，我已经早早抵达德里国际机场，准备乘机前往卡拉奇。能走到这一步，之前已经花了一个星期的努力，因为在德里，即使像出境这种简单的事情，都可以变成中世纪苦修赎罪之类的折磨，连续 4 天，我简直天天不眠不休地在移民局（Hans Bhavan）总部的走廊里跑来跑去，申请出境许可证；耐心地在巴基斯坦大使馆签证部门外排长龙等候，以便拿到入境许可；然后，在印度航空公司办公室枯坐了漫长的 5 个小时，而他们票务部的计算机则开膛破肚地躺在桌上，正由一位计算机"专家"施以紧急手术。

　　当我迈着大步经过移民局往海关走去时，还恭喜了自己一番，因为样样都办妥了：我已经有了登机牌和座位号码；机票在手；该有的印花税票也都贴在护照里了，我很自豪地把它递给了海关官员：

　　官员（翻阅着护照）：日安，先生。我想你是才到我们印度的人。

　　本人：没错，我才刚搬来这里住。

68 　　官员：可是你现在打算要离境？

　　本人（兴高采烈地）：对，不过不会去很久。

　　官员（突然板起脸）：当初你抵达我们印度的时候，我想你带了部计算机、打印机、卡式录音机和一个天鹅牌电水壶进来。

　　本人：你真聪明。哦，我明白了！（真相永远会大白）我抵达的时候，你的同事在护照背面写上了这些物品。

官员：先生，我不懂，你正要离开我们印度，但是我却没看到一部计算机、一部打印机（读出护照上所列物品）。

本人（开始紧张了）：没有——不过我不是去很久，不需要用到电水壶，因为我会住在旅馆里，哈！哈！

官员：哈！哈！但是先生，要是没带着你那部计算机和其他一起进口的东西，你就不可以离开印度。

本人：为什么不可以？

官员：这是规定。

本人：但这很奇怪。

官员（摇晃着脑袋）：是的，先生。这是规定。

本人：可是我只离开5天而已。

官员：这没有多大关系，先生，出境一天、一年，都是一样的。

本人（渐渐失去冷静）：你懂不懂？我只离开5天。我的东西都摆在家里，我只离开很短的时间，当然不会带着我的电水壶，也不会带着我的电冰箱、我的锅碗瓢盆或空调，等等。

官员：先生——你还进口了空调设备？

本人（马上把话收回）：没有，没有，这只是打个比方而已……

官员：先生，重点就在这里，你可能已经违反了最重要的规定，把你的电水壶或者是那部录音机给卖掉了。

本人（绝望的）：我向你保证，我并没有卖掉任何东西，它们统统在我的公寓里，拜托，我只是要去卡拉奇而已。

官员：先生，我没有见到你申报的物品，就没办法让你走。

经过20分钟的争吵、哀求、连哄带吓，我们才终于将就地达成协议。我得赶回家去把那些"相关物品"带到机场，拿给那个海关官员看，他会扣押它们以保证我会回来，等我回来后再去领回它们。

等我从卡拉奇回来之后，那个官员——普拉卡什·贾特（Prakash Jat）先生确实信守诺言，正在等着我，所有东西安然无恙地藏在他的存关处。我把取物凭单递出去。

"你是个幸运的人，"贾特先生说，"我们违反了所有的规定才让你不用带着你的东西离开印度。"然后他又补充说："顺便一提，我实在很喜欢你的（看着商标念出来）还有反低鸣和低放音失真效果的卡式录音机。"

贾特先生恋恋不舍地抚摸了一下我的卡式录音机，双手捧着它，欣赏着那优美的外形和坚固的机身，接着，环顾左右，压低了嗓门补充说："先生，你肯不肯卖？我出个好价钱给你。"

出了机场，我惊喜地见到巴尔温德·辛格正等着我。之所以感到惊奇，是因为在我离开之前的几个星期，巴尔温德已经常常旷职。这一情况始于10月中旬，他被老婆撵出家门，因而被迫投靠在 G. B. 路上的妓女那儿。我这个老友对家庭纠纷佯作毫不在乎——"没问题，威廉先生，才花45卢比，可以过整晚，太开心了，每个人都太开心了"——然而尽管嘴上很硬，随着那个月过去，巴尔温德·辛格开始明显露出撑不下去的样子。多数早上他都没到国际后侧的出租车站去排班，过了中午才出现，胡子也没刮，他不再乐呵呵地对着街上的漂亮妞儿指指点点地说："威廉先生，你喜欢吗？"更不好的先兆是，他开始一到5点半就准时下班，急速赶往可汗市场上的啤酒铺。

巴尔温德偏好的杯中物，是叫作"德国啤酒"（German Beer）的本地烈啤酒，一升装大瓶的商标上面有很大的纳粹党徽，一眼可辨。巴尔温德一晚上总是要灌个一两升的"德国啤酒"，但是在10月，他的消耗量更加惊人。那个月，出租车里面经常堆满空啤酒瓶，每次我们转过一个街角时，脚下就会传来那巨大的玻璃碰撞碎裂声。

"我这老爷车后座有些容易破的东西。"巴尔温德会面有愧色地这样解释。

他债台高筑究竟是因为喝酒，还是因为那些来自拉贾斯坦邦（Rajasthani）的妓女，不得而知。10月底，巴尔温德迎面遇到我，问可不可以向我借一千卢比。他那些债主穷追不舍，他说，一个月之前，他曾向一位流氓朋友借钱；现在这个流氓威胁说要给他好看，拿他开刀，除非他还钱。听起来有点像个荒诞不经的故事，但我还是把钱借给了巴尔温德，第二天他就不见人影，到旁遮普去了。

如今，时隔一个月，所有的不开心好像都忘光了，他心情开朗地把欠我的钱全部还回来。当我问起这位老友有关那个职业流氓和他欠债的事，他只是耸耸肩。

"大人物，大问题，"他说，"小人物，小问题。"

"你这话的意思是什么，巴尔温德？"

"拉吉夫·甘地（Rajiv Gandhi）有大问题，巴尔温德·辛格只有小问题。"

我稍后才发现，他真正所指的意思，原来是他父亲彭杰比·辛格出钱保了他脱身，没惹上麻烦，交换条件是答应将来规规矩矩做人，这情况持续了约莫两个星期。与此同时，在11月的前两个星期中，奥利维娅和我也很乐得有个改过自新、胡子刮得干干净净、气息清新的巴尔温德，以及坐在出租车里时，没有冲天酒臭的那种全新感受。

从卡拉奇回来两天后，我叫了巴尔温德的车，请他带我到加冕公园（Coronation Park）。

当我初次来到德里时，满心期望会有熟悉之感，因为我知道自从伊丽莎白时代以来，印度就受到英国的影响，而且将近两百年的时间里，这个国家曾经受制于英国强权，起初是以东印度公司的形式，后来则是英国王权。

此外，在20世纪80年代中期，英国如火如荼地欲恢复昔日在印度统治之雄风，英国民众沉湎于对此的乡愁之中，简直犹如连续剧——《楼上、楼下》（*Upstairs, Downstairs*）的殖民地版本，并且想将此版本扩大到亚洲广大平原上去演出。电视上播映着《王冠上的珠宝》（*The Jewel in the Crown*），《泰晤士报》（*The Times*）上的读者来函专栏里都是来自老一辈印度人之手的信件，抱怨阿滕伯勒（Attenborough）的电影《甘地传》（*Gandhi*）谬误百出。大学出版社呕心沥血地编印有关帝国建筑的书籍，而推荐书单上至少也会囊括两本内容环绕印度被英国统治时期的书：《克里希纳普尔大围攻》（*The Siege of Krishnapur*）、《热与尘》（*Heat and Dust*）；而《眷恋》（*Staying*

On）以及《午夜之子》（*Midnight's Children*），都是近年来的畅销之作。

这是在老家所出现的大英帝国印度热，使得我以为印度也会沉迷于相同的大英帝国热，当然，真相可差得远了。在最后一位英国绅士离开印度航返英国不到40年后，我来到这块次大陆上，很好奇地想知道印度在摆脱殖民地包袱方面的工作做得如何了。没错，老百姓会讲英语，玩棒球，而且仿威斯敏斯特选举形式去投票，然而，这些不但没有令我感到熟悉，更令我惊讶的是，两百年的殖民统治所残留的明证竟然如此之少。在跟我同辈的印度人谈话之中，他们提到大英帝国就像我提到古罗马帝国似的。英国人虽然满怀深情的幻想，然而就一个现代德里人而言，帝国已成古代史，离我们的年代遥不可及。

再没有其他地方比加冕公园更可表现出这种差距了，公园坐落在举行过三次德里杜尔巴（Dehli Durbar）仪式的遗址上，堪称大英帝国展现雄风盛世的高潮。如今，巴尔温德和我找了很久才找到这里，这个遗址位于旧德里北郊最尽头偏远处，此时困于一大片杂草丛生的荒地之中。视线所及之处，皆是一大片平坦又乏味的地区，由于太过于平坦，以至一辆牛车单独横越这片大地时，看来简直像高耸入云的神庙战车。接着，在地平线的一面，突然从沼泽般的平坦大地中冒出来一座庞大的大理石像，一座印度奥兹曼迪亚斯（Ozymandias）。

这座雕像有60英尺高，头戴宝球十字架王冠，手持令牌，72
加冕为王；在他周围矗立着一排弧形的弥撒侍僧石像，一群僵化的朝臣孤立无援地受困于一片亚瑟王故事中的荒野沼泽、烂泥和浅褐色的荆棘丛中。蔓生植物纠结缠绕在他们衣袍折缝之

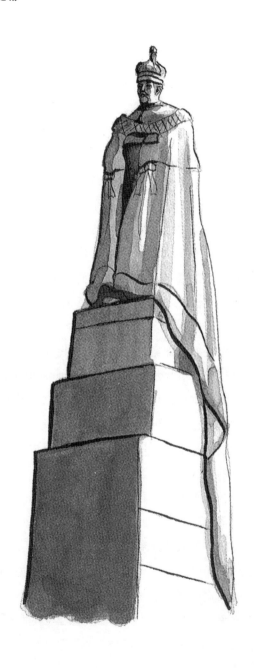

间；野草染绿了已加冕的皇帝。乍看之下，很易把这个奥兹曼迪亚斯像当成埃及法老或古罗马皇帝，只有走上前去细看时，才看得清那是大英帝国国王和印度皇帝乔治五世，他身边环绕着手下所有的总督。

这座雕像原来竖立在新德里市的中心环岛上，为英王道（Kingsway，如今改名国王大道）上的焦点所在。印度独立之后，这座雕像很快就从英王道上退休，如今既无人爱又被人遗弃般地矗立于此地，成为多余的纪念文物，纪念一个没有几个印度人会怀念的已逝年代。虽然这座雕像只有 60 年之久，但它所属的那个年代却已遥远得如同埃及拉美西斯二世（Rameses II）① 的世界。

印式英语

或许语言，也就是口语，更能明白地显示出从 1947 年以来的巨大变化。

印度人所讲的英语——印式英语（Hinglish）——自从监管其纯正性的监督人回了老家之后，自然而然地就走上构建自己的表达风格之路，就像是美式英语，在英国殖民势力撤退之后得到解放，因而发展出另一套自己的语法规则、自己的句式结构和词汇。

我们在印度的生活之中，其中最大一项的乐趣，便是每天早上 7 点半由拉杜带着"早茶"和《印度时报》来叫醒我们，报上刊登的新闻内容大都令人沮丧〔"泰米尔火车失事，400人丧生"、"绞死阿萨姆邦分离主义分子 150 人"，诸如此类〕，

① 公元前 1303～前 1213 年，古埃及第十九王朝第三位法老。

然而《印度时报》轻松活泼的笔调或多或少总是将阴森恐怖的悲剧略为冲淡。虽然火车相撞，但至少主要部门首长快速飞行（air-dashed）到现场视察；虽然旁遮普有十个女修道院（convented）的女学生遭人轮奸，但有数千名学生已经举行一场罢课（bandh）和示威抗议（dharna）反对此种"戏弄夏娃"（eve-teasing），这比美国人婉转的说法"性骚扰"要好得多）。还有，要是示威抗议者遭到警方警员（jawans）以警棍（lathi）对付，结果又如何？《印度时报》在结尾都会对此有案情记录（charge-sheeted）。

然而，我最爱看的内容，却是每天刊登的讣告（condoling），要是《印度时报》可以作准的话，那么印度政客最喜欢的莫过于迅捷的吊唁了；而且几乎无日欠奉这类照片，例如，哈里亚纳邦（Haryana）邦长向乔杜里（Chaudhuri）太太致以慰问，哀悼其夫乔杜里先生的逝世，乔杜里先生为全印度零件公司总经理。事实上，吊唁已大有成为兴盛行业的趋势。要是有个生意人去世了，却还没重要到让首脑来致哀吊唁，那么就会由他的同事一起出面刊登醒目的吊唁广告，这已经蔚然成风。这类广告的用语，甚至比《印度时报》新闻版上的用语还具启发性，我曾在日记里抄下这则刊登于1989年11月的范例：

哀逝

我们怀着深切的悲痛吊唁英年早逝、我们敬爱的总经理迪帕克·梅赫塔（DEEPAK MEHTA）先生，享年34岁，在悲剧情况下（被人用床柱打死）离开我们前往天堂。群龙无首的梅赫塔代理（私人）有限公司敬悼。

74

印度独立 40 年以来，印式英语发生了巨大变化，其最显著的佐证也许并非存在于尚存的语言中（并且其已发生奇怪的转变），而存在于那些已死且完全消失的语言中。

要看这类已经过时的语言，有本最佳指南，便是《英印口语词汇表》（Hobson Jobson：*A Glossary of Anglo-Indian Colloquial Words and Phrases*），最早是由约翰·默里（John Murray）出版公司于 1903 年出版，这本书是以指南形式写成，列出那些源出于梵文、乌尔都语、波斯语和阿拉伯语的英文词，堪称洋洋大观：原来当你每次穿着宽松睡衣裤（pyjamas）或系宽腰带（cummerbund）；或者你曾经坐在自家的独栋平房（bungalow）的檐下游廊（veranda）上阅读报纸上的专家评论（pundits）或者是吃糖果（candy）；甚至如果你遭到食尸鬼（ghouls）缠身或者被无赖恶棍（thugs）偷了你的钱——那么你所使用的一堆英文字眼，都是从东印度公司的贸易和殖民活动发展而来的。

不过这本指南最有意思之处，或许是其中不知道有多少词句如今都已经完全不用，对于一个现代读者来说，根本不知所云。1903 年，一个英国佬可以大赞一根方头雪茄是"地道的cheese"（从印度语 chiz 转来，意谓东西），或声称他的马是"西藏最好的 goont"（来自印度语 gunth，意谓马驹）；还有正在单身宿舍（chummery）和朋友玩某种运动（shikar）休闲轻松一番，或是正在跟他的情妇（rum-johny，来自印度语 ramjani，指舞娘）鬼混，当他用这些字眼时，理所当然地认为别人会听得懂。

整本指南中有一半是这类已经不再使用的词句：属于遥远又陌生的世界所遗留下来的语言遗迹，很难令人相信这些字眼

依然通行于这个年代。不过，在 20 世纪初，要是一个英军队
中的印度兵（Jack）做错了事，他就得等着被好好地修理
（galee）一番；要是他倒霉的话，他家的茅屋顶（chopper）
可能会在四月阵雨（mangoes）中垮掉；还有，如果他在阅兵
时忘了带军用水壶（goglet），可能就会从此被踢出军队。

75　　　对我们英国人来说，当年英国统治印度期间的流行词现今
看起来很古怪、年代久远又滑稽，就像加冕公园里的那座倾圮
雕像般不合时宜。然而很多真的讲过这种语言的人还活在英
国，对他们而言，这本指南的世界与其说是语言考古学，不如
说是劫后余生的残存回忆。

　　　在前往印度之前，我曾到剑桥拜访一位朋友的祖母，因为
在 20 世纪 20 年代至 40 年代，艾丽斯·波特尔（Iris Portal）
曾在殖民地时期的德里度过她的青春年代，如今往事只能回
味，我想要听听她还记得些什么。

艾丽斯的德里情怀

　　　那是夏天最后的一个周末，英国东部平坦的梯田上，拖拉
机正开始在辽阔的沼泽平原上犁地，一阵阵凛冽的风由海岸吹
来；云影飘过田野。在巴克斯（Backs），树的叶子也开始变色。

　　　"欢迎来到我的兔子窝，"艾丽斯说，"地方不是很大，但
我认为这里多彩多姿。"

　　　她是位很机灵且保养得很好的老太太：面孔严肃、很聪明
的样子，灰发剪得很时尚，低沉沙哑的声音颇富吸引力。艾丽
斯家族有很多人都曾是剑桥大学的学者教授，虽然她破例嫁给
了行伍之人，但当她从容不迫地盯着人看时，仍然流露出书香
门第的气质。

M11 公路附近住宅区一间暖气过热的公寓里，艾丽斯靠坐在安乐椅中，从外面停车场往远处看，可以见到格顿（Girton）郊区的人行道和住宅区。然而在屋里，正忠实地重现另一个世界的碎片。四周的书架上摆满了大英帝国时期的名家经典作品——托德（Todd）、吉卜林（Kipling）、范妮·帕克斯（Fanny Parkes）以及埃米莉·伊登（Emily Eden）——有些书已经遍布蠹虫蛀孔。一面墙壁悬挂着一幅小油画，画的是达尔湖（Dal Lake）船屋景色；另一面墙上则有张印刷画，是红堡里的莫卧儿皇帝穆罕默德·沙·兰吉拉（Muhammed Shah Rangilla）。在这图的旁边，是一张古老的地图，20 世纪 30 年代的德里。

不知怎的，这些图片以及书籍——尤其是那些积尘、有着古老布面、纸页泛黄、充满藏书室气息的书籍——为这间完全现代化的公寓增添了一股淡淡的爱德华时代的气氛，依稀令人想起印度山间避暑驻地的平房建筑。

"你一定要代我向亲爱的旧德里致意，"艾丽斯说，"啊！我甚至现在一闭眼就见到……"她并没讲完那个句子，停了一会儿接着说："一盆盆的菊花！"她突然很快冒出话来："成行成列、种在红色小花盆里的菊花！那是我记得最清楚的，那些菊花还有废墟：骑马上街逛过那些集市，然后到乡间去，顾特卜塔以及在豪兹哈斯（Hauz Khas）的月下野餐——那是我们都认为浪漫到极点的地方。每个地方的陵寝都崩塌了，还有印度羚羊，以及孔雀、猴子……德里还是老样子吗？"

"某种程度上是。"我说。

"亲爱、亲爱、亲爱的老德里，"她说，"我真羡慕你住在那里。"

76

她露出心满意足的微笑，又在安乐椅重新调整了一下坐姿。

"所以，"我冒昧地问，"您是在德里出生的吗？"

"不，不，不，"艾丽斯阖上双眼深深吸了口气，"当然不是，我是 1905 年在西姆拉（Simla）一座名为纽斯特德（Newstead）的房子里出生的，那房子就坐落在总司令的房子斯诺登（Snowdon）的后面，那时候的总督是寇松（Curzon），总司令是基奇纳（Kitchener）。"

因为她提到了西姆拉，于是我便想起曾在艾丽斯哥哥、伟大的拉布·巴特勒（Rab Butler）的传记里，见到他们两人小时候拍的一张黑白照，是在西姆拉总督官邸里举行的儿童会上拍的。照片里可以清楚看到艾丽斯圆润的小脸蛋，一身维多利亚时代的塔夫绸以及白丝服饰，她的两眼则从这堆衣服中窥望着镜头。

"那么您的童年是在西姆拉度过的？"

"不是，只有出生后的头五年是在西姆拉度过，"她再一次纠正我说，"然后就被带回英国。我在一所疯人院般的学校上学，那学校位于福克斯通（Folkstone）悬崖下的桑盖特（Sandgate）海滩旁，是比代尔斯式（Bedales-type）① 那种前卫的地方，简直吓死人。我们得当自己是个希腊共和国、自己定规矩、穿具有审美感的制服，此外我不知道还有什么值得一提。"

"您想不想念印度？"

"我不做他想，印度是我的老家，"她耸耸肩，"我所想的

---

① 比代尔斯学校（Bedales School）是一所男女同校、寄宿及全日制走读学校，位于英格兰汉普夏郡。

只是印度，有匹自己的马和一名英勇的护花骑士。当家母和我回到孟买，我们立刻就坐上到德里的火车。我记得非常清楚，车子一路行驶，我的欢跃之情，以及见到那些成行成列、种在花盆里的菊花时，一面想着：‘啊！我回来了！’”

77

“一切都还是我记忆中的老样子，家父的男仆戈库（Gokhul）比以前稍微胖了一点。他从少年时代就跟着家父，那时候已经长得相当魁伟：他常常在胸前挂一个很大的黄铜徽章，到处巡来巡去。除此之外，其他都没有改变。”

艾丽斯讲话很慢、一丝不苟，像是绞尽脑汁要把记忆一丝不差、准确无误地掀出来。

“那是……1922 年，我想。那时候印度政府机关已经设在德里，等着新德里建设完成。我们都住在（旧德里的）民政街（Civil Lines）。那里没有办公大楼，所有的政府办公室都设在尼森式活动营房（Nissen hut）① 里面。但是官员住的平房都有很漂亮的花园，你知道德里花草树木都长得很茂盛，黄檀……”

“您有外出做事吗？”我问。

“没有，没有，我过得非常的游手好闲。我在学校念书的时候，自以为文化修养、趣味都很高，除了布朗宁之外，没人会谈别的。但是在德里，要是人家发现你读诗，就会大惊失色。在印度的英国人并不是很有文化的一群人，那里的生活气氛是很醉生梦死的，内容全部是骑马、野餐、去俱乐部、跳舞、风度翩翩的年轻男人以及潇洒好看的马球球员……”她露出微笑，“回顾过去，当然，这样的生活安排很奇特。作风

---

① 由英国采矿工程师尼森设计，有瓦楞铁皮半圆顶和水泥地面的活动房屋。

也非常势利，所有的人都被划分在不同阶级里，绝对没有人会想要跟某个属于公共工程部门的人出去……"她嘲讽地模仿着那种惊骇状眨眨眼。

"最势利的活动要算打马球，然而在德里，狩猎场面也相当可观，所有总督手下的部属（通常他们都相当有趣又吸引人）都穿着打猎便装出动了，一般是黑色外套或诸如此类：在乌蒂（Ooty）人人都穿粉红色，但是在德里只有专管猎狗的副手，以及管狗和马的人才能穿这颜色。大家都很认真，那些猎狗——相当活泼机灵的小狗——都是从英国运来的。通常我都在天亮以前就起来，然后乘坐家父的 T 型福特汽车到顾特卜塔。前一晚会先派个马夫带匹小马到那里。然后，等到太阳一出来，我们就会在这片干燥的乡野中策马追逐豺狼。"

78

"但是比追猎那些倒霉的老豺狼更值得耗费时间与精力的，是跟着乌梅尔·海特汗（Umer Hyat Khan）的氏族部落去放猎鹰。我猜你大概也知道有关他的一切，他是旁遮普北部的一个大地主，有点像是苏格兰高地的富有领主。乌梅尔·海特是立法院首届成员之一，每次立法院要开会，他就带着他的马匹、猎鹰和猎狗来到德里……天亮之前，我们已经策马慢慢经由浮桥过了亚穆纳河。马匹先行，还有很多极出色的部落里的人手腕上栖着猎鹰，而那些蓄势待发的猎狗则被皮带拴住。我们浩浩荡荡地出发，像支中世纪的队伍，等那些猎狗搜索到野兔并将其赶出来时，就放猎鹰去追捕。"

"在德里待了一阵子之后，我的头脑开始有点清醒过来。家父聘了一位大胡子教师来让我乖乖坐下来学乌尔都语。不久，我在总督官邸的晚宴中遇到了约翰·汤普森爵士（Sir John Thompson）。他是派驻德里的专员，也是家父的老朋友，是个非常聪明有才华的人：他会讲好几种印度语言，也懂得梵文及其他语言。他对我说：'你整天都做些什么？'我回答：'我睡得很晚，因为前一天参加了一个派对，接着又去骑马，还有……'他有点正色地跟我说：'你从来没有想过研究印度的历史吗？'我说：'没有。'然后他就回答：'我会借一本德里的历史书给你，你读完之后，看看能不能启发你去留意周遭环境。'——结果这本书果然做到了这点。"

"从此以后，不管我走到哪里，都会满怀好奇地去探个究竟，望着那些废墟。大多数的下午我常常骑马到旧堡（Purana Qila）——我非常喜欢这个地方——并坐在舍尔宫（Sher Mandal）顶上，想起那可怜的胡马雍曾经被这些阶梯绊倒并且摔死，所以我从上面下来的时候总是小心翼翼。当然，那时候是寂寞无人见的，胡马雍的陵寝早就无迹可寻，只剩下一片空旷的土地，散布着塌毁的陵寝和年代久远的断瓦残垣。平原的远处点缀着印度羚羊和孔雀，你可以骑着马到任何地方去……"

"说来这些都是在勒琴斯兴建的德里诞生之前的事了？"我打断她说。

"嗯，我想是在刚开始动工兴建的时候。"

"你见过他本人吗？"

"谁？勒琴斯？哦，见过，他是我父母的好朋友。"

"他是个怎么样的人？"

"唔，他很喜欢我母亲。因为家父的名字是蒙蒂（Monty），他常常就把家母唤作卡洛（Carlo）。这是勒琴斯的典型作风，老是喜欢开这种很幼稚的玩笑。"

"总督府才盖了两三英尺高的时候，他带我去看过。我一辈子都记得的，是走到其中一栋员工宿舍平房时，他说：'你

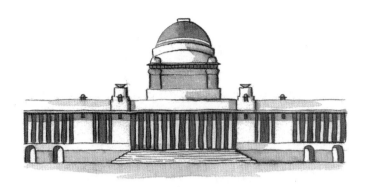

总督府

看——我在这里的中央部分规划了空间，然后从这里可以通往八道门。'其中有些门只是通往女仆的橱柜。'我认为这样好玩极了，'勒琴斯说——他简直为此兴奋无比，'要是有人去参加大宴会喝多了，等他们回家的时候，就会找不到门，很可能摸错门走进橱柜里。'"

艾丽斯皱皱眉："他是这种傻兮兮的人，不过话说回来，我非常欣赏他的作品。我爱新德里，向来都认为它比华盛顿出色。而且你知道，人们忘了这个壮丽的德里当初兴建时条件有多差——不管是在人力还是物力方面。那时候不像现在有像样的鹰架或者任何设备：没有起重机或者是机械器材来吊起沉重的东西……我还记得眼见那些干瘪矮小的人，搬运着大篓的砖块和大袋的水泥。像这种人为数极多：他们爬上摇摇晃晃的竹梯，梯子却是用细绳绑结而成的，愈往上爬就晃动得愈严重，非常危险……"

"当然，家父那辈人对这整件事都极为反感。他和我叔叔哈考特（Harcourt）都认为太过奢侈浪费了，而且认为这大笔经费可以在其他方面运用得更好。除此之外，他们总是觉得那个预言——谁在德里兴建一个新的城市，就会失掉这个城市——终会实现。要是有人提起有关新德里的话题，家父就总是会用阴沉的语调引述这两句波斯文。结果预言当然是实现了，无论是谁在德里兴建新城市，到头来总是会失掉这个城市：般度族（Pandava brethren）、普利陀毗罗阇·乔汉（Prithviraj Chauhan）、菲罗兹沙·图格鲁克（Feroz Shah Tughluk）、沙贾汗……他们都兴建了新的城市，结果也都失去了它，我们也不例外。"

我看得出艾丽斯累了，外面也已经天黑，我知道应该尽快告辞，但是在走以前还有最后一个问题想问。

"而今回顾过去，"我说，"您认为英国的统治问心无愧吗？"

艾丽斯反复仔细地考虑过之后才作答。

"嗯，在当时我们的确并不认为自己是邪恶的帝国主义者，"她慢慢地回答道，"当然没有这样想。可是你知道，虽然我这辈的人对甘地以及印度独立都很热衷，然而我们还是很不谨慎，并没认真想过我们究竟正在对这个国家和人民做什么。

"前面讲过，我无法忘记过去几个世纪那些'邪恶的'帝国主义者所做出的牺牲——那些坟墓，其中那么多是年轻人，有些还是我的朋友，而且他们有许多在生前都是很好的人。

"但总的来说，我认为永远不该把土地从一个民族的手中夺走，一个民族的土地自有它的神秘性。你可以到他们的土地上，而且还可能多少对他们发号施令，又或许引进一些新的观念、兴建几座很不错的建筑，不过到头来，你还是得要离开并且回到切尔滕纳姆（Cheltenham）① 与世长辞。"艾丽斯叹息说，"而这一点，当然，我们完全照做了。"

_____

① 英国英格兰西南部城市。

帝国之气

那年的 11 月，我在勒琴斯建设的新德里到处闲逛，一面想着艾丽斯。实在很难想象，曾有个人在勒琴斯兴建总督府——目前变成了总统府——奠基的时候，就被人带到这里参观，而且这个人依然健在。总督府那些建筑看起来如此的坚固、不受时间影响、充满思古幽情，因此也就好像是遇到了一个曾被伯里克利（Pericles）[①] 领着去参观帕特农神庙（Parthenon）的人似的。

为了能更好地欣赏新德里，通常我都是从旧德里朝它走去，渐渐把喧闹又混乱——噪音和炎热、三轮车和街头推车卖蔬果的小贩、焚香气息以及阴沟里散发的恶臭——的沙贾汗纳巴德抛在身后，然后突然发现自己来到了棋盘布局的街道上，有宽敞的大街和令人心旷神怡的林荫大道，就像巴赫谱的赋格曲，规划得精准又令人信服，道路骤然变得辽阔舒爽、空气干净，没有尘埃，没有蒸腾的热气：一切都在树影、绿意盎然的清凉之中。大道的尽头处矗立着宏伟的圆顶亭子，以前曾用来安置乔治五世的雕像。经过一条绿荫形成的拱顶道路走到彼端之后，我会右转并见到伸展向远方的浅红褐色天空，没有任何建筑或树木遮挡，简直就像特意让人伸出头来透口气。

这条国王大道——以前叫作"英王道"——是世上最宏伟壮观的庆典大道之一。它被设计成大英帝国的香榭丽舍大道，大道上有印度门，是乳黄色的凯旋门。但比起欧洲任何足

---

① 公元前 495 ~ 前 429 年，雅典执政官，后成为雅典国家的实际统治者，其统治时期为雅典文化和军事上的全盛期。

以相提并论的大道，它却更宽广、更绿意盎然、更壮丽。大道两旁，有很多块广阔的草坪，面向着那些喷泉，以及成行的桉树与木麻黄。此外，还有条条与大道平行的运河水道，平静的水面映出周围景物的倒影。

前方的莱西纳山丘（Raisina Hill）上，耸立着许多圆顶、塔楼和大圆顶的轮廓，在山丘上构成美不胜收的景观。一路向前走近，赫伯特·贝克（Herbert Baker）所设计的两栋政府办公大楼便从平原之上跃入眼中，凸出的门廊分立于总督府大圆顶建筑的两侧，东方建筑糅合了西方设计，圆拱和古典的希腊柱廊，加上精雕细琢的镂花屏墙和几座头盔状的圆顶小亭，一切恰到好处。在这一大片建筑物的正中心部分，新德里四面八方的焦点处，矗立着勒琴斯设计的那座令人为之瞠目结舌的新佛教圆顶建筑。

不管我来这地方参观过多少次，总是对那精心设计、高明的光影效果感到惊奇不已——枯晒于阳光中的庞大石壁凸显出幽深的柱廊。然而最令人叹为观止的，却是对色彩的运用：两种不同色调的阿格拉（Agra）粉红砂岩玩出的花样，一种是浅乳黄色调，另一种是较深的土红色。这两种不同的色调经过精心堆砌，深色的砌于底层，因为看来有比较重的感觉，然而两种对比的颜色却浑然天成地结合在一起，简直就像当初在石矿场里的石层一样。

那景色堪称无与伦比。当黄昏来临时，夕阳西沉到总督府宏伟圆顶的后方，整个景色就变成了一种玫瑰香油的色调。此时我恍然大悟，我正望着前所未有的、最壮观的建筑与城市规划的伟大结合。

然而，我愈是常来观赏，心里就愈嘀咕起来。倒不是和美学观点有多大关系，而是因为我在脑中将它与其他当代类似的庞大规划做比较。然后有一天傍晚，当我正沿着路堑前进，来到总督府宽广门廊尽头、贝克兴建的政府机关办公大楼处，置身这一大堆气派宏伟、高耸的庞大石工建筑中，突然醒悟到以前曾经在某地看过类似的景物，同样的庞大、同样令其他建筑相形见绌：纽伦堡（Nuremberg）。

在它那种大得惊人、几乎近于狂妄自大的规模之中，在它那完美的对称以及傲慢的霸气十足之中，英帝国德里的大卫城，却遥远而清楚的回荡着法西斯或甚至是纳粹的余响。当然，比起希特勒或墨索里尼的任何建设，新德里漂亮多了：毕竟，勒琴斯是位比阿尔伯特·施佩尔（Albert Speer）要高明得多的建筑师。不过这种相提并论还是有道理的，且不提它们有多大的差别，事实上，英帝国统治下的印度、法西斯治下的意大利和纳粹时期的德国，它们的世界都很类似：三者各有不同的势力范围；都是极尽所能地大摆场面；也都以其种族优越感的神话来兴建大国，并且以武力作为支撑大局的最后手段。这三者所兴建的庆功建筑，都特别注重流露出大帝国好大喜功的气派。

为了达到这一目的，它们都采用了同样的建筑特色。大理石铺出的辽阔空间、简洁的古典主义、对长廊柱的情有独钟，以及大帝国的纹章图案设计：象头、抬头蹲伏的狮子、展翅的巨鹰，等等。当然，最相似之处：施佩尔和勒琴斯几乎是在同样的年代中接受任命来建造这些纪念文物的。甚至，施佩尔显然还吸收了勒琴斯的经验与风格。不过，无可置疑的是，新德里特意被建造是为了表现英国统治印度威权的牢不可破。诚如英王乔治五世的私人秘书斯坦福德姆勋爵（Lord

Stamfordham）曾在一封信里总结了英王对他这个新首都的看法："我们得让（印度人）对于西方文明的权力大开眼界……"

在新德里，就跟在法西斯的米兰、纳粹的柏林一样，个人完全不存在；整个规模不是人性化的，而是超人的；不是民族性的，而是超民族性的：一言以蔽之，是大帝国的。勒琴斯命人在政府机关办公大楼的宏伟门廊上加了以下这段铭文，透露出这位建筑师在受命时所得到的印象。

对于一厢情愿相信大英帝国以仁政治理天下的人而言，这堪称令人泄气的发现，因为这必然是有史以来在公共场所竖立的铭文之中，最神气十足地显现优越感的铭文之一：

自由不会降临到一个民族身上；

一个民族必须奋起振作去迎接自由；

这是一种要努力获取的福分，

之后才能享有它。

新德里的建设者

我带了埃德温·勒琴斯的一本书信集来德里，11 月的一个黄昏，我坐在两座办公大楼旁的圆顶小亭阴凉处，面向通往印度门的国王大道，通读了这些书信。在阅读之际，我试着在脑中勾画出这位在英帝国统治时期创造德里的人物。

这些书信所勾画出的作者，是一幅很模糊的肖像；当然是有艾丽斯曾经提到过的那种说笑幽默特色：勒琴斯没停过手地在信纸上涂鸦，把信笺抬头上的 P & O 加上几笔变成老虎、戴头巾的男人以及一头大象。他到了印度之后，第一次参加的活

动是玩"大风吹"游戏（"布罗迪太太重20英石①，堪称派对
中最精力旺盛的一个，在很多人的尖叫声和大喊大叫中坐垮了
84 两张椅子……"）。稍后，勒琴斯见到位于西姆拉那些很难看
的政府机关建筑，便在信中把它们写成"一堆大而无当的怪
异建筑，只有英国人才做得到：要是有人听说那是群猴子建造
的，一定会说，多了不起的猴子，千万要把它们都给枪毙掉，
免得它们又有机会再建出这类东西"。

　　勒琴斯坚韧不拔的性格，调和了他爱开玩笑的一面；这种
顽固的性格后来挽救了新德里，使它避免被那些平庸之辈总督
的稀奇古怪的美学念头摧毁——哈丁勋爵（Lord Hardinge）曾
决心要把德里规划成印度版本的维多利亚仿哥特式城市，令人
惊骇的印度－撒拉逊（Indo-Saracenic）风格——并且也在那
些锱铢必较的公务员插手干预、缩减经费之际，挽救了德里。

　　然而，那些信件也证实了我对勒琴斯独断独行个性的预
感，他就跟同辈的英国人一样，很明显地对于议会制民主大失
所望，而在英国对印度的统治权里发现了他所期许的理想——
一种开明的专制君主主义。"我对于文官考试制度印象非常深
刻，"在印度之旅的初期，他曾在给妻子的信中写道，"我希
望他们能彻底废除掉议院以及所有政府代表，而开始在英国实
行这种制度。"稍后，由于有个工人马虎而疏于职守，令他大
发雷霆，于是在表达他对有关帝国话题的意见时，曾说"应
该改行奴隶制度，根本不要赋予人权……"

　　然而，勒琴斯信中最出人意料的，或许是他厌恶而且无法
容忍印度的一切事物。即使就当时的标准而言，那些信表明他

―――――――――――

　　①　约127公斤。

是个偏执狂，虽然他在信中并没有大张旗鼓地明贬，而是东一点、西一点地流露出偏狭、僵化的观点。在信中提到印度人时，他用的字眼是"黑人""非洲黑人""土人"或甚至是"黑鬼"，指出他们"肤色黑又身有异味"，他们的食物"很怪异又吓人"，以及他们"不会因为交往而有改进"。他的建筑办公室里的助手则被描述成"取了古怪名字的怪人，专门做那些让白人生厌的事"。在另一封信里，他提到"东方人滑不溜秋的狡猾个性"以及"当地人智力低下"，"我不认为印度人和白种人自由地打成一片是可能的"，他得出结论，"他们非常不一样，我无法承认他们和我在同一水平。"

念及自犍陀罗（Gandhara）时代①的无名雕匠（他们在亚历山大大帝之后的年代雕刻了印度－希腊式的佛像）以来，勒琴斯比任何其他艺术家都更成功地融合了东西方美学，所以他不喜欢印度的艺术和建筑，也就特别出人意料。"莫卧儿建筑大而无当、结构很糟，"他在另一封信里写道，"基本上属于小孩子搭建东西的风格，（而且）很让西方的有才智者感到乏善可陈。"在参观过阿格拉之后，有段时期他很不情愿地承认"有些建筑还挺不错的"，但是他却把这些特色归之于（凭空想象的）意大利人的影响。

到最后，就会面对瓦格纳迷同样碰到的矛盾：一个见解如此主观看法又偏狭的人，怎么能够创造出这么令人叹为观止的作品？这是个才华横溢、能够在现代世界中创造出最美丽建构的人，然而诸般偏见却令他对泰姬陵之美视而不见；一个能够糅合东西精华的人，却全然否定他自己建筑中所流露出的东

① 公元1~7世纪，巴基斯坦北部地区，当时产生一种独特的佛教艺术。

方特色的美丽。

权势在握的统治当局似乎打算留下最坚不可摧的纪念；在专制独裁之下，艺术往往会盛放出奇葩。只有一个大帝国的虚荣之心——从民主作风的约束中解放出来的帝国，全然独断独行，而且视若无睹地充满优越感——才能产生勒琴斯所建设的德里。

尼赫鲁（Pandit Nehru）曾经写道："新德里是肉眼可见的英国权力象征，极尽铺张又奢侈浪费。"当然，他说得很对，但只说对了一半，新德里也是大英帝国所创造出最精美的建筑艺术之作，比起尼赫鲁委托勒·柯布西耶（Le Corbusier）[1] 在昌迪加尔（Chandigarh）兴建的那座一塌糊涂的新城市，新德里在各方面都更获好评。如今昌迪加尔堪称城市大灾难，一座染色混凝土和有损声名的纪念文物的城市；但是大英帝国所兴建的德里如今却更受激赏，可能也受到空前的爱戴。话说回来，勒琴斯所建设的新德里虽然令人回味到其中的优越自大，以及独裁专制，但也可说是一座表现大英帝国没落，以及帝国精神的纪念文物。

上校的女儿

86   在那个月里，我开始尝试追查大英帝国时期就待在德里的那些英国人的下落。有一阵子我毫无头绪：那些在 1947 年后决定留下来的人，似乎不是去世就是不久前移民走了。除了如过客般的外交界社群，英国人已完全从德里消失了。

---

① 1887～1965 年，瑞士－法国建筑师、室内设计师、画家，重要建筑作品有：马赛公寓、朗香教堂等。

然后，11 月中旬时，有人告诉我，还有两位英国老小姐住在西姆拉的山上。我听说，她们是在 20 世纪 60 年代搬到山上去住的，在那之前，她们在德里度过了职业生涯。如果我想要有关大英帝国时期德里的回忆录，给我提供信息的人说，姓哈克斯比（Haxby），名为菲利斯和伊迪丝的女士绝对是最佳人选。我飞往那里去见她们，结果，这两位女士却只提了一点点有关德里的往事。然而，她们的态度却令人对不久之前，统治印度的英国人面貌有了可悲的认识，这些英国人在不久前还是支配德里的统治者，帝国曾经创造了他们，但在帝国垮掉之后，他们选择留在印度。

她们住的房子以前很气派——大而无当、半露木结构、有很宽广的檐下游廊以及尖顶的瑞士风格三角顶篷。但是哈克斯比家的房产明显年久失修，游廊的梁上结着棉絮般的蛛网，只有通过那层薄薄的、剥落殆尽的赭黄色，还可看出这房子以前曾粉刷过，建筑周边长满了荆棘灌木，小径铺的石块缝隙长出了阔叶野草和狗舌草。

起初我还以为没有人在家，敲了十分钟的门，又向各窗内窥望，终于有了结果，见到两姊妹其中一个一瘸一拐穿过客厅。她开了几道门闩，然后颓然倒在檐下游廊上的柳编椅上。

"你又是什么人？"她问。

我解释过后，为了找话讲，于是就对她家前门的景致恭维了一番。

"在你看来可能很美，"她很冲地说，"但对我们来说一点也不美，我们想要回老家去。"

菲利斯·哈克斯比是个风烛残年的老妇，有着斑驳的褐色皮肤，以及骨瘦如柴的双腿，粗花呢裙织补得千疮百孔，厚厚的褐色袜子上遍布锯齿状的裂口和抽丝。

87　　"我们想要把一切卖掉，"她继续说，"我们曾经度过了非常苦的日子，这地方到处都是妓女，让我们的生活过得像人间地狱一样，她们说我们是英国人，不应该留在这里。过了78年之后！"

菲利斯怒气冲冲地嘀咕着，并且开始用她的拐杖敲打着前门："伊迪丝！伊迪丝！有个男孩来看我们，说他是英国人，想要知道关于德里的事。"

然后她转过头来，开始用旁人听得到的低语告诉我："她今天摔过一跤，那些妓女从烟囱里下迷药，弄得她昏昏沉沉想睡觉，绊倒在火炉围栏旁——从早上8点就在流血，一直流到午饭过后。你瞧，她们想把我们赶走。"

"还不只是从烟囱下迷药，"伊迪丝说，这时她已经出现在门口，"她们夜里还从地板里钻出来。"

"从地板里钻出来？你确定吗？"我问。

"我当然很确定，当我们睡着的时候，她们就往我们的眼睛里下药让我们变瞎。我的视力一天比一天差，你不知道我们所受的罪。"

"你知道吗？"菲利斯说，倾身靠向我，并且继续用那种鬼鬼祟祟的低语说，"她们都是犹太人，全部都是。她们像百合花一样白，但是戴上褐色面具来冒充本地人，她们已经迫害我们20年了。"

"30年，菲利斯。"

"事实上，是印巴分治开始的。"

"可是我们绝不会低头，对不对，亲爱的？我们不会落荒而逃的。"

这个时候，我抵达这座平房时遇到的毛毛细雨变成了倾盆大雨。雨水从游廊的檐顶滴落，于是我们便决定转移阵地到屋里去。我可以从客厅里看到灰暗朦胧的卧房，床的一边是一个翻转过来的五斗柜抽屉，另一边则是颠倒放置的熨斗。

"这是为了防止那些犹太妓女从地板里钻出来。"菲利斯见到我在看，便这样说。

"可是她们还是会从烟囱里下来。"伊迪丝说。

"哦——她们出尽手段要把我们赶出去，她们甚至开始偷看我们洗澡，她们从窗口偷窥我们，就好像我们正在表演廉价的下流偷窥秀。"

我们围着桌子坐下来，菲利斯在倒茶。

"瞧我的手在抖。"她说。

"那是因为妓女下迷药。"伊迪丝说。

"弄得我抖得像贵格会教徒，又像条狗一样流口水，我以前向来精神抖擞、很健康的。"

"非常健康又精神抖擞，我的姐姐。真该看着那些妓女被枪毙掉。"

这两姐妹手忙脚乱地张罗着茶水，很努力地趁颤抖的双手没把砂糖和奶精撒了一桌之前，把它们加进茶杯里。最后，好不容易都做到了，她们这才松了口气，我则转移话题，让她们回忆德里往事。

"啊！从前的日子多好玩，我们年轻又有一头金发，还有些仰慕者。德里最好的季节是10月到来年3月。到了晚上，我们就去跳舞、喝香槟——真正的香槟——然后，白天就坐在户外，看着那些士兵们骑马经过，四个一排地行进。那年头真好！"

"可是我的上帝已经让世事变化了，真难想象——现在我还得亲自扫地……"

"……还得做饭、打扫和洗衣服。我们——上校的千金小姐。"

"我们的父亲以前是旁遮普第 23 兵团的上校。上个星期我告诉杂货铺跑腿的男孩，第 23 兵团！他简直不能相信像这样的人会生活得这么……这么……"

"简朴。"伊迪丝说。

"一点没错，"菲利斯说，"简朴。你知道吗，达尔林普尔先生，你们这辈人根本不会对以前的印度有概念，它就像……就像英格兰。"

"闭嘴吧，亲爱的！那些妓女——她们会去举报我们，她们有窃听器，讲话小声点。"

"我才不。那些坏心眼的人！叫她们见鬼去吧！"

这两姐妹怒气冲冲地啜着茶，安静了一下，而我又试着把谈话内容拉回到德里。

"你们有没有见过勒琴斯？"我问。

89　　菲利斯根本没在听我讲话："还有，你知道最糟的事，是那些犹太妓女，她们试着……"

"别这样，菲利斯。"

"我偏要，你不能堵住一个地道的哈克斯比家人的嘴。她们曾经试着把我们送进疯人院，我们出去散步，然后就被她们在路上拖住，我就说了：'这不是回家的路。'"

"真不要脸。这样对待一个上校的女儿。"

"那些守卫倒是对我们很好，我们在那里待了两个星期，然后来了个年轻的警官说：'谁把你们关在这里的？'他跑去见警务总监，到了 4 点时，我们已经回到这里了。警务总监命人送我们回家，其他还关在里面的人都嫉妒得要命。"

"我也这么说。"

"想想看，竟然把两个年纪一大把的人关进疯人院，那些妓女——她们都是从巴格达来的，你瞧，她们有办法做到这事，因为她们有印钞票的机器，所以能够贿赂那些警官。"

"她们利用我们来作为她们活动的最佳掩护，所以我们才要离开这个地方——只等我们把房子卖掉。我们已经受够了西姆拉。"

"岂止是受够而已。有个人已经出价 10 万卢比（约 2000 英镑）给我们，要是我们能找到人肯出价 20 万，我们就会动身回老家了。"

"我们想过先到乌蒂去，叫辆出租车到德里……"

"亲爱的旧德里。"

"……然后乘飞机到哥印拜陀（Coimbatore），再坐汽车到尼尔吉里斯（Nilgiris）。"

"以前的乌蒂一向很美，就像英格兰。"

"但是万一我们在那里过不来的话，我们想试试威尔士，有 20 万卢比在手，应该可以在威尔士弄到一栋很不错的房子，我已经想过了。"

看看手表，是该走的时候了：一个钟头之内，我的回程火车就要开了。我起身道别，并且答应会把她们要的英国胸罩和丝袜寄来——她们似乎跟印度国内的品牌合不来。"印度女人有最奇形怪状的乳房。"伊迪丝解释道。

两姐妹都很吃力地起身来送我到门口，但就在我正要迈步走向花园小径时，菲利斯又把我叫回去，我还以为她最后终于想起了什么有关德里的闲言碎语。

"最后一件事，"她边说边用瘦爪般的手抓住我的手，"小心提防。"

"你是指什么？"我吃惊地问。

"小心保护自己，"她急切地说，"不要喝任何奇怪的饮料——或任何带苦味的东西，闻起来有杏仁苦味的话就要特别留神。那些犹太人现在全部会盯着你——因为你尝试着想帮助哈克斯比家的人，你去哪里都不会安全。"

我再次谢过她，然后便打开了柳编的花园大门，正把门关上时，听到她在身后喊着说。

"要记得，"她嚷着，"这是个上校的女儿所说的话。"

第五章　历史上的大英帝国

91 　　11 月，印度历八月，新月出现的首晚，德里便庆祝起印度教的排灯节（Diwali）。

　　市场上搭起了搁板，摆着待售的黏土油灯，以及堆积如山的孟加拉国风味蜜饯、甜食。邮差、电信工程人员、警卫和管理员（chowkidars）等，沿街挨家挨户地敲门，很客气地讨要过节的打赏（baksheesh）。（巴尔温德·辛格则用了更直接的讨赏方式："威廉先生，明天过节，今天你多给我200 卢比。"）

　　过节那天前的整个礼拜，每晚空中的烟火和鞭炮声愈来愈多，到了排灯节那天，施放烟火达到高潮，整晚震耳欲聋，火树银花。那天晚上，德里所有印度教和锡克教的人家都亮起烛光；甚至连贫民窟的陋户也在铁皮门外点起一支小小烛火。你可以闻到浓厚的鞭炮硝烟味，夹杂着厨房里飘出的香料和火烧牛粪的气息。

　　虽然这是个印度教的节日，但是有很多穆斯林也凑热闹；经过千百年来的共同生活，这两大宗教信仰中的节庆已经混淆，而且也混合在一起庆祝了。黄昏，我从洛迪花园回家，路上见到两个留着浓密胡须的男人正弯腰向路旁一座小石台祈祷。虽然那座小石台位于我每天经过的路上，但之前因为被茂密的杂草和荆棘灌木掩盖住，我从来没有注意到这是座墓冢。

93 　　那两个男人已经把杂草清除干净，用手帕罩着头，那时他们正忙着把一些小油灯一字摆开在墓冢前；他们还在墓冢铭文凸起处放了一串万寿菊花环。我问这两个男人，墓冢是谁的，他们回答说是赫瓦贾·纳齐尔－乌丁（Khwaja Nazir-ud-Din）的墓，是阿克巴（Akbar）皇帝统治时期的一位伟大苏菲。

　　"你们是伊玛目（imam）① 吗？"我问。

　　"不是，不是，"其中一个男人一边回答，一边又点燃了另一盏很原始风格的矮油灯，"我们是帮电力公司做事的。"

　　我们那栋房子外面的空地附近，举行了包罗万象的庆祝活

---

　　①　伊斯兰教清真寺中主持礼拜者、学者或政治领袖等。

动，普里太太那些数不清的儿孙辈，分散在她家大门外，互相扔着烟花和旋转烟花（catherine wheel），隔壁的塞思先生则为了招待一帮大腹便便的铁路局退休主管，而发射了整排的罗马焰火筒。

然而，我的房东太太却拒绝表现任何此类奢侈之举。"说真的，这些鞭炮太浪费了，"当我在楼梯口碰到她时，她这样解释，"钱不是用来烧的。"

事实证明，普里太太倒是十分固守排灯节与金钱有关的这部分诠释。大多数印度教教徒一致认为排灯节是为了庆祝罗摩和悉多在兰卡大败魔王罗波那之后，胜利归国，回到印度北部的首都阿约迪亚（Ayodhya）；因此该节日的日期是在纪念胜利的十胜节之后的三个星期左右。但是普里太太完全不理这一套。

"威廉先生，"她说，"你得了解，排灯节对我们来说是非常重要的一晚。"

"普里太太，为什么呢？"

"排灯节可不是为了把钱拿去烧掉，"我的房东太太说，两眼闪着光，"而是为了聚财。"

"哦？"

"排灯节是女财神拉克西米（Laxmi）的节日，"普里太太解释，"要是我们点上蜡烛，让前门开着，这天晚上女财神就会进到我们家里来，数我们所有的钱。"

"她为什么要这样做呢？"我问，想到女财神把她的莲花座停靠在大门外，下凡来视察，我就被激起了好奇心。

"其实女财神最喜欢辛勤工作，"普里太太回答，"如果我们向女财神祷告——照印度教祷告方式——我们相信女财神就会让我们的储蓄变成双倍。"

"但是我以为这个节日是为了庆祝罗摩和悉多的胜利归来……"

"不，不，"普里太太很坚决地说，"那只是穷人的想法而已。"

不速之客

继较早的十胜节之后，庆祝排灯节堪称秋季最后的豪华之举。等到排灯节最后一根冲天炮消逝在德里的天际，不到一个月，这个城市就像是夹着尾巴的丧家之犬，在严寒季节，于半冬眠状态中销声匿迹。

德里的冬季短暂但令人苦不堪言，就像个殡仪馆承办丧事的人那样突然来到：一身黑色打扮、蹑手蹑脚、是个不受欢迎的不速之客。德里不下雪——冬天太过于干燥——但是从雪山上吹下来的寒风，在刮进首都的街道，把德里大街小巷的人都清理得一干二净之前，依然先横扫过山坡，冰冻了旁遮普的平原，令脆弱的蓓蕾七零八落。德里人全都蜷缩成一团，双膝顶着下巴，把厚重的克什米尔毯子紧紧裹在身上，头上缠绕着厚厚的羊毛围巾。要是你望进路边搭棚的小馆子，只见黑黝黝的棚里有一双双白眼往外窥向严寒中。

天空是灰色的，空气也是灰灰的，还有深入地面、石块和建筑的枯燥、冰冷的灰色。唯一鲜艳的色彩，是飘扬在尼桑木丁穆斯林墓冢上的红黄相间丝织旗帜。花园里的树木笼罩在薄雾中。在旧德里城区，那些正待养肥以供宰杀的山羊身上裹着粗麻布挤在一起；有些山羊穿的是长袖旧外套，两只前脚正好套上两只长袖。袅袅的冬季炊烟慢慢地从烟囱里冒出来；贫民窟的陋屋外面燃着噼啪作响的大火堆。当你从玻璃窗框往外望时，可以见到冬季像条眼镜蛇似的盘踞于大地上。

现在，奥利维娅早上都待在我们暖和的寓所中；因为正午之前外出写生，实在是太冷，而且雾气又很重；要是她外出写生的话，也会在乍现的黄昏结束短暂的冬季下午之前，早早回到家里。随着干冷傍晚之后来到的是寒冷的夜晚，我们把自己裹在新买的大披巾里——当初收行李准备动身来印度时，并没有考虑到要准备针织衣物或大衣——并坐在暖炉前取暖。我阅读的内容大部分都与历史有关，已经沉迷在所谓的德里衰落期的历史中，而这个阶段的阴郁气息，倒是和窗外寒冷迷雾的景色很搭调。

德里的衰落

衰落期可由德里历史上两个最大规模的灾难划分出来：1739 年波斯人进行的大屠杀，以及 1857 年英国人镇压印度反英起义、收复德里之后，相继而来同样惨无人道的绞刑和屠杀。

第一场大屠杀发生在波斯统治者纳迪尔沙（Nadir Shah）对印度突如其来的侵略期间。这位才登基的波斯王在旁遮普的格尔纳尔（Karnal）大败莫卧儿军队，并且以迅雷不及掩耳之势进军德里，在距城北 5 英里处的夏利玛花园（Shalimar Gardens）扎营。提心吊胆的百姓请他进城，一群德里人在一个闹哄哄的集市展开突袭，杀死了纳迪尔沙手下 900 名士兵。于是他下令屠城，那一天结束时，总共有 15 万市民遭到屠杀。

纳迪尔沙的屠杀行动加剧了莫卧儿帝国的衰落，事实上，帝国早在 1707 年，最后一位伟大的莫卧儿皇帝奥朗则布

（Aurangzeb）驾崩后，国势便已江河日下。到了 18 世纪末期，因帝国强盛而生气蓬勃的德里已经没落到无能老朽的状态，那些贵族力图保持往昔帝国的生活方式和文明，但只是苟延残喘于历经征服者蹂躏破坏而一贫如洗的城市中而已。破坏产生的情绪导致哀歌被大量创作，而乌尔都语的伟大作家也趁机大加发挥。"无处屋宇不闻胡狼哀号，"绍达（Sauda）写道，"傍晚时分的清真寺既无灯火又无人。昔日的美丽花园中，群柱崩塌，众拱倾圮，及腰杂草蔓生其间。当年吊灯大放光明，而今连简陋油灯也不见燃亮……"

红堡（Qila-i-Mualla）内觐见厅（Hall of Audience）的皇座上，安坐着莎阿南皇帝（Shah Alam），他是个英勇、有文化又很聪慧的老人，依然高高在上地发号施令，黝黑的肤色衬着白色的短髭。他会讲四种语言，后宫佳丽多达 500 人；虽然如此，他却看不见——多年前，他的双眼已经被古拉姆·卡迪尔（Ghulam Qadir）用手指挖掉了，卡迪尔是一名阿富汗流寇，曾经被莎阿南收在宫中作为娈童。莎阿南就像他坐镇统治城市的象征似的，一个目盲的皇帝从倾毁的皇宫中治理着国家。

莫卧儿社会中的诸般繁文缛节依然一丝不苟地行于宫廷中：诗歌、音乐和艺术各擅胜场。但在这表面的荣华之下，一切早已腐朽。仆役撬出镶嵌在墙上的宝石，拿到月光市场街去售卖。古旧的宫廷朝服破烂不堪；建筑上的灰泥纷纷剥落。堆积如山的垃圾聚集在市内街道上，散落在红堡精致花园的亭台楼阁之间。

虽然无法见到周围腐败的景象，但莎阿南还是没法躲开散发的恶臭。

初见

我已经从艾丽斯和哈克斯比姐妹那里听到了英国人在德里末期的情况。此时，在 12 月初的严寒之中，我前往德里各个冷冰冰的图书馆，搜寻在 18 世纪末期首位打进德里城的英国人的陈述。

早期的叙述报告中，最详尽的一份出于陆军中尉威廉·富兰克林（William Franklin）之手。富兰克林是由东印度公司那些主管派到德里，要他调查这个当时不为外人所知的大莫卧儿帝国的心脏地带。富兰克林的调查报告刊行于 1795 年在加尔各答出版的《亚洲研究》［Asiatick Researches，由刚成立的皇家亚洲协会（Asiatic Society）所办的期刊］上，描绘了这个曾经盛极一时的首都的凄惨景象。

富兰克林是从西北部骑着马到德里来的，首先映入他眼帘的，是散布着断瓦残垣的地貌。"到处挤满残余的宽广花园以及贵族的乡间屋宇。"他在报告中写道，"望向德里那边的景观，放眼所及，遍布残余的花园、亭台楼阁、清真寺和安葬之地。这座曾经盛名远扬的壮丽城市，周围如今却成了一堆面目全非的废墟……"进到城墙里面，景物同样的腐朽，德里最气派的街道中央搭起了棚屋，"使人大费工夫才能找到街道原来所在的地点"。那些集市都被"漫不经心地装潢"，而集市内的商品则"非常微不足道"。

最叫人触目难忘的变化，则是那些占地极广、倾圮中的莫卧儿贵族府邸（omrah），虽然那时已经破败不堪，而且往往又被人擅自侵占居住，但还是可以看得出这些建筑的规模和装饰的华丽；卡马尔丁汗（Qamar-al-Din Khan）的府邸便"占了一条街的长度"。富兰克林大为震撼：

> 所有这类府邸都有高墙环绕，并且有相当大的园林空间，进到府邸要经过挑高的拱顶门廊，在门廊上方则有用来听音乐的顶廊；在这之前则有宽敞的中庭，以安置大象、马匹和随从……（从前）所有的府邸都有花园，园内有石造的储水池以及位于中央的喷泉……每座府邸也都有一组很华美的浴室设备和大理石建造圆顶的纳凉地下室（teh khana）……

其他的旅行家也同样曾为这些府邸的规模之大而感惊讶，另一个英国人，詹姆斯·福布斯（James Forbes）在稍后几个月来到沙贾汗纳巴德，皇帝安排他下榻于破败的萨夫达尔府邸中，以前这是全城中最壮丽的私人住宅。他和同行者在这个大宅中过了一晚，但直到参观完整座庞大的建筑之后，福布斯才猛然醒悟，他们下榻之处只不过是整座府邸的一小部分而已。

"傍晚，等我看清了这座莫卧儿大宅邸的全貌之后，（我们）很惊讶地发现，刚刚提到的下榻住处原来只是这一大群建筑中的小部分而已，这建筑大约有我们下榻处的 6 倍大。整座府邸规模之庞大，"他总结说，"远远超过欧洲任何贵族的府邸。"

在占地极广的花园，以及用白色大理石砌成的大型浴池远处，还有可供安置 500 名骑兵部队的马厩与居住设施。所有的天花板都是由木雕组成，并且涂饰得非常富丽，整体看来有一种"特别轻巧精雅之感"。妻妾女眷的闺房内有成列的明镜，大理石砌造的地下纳凉室里，有三座位于拱门下的喷泉，以便"众佳丽齐集一堂时有清凉之感，像这样的场所，通常都是供骄奢淫逸的莫卧儿皇帝，以及他的后宫宠幸之人寻欢作乐之用"。

富兰克林在 1795 年发表了他对莫卧儿首都所做的陈述报告。8 年之后，继英国人在德里之役获胜后，另一座破败的府邸被征用作为英国人的永久官邸，这府邸位于红堡北部不远。由于德里不再成为印度的重点所在——就像印度的其他地区一样，它也跟着紧张兮兮地回过头去朝英国治下的加尔各答看齐——所以德里城的焦点所在，也由红堡转移到了英国官邸。19 世纪上半期，随着英国人的势力与傲慢日趋增长，连带这处官邸扮演驻莫卧儿大帝国使馆的角色成分越来越少，相对地，它日渐变成了莫卧儿的后台老板兼霸主。

不论如何，莫卧儿却还是继续像以往一样地上朝，而且，起初这种装模作样的莫卧儿权势还在英国总督特派代表的认可下保持着。那些早期的特派代表都是些和善但有点古怪的苏格兰人，他们对印度有着敬爱，这点很明显地反映在他们努力采用印度服饰与生活方式上。

第一个以身作则的是戴维·奥克特洛尼爵士（Sir David Ochterlony），他对水烟、印度舞娘和印度服饰都非常钟情，奥克特洛尼与一般常见的英国大老爷那种一板一眼、不苟言笑的作风完全不同。尽管人家都称他为"疯狂之星"（Loony Akhtar, crazy star），但是待在首都时，他喜欢人家称他的莫卧儿头衔"护国大将"（Nasir-ud-Daula），而且喜欢过着莫卧儿绅士般的生活。每天傍晚，他的 13 位印度妻妾各自乘坐着大象，跟在他后面在德里一带游行。

然而当时所有待在德里的英国人中，最令人神迷的还不是奥克特洛尼，而是另一名苏格兰人，威廉·弗雷泽（William Fraser），他是个年轻的、来自因弗内斯（Inverness）的波斯学者。1805 年，他在加尔各答刚赢得东印度公司威廉堡学院（Fort William College）的金奖章，便接到第一份工作：派到德里担任官邸助理。

99

几年时间，弗雷泽完全变成了另外一个人，让人难以想象，以前的他离开加尔各答时，还是一个提心吊胆、乘着蒸汽渡轮沿着丛林夹岸的恒河逆流而上，乳臭未干的小伙子。但他身负重任，受命去扫荡德里附近那些无法无天的乡野流寇——居无定所地生活在帐篷底下，远离其他离乡背井的同胞，只对他自己手下那帮印度雇佣军发号施令——弗雷泽终于逐渐变成了熊罴之士。他就像康拉德（Conrad）作品《黑暗的心》（*Heart of Darkness*）里的人物库尔茨先生（Kurtz）一样，自视为统治异教野蛮国度的欧洲强权；也像库尔茨一样，被很多人当成狂人。

他蓄着像拉其普特人（Rajput）① 那样的小胡子，并且"像波斯王那样"尽量让他的印度妻妾"生儿育女"。他最心爱的休闲娱乐是追猎亚洲狮子，方式通常是手持长矛徒步而行。他具有"战斗狂热"，无论次大陆何时爆发战争，他必然会不惜立即抛下东印度公司的例行职务去作战。当他睡觉的时候，身边的印度部族卫兵便会摊开他们的褥垫，睡在他的卧榻周围。

弗雷泽的对头，如总督的特派代表（Resident）② 查尔斯·梅特卡夫（Charles Metcalfe）对他就很不以为然。"他耍手段和独断独行的本事都很大，所以授权给他就难免会出现滥用权力的危险性。"梅特卡夫在向坐镇于加尔各答的总督所提

---

① 指印度北方专任军职的人，自称古印度种姓制度刹帝利的后代。

② 指英国驻印度总督派驻各邦的特派代表。

的一份机密报告中如此写道。不过，弗雷泽这个人生性并不残暴，比起梅特卡夫，他可是个高明得多的学者，是个玄学家也是个哲学家，他热爱讨论古梵文经文内容，并以写波斯文对句为消遣，他是第一个对德里的废墟遗迹产生严肃兴趣的欧洲人，曾经结交并帮助过那位领一代风骚的乌尔都语大诗人迦利布；他又和哥哥詹姆斯一起委托制作了《弗雷泽画册》（*Fraser Album*），这是有史以来最好的东印度公司画册。

弗雷泽一直保持着奇异又令人费解的形象——遁世离群，不理社会上那一套，令人难以摸透——部分是苏格兰高地勇士，部分是婆罗门哲学家，部分则是康拉德笔下的狂人。说来很巧，他也是我太太奥利维娅家族的祖先之一，甚至她那栋位于远方苏格兰高地的老家房子"莫尼亚克宅"（Moniack House）的产权依然在她的弗雷泽表亲手中；而且，奥利维娅的家人每年都会租它两个星期过暑假。

踏破铁鞋无觅处

这栋房子就像个童年的回忆或梦境，有几条幽深昏暗的走道，通往一扇扇上了锁的门，墙壁上挂着黯淡的家族成员肖像，以及 19 世纪初期印制的喜马拉雅山的古旧图片。屋外的正立面是长方形、中规中矩的乔治王朝风格，有微凸的壁柱，垂悬着五叶地锦。屋里面很昏暗，苏格兰灰色的光线穿过风吹雨打的天窗或半模糊的窗户射了进来。到了傍晚，气温下降，人人都围在厨房里的熊熊炉火边。

那时是 8 月底，正是最佳时节：当其他地区仍然享受着夏末时，那高气压、清澈、凉爽的高地早秋便已突如其来地席卷了此地。农作物已经收割完；田野一片空旷，大地看来像是荒无人烟：见不到人影也听不到声响，但偶尔会有只雄雉咯咯地从树林隐秘处钻出来。

在我们动身前往德里之前的那个月，奥利维娅和我在莫尼亚克大宅度了十天假。走的那天，已准备出门到因弗内斯火车站，我向房东马尔科姆·弗雷泽说再见。我在地下室找到他，他正在练习跳苏格兰里尔舞。我向他道谢，无意中提起打算尽快去一趟爱丁堡的登记处，看看那里有没有留下一些威廉·弗雷泽当年从印度写来的书信记录。

"是有些信件留下来，"他说，"可是你在爱丁堡找不到。"

"为什么找不到？"我问。

"因为，"马尔科姆说，"它们都在楼上的书房里。"

我扔下马尔科姆和他的钢琴，冲到楼上去。书房位于房子的顶层，就在我曾经睡过的房间旁边，每天我都经过书房好几次，但房门总是锁着，所以我也从来没想到要进去看看。经过快速的搜查，之后，我在积尘的门框上找到了隐藏的钥匙，钥匙孔嘎吱一响，轻轻一推，门就开了。

书房里面漆黑一片，窗户统统关上了。布面书籍和古旧皮面散发出浓厚发霉气息，好像缭绕在书房里几百年没变过。等到我的两眼开始习惯书房里的光线，我见到四壁都是桃花心木书柜，摆满了古老皮面装订的书籍；剩下来的空间则填上了18世纪苏格兰高地领主的木刻像，其中一幅没有脑袋、标注为《洛瓦特爵爷的鬼魂》（Lord Lovat's Ghost）。书房到处是成堆的废旧物品，其间夹杂着堆积如山的鞋盒。我走过去揭开了最顶上那盒的盖子。

鞋盒里有一堆堆的信件，每10封或15封绑成一捆。那些书信用一种豪放的19世纪花体字写在厚厚的仿羊皮纸上，写信的人运用他那支古老的鹅毛笔，犹如指挥家运用指挥棒似的。信中经常出现画线强调和惊叹号，那刻意花饰之笔，常令向下的笔画在旋出花体时刮花了仿羊皮纸面。我拿了封信在灯下细看，勉强辨认出那游龙走蛇的花体字：

> 德里，1806 年 3 月 20 日
> 亲爱的父亲、母亲，
> 昨日缅怀英勇凯旋的纳尔逊，
> 在印度斯坦人的首都喝得酩酊大醉……

后来从其他的鞋盒以及五斗柜里，我又找出了弗雷泽以及他和四个兄弟的全部通信：包括好几本日记以及上千封信件，全部都是在德里或德里附近写的。除了弗雷泽的信件之外，还有完整的其他数据，是关于德里衰落期的：不同的总督特派代表所写的信，以及德里当时的重要角色，如詹姆斯·斯金纳上校（James Skinner），他创立了传奇的斯金纳骑兵队。此外还有些当时著名的旅行家所写的札记：包括法国的植物学先驱维克托·雅克蒙（Victor Jacquemont），以及自封为英国间谍、深入中亚，在那场列强大博弈（Great Game）中打开局面的威廉·莫尔克罗夫特（William Moorcroft）。

102　　　这些文献全是马尔科姆几年前重新发现的；当时它们被冷落在莫尼亚克宅邸的地窖里一个大箱子中，用大字标示：

此箱中的文件
宜尽可能妥为收藏保存
它们具有重大价值

在这堆信件底下放着那本后来为人所知的《弗雷泽画册》，画册里囊括了一系列绝佳的东印度公司绘画——德里19世纪生活的面貌，弗雷泽手下员工、士兵和朋友的肖像，这些图画是由德里的画家们受威廉以及他哥哥詹姆斯的委托而绘制的。马尔科姆后来在苏富比拍卖会中把这些画中的大部分卖掉了，等到这些画的重要性变得很明显之后，艺术史学家托比·福克（Toby Folk）和米尔德丽德·阿彻（Mildred Archer）曾到莫尼亚克宅邸来翻遍大部分文献，寻找与这些画相关的资料。但是作为德里衰落期的史料，莫尼亚克的藏信依然属于第一手材料。我曾在这房子里度过三个暑假，却因缘巧合才发现了这个宝山，而这宝山一直安放在我睡房10码之内。

当天下午，我就把飞往德里的班机改期了，并且获得马尔科姆首肯，去翻阅、整理他那些曾祖辈叔伯们的信件。接下来有两个星期，我与世隔绝地关在莫尼亚克屋中的书房里，手持那些在沙贾汗纳巴德中英国官邸里写成的信，也就是当德里仍是帝国的西北边防重镇——那个在孟加拉国和莫斯科英国大使馆两地间唯一飘扬着大英国旗的、遥远又危机四伏的前哨。信件全部是写给威廉的父亲，爱德华·萨奇韦尔·弗雷泽（Edward Satchwell Fraser）的。我一面读信，一面想象他也正在莫尼亚克的同一间昏暗书房中，在同一张书桌前坐下来读这些信，也就是183年后我所坐的位置上。

威廉·弗雷泽

继1745年美王子查理（Bonnie Prince Charlie）于卡洛登（Culloden）惨败之后，到了18世纪末期，苏格兰北部高地仍饱受蹂躏劫掠之苦。莫尼亚克位于战场遗址几英里远处，而且

103 弗雷泽家族曾经帮战败的那一方打过仗，家族的土地位于贫瘠、多沼泽的地带（事实上，莫尼亚克是苏格兰土语，意谓"小沼泽地"）。这个地区没有工业发展的前景，于是弗雷泽家族也像其他苏格兰地主一样，认识到要偿清债务，并能继续待在自家冰冷、空荡荡的房子里，他们别无他途，只有让年轻一代的壮丁到殖民地去发财。

威廉·弗雷泽的祖父詹姆斯在年轻时曾到过印度工作，回国后，他坐在莫尼亚克家中的书房，写下了英国最早有关波斯流寇纳迪尔沙的历史。40 年后，由于莫尼亚克债台高筑，爱德华·萨奇韦尔迫不得已，只有再次利用他父亲的印度关系。于是威廉和他四个兄弟们便一个接一个地，全部在次大陆找到了职位；他们一个接一个地坐上了去往爱丁堡的船，并且在爱丁堡让雷伯恩（Raeburn）为他们绘制肖像，然后继续前往伦敦，并在东印度公司码头等候船。到次大陆去的这五兄弟之中，到头来只有一个回到了莫尼亚克。

1805 年 6 月，威廉乘着蒸汽渡轮离开加尔各答，沿着恒河逆流而上，最后来到终点站阿拉哈巴德（Allahabad）①，英国最偏远的前哨站。要到德里，还得再走上大约 400 英里的陆路，而这部分是印度最天高皇帝远的乡间。"一路上，我经过好几个全副武装团体的地盘，我知道他们都是拦路强盗。"威廉稍后写信给他父亲："不管遇到什么人，我总是加快速度经过他们……通常他们都保持在 100 码（之外），并且用他们的火绳枪开火，技术精湛，唯一的逃生机会便是尽快逃离他们的射程，而非带着手枪迎上前去。我上了马才会谈论他们；这些

---

① 印度北部城市，印度教圣地。

徒步拦路强盗从来不露脸，只是从埋伏之处开火。"

到了晚上就更糟糕，因为害怕徒步拦路强盗或流寇抢劫，甚至连马带行李都被抢，所有的仆役都得轮流守夜提高警觉，直到天亮为止。几个星期之后，当这批人从土库曼门进到沙贾汗纳巴德，朝着英国官邸走去时，他们既狼狈又精疲力竭。威廉骑着马进到官邸门墙之内，在阶梯处下马，并且和奥克特洛尼共进早餐，"自从我离开加尔各答，已整整过了六个月零一天"。

那时的德里应该和福布斯及富兰克林所描述的相差不远，是座宏伟但正倾圮的贫民窟；然而尽管已破败不堪，这座城市依然很快就迷住了威廉。德里的偏远一定令一个在 18 世纪生长于因弗内斯的人感到熟悉无比，而浓厚的文艺和历史气氛也一定吸引了这个曾经获奖的东方研究者。"我简直如鱼得水，"威廉在他的第一封家书中写道，"要是在印度居留的全部时间都是待在这里的话，我一点都不介意。"

这封信堪称先兆，在其后长达 30 年的职业生涯，威廉拒绝了其他所有需要远离德里的任命，就像在他之后的许多英国人一样，威廉完全被这座壮观的城市深深吸引。

在他早期的书信中，对于莎阿南宫廷，以及散布在城南地区废墟间的历代宫室，都有很详尽的描述。威廉的职务——出席莫卧儿的朝廷仪式，在英国官邸聆听各项请愿，建立德里的刑事法庭——似乎都相当具有弹性，可以让他去追求对德里历史日渐浓厚的兴趣。

"我的职务通常（每天）需要花 5 个小时去处理有关事项，"他在信中跟父母解释，"（处理完之后）我就看书，充满乐趣地学习（当地）语言，（虽然）德里还提供了其他的精神食粮，但这两件事却是我最主要的消遣。本地人有学问的不多，而且（他们）都很贫苦，但是我所遇到的那些人都是真正的人中至宝。我也正在搜集一系列很不错的东方手稿。"

威廉在德里所收集到的彩绘手稿，也就是目前为人所知的《帝国专集》（*Emperor's Album* 或称 *Kevorkian Album*），现在陈列于纽约大都会博物馆，堪称东方绘本系列中的主要收藏品。这本装订成册的彩绘手稿，是 1929 年由美国观光客杰克·罗尔夫（Jack Rolfe）在苏格兰一家古董店里发现的。他以不到 100 英镑的价钱买下来，几个月后在苏富比拍卖会转售，卖了 10500 英镑。这本集子现在被视为当今尚存的莫卧儿帝国最精美的绘本系列之一，里面的每一页价值都至少在六位数（英镑）。

不论这本《帝国专集》是否原是威廉的收藏，他在艺术

105 方面的兴趣更远在积存彩绘手稿之上。"我希望能确定历史价值，"他写道，"为每个受瞩目的地方或古意盎然的纪念文物，或不论何种性质的纪念性建筑，定出历史意义。我从当地原住民处听到的传统，通常都很荒诞不经或者自相矛盾，首先我必须知道这些说法如何被人所信，然后再去追查故事的起源……"

以后的那些岁月，很少人会否认弗雷泽对于德里里里外外的人和环境皆了如指掌，比其他英国人都强。据法国植物学家雅克蒙说："他的生活方式让他比任何欧洲人都更熟悉当地原住民的风俗习惯和意识想法。我认为，他是真真正正对于他们的民情有很深入的了解。"即使是弗雷泽的对头、总督特派代表梅特卡夫，也承认威廉"和当地原住民的最高阶层打交道时毫无困难，而且与其中一些人的交往甚密，远超过和多数欧洲人的交情"。

可是塑造威廉职业生涯的，却非他的聪明才智及语言天

分，而是他那种天不怕、地不怕的胆色。在他抵达德里几年后，被迫放弃安坐城中的生活，而改为在城外周边地带过着游牧民族般的生活方式。因为自从莫卧儿势衰之后，这个首都的腹地便成了强盗土匪窝，他们占据了城南面的那些荒冢，以及城北面莫卧儿历代留下的荒芜花园。他们使得城里在天黑之后变得很不安全，而且即使在光天化日下，若没有大队武装人马护送，在城墙外旅行也成了不可能的事。弗雷泽当初从阿拉哈巴德出发到德里时，一路上吃够了土匪的苦头；这回被派去负责扫荡土匪窝，轮到他去让他们闻风丧胆了。

威廉招募并训练了一支非正规的骑兵队。在《弗雷泽画册》中有几张他手下骑兵的图片，可看到他们刚从乡村被招募来的模样，裸着上身，穿着自家纺织的裹腰围布；也可以见到他们入伍，变成弗雷泽手下后装备齐全的骑兵形象。他没有让他们穿当时东印度公司制服的红色外套，而是采用古色古香、从拿破仑军装得来灵感的、很夸张抢眼的制服，并用衬以闪亮的骑兵马靴、织锦缝制的紧身上衣，还有红金条纹的印度式宽腰带；头顶上戴着英国轻骑兵的褐色毛皮高顶帽，每个人胸前都佩戴铸有公鹿头的银牌，那是弗雷泽家族的饰章。

弗雷泽的部队经常会面对强劲对手——那时马拉塔人（Mahratta）所组成的大队人马仍在德里的平原上纵横逍遥——未几，威廉的家书便开始透露令人胆寒的语气。他在1806年6月写道：

　　我从未见过一个会让我怯于单枪匹马应付的马拉塔人。有一天我终于见到他们如何作战。那时因为德里治区内有两三个村落闹叛乱，我们奉命去摧毁乱党，而且除了要扫荡村落之外，我们还得把那些来助阵的（马拉塔大队人马）也除掉。他们逐步前进，一面发射火绳枪，直到行进到 100 码之内，然后把挂在皮带上的枪甩到肩后，抽出长剑和长矛。要是你有把手枪，事情就很好解决，只要等到他们离你只有一矛之远时便开枪打他们。

虽然这类冲突厮杀使他"双臂被军刀砍伤两处，背后被长矛留下一个伤痕，脖子上挨了一箭，差点命都没了"，但这类战果似乎让威廉大为兴奋。据他的朋友雅克蒙说："对他而言，危险最能引起他的快感：这也就是被人家说他有精神病的原因。"理所当然地，1806 年至 1807 年，他的信中提到的都是过得如何好，而且又有成就感："我一直保持着强壮、健康的身体状态，这归功于长期的运动和严格的饮食节制。我通常一天只吃一顿，而且向来最多只喝两杯马德拉白葡萄酒。我养马匹和猎鹰作为消遣，想要打猎的时候，就借一只大象来用。"

弗雷泽从一开始来到次大陆时，便入乡随俗地采纳印度服装，有张早期的图片中显示他身穿一袭印度长袍坐着，腰系饰带，头上却惹人注目地戴着很稀奇的苏格兰式便帽。在他的早期家书中，有一封感谢他父母的来信，使用的措辞方式大概是他家乡比尤利湾（Beauly Firth）一带前所未闻的——"用波斯夸张修辞法来讲的话，"他写道，"（你们的信）犹如千言万语，而我这支可以写双语的笔却无法顺心地表达其中任何一部分。"可是此刻，他孤零零地待在哈里亚纳（Haryana）的荒野中，只有梅瓦蒂人（Mewatti）组成的护卫与他相伴，监管着和威尔士一样大的地区，弗雷泽便彻底地"与当地人同化"。

像这样的行为表现，是 18 世纪为东印度公司效命者之中，比较聪明又开明的人所依行的准则。但是到了 1810 年，婆罗门化的英国人已经过时，在 19 世纪风气愈发严峻又自以为是的加尔各答，诸如此类的怪异行径已不合潮流。当英国总司令的妻子纽金特夫人（Lady Nugent）来到德里，发现弗雷泽已经戒食猪肉和牛肉，又像拉其普特人一样留了一大把浓密胡子，她真的大感震惊。她认为弗雷泽已经"既是一名基督徒，又是一名印度教教徒"，而且自觉很有必要极力提醒他"是接受何种宗教教养长大的"。

有关弗雷泽怪异行径的闲言闲语很快就传到了孟加拉，他弟弟亚历克（Aleck）正在当地的威廉堡学院念书。"我听说了有关威廉稀奇古怪性格的一些可笑故事，"亚历克在 1808 年年底写信回家时这样写道，"他在负责驻守并收服的梅瓦特地区（紧临德里西面）兴建了一座堡垒，称之为'弗雷泽堡'，他在那里养了一千名印度兵并加以训练，过得像个印度豪绅，也像法国的拿破仑一样统领着辖区。（人家说）威廉长期远离欧洲人的主要驻地，所以已经变成半个印度人。"

稍后，亚历克被派到德里去跟哥哥会合，他差点认不出威廉："他的五官面貌的确改变了，而今他像个铁汉一样强壮……虎背熊腰……"而且不只是外表上的改变，当时亚历克的家书上总是兴高采烈地谈到他和哥哥相处得有多好，只偶尔暗示威廉已经变得"骄傲、脾气大又暴躁"，并且"太喜欢让自己处于险境之中"。直到后来，亚历克在临终之际所写的自白中，才道出了真相。他写道，威廉，已经变得野蛮不羁、狂躁又无法自拔，与他在苏格兰时所记得的哥哥相比，完全变成了另一个人："他既不和我讲话，也不和我一起射击，或跟我一起阅读……让我感到自尊受损，所以我们之间相当的冷漠。"

108　　　亚历克在其他家书中也抱怨过威廉"过分冲动鲁莽"："他常常骑着马只带把剑，不加其他武装，便杀入众亡命徒之中——虽然有很多士兵跟在他身边。"亚历克还抱怨他"与这个国家的原住民关系太密切，太过信任他们；而且非常喜欢他们的风俗习惯"。

在威廉和亚历克前后于加尔各答接受培训的几年之间，当地对印度的看法已经大为转变，亚历克来到德里时，带来的是一连串新的种族偏见观念。从他的观点看，威廉及其友查尔斯·西顿（Charles Seton）这两人，都"满怀浪漫地热衷于取悦当地人"，而亚历克本人则对要向莫卧儿王公"近乎奴颜婢膝地行礼以示恭敬，感到很受辱"。在亚历克眼中，他哥哥带着一大帮奇怪的随从到处来来去去，其不可思议自不在话下。这和因弗内斯所见所闻完全不同，却也有些相似之处。亚历克写道：

> 他身边环绕着一群古竹人（Goojur），这些人以前就像未开化的野蛮人，而今则类似（苏格兰）高地原住民；个性独立而讲求平等，性子很烈又急躁冲动，但是忠心耿耿，而且很顺从……当威廉收服感化了德里（附近）的野蛮住民之后，他便扣留最可能造反地区的居民首领作为人质，以确保其他人不会轻举妄动。
>
> 结果最凶蛮的人后来变成了最忠心耿耿的人，这些人——以前都是些强盗或杀人犯，在肯定了这种关系之后——现在都睡在我们的卧榻周围，而且会不惜生命随时为我们冒险犯难。

亚历克继续列举了威廉手下的人，除了贴身护卫梅瓦蒂人之外，还有一组服侍用餐的穆斯林仆役，十个轿夫（他们也负责帮威廉擦鞋），四个扎营工人，一个养犬人，三个挑水夫，一个象夫及其助手，厨子以及手下的帮厨，两个洗衣服的人，两个裁缝，两个跑腿打杂的男孩及一个理发师；此外，威廉所养的五匹马和七只骆驼，都各有一个马夫和剪草的人负责打理。里里外外算起来，家中仆役加起来大概有 70 个。威廉那些非正规军骑兵的人数，则可能是这数目的 10 倍或 20 倍。

有一件事却是亚历克和威廉两人从不在家书中提及的，就是威廉后来所娶的成群妻妾。据雅克蒙说，弗雷泽"娶了六七个合法妻妾"，她们全部住在一起，"住在离德里约 50 里格（league；50 里格约 150 英里）远的地方，随心所欲地过日子"。他的儿女无数，但"都是印度教教徒和穆斯林，这是根据他们妈妈的宗教和种姓制度阶级而定的；而且按照妈妈娘家出身的职业，而决定他们未来成为牧羊人、农民、山民等"。

《弗雷泽画册》中还可见到一张威廉大老婆的画像，是个身材高挑而标致的印度人，上身穿了颇贴身的内衣和一条拉贾斯坦式的细褶长裙，身上围披了条古色古香的克什米尔披巾，披散着头发，手臂上箍着好几个金属饰环和有部落特色的手镯。她脚上的拖鞋有翘起的尖头，身边站了一个男孩，年龄大概是 6 岁，虽然这孩子穿了莫卧儿宫廷装的宽松上衣和长裤，五官很明显看出有欧洲血统。图画旁边的说明是波斯文，很简单地写道："阿米班（Amiban），拉尼亚（Rania）地区的贾特妇女，为弗雷泽大人看中，因其美貌出众，无与伦比……"

英国官邸遗迹

在威廉巡守德里一带之时，位于沙贾汗纳巴德里的英国官邸便是他的基地和总部。每当他出巡归来，便会和总督特派代表共进晚餐，听取最新的政治新闻，同时观赏德里最负盛名的舞娘表演。有人告诉我，那座官邸建筑至今还在旧德里城中，变成了印度考古调查会的仓库。12 月初的一天，雾蒙蒙的冬天早晨一反常态地在下午变成了晴朗好天，奥利维娅和我便决定出去走走，亲眼看看那座建筑还剩下些什么。

这座官邸矗立在旧德里城中而今最令人泄气又最贫穷的地区，60 年前，洛西恩路（Lothian Road）还是很时髦的购物区，但由于中产阶级纷纷迁往勒琴斯建设的新德里，结果这个地区便留给了三轮车夫和乞丐。此时，我们在这里转来转去，试着找出当年官邸所在地点，从人行道上经历了德里发展过程残存的劫后余生景象：铁道桥拱之下搭着烂布棚，里面蹲着互相依偎的人；拾荒者带着装了废物的鼓胀大袋准备称重量；成行成列穿着野外雨衣的修鞋匠以及路边肮脏的擦鞋匠。

在这一片肮脏和凌乱之中，那座赭黄色的古老大厦立刻清晰可辨，它坐落在一堵高墙之后，周围有古老的印度楝树和无忧树挡风林环绕。正面有爱奥尼柱式组成的平面廊柱，支撑着一道已有部分塌毁的框缘，柱子之间加上了柳条编的横档，可经一道小阶梯走上去，经过阴凉的檐下游廊，来到前门。

虽然这座大厦整体上是保存下来了，但年久失修，官邸门墙之内到处是从外面又脏又乱的街道抛进来的垃圾和污物。正立面的一边搭起了鹰架，大厦前面的空地——应该是弗雷泽以前阅兵的地方，也是官邸的座驾从红堡朝觐回来之后的停车之处——如今完全被占据此座建筑的公务员忽略了。

大厦的后面以前是官邸的花园，延伸到下坡直至一处露天平台，那里俯临着亚穆纳河的水畔，而今矗立着一座新建的混

凝土建筑，成了一家工程学院。从前的果林现在东一堆、西一堆地摆着弃置的炉子，一台破旧除草机，还有成堆的厨房废物，几只猴子在这垃圾堆中蹦跳流窜。见到这衰败、无人照管的景象，伤感之余，我们正要离开这座建筑，却忽然瞥见了某些东西而停下脚步。在官邸的后面，粉刷过灰泥的英式砖石建筑不像这建筑的其他部分是用砖砌成的，而是用斑驳的阿格拉粉红砂岩做的。这个石造部分还被一根尖顶的莫卧儿壁柱间隔开，一看就知绝对是沙贾汗时期的作品。

　　尽管这个建筑重门深锁又没人理，但还是可以从古老官邸的那些窗户向内窥望，看看这墙基所代表的古老一面还存在多少。在古典立面的背面有较早期莫卧儿亭阁的前部：双层壁柱一直延伸向位于中央的正门进口。整座建筑其实是矗立在另一座更早期宅邸的地基上的。这一来就很说得通了：当初莫卧儿皇帝把这座原属于沙贾汗长子达拉·舒科（Dara Shukoh）所拥有的书房废墟交给英国人时，英国人认为没有必要把残余部分全部拆除而从头兴建；于是，他们干脆就在这原有的莫卧儿建构上盖起古典式的立面。就和奥克特洛尼的作风一样：面对公众时表现得像英国人；但私下里却过着东方高官式的生活。

我还记得在那本闻名遐迩的彩绘手稿中，见过奥克特洛尼在官邸内主持晚宴的盛况。他身穿全套印度服装，斜倚在地毯上，靠着一堆散置的枕头和垫枕。一旁站着一个手持驱蝇掸子的仆役，另一旁则是奥克特洛尼那个精致的玻璃水烟袋。在这图画的画镜线上，是这总督特派代表的苏格兰先人——来自苏格兰高地部队的诸上校，穿了苏格兰裙、戴了羽饰，还有那些穿着浆洗得硬邦邦白色塔夫绸衣裳、不苟言笑的仕女们——一脸很不以为然的表情，望着下方图画中的印度舞娘很不像样地旋转而舞。然而，奥克特洛尼看起来倒是很开心。这幅图画堪称概括了这个时期，我认为简直可说是英国人在印度的整个漫长历史中，最迷人的一段插曲。奥克特洛尼以及当时在德里的同辈人，他们性格中有着像学童般淘气顽皮的一面：远离了加尔各答那些英国官员太太们不以为然的目光，他们怡然自得，大娶妻妾并抽水烟；没有任何令人吃不消的傲慢自大或自以为是来影响这段英国统治印度时期的历史风情。

在描绘奥克特洛尼的画中，可以看到背景处有道双门走廊，门楣上有半月状的扇形窗；窗外大树的枝丫勾勒出官邸的花园。这门道、窗户和那棵树都还在，但是屋里面的一切变了。从前印度舞娘跳舞的地方，现在摆了积尘的文件柜。那几扇门松垮垮地吊在铰链上，油漆和灰泥纷纷剥落，一切面目全非。即使见过彩绘手稿上的图画，也很难想象，那些空洞的走廊里曾经有许多为东印度公司效劳的人、浑身金光闪闪的印度王公以及艳名远播的高级交际花，摩肩接踵地来来去去。为了有助于想象当年情景，我随身带了弗雷泽以前的书信和日记的副本。

1815 年，威廉的哥哥詹姆斯到达德里的时候，官邸已经成为城内的社交中心。官邸邀来表演的印度舞娘特别令詹姆斯着迷，并且他在日记中经常提到她们。"（印度舞娘）很漂亮——服饰华丽，其中有些歌喉极佳……今天早上，"他补充道，"我因为印度舞娘而起晚了……"

偶尔来做客的人也会带他们自己的乐师来参加晚宴，德里技艺最精湛的乐队属于当地一位贵妇苏洛夫人（Begum Sumroe）所有，她原是个克什米尔舞娘，后来改信基督教，先后嫁过两个欧洲雇佣军人，并且从其中一个丈夫那里继承了一小块封邑，封邑位于德里北面，靠近密拉特（Meerut）的萨德哈纳（Sardhana）。

113

"苏洛夫人今天来到官邸进餐，"詹姆斯在 8 月 24 日的日记里写道，"还有她的乐队为我们演奏——这个乐队有四五个男人，他们连唱带弹奏不同的乐器——包括西塔琴（sitar）、低音鼓——而且唱得很好。他们唱了《天佑吾王》，是位英国军官教他们的，还唱了《马赛曲》，是位法国军官（教的）。他们发音咬字很准，我要是没看着他们的话，几乎不知道那是外国人唱的。他们也唱了很多动听的波斯和印度小调。"

此外还有其他消遣娱乐。有张玩桌球的桌子。有一个时期，官邸的饭厅里因为养了一对亚洲幼狮而生气勃勃。这两只小狮子刚到没多久，亚历克便非常兴奋地写信回家谈到它们："自从我们在 1809 年征服了胡里安纳之后，就认识了这种动物……（这些小狮子）大小跟一般的长毛垂耳的小狗差不多，但是相当驯良。它们兴高采烈地在西顿的饭厅里玩耍，只有在被人逗得太过分时才会凶起来。"

随着英国人对印度北部的步步进逼，官邸里的职员工作也加快了节奏。甚至来官邸里娱乐的人数也渐渐因规模不大，但好奇心旺盛的欧洲人社群的补充而增加，这些社群定居在民政街，这是紧贴沙贾汗纳巴德北面、刚开始形成的欧洲人近郊住宅区。

这个小区包括了像罗斯医生（Dr Ross）那样的人（"又矮又臃肿，而且很丑……一个糟糕得惊人的医生"，他的三张标准治疗药方是水蛭、装在肮脏的"黑啤酒瓶中的轻泻剂，以及用很粗糙木盒装着送来的巨大药丸"）；又或者是像斯普伦格勒医生（Dr Sprengler），他是新的德里学院（Delhi College）的校长，他的太太（"值得尊敬但很平庸"）惯于把丈夫的长裤藏起来，以免他在晚上出去而把她一个人丢在家里。然而，大多数新来的居民都是苏格兰人。"你想得到吗?"亚历克在这时期里写道,"围坐在官邸的桌边,通常有 16 人或 18 人,其中有一半,有时超过一半是苏格兰人——另外有四分之一是爱尔兰人,其余的才是英格兰人。爱尔兰人不一定总是能保持这个人数比例——苏格兰人却很少居下风。"

但是,渐渐地,威廉不再置身于晚宴的人堆中,不仅因为他更喜欢和手下部队在哈里亚纳邦的荒野中行军,或是在根戈德里(Gangotri)高处的山上和廓尔喀人作战,更因为他发现梅特卡夫以及那个欧洲人社群沉闷乏味得让他吃不消。他在德里的时候,倒很乐于和那些莫卧儿贵族朋友打成一片,但像斯普伦格勒医生及其太太之流,实在不对他胃口。

"他是个思想家,"雅克蒙在回忆录中写道,"然而这片国土中的社交圈所谓的交谈,只是交换言辞却无内容思想,因此使他除了孤独寂寞之外,别无所获。"

英国遗孤

1984 年,我第一次到德里的时候,认识了诺拉·尼科尔森(Norah Nicholson)。

诺拉是个老太太,有着满头白发和细瘦的手腕,住在一座很旧的棚子里。我在往返于特雷莎修女之家(Mother Teresa Home)的路上,有时也会去看看她,和她一起喝杯茶。我记得,即使是那个时候,我也觉得她像是另一年代幸存下来的人。但是到后来,我才能够在脑中为她定位,把她归类于莫卧儿衰落期留下来的活化石,一个当年应该是和罗斯医生或斯普伦格勒太太共住一栋大平房的民政街怪人,而不是在旧的行政机关区后面的烂棚子里度过风烛残年的人。

"可是你瞧，我一点办法都没有，"她这样说，"他们把我的养老金停掉了，我连最起码的房间也租不起，结果就沦落到这里来了，带着我的书籍、家具、两个收拾好的箱子和一架大钢琴——全部都摆到这棵树下。"

当然，她也不是完全没有怨言。"这里会是个很理想的居住之地，"她坚持道，"要是没有那条眼镜蛇在的话。它老在下午来到我床底下小憩一番，每天我都朝它的洞穴喷杀虫剂，但它好像一点都不在乎。还有那些可恶的猪，老是跑来围着我贮藏的食物打转，它们是住在街对面那些英印混血儿养的。"我们背后传来一声很响的碰撞。

"要是棚顶稍微再牢固一点就好了，那么，那些孔雀就不会老是从棚顶掉进来。白天我还不介意，可是我很讨厌在半夜醒来时，发现床上有只孔雀跟我在一起。"

要确定诺拉·尼科尔森话中的真实性总是有点困难，她声称自己是"旁遮普之狮"陆军准将约翰·尼科尔森（John Nicholson）的侄孙女，这位准将在1857年丧生于德里的起义中，但很久之后依然被英国人视为英雄，崇敬有加，也被旁遮普的一支名为尼卡尔西尼（Nikalsini）的教派奉为神明。

虽然英国高级专员公署（British High Commission）很低调地坚持她是个英印混血儿，所以没有资格取得英国国籍，但诺拉根本不理这一套，坚称自己是纯英国血统妇女，以前还是蒙巴顿夫人（Lady Mountbatten）的闺中密友，并且曾经担任过甘地夫人的儿子拉吉夫和桑杰的短期保姆。但有一点绝对可以确定的是，她从来没有到过英国，也没有亲戚在那里，而且是到了晚年才突然落魄的。

1960年，由于某些纠缠不清的官僚制度，她被赶出了政府宿舍，她会很傲然地告诉你，当时她还拒绝运用任何关系来挽救自己。

"我是个还有点自尊的英国女人，"她说，"我不是那种会占便宜的人，而且从来都不喜欢去强人所难。"

她蜷起身子，略微颔首，给了我一个心照不宣的表情："不过话说回来，我所有的朋友都帮了忙。他们凑钱帮我买了一些锡铁皮，而亲爱的罗伯特爵士，这位高级专员则送了些胶合板。亲爱的英迪拉（甘地夫人）给了我一块全新的防水油布。我用这些材料搭棚的时候非常愉快。"

诺拉个性非常独立，而且最恨的就是要靠人养，要是你对她在冷天或季雨期间怎么度过表现得过于关切的话，她马上就泼你一头冷水。

"年轻人，我要让你知道，其实我在这里的日子过得非常好。虽然下雨的时候有点湿，但一般来说，跟我的造物主及其万物一起生活，是件美事。"她会指着身边那群动物说："我有 4 条狗照顾我，还有为数不定的许多只猫，我想现在大概总共有 12 只吧！我还有好些雌孔雀、鹌鹑和眉鸟……"

只有当你逼问有关将来之事，她才会承认是有点忧心。

"我唯一害怕的，是他们会把我从这一小块地上赶走，我在这里已经待了 24 个年头了，也申请过这块土地的使用权，但他们不理我，因为我不肯贿赂他们。那个经手的男孩想要我的照相机，但我要是跟他们同流合污，那我就该死了。自从英国人走了以后，这里就没什么法律规矩，也不如以前公正。"

"他们有没有试过撵你走？"

"他们偶尔也会尝试。1968 年他们跑来附近，我放狗出去对付他们。接下来一年他们又想要我付狗的税金，他们不知道

116

我会讲印度话，所以那个家伙——他自以为很聪明——对他的朋友说：'要是她不缴税的话，我们明天来这里把她的狗统统枪毙。'"

"我等他们都讲完了，然后用印度话对他们说：'要是你想枪毙我的狗，就得先把我给毙了，可是在你还没毙掉我以前，我会先宰了你，把你的尸首扔到亚穆纳河里……'那是1969年的事，从那之后，再也没有人为了狗的税金来烦我了。"

"所以有关当局也没再来烦你了？"

"嗯，还有过一次意外。1975年紧急大疏散的时候，他们想要清理德里市容，所有最见不得人的工作都由这个卑鄙的年轻印度警察首脑包办了，他不但毒打人，而且还放火烧他们的房子。嗯，有一天，我正在排队等着领配给牛奶，这个年轻的警官出现了而且插队。我才不会容忍这种事。于是就告诉他，他应该到后面去排队，他没有权利插队。

"我所有的邻居都吓坏了，他们说：'这个人一定会宰了你。'总而言之，第二天，就像他们说的，他来到了这附近，隔壁的英印混血儿躲进他们的屋子并把灯熄掉。但是我却跟他说：'你好吗？'然后给他一杯茶以及一些教会的短文传单，内容都跟基督教教义有关，并且教人如何去爱别人。那次之后，他就对我很好了，接下来那个月还回来找我再要一些书籍。你瞧，威廉，这一切只看你怎么待人而已……"

我是在1984年6月与诺拉聊了这番话。5年之后再回德里时，我直奔她所住的那小块地方去看她，但已经不见她的踪影，她住的棚子也被拆除了。

"你在找诺拉吗？"身后有个声音问我。

我转过身，那人是诺拉的英印混血邻居。

"是的，"我说："她在哪里？"

"她死了，很遗憾，"他回答，"她死了，也下葬好一阵子了。这是上一次雨季的事。"

"发生了什么事？"我问。

"都是她的眼镜蛇，"他就事论事地说，"那条蛇终于害死了她。她后来放弃用杀虫剂去逼它出洞，而且还开始用一碗碗的牛奶去喂它。"

"什么？"

"我们都试过劝她，可是她不肯听，还一再说那些眼镜蛇也是上帝所创造的万物之一。"那个男人耸耸肩道，"她死的第二天我们发现了，因为我们听到情况不对劲，所以我太太赶快跑过去看看。"

"怎么不对劲法？"我问。

"她的那些狗，"这男人说，"它们都在哀号惨叫，好像世界末日到了。"

诺拉死了，可是在我探访官邸附近一带的那个月，却发现很多类似她的人物，堪称威廉·弗雷泽时期德里残留的孤苦之人，是一群微不足道的人。

紧邻着官邸南面门墙外，坐落着一座古老的军火库（Magazine），在印度反英起义中曾被炸毁的弹药库。在它旁边，已离开大路的角落里，坐落着英国人以前的坟场。我本来猜测这墓园必然又脏又没人理，就像官邸一样，哪知却惊讶地发现它干净无瑕。没多久我就弄清了原因何在。这墓园已经变成了相当时髦的住宅区。大理石墓板都打磨得亮晶晶的；帕拉第奥风格（Palladian）的墓室也都修复过了。方尖碑之间悬挂

118

着洗好要晾晒的衣物，而较高的十字架上则架起了电视天线。

德里有很多住在马路边人行道上和贫民窟里的人，抱怨警方强收保护费，所以我便问墓园里的一个男人，他们有没有遇上什么麻烦。

"老天，没有，"他带着含糊不清的英印腔调回答，"他们没办法害我们，我们这里都是基督徒。"

"我很抱歉。"我说，因为发现我冒犯了他。

"这是我们的教会坟场，"这人继续说，一面把领带理直了，"安德鲁家族在这里已经有三代了。印度教教徒不喜欢基督徒的纪念碑，所以我们要保卫这里，你们要来杯茶吗？"

茶送来了，我们在一位英国审计长的坟上坐下来，他又从一块墓石板下取出了一碟印度甜食和一本结婚相册。

"自从1985年我从铁路局退休之后，就寄情于种点花花草草，"安德鲁先生接着说，"现在试着在这里种我们自己要吃的大多数蔬菜，这个则是我们的养鸡场。"

他指着我脚下养家禽家畜的大理石围栏，以前是蒂龙郡（County Tyrone）的尼克松上校的坟墓。四个角落将就地围起了铁网，但坟坑里空空的见不到鸡。

"我们把鸡都吃掉了，"他见到我的视线所在，便加以解释，"现在我打算在这里养鱼。"

安德鲁先生对我们讲他在1948年随着全印度曲棍球队到苏格兰去的事，他喜欢因弗内斯，他说，虽然他认为那里有点冷。然后他问奥利维娅，我们在旧德里做什么。她解释我们去官邸的经过，当提到那建筑没人打理的情况时，安德鲁先生连声啧啧。

"这些人最麻烦的是，"他说，"一点历史感都没有。"

就在我们正在谈话的时候，有个打扮非常入时的女人从其中一座较大的墓室里走出来，晃荡着背在肩上的皮包，昂首挺胸地从我们身边经过。

"那是我的侄女，"安德鲁先生自豪地说，"她是个地产经纪人。"

英国人的骡子

我们回到寓所，见到普里先生裹得像要去南极似的，正在痛骂他那个倒霉的尼泊尔男仆尼库。他们两个都站在靠近屋子的那条路中央，一群好奇的路人正在围观。情况随后水落石出，原来是尼库正要带普里先生去做日常的保健活动，而这老头却突然发作，胡说八道起来。

普里先生（挥舞着他的拐杖）：这个人是个他妈的坏蛋。

尼库：我是个好孩子。

本人：他是个好孩子，普里先生。

普里先生：胡说！他是来自扫地阶层的人。

奥利维娅：但他仍是个好孩子。

普里先生：夫人，我们属于刹帝利阶级（kshatriyas）①，是战士，我们和英国人作战，和帕坦人（Pathan）作战，现在我们和印度教教徒作战。

本人：我敢肯定没有必要和尼库作战。

普里先生：没有必要！这个扫地的是个他妈的坏蛋！

---

① 种姓制度中的战士阶层。

你带他回英国去！让他去看管你那些可恶的骡子！

本人：可是普里先生，我已经告诉过你，我一只骡子也没有，不管是在这里还是在英国。

普里先生：胡扯！所有的英国人都有骡子，要不然你们英国人怎么能来和我们伟大的锡克军队对抗？你们怎么能够来这里治理我们印度？

弗雷泽宅邸遗址

随着 12 月一天天过去，温度计的水银柱也不断下降，整个城市仿佛笼罩在灰色阴影中。

虽然比起苏格兰老家，德里的冬天气候要暖得多，但是因为德里的屋宇应付寒冷方面的设施欠佳，所以似乎从头到尾都处于严寒中。德里的房子设计是为了抗热，结果在御寒方面就一点用处都没有，屋里从不装中央暖气，也没有壁炉。我们住的阁楼，由于欠缺燃油炉和壁炉等设备，我们迫不得已只好去买一大套电暖器回来取暖。每天大多数时候我们都开着这些电暖器，并且轮流更换保险丝，因为普里太太那些老古董电线以惊人的频率屡屡爆出蓝色的火花。

至于国际后侧出租车站那边，此时巴尔温德·辛格断定早上刮胡子太冷了，所以又开始留回 1984 年所剃掉的大胡子，他的父亲彭杰比对此倒是很高兴。但是由于天气很冷，这时也比以往少见到我们的朋友了。事实上，到了 12 月中旬，我们已经开始认为，要是能从国际后侧车站叫到出租车，尤其是在太阳下山之后，那可真算是一项胜利。在炎热的季节，车站的人总是会在星光下的绳编床上值夜班，由于睡不着，所以一打电话叫车，几分钟之内出租车就来到我们家门前。但是在冬天，巴尔温德和他的兄弟都躲进出租车里，缩在一大堆旧毯子底下，很不情愿去接那个在车外的电话，因为电话是摆在冷死人的 6 英尺外的车站棚子里。那个冬天，我们也偶尔难得叫到了其中一个兄弟的出租车，于是便坐上一辆充满锡克教教徒浓厚睡意的出租车前往目的地。

在那些冬夜里，德里呈现出很阴森、荒凉无人的一面，偶尔外面可能会有个有钱人雇用的守夜警卫，从头到脚都裹得厚厚密密的，好像才从莫斯科撤退回来似的。否则，当乳白的雾气席卷过城里的大道时，你只会见到魅影般的牛群在宽广的林荫大道上游荡。转过街角，那飘浮的迷雾乍然拨开，露出了四五十头牛，在出租车的车灯照射下，牛眼反射出红色的光，长长的队伍毅然缓缓地向北面行进而去。

亚历克·弗雷泽在德里度过第一个冬天时，也对温度感到出乎意料。"现在天气很冷，"他在 1811 年 1 月 3 日写回家的信上说，"因为太冷了，所以我乐得在床上待到早上 8 点才起来……。"（这话是个通常在 5 点半便起床的人说的）

亚历克已经搬去和他哥哥威廉一起住，那时也生活在威廉那一大堆家仆之中，还随时有成群的请愿者和寻求庇护者上门。亚历克的信中经常表达出他对家里老是有那么多人出入感到不耐烦："（我现在）在一个像通衢大道似的房间里写这封信；身边一直有十几个人，耳中一直听到十几种语言在聒噪……从我抵达之后，威廉就没有过一个钟头不受那些原住民打扰的空闲……从早上到深更半夜，一直都有这些讨厌的拜访来烦他，并且被迫要和人寒暄交谈……谈天气、谈个人，还要互相恭维一番，最常谈的话题大概是牛和马吧。"

　　那房子里不仅有一大堆威廉雇用的不同寻常的跟班；连装潢布置也一反传统。

　　"威廉的房间简直是个稀奇古怪的地方，"詹姆斯·弗雷泽在1815年参观过那幢房子之后写道，"虎皮、虎头帽、虎皮鞍垫和一大堆各式马鞍，火绳枪、弓箭、箭囊、武装带、盔甲、枪包……波斯文书籍和各种印度古玩珍品等，摆满了房间。我一定会拿一些并且把它们从印度运回因弗内斯。"

　　这些杂七杂八的东西后来的确有不少运回了莫尼亚克宅中，包括威廉所搜集的那一系列极为出色的莫卧儿武器在内。但我在阅读詹姆斯的描述时，领悟到一点：我根本无从得知那座奇异的印度房子到底矗立在何处，还有，就像英国官邸一样，是否还有任何东西留存下来？我又再从头翻阅所有弗雷泽兄弟的通信，终于在亚历克的一封信中找到了第一个疑问的答案，信中对于那栋房子的环境有相当精确的描述：

　　　　现在是晚上9点钟，我正坐在我们屋里的旺火旁，屋子位于亚穆纳河一条支流的岸边。从窗户望出去可以见到此河的主流；河的那一边是连绵无尽的河间地。河的下游不远处，也就是这条小支流所在，坐落着沙贾汗壮丽的皇宫，有座桥（而且是很精美的桥）横跨这条小河，过了河便是德里的巴士底狱，叫作萨林加尔古堡（Selim Gurh）。

　　综合这几封不同信件里的细节来看，可以相当精确地定位当年那栋房子的所在。我在旧德里的地图上勾出地区之后，就找了巴尔温德开车带我慢慢逛过环城路，这条路如今是沿着从前亚穆纳河的河道而建的。我们经过红堡那座橙红色的幕墙，并绕过萨林加尔古堡那些宏伟的棱堡，经过英国铁路桥的下面，这桥已取代了亚历克所描述的早期莫卧儿的建构。沿着这条路一直走，经过了英国官邸的残余建筑，又沿着一排防御城墙行进了三四分钟，接着我便突然见到了那座我知道绝对错不了的建筑。

122

它矗立在高于旧德里城墙的地方，有座新建的天桥遮蔽了它的部分，那是栋完全属于那个时期风格的印度式平房。那建筑此时撑着一座很古怪的瓜状圆顶，远远看去就像是后来加上去的。在那下方，也就是城墙之下的外墙，你可以见到以前那古老水门的拱门已经被封死。这道水门从前可供居住在此的人通往亚穆纳河岸边的自家河堤码头，然后可以从这里坐上平底河船，顺流而下前往红堡，或者更远至阿格拉的泰姬陵。左转穿过旧城墙之后，我们很快就在靠近圣雅各教堂（St James' Church）的一条巷子里找到了这栋印度平房。截至目前，一切都非常顺利，不过这里是德里，我知道这种情况不会持久的，果不出所料。

大门处贴着很醒目的告示，这栋房子现在是印度政府北区铁路局（建设部）总工程师办公室，而且大概也怀疑我是个打算捣乱的巴基斯坦间谍——著名的"外力介入"（Foreign Hand），也就是印度政客最惯于用来解释各种天灾人祸成因的借口，那些灾害包括火车相撞、自来水管爆裂到迟来的雨季和比赛失利等——大门口那些全副武装的警卫甚至拒绝让我踏进大门一步。第二天傍晚我又跑去那里拜访，就在总工程师正要下班离开时，这位拉杰·普拉沙德先生（Raj Prashad）被我出其不意地抓住了，并且安排了我第三次的探访，而奥利维娅和我（终于）获准进到里面去看这处办公场所。

到了约定的时间，我们来到这个已经很熟悉的大门口，手中持有普拉沙德先生所写的邀请函。那些警卫沉着脸陪我们——用枪口陪我们——进去并来到车道上。一路走近前时，我们才开始能好好看清楚这房子的布局，看来是由两座独立的建筑连接在一起，才形成今日所见、矗立在此的建筑。

第一座建筑物的停车门廊处朝向一座低矮的长方形建筑，那建筑的两侧有四座八角形的塔楼，虽然改建成晚期的维多利亚印度 - 撒拉逊风格——或许是在印度反英起义中遭到破坏之后改建的——但看起来这座建物当初应该是座门楼。再往里便是后来建的圆顶房间。过了此处，便是两座原有建物中较大的第二座建筑，也就是弗雷泽的印度平房，有着面向亚穆纳河水畔的半圆形户外阳台。亚历克当年必然曾经坐在这里眺望着河水，抽着水烟写着那些我在莫尼亚克读过、字迹潦草的信件。

我们在建筑物里走完一圈之后，便坐在普拉沙德先生的办公室里，啜着甜甜的印度茶并讨论起"著名的沃特福德铁路工程学院（Railway Engineering Institute of Watford）"的优点，因为普拉沙德先生曾在那里念过一个课程。从谈话之中，我才发现原来普拉沙德先生实际上就是 10 年前挽救这栋房子，使其免于被毁的人。在地基下陷的情况出现之后，部门曾下令拆除弗雷泽的房子，并且拟在原址上兴建一栋现代化的办公大楼。普拉沙德先生力劝上司保留这栋尚存的建筑，但整件事最困难之处，据他声称，是设法让当局拨经费来挽救并整修那古老的地下室，地下室正是地基下陷的主因。

几个念头立刻灵光一现，当我初次看完弗雷泽的所有通信之后，我留意到在那些信件里——通常都是写了很多关于季节变化的事——很奇怪地，对于德里屋宇在夏季期间的那种可怕酷热却无只言片语。从我自己在热天所得的经验，我知道这是很不寻常的漏洞；因为即使有电风扇，德里的夏天也简直是种酷刑；每个动笔的人在下笔之际，都无可避免地会先提到这件事。威廉和亚历克怎么可能都没提到，我对此很存疑，莫非他们也像莫卧儿人一样，建有自家的避暑地下厅房，好让他们不会热出毛病来？亚历克在其中一封信里隐约提到，季节有多热，最好尽可能在"一间凉爽屋"里度过时光。他是不是指避暑地下厅房？普拉沙德先生所讲的地下室是否可能就是这类建构所留下来的？

普拉沙德先生按了按他那张老旧红木办公桌上的铃，几分钟之后，出现了个留了浓密八字胡的老门房，怒冲冲地摇着一串钥匙叮当作响。他领我们走到外面一个瓦楞铁皮屋顶的小木棚，有点像个岗亭或是户外厕所。门房转动着插在锁里的钥匙；门打开了，露出一段末端消失在地下深处的阶梯。他亮起手电筒带路走向黑暗中，那些梯级又窄又湿，而且很滑。水从天花板滴了下来，梯级和墙上都因此冒出了奇怪的黄色苔藓，气温也下降了，我开始后悔没穿得暖些。

墙壁上粉刷的灰泥早已剥落殆尽，我们一路走下去时，可以看得出砖砌部分的变化。那种英国官邸时期喜用的又大又坚固的砖块，渐渐变成了莫卧儿帝国建筑工人爱用的小巧精致的砖块。抵达地下室底层的那几秒之内，门房的电筒光线落在一处装饰线条上，一看便知是沙贾汗时期的风格。

地下通道衔接了一处 T 字形的岔口。低头走过一座低矮、尖顶莫卧儿拱门后，我们便进到一间接待室，由此可通到一间很大、有回音的地下厅房。空气很腐臭不新鲜，闻起来有股潮

124

湿发霉的气味。树根从屋顶上回旋垂下，好像弯曲状的钟乳石。虽然黑得伸手不见五指，但是手电筒的光线扫过墙壁上时，还是可以看到壁面上装饰了美丽的拱形壁龛。虽然很难看得清楚，但是依稀可以分辨出其中有些拱形带有莫卧儿壁饰的痕迹，或许当初摆放过插了鲜花的嵌金丝花瓶。

我们步步为营地经过脚下一摊摊积水，走到房间的尽头，每步都战战兢兢，以免踩到藏匿的蛇。尽头处有条走道通往另两间更里面，有着浅圆形天花板，大小和形状都一样的房间。整个地下区域里只听得到我们自己的呼吸声以及水滴声。当我们开口讲话时，却发现自己好像置身教堂或坟场里那样，不自觉悄声低语。

我们循原路回到梯级处并向左转，在那条拱顶走道里走了10英尺远，便见到分叉成三个方向的路，其中一条是转向东面亚穆纳河水畔那边，大概就是我们在外面路上见到的那个封死的水门所在处。另一条通道是转向西边，像是经过圣雅各教堂的地底下。第三条则朝南伸展，往红堡的方向。三条地下通道都在最近的"修复"中被砌墙堵死了，这是为了防患未然，稍后普拉沙德先生解释，是为了防止"无处不在的恐怖分子"。

125　　要花点推敲功夫，才能确知我们无意中所到之处究竟是什么所在。普拉沙德先生所挽救免于被毁的那座"地下室"，看来是至今为止德里最大、保存最完好的莫卧儿地下避暑厅房；或许也是除了红堡之外，从沙贾汗时代的德里幸存至今的最重要家居建筑。然而，就我查问的结果很快就显示，除了铁路工程部之外，似乎根本没有人察觉它的存在。

但是，首先要问的是，弗雷泽屋子底下怎会有17世纪莫卧儿时期所建的地下避暑厅房呢？根据记载，靠近克什米尔门的亚穆纳河畔，在 17 世纪 50 年代曾是沙贾汗手下大元帅阿里·马尔丹汗（Ali Mardan Khan）府邸的所在，他也是莫卧儿盛期最重要的贵族之一。1803 年，当英国人初次来到德里，莫卧儿王朝把达拉·舒科皇宫废墟给了总督特派代表做官邸，同样的——虽然没有任何数据记载——但一定是把阿里·马尔丹汗的府邸给了总督的特派副代表，这是沙贾汗纳巴德中第二重要的废墟府邸。但弗雷泽并没有像奥克特洛尼那样，仅是在古老的莫卧儿建筑架构上加盖了房屋而已，弗雷泽似乎是要和过去一刀两断，他把阿里·马尔丹汗府邸铲得一干二净，只保留了府邸底层占地极广的地下避暑厅房。在普拉沙德先生的修复工程中，很多大理石都糊上了混凝土，为了撑起某些拱门，还架起了钢梁。但是仍然很容易看得出这些地下厅房以前是多凉爽怡人，尤其是在仲夏期间的惊人酷热里。

　　然而，整件事最迷人之处是那三条从厅房通往不同地方的拱顶地下走道。德里向来都有很多关于秘密走道的传说——关于通道衔接菲罗兹沙·克特拉城堡和山脊，在顾特卜塔地底下有一些其他地下道通往图格拉卡巴德（Tughlukabad）的无稽故事——但是据我所知，弗雷泽住宅地底的那些通道，却是第一个显露出来、证据确凿的遗迹。

　　那条通往红堡的地下道，是不是莫卧儿帝国红堡寝宫和达拉·舒科的书房、阿里·马尔丹汗府邸相连的逃生通道呢？而 126 那条转向圣雅各教堂方向的分支地下道，是不是通往城外安全之处呢？还是那些地下道只通往其他如今已消失的地下避暑厅堂？但后者最说不通，因为据普拉沙德先生说，那些拱顶地下道伸延到很远，连他手下工人都不敢再往前走。

　　而今那些地下道只是用一小座水泥块堵塞住而已；把那堵

塞物移开去侦察后面有些什么，应该不是难事，问题倒在于，怎样才能让印度那个又穷又官僚的考古调查机构对此感兴趣。就像我们走的时候普拉沙德先生所说："你知道，事实上，今天的印度没有人会想到这些历史古迹。印度现在是发展中国家，我们的同胞都只看将来。"

斯金纳

威廉·弗雷泽那栋平房大门口正对面，以前是辽阔的公园，再过去便矗立着詹姆斯·斯金纳（James Skinner）上校的豪宅，他是斯金纳骑兵队那位充满传奇的创建者。斯金纳也像奥克特洛尼一样，获得莫卧儿皇帝授予的封号：纳西尔-乌德-道拉上校詹姆斯·斯金纳·巴哈杜尔·加利卜江（Nasir-ud-Dowlah Colonel James Skinner Bahadur Ghalib Jang）。不过，德里人却总是简称斯金纳为西坎德尔大人（Sikander Sahib）：对于这个首都的人来说，他犹如亚历山大大帝再生。

斯金纳手下那支非正规的骑兵队——威廉个人的军队后来便并入其中——曾为东印度公司巩固了印度北部广大的疆土，使之飘扬着英国国旗。斯金纳手下的骑兵戴着红色头巾、镶银边腰带、黑色的盾形徽章，身穿鲜黄色紧身短上衣，据希伯主教（Bishop Heber）形容："我所见过最爱炫耀又花哨的骑兵。"除此之外，那时也有人这样写道："这个地区所有的英国人都认为，他们（堪称）印度最有用、最值得信赖又最有勇气胆识的一批男人。"

但斯金纳却并不是个刻板拘谨的行伍之人：他是个很迷人的同伴，令人乐此不疲的谈话对象，教堂、神庙和清真寺的兴建人，也是在印度首都主办最壮观印度舞娘表演的人。"我很少遇到像他这样令人一见如故又倾心的人，"詹姆士·弗雷泽于1815年首次会面之后不久，便在信上这样说，"他阅历丰富又曾屡次冒险，因此也就有了许多奇闻逸事，以及历险故事可传述……然而完全没有煽情、自吹自擂、傲慢或虚荣的表现。"

斯金纳和威廉·弗雷泽是至交、生意伙伴兼袍泽兄弟，弗雷泽成为斯金纳骑兵队副指挥官，而斯金纳则加入弗雷泽及另一个莫卧儿贵族艾哈迈德·巴克什汗（Ahmed Baksh Khan）的生意，合伙从阿富汗以及中亚河中地区（Trans Oxiana）进口种马，在德里市集上脱售。斯金纳所建的种马牧场遗址，连同那座很美的巴洛克风格大门门房——以及所有凹槽圆柱和科林斯柱式——都仍然存在，坐落在德里西北方的汉希（Hansi），斯金纳乡间园林住宅南面两英里处。

伦敦的国家军事博物馆（National Army Museum）中，有张斯金纳和弗雷泽的合照，后者留着浓密的大胡子，两人并排骑在心爱的战马上，全套正式军装打扮，穿了紧身马甲，头戴熊皮高顶帽；在他们后方，可以看到那支斯金纳骑兵队正在汉希平原上操练着很复杂的训练技术。詹姆斯·弗雷泽曾于1815年在德里城郊看过这套训练技术，印象极为深刻。

今天早上我们去看斯金纳骑兵队操练奔驰射击火绳枪——由于没有瓶子可供打靶，我便摘下帽子拿去当靶用，结果帽子上多了几个弹孔，使得这顶帽子愈加不如以前……这场操练实在令人大开眼界……这些人射击飞奔野兔的绝技远近驰名……（他们先）和野兔并排急驰，然后（骑在马上）上膛打死野兔，这真的得要骑乘、手和眼三者合一才能做到。

但是比观赏斯金纳骑兵队操练更有意思的，却是跟他本人聊天。就如詹姆斯在那个星期里稍后所写的日记所载：

> 斯金纳来了之后，我们天南地北地聊着战役和围城，以及各种意外事件……斯金纳实在是个很令人着迷的人，既有很多逸事，又颇为理解当地民情风俗之事，非常了不起……斯金纳、弗格森（Ferguson）和我一起练习弓箭——前者身手极佳；之后我们便共进晚餐。

斯金纳的父亲是苏格兰籍的佣兵赫拉克勒斯·斯金纳（Hercules Skinner），是以前蒙特罗斯议会议长（Provost of Montrose）的儿子，当詹姆斯·斯金纳训练出手下的骑兵队时，便采用了家族徽章——一只血手为标志，并将之放在招募来的印度兵腰腹上。但是斯金纳兼有苏格兰和印度血统；他的母亲原是拉其普特族的公主（苏格兰婆家人称她为珍妮），而且据弗雷泽透露，斯金纳的相貌"相当近似摩尔人，不算是真正的黑人，但是个莎翁笔下的奥赛罗，威尼斯的摩尔人"，就是这种族混合的特性决定了斯金纳的职业生涯。

到1792年时，只要父母之一是印度人的话，已经不可能在东印度公司军队中获授任职位了。所以，虽然他是在英治加尔各答一家英国学校里接受教育的，年方十八的詹姆斯·斯金纳却被迫离开西化的孟加拉，去为东印度公司的主要对头军队效命。

在整个18世纪期间，印度的马拉塔人联盟军已经把势力伸展到次大陆的大部分地区，范围从德干半岛遥远僻静地区到肥沃的旁遮普边缘。马拉塔人所以成功的因素之一，便是善于运用欧洲人以及欧亚混血的佣兵。斯金纳很快就受他们礼遇被纳入旗下，甚至不久之后获准自组非正规军的骑兵部队。

有 7 年时间，他在拉贾斯坦和哈里亚纳身经百战，运用的军事技术实际上是自中世纪以来就没变过的那套。虽然斯金纳有位堂兄在此时期内设立了现代化的孟买商会（Bombay Chamber of Commerce），地点在 200 英里外的印度西北部沙漠区里，但这边交战的规则变化及过程，却仍和莫卧儿伟大经典上的彩绘插画描述的大小战役差不多：契托尔（Chittor）围城，以及拉杰普塔纳地区那些庞大的堡垒，其间夹杂着阴谋诡计、突袭以及全副武装的骑兵队冲锋陷阵。

阅读斯金纳的《军事论文集》（*Military Memoirs*），有时很令人感到困惑，不知斯金纳到底是在描述哪一个世纪。其中有项最典型的斯金纳逸闻透露，在马普拉（Malpura）战役中，他的部队顺利地杀死了斋浦尔王（Maharaja of Jaipur）那头装饰华丽的作战大象。那位藩王手下为数极众，一见这情形，却都仓皇四散而逃，让斯金纳的骑兵部队得以直捣其营区。"我进到营地里，"斯金纳写道，"这是我所见过规模最大又最好的营地，可是人都跑光了。这里有最漂亮的营帐，大型的集市，里面摆满了东西，无所不有……那位藩王的木造平房遍覆刺绣及红丝绒。我一走进去，触目所及都是金银而不见其他。"这一幕倒是与十字军东征相呼应；但是背景却是 19 世纪，而非 12 世纪。

然而，斯金纳跻身于印度王公之列的壮观职业生涯，却突如其来地结束了。1803 年，声势浩大的联盟军（Confederacy）

129

准备出手对付英国人，尽管斯金纳及其他为马拉塔人效命的印欧混血都曾以表现证明了他们忠心耿耿，但是仍然被解职并勒令在 24 小时内远离马拉塔境内。正如斯金纳的混合血统导致他被摒除在东印度公司军队之外，同样的缺憾又令他在东印度公司对头军队中的职业生涯受阻；他的出身，诚如詹姆斯·弗雷泽所形容："就像一把双锋利刃，切断了他两边的路。"虽然斯金纳手下那支骑兵队还不能合法加入英军部队，但是英国驻北印度区的指挥官莱克勋爵（Lord Lake）却终于准许这支部队持东印度公司的旗帜作战，作为一支非正规的援军。他们的工作犹如马上游击队：为主军打先锋；袭击撤退中的敌军；切断敌军补给，并且在马拉塔人阵线的后面秘密行动。

其后的几年，英国当局也给过他几次难堪的冷然待遇：斯金纳的房地产是马拉塔人给他的，结果被没收了；他的薪水和职位也都很低；部队规模被缩减到原有的三分之一。直到许久之后，在与锡克人和廓尔喀人的战役中连连告捷，战果辉煌，斯金纳的骑兵部队才被正式编入了东印度公司的军队，斯金纳本人则晋升中校并获得巴斯勋章三等勋章。

威廉·弗雷泽一直担任骑兵队的副指挥官，而威廉的哥哥130 詹姆斯是为斯金纳那本《军旅生涯回忆录》翻译（原为波斯文）并编辑成书的最佳人选。当斯金纳的儿女来到爱丁堡接受教育时，放假的时候也是由詹姆斯照顾他们。然而即使是在这点上，斯金纳也免不了遭到难堪的对待；詹姆斯回到家乡之后和表妹简·泰勒（Jane Tyler）结了婚，简完全是在苏格兰成长的，对于印度没有丝毫感情和兴趣，理所当然地根本不愿意家里到处都是"混血儿"。

风声传回德里，斯金纳在写给莫尼亚克宅邸的最后一封信中，谢谢他的朋友照顾他"可怜的黑皮肤儿女"，但又补充道，叫詹姆斯不要再去探望他们，因为他知道詹姆斯的太太心怀"对上述那类孩童极大的反感"。从宗教中寻找慰藉的斯金纳在信中说，此时他只能信赖"令他们出生的上帝，但愿在祂面前无论肤色是黑是白，都一视同仁"。

即使是在他的至交家中，斯金纳也无法逃离英国人对于肤色日益增加的歧视。

英印混血儿悲歌

在拉丁美洲，是由那些印第安人和殖民者所生的混血儿军中英雄——例如像玻利瓦尔（Bolivar）那样的人——来统治殖民地的，但在印度却不是那么回事。由斯金纳的职业生涯便可看出，印度人和英国人都太自豪于本身血统，以至于"混血儿"从来都没有真正出头的时候。随着19世纪的发展，像这样可怕的偏见却愈来愈深。任何"混血"暗示都会掀起维多利亚时代最恶劣的盲从偏见，而在德里，斯金纳的儿女就变成了刻毒英国人的嘲弄对象、笑柄。

"对于刚从英格兰来的人而言，（斯金纳）全家堪称绝妙的新发现，"19世纪70年代，埃米莉·贝利（Emily Bayley）写道，"（他们）肤色很黑，讲英语时带着与众不同的口音……尽管他们自视为英国人，而且在德里有很高的社会地位，但没受什么教育，举止更像原住民而不像英国人……"

"（乔·斯金纳）真是个很够瞧的家伙……他的盛装包括一件有镀金纽扣的绿色外套，酒红色的长裤，漆皮靴子，白色背心和领带。他总是拿着一根杖头镶金的马六甲手杖，大谈他当年待在禁卫军团里的事，虽然他其实从来没有踏出过印度一

131

步……（他的）儿女都取了王室成员的名字，但都是黑皮肤。"

斯金纳家族一直待在德里，先是坐满了圣雅各教堂里的家族包厢席，后来则全都葬在教堂的墓园中，这座宏伟的暗黄色教堂是"西坎德尔大人"晚年所建，坐落在沙贾汗纳巴德他的豪宅旁边。

至少，斯金纳家族在德里社会中还有些地位，但其他多数英印混血儿的际遇可就一年不如一年，处境日趋艰难。印度人和英国人双方都对他们有严重的种族歧视，使得他们越来越身受其苦：印度人不肯跟他们打成一片；同时，尽管他们对英国赤胆忠心，但英国人还是把他们排斥在俱乐部和社交客厅的门外，在背后毫不留情地讥嘲他们是"欧亚混血奶酪人"、"黑白人"或"英国女王的印度酱菜"。他们被安插在铁路局和电报局里工作，负责照管业务并使之欣欣向荣，但无论是统治者还是被统治者都将他们拒于千里之外。筹划印度独立的时候，曾有人提出为这些欧亚混血儿觅一处安居之地——类似英印混血儿的以色列——地点是比哈尔（Bihar）南部的焦德那格布尔山（Chote Nagpur）；但这项计划后来却不了了之，麦克卢斯基·甘吉（MacLuskie Ganj）本该成为这片安居之土的特拉维夫，而今却偏远又穷困，更像个特大又没落的敬老院。

英印混血儿醒悟到他们在印度根本不再有任何安身立命之所后，便大批移民走了，约有2.5万人在美国、加拿大和澳大利亚安家定居，而他们组成的曲棍球队、进行的滑稽表演等，也曾昙花一现地享过盛誉。更多人则移民到英国去了，在那里，算是"回到老家"，而他们鲜明的特征则在第二次世界大战后的种族大熔炉中消失了；有些人，例如著名歌星英格伯特·汉普丁克〔Engelbert Humperdinck，原名 Gerald Dorsey，生于马德拉

斯（Madras）]，还有克利夫·理查德（Cliff Richard，原名
Harry Webb，是勒克瑙的英印混血火车司机的儿子）都成了
名——然而是在他们改名换姓之后，就像抛掉一套派不上用场
又过时的衣服那样，把原有的名字和身份抛掉了。

　　剩下来还留在印度的那些人通常是乐观的、年纪大的或恋旧
的。但他们留下来面对的是某些印度人的仇视，以及每况愈下的
贫穷。年轻一代，尤其是女孩子，倾向于借着通婚来融入社会；
但其他人，特别是那些年长的，却发现要改变是很困难的事。

圣雅各教堂

　　我听说在旧德里有两户英印混血儿人家，很凑巧，他们所
住的平房就坐落在斯金纳旧宅地点不远处的一条小小的后街
上。斯金纳那座气派不凡的新古典风格大宅，是他在莫卧儿衰
落期间为自己兴建的，那时堪称英印混血最风光的时期，现在
却已被人遗忘。

不愿移民

"都是那些盥洗设备造成的，它们是导火线。"

"没错，都是那些盥洗设备。"

"他们安装了印度式的。"

"他女儿还有我儿子，我们的儿女。"

"你总得设定个限度。"

"你已经这样做了。"

"那些印度式的盥洗设备，没有一个是可以让你好好坐在上面的。"

"而且有件事我绝对不做，就是要我去蹲着。"

"绝不这样做。"

"我才不要蹲着。"

"你总得要设定个限度。"

133

我去看亨利·史密斯（Henry Smith）和伯特·布朗（Bert Brown）的时候，他们正坐在布朗先生家的户外阳台上。无视于初现的傍晚寒意，两人正啜着冰冻姜啤。那是布朗先生自己酿的，用他儿子托马斯到英国旅行所买回来的一套自酿工具酿的。

史密斯先生和布朗先生如今是亲家：史密斯先生的儿子托马斯娶了布朗先生的女儿伊迪丝。因为儿女采用印度式的盥洗设备，所以两人搬出来，在两栋老式的英式风格平房里找到了安身之处，毗邻而居。白天他们打理花园，修剪玫瑰，把蜀葵花拉直。傍晚，两人就在布朗先生的户外阳台一起把酒共度时光，谈当年他们负责驾驶蒸汽火车往返于勒克瑙和加尔各答之间的往事。

"我一向都说，再没有比火车更适宜用来观光一个国家了。"布朗先生边取了他那些厚重黑色的玻璃杯，边用衬衫衣脚抹净杯子。

"唉，说得对，"史密斯先生表同意，"待在火车头上的感觉实在没得比。"

"火车上的生活是一种很健康的生活，有充分的新鲜空气。"

"你参观过泰姬陵吗?"史密斯先生转过来问我，"泰姬陵是个很美的地方。"

"待在火车上时，可以见识很多地方。"布朗先生接着说。

"那些语言，"布朗先生说，"民族、生活习惯……"

"而且他们是很令人神迷的民族，那些印度人。我会这样帮他们讲话。"

"我一向跟他们关系都很好，老实说，这是他们的国家，以前我父亲一向都这么说。"

"说得对，印度人是很不错的人，只要你把他们当人看待。"

"对待他们就如你希望他们对待你那样，这是我的宗旨。"

"但是根据我的经验，他们永远没办法驾驶火车，或许可以驾驶那些新型的柴油汽车，但是那种古老的蒸汽火车就弄不来了。"

"有点太过于懒惰……贪睡，那些印度火车司机中有些是这样。尽管我对他们很尊重。"

"在蒸汽火车上你得随时保持清醒。"

"总有事情要做，没有时间发呆。"

"这就是我们这些英印混血儿能出头的原因。蒸汽火车头 134 是我们的职责所在，要是出了故障，我们都懂得应付，修理一番之后让它再开动。"

我问史密斯先生和布朗先生，他们有没有想过移民，但他们都摇头。

"我的两个兄弟都在英格兰，"史密斯先生说，"哥哥在1953年移民，弟弟接着在1963年也去了，我还是说：'不要，我不要去。'"

"不过如果你的兄弟都走光了……"

"这里是我的家乡，"史密斯先生说，"我生在这里，长在这里，待在这里比较快乐，要是到任何一个外国，我都不会这么快乐的。"

"那些印度人接受这里是你的家乡的想法吗？"

"有时候这一带的人有点不客气，"布朗先生说，"他们从来没有对我们说：'回英格兰老家去吧！'只不过他们并不是一直都很友善就是了。"

"市场里有个家伙有时很可恶，"史密斯先生说，"我就干脆说：'我在这里扎根时间比你还久，别只看我的肤色，要看看我的内心。'"

"这样一来就让他们闭嘴了，"布朗先生呵呵笑道，"哦！这样可以叫他们乖乖闭嘴少乱讲。"

"你瞧，我们不是英国人，"史密斯先生说，"我们是有点不一样。"

"当然我们也会唱英国的歌：黛西，黛西……"

"……苹果花开时节……"

"……当爱尔兰眼睛充满笑意时……"

"……天佑他们全体……"

"所有的老歌。而且我们也穿英国式的服装，讲英国人的语言，但我们是不一样的，英格兰并不是我们的老家……"

"……虽然我们的人在那里发展得很好，"史密斯先生自豪地补充说，"其中有些人的考试成绩比英国人还好。"

"还有像那个从勒克瑙去的克利夫·理查德，人家跟我说，他现在是很红的歌星。"

"我认识他伯伯，"史密斯先生说，"老皮特·韦布（Pete Webb），他是个很有灵性的人，对《圣经》熟得仿佛是他自己写的。"

就在我们言谈之时，布朗先生瞥见有只很大的猕猴，正偷偷摸摸地靠近摆在我们中间那桌上的一盘水果。

"滚开！出去，该死的畜生。"

史密斯先生从椅子上跳起来，对着这个入侵者扔石子，那只猴子连跑带跳钻进了布朗先生的蜀葵花丛里。

135

"千万不要信任猴子，这是我父亲以前常说的话。"

"都是因为在路那头所建的印度教神庙，"布朗先生解释说，"他们带头拿香蕉给猴子吃，结果现在这些猴子什么都要。"

"它又回来了，这家伙在打什么东西的主意，它是看中了这些大蕉。"

"以前英国人统治的时候，他们一向都把这些猴子运出口去做实验，"布朗先生叹息说，"可是现在他们把这些猴子当神明来膜拜。"

没有后路

玛丽昂·福勒（Marion Fowler）和乔·福勒（Joe Fowler）住在附近一栋类似的平房中，有间前厅和后室，后室里并排摆了两张单人床。墙壁上方有个挂钩，悬了一幅从1977年日历上弄下来的英女王像。玛丽昂坐在前厅里，身穿鲜黄色的衣裳，显然是照她那位元首所穿的样式做的。

"我们从英国弄来这个日历，"玛丽昂说，"是我们去英国的时候。"

"英格兰真是景色如画，"乔说，"那是我们第一次去，可是两人都很有在家乡的感觉。"

"他们吃的都是我们喜欢的，所有我们父母传给我们的食谱。"

"牛排。"

"老式的英国炖菜。"

"什锦水果布丁，苹果馅饼。"

"完全没有咖喱饭。"

"我爱吃的是肯德基炸鸡，"乔·福勒说，"在那边是很受欢迎的食物，这些肯德基炸鸡可以让人吃得很开心。"

"还有那些店！哦！在英格兰，店里什么都有得卖，甚至给糖尿病患者吃的特制食物……"

"这个糖尿病患者就是咱们的玛丽昂。"

"……糖尿病患者吃的果酱。还有各种给糖尿病人吃的巧克力糖，糖心有软有硬。"

我们谈着他们那趟"应许之地"的旅程。乔和玛丽昂的长女伊丽莎白（"不过当然我们以前叫她贝蒂"）在1973年去了英国，目前住在萨里郡（Surrey）一栋独门独院的住宅里。前两年，当伊丽莎白存够了钱，就寄了英国航空公司的来回机票给父母。

"在英国，人人一律受到同等对待，不像在这里。"

"当然，在我们料想中那是个很不错的地方，或许有点毛毛雨或下大雨的时候，但是……挺好的。"

"老字号的英国（Ye oldy England）。这是他们放在宣传单上的用词。"

"但老实跟你说，我们见到那里有那么多印度人时，还是有点感到意外，而之前我们申请签证，却两次被拒。"

"第二次我们申请的是公民权，我们还真的以为会办成，已经一心一意准备好要动身了，结果又得把收拾好的行李再打开，把全部东西归回原位。"

"所有她的亲友还有我的亲友全部都在那边，但是我们去申请时，人家却说：'不行，你们是印度人，你们得留在这里。'"

"都是那个撒切尔夫人，她一向就不喜欢英印混血儿，所以特别刁难我们，所有她定的规则条文都针对我们。"

"肤色歧视，就是这么回事，纯粹就是肤色歧视。"

"可是她却让印度人去英国。"

"关于印度人，我们的确感受到了，"玛丽昂说，"埃文河畔斯特拉福特城镇（Stratford on Avon）①或者是萨里郡，没有那么多印度人，可是在伦敦！伦敦地铁里出现的印度人恐怕比在德里的还多。"

"当我们见到那种情况时，心里很不是滋味。英国人对我们太恶劣了，我这样讲一点心理负担也没有。"

"自从他们在1947年离开以后，我们的日子就很不好过。"

"找工作成了不可能的事，要是你真的去应征一份工作，印度人就会百般刁难阻碍，我们失去了邮局和电报局里所有高阶的职位。"

---

① 英格兰中部城镇，莎士比亚故乡。

"还有铁路局的。"

"我们的地位下降，一落千丈。"

"他们应该为我们安排好后路的，我们一辈子都在为他们效劳。"

"我们帮他们经营铁路和矿业，我们在他们的餐厅里唱歌，你大概从来没听说过托尼·布伦特（Tony Brent）这个歌星吧?"

"我想没有。"

137 "你太年轻了，"玛丽昂说，"人家称托尼·布伦特为'歌唱工程师'，他有非常美妙的嗓音，真的，他是我们的同乡——来自孟买。"

"托尼·布伦特以前非常受欢迎。"

"而且人又英俊! 我认为是。当年我住在戈拉尔金矿城（Kolar Gold Fields），还是个年轻女孩时，迷他迷得不得了。"

"而我还在外援雇佣军部队里——相等于英国地方自卫队（TA），"乔说，一面换了个话题，"替英国人效命了 40 年，是英女王陛下忠心耿耿的子民，从来都不支持印度国民大会党，一天也没有。"

"结果他们却给印度人发签证，让他们去英国经营那些杂货店——而且还告诉我们，我们得留在这里。这似乎很不公平。"

外面已经天黑了，乔捻亮了床边的灯，天突然变冷了。

"我们从小就被灌输大英帝国会长存，他们也应允过我们，他们会留下来的。"

"1947 年当他们说要交给印度人管时，实在让人感到相当震惊。我们从来没想到过他们会这样做。"

"印度人应该有他们的自由，我并没有说他们不该有，他们那时把自由给予所有各种国家，但是在英国人走掉以前，他们应该要确保我们可以受到某种照顾。"

"他们走了之后，年轻一辈统统移民走了……"

"……大多数去了澳大利亚……"

"……还有英国。"

接着默默无语良久，一阵钟声响起，是像伦敦大本钟那样的钟声。我站起身来；乔送我出去。

"我还是很担心玛丽昂，"当我们站在出租车旁时，乔这样说道，"我死了之后，不晓得她会怎么样。她比我年轻20岁，只剩下她一个人，她对任何印度语言都一窍不通。"他耸耸肩，很无奈。

我们握过手，就在我钻进巴尔温德·辛格的出租车后，乔向我行了个他以前当兵时的军礼。

"女王陛下万岁！"乔说。

出租车开走了，在车灯的照射下，我看得到夜莺扑向那些飞蛾。

爱德华和亚历克

在19世纪30年代和40年代，那种曾经使得斯金纳日子 138 非常痛苦难过的种族歧视者和清教徒式态度不但日益加重，而且开始遍布四周。威廉·弗雷泽和奥克特洛尼所熟知的世界——苏格兰总督大人和印度妻妾，以及莫卧儿袍服的世界——正成为过去。

如果说奥克特洛尼是这时期起点象征的话，那么托马斯·梅特卡夫（Thomas Metcalfe，威廉的死对头查尔斯·梅特卡夫的侄儿）便代表了这个时期的结束。这个爱挑刺、难以相处的英国人，甚至想到"土著"情妇这个念头都会顿时脸色煞白。据他的女儿埃米莉·贝利（Emily Bayley）说，他的想法非常文雅，以至于连见到女人吃奶酪都觉得受不了。甚而，他认为女性若是要吃柑橘或芒果的话，至少应该躲到自己的浴室里私下去吃。

他做梦也不会想到要像奥克特洛尼那样穿着打扮，相反，他煞费苦心地让他伦敦的裁缝，也就是圣雅各街上的普尔福德店（Pulford），定期寄一箱素淡但入时的英国服装到德里。同样地，每年也固定寄来两大箱最新出版的英国书籍。他所认可的一项印度风情是抽一杆银制的水烟袋。每天早餐之后，他会抽上整整 30 分钟。如果家仆没有恰到好处，又有效率地执行这项他所指派的职务，梅特卡夫就会命人取来一副白色的羔羊皮制手套，然后从银制托盘上拿起这副手套，套上他的白色长手指。接着，便以"庄严郑重"之姿，先对仆人发表讲话，指出失职之处，然后他"便进一步和婉而坚定有力地揪着那个做错事人的耳朵，之后才放那人走——这是很管用的训斥方式"。

随着 19 世纪的推进，德里逐渐成为那些刻板英国家族的天下，托马斯大人的态度、偏见和歧视正可说是他们这些人的典型榜样。总督奥克兰爵士（Lord Auckland）的妹妹范妮·伊登（Fanny Eden）于 1838 年途经德里时，描述那里的欧洲人社群在（各方面）都与英国相异，或许有一点除外，就是女性都对自制黑手套，以及在手套上戴上黄铜似的大手镯上了瘾。虽然弗雷泽喜欢评论那些人"言不及义"，但他却常常在官邸里进餐，而且还很偶然地在那里找到了一个趣味相投的伙伴。

139　　　最有意思的人当然非胡德女士（Lady Hood）莫属，她是个假小子般的贵族小姐，1814 年弗雷泽还带她猎过狮子。弗雷泽那种大男人主义与学究风格的奇特混合，可以说在他写给胡德女士的信中表露无遗。有封 1817 年的信，在吹嘘了他狩猎的英勇表现之后（"我猎杀了 7 头狮子，其中 5 头是用长矛杀的"），弗雷泽便继续谈起他自己特殊的个人信仰。他的信仰似乎和印度教及基督教都有相通之处；并且表现出为了支持更放诸四海皆通的形而上哲学，他已经丢下了那套传统的一神教信仰。

19 世纪中期是僵化的福音派教义大行其道的黄金时代，像弗雷泽那种非正统的信仰观念，不管是多么不成熟，都是既不普遍，也不受欢迎的；而像胡德女士那样可以欣赏这种开通思想见地的人更是少见。知性上受到的孤立，必然是造成他陷溺于挫折压力的部分原因；他写回家的信中，也就因而日渐充满化不开的阴郁与乡愁。"在印度待的 15 年可说等于在欧洲的 25 年，"1817 年他在汉希所写的家书中如此说，"印度的景物和事物逐渐成了一池死水……战争和政治都接近尾声，而印度则证实了一天比一天无趣……我想，葬身印度的机会恐怕比结婚的机会更大。"

弗雷泽的情绪也因为那颇难堪的淋病发作而无法好转，在莫尼亚克的文献中，只有一封威廉的同僚写给他的信里隐约提到这桩苦恼的事："我不明白你的胯部有什么毛病，以致非用水银不可。我敢说，你播种开枝散叶的成就已经远超过大自然所求了……"

但是最让威廉精神上大受打击的是，在德里住了 10 年之后，一连串家族悲剧接二连三地发生在他身上。

1812 年炎热的 7 月，弗雷泽兄弟中的老四爱德华抵达德里，而且很快就搬去跟威廉和亚历克同住。他在那里才待了几

个星期，就开始出现很不寻常的衰弱、倦怠症状，亚历克是最
先留意到情况不对劲的人。"到了8月底，"他在旅行日志中
写道，"我留意到他总是衰弱无力，开始感到很不放心，以前
有时出于好奇和寻乐而提议去进行的游览，都因为这种无精打
采而使得他再也提不起兴趣了……我越来越感到不对劲，由于
白天不在家，晚上通常都会因见到爱德华现出的那种倦怠而感
到心惊。他已经停掉了早上的健身活动——转而沉迷于坐着不
动的消遣中……听音乐，加上一点阅读。"

9月初的一天，爱德华在宅邸花园中眺望着亚穆纳河的流
水，懒洋洋地修剪着橙树，威廉外出到两英里外河流上游的河
床去沐浴戏水；亚历克在屋子里忙他的公事："有个仆人来告
诉我，说爱德华在吐血，这个消息使得我大为震惊，跑到屋
外，看到本来正弯腰修剪树木的他，此时已经陷在这种令人担
心的症状中。大概过了一个小时，没再吐血；他声称自己对此
大为松了口气，吐出来的血量很小——全部大概只有一个酒杯
的量，血色鲜红。"

找来医生后，说是没什么好担心的，开了处方，要病人戒
酒而且吃素，他告诉爱德华要休息。

"接下来有几天他的唾液里仍然夹杂着血丝，但是咳嗽的
情形好些了，而他，或者该说他自己认为，大致上已经好多
了。大概在吐过血四天之后，爱德华没跟我们讲一声，就跑出
去跟我们防守皇宫（红堡）的部队指挥官吃早餐。很不幸，
到那里他得走一段路，而且上好几段阶梯，去参观皇宫里的奇
珍异宝，完全没有担心自己的身体状况。总而言之，回家之
后，他再度吐血了，第二天又吐了一点。"

医生又被找来；这回他承认很像是肺结核的早期症状，并

140

且建议应该马上把爱德华送到加尔各答，然后从那里"到海上去"。亚历克自告奋勇护送爱德华，第二天两人就出发踏上漫长的旅程，先前往阿拉哈巴德，再从那里搭船从恒河顺流而下到加尔各答，也就是英国统治时印度的首都。一路上，爱德华的健康状况不断恶化，吐血也愈来愈频繁。然而，亚历克硬是继续前进。他订了前往圣海伦娜岛（St Helena）的船票，并且把这个动弹不得的病人扛上了船。当这两兄弟抵达该岛时，爱德华显然已经在垂死挣扎。一个星期后，1813 年 4 月 25 日，爱德华又有过一次很严重的吐血，几个小时之后，他"相当安详地"终于断了气。

141

　　亚历克既伤心欲绝，又心力交瘁，他疲惫不堪地安葬了弟弟之后，便寄了一封很长、内容凄伤的信回莫尼亚克，报告爱德华临终那几个钟头的情形。然后，收拾好行李后，他便独自一人搭船回到加尔各答。就在回程之中，他发现自己的唾液里也开始夹杂着血丝，一个星期之后，他也开始有了首次咯血现象。他马上就明白这代表什么意义，于是开始在旅行日志中草草写下他的《自辩文》（apologia）：

　　　　鉴于此刻我的情况，虽然有复原的可能，但是看来更像会早逝，趁着我还有足够的精力，有意动笔写下我的生平、性格、影响我行事为人的原则或强烈情感——它们在我看来是怎样的。

　　　　我一向认为，要是每个人都能摒弃掩饰自己，而向这个世界毫不伪饰地表露自己以及自己的情感，这会是人类真正的福气……我这一生既平凡又默默无闻；我知道，但也不在乎，纵然死后一定很快就被人遗忘。（此时）供认我的看法、蠢事、弱点以及错误虽有点难为情，但是可能对我的亲朋好友会带来好处或消遣，这就足以作为补偿了。如果如此真的有益于人，或许也会令人想起这个软弱无能但无害于人的作者，并怀着刹那的同情与敬重。

亚历克接着招认他在学院时的懒散，以及他视为性格中自私和轻浮的一面，并且道出了他和威廉在德里共居一宅时，两人之间的摩擦：

本来我期待着和 7 年没见的哥哥做伴会充满欢娱，结果却大失所望。

142　　　所有我的娱乐爱好（在威廉看来）都（太）微不足道又没意义，甚至是我阅读的东西，都是最没分量的。我哥哥的所有心思都放在生意上。早上他从容不迫地骑趟马（遛马）之后，就是漫长的忙于生意的一天，要不就相对无言。（威廉）只有跟那些仆役才有说有笑的。

亚历克所坦白承认的一切，其中最令人出乎意料的是他缺乏语言能力，而且这个缺憾又如何对他担任德里新法庭最高法官之职造成不良影响：

在这种情况下，我尝到了当年于学院中不用功的苦果。我一直都茫然不解，因为每份请愿、每份记录，都是用波斯文写的，我几乎一窍不通。德里及其附近的语言与我所熟悉的相当不同，证人所讲的内容我连五分之一都听不懂。

　　亚历克一面艰难吃力地沿着前一年送爱德华的路线回德里，一面不断地以潦草的笔迹写下他的自白书，到后来终于因太过于孱弱又神志不清，无法再继续下去。他被人用轿子抬到了约克胡里（Jokhoulee，德里城郊一带）后，看来已病重到无法再继续前行，于是便由他大哥詹姆斯负责在路旁的帐篷里照顾他。在经历了长期而痛苦的病痛折磨之后，"他消瘦衰弱得很严重，简直到了形销骨立的地步"，亚历克最后在1816年6月3日病逝于约克胡里。

　　"去世以前，他受苦了不少时日，直到临终，那些苦楚实在笔墨难以形容，"詹姆斯在日记中写道，"（但是）最后他的脉搏终于停止了，呼吸也停下了。我们面前只剩下那具躯体，这就是我所挚爱的弟弟亚历克的下场。"

　　威廉和詹姆斯一起合上了亚历克的眼睛，并且清洗他的遗体："6点左右，我们用寝具包裹住遗体，亲自把它抬到坟墓去，然后让它入土为安。"

　　或许是出于良心不安，也或许是因为真心哀痛，那时的威廉——这个曾经长期冷落亚历克并令他难堪的人，对于亚历克的去世耿耿于怀，詹姆斯在日记中描述威廉迅速崩溃的情况："可怜的威廉对那天的打击大为震撼，当墓穴填满，那少数几个送葬的人走光之后，他整天坐在坟头，要不就躺在坟边的地上，凄苦地哀泣呻吟。"

143

　　亚历克去世多天后，威廉仍然命人给他送来大量的鸦片。

威廉·弗雷泽之死

　　后来的那些年中，威廉·弗雷泽一直和其他在德里的欧洲人保持距离。"他憎恨社交中的无聊怪相和喋喋不休，"詹姆

斯写道，"而且听他那狂放不羁的言下之意，是情愿迁移到乌
兹别克，到西伯利亚或者东亚某些地区去，他认为（那里的
人）既不矫揉造作而且又有高贵情操。"

为了达到这个目的，威廉到喜马拉雅山旅行，既为了跟斯
金纳一起出差，和廓尔喀人作战，也为了自己，为了乐趣：印
度山峦最大的吸引力之一，是威廉视它们跟他童年回忆中的因
弗内斯郡很相似。"我们现在正朝向东亚和中国前进，"他在
1817 年写信给胡德女士说，"而且住在气候与苏格兰很相似的
地方……我可以躺在橡树、白桦、落叶松和榆树的树下，或者
采集草莓和覆盆子，就像在家乡时一样。"

在德里时，威廉则把全部精神专注于在城郊建造一栋乡间
大宅，那座大宅——属帕拉迪奥式别墅，加上了怪异的苏格兰
地主大宅的角塔式特色——矗立在横跨旧德里城郊西北面的山
脊上，高高在上地俯视罗莎娜拉花园（Roshanara Gardens）和
萨达尔集市（Sadar Bazaar）。

威廉在写给父亲的信上，对这项工程计划有所保留也是情
有可原的；毕竟，在未来许多年里，那些原本该寄回莫尼亚克
的经费都会被抽出，除此之外，这栋大宅也令威廉在德里的地
位更加巩固——就在他的年纪和经验都足以为他带来比在印度
别处更显赫的升迁之际。基于上述两个原因，威廉只提过一次
兴建计划，然后很快便顾左右而言他。"我（现在）要回德
里，"1819 年 9 月 23 日，他在位于汉希的斯金纳家中写的信
上说，"我在那里的一座山顶上兴建了一栋很大的白色住宅，
从最高处可以眺望到更广阔的德里景色。"

维克托·雅克蒙如同以往一般很有先见之明。他写给在巴
黎父亲的信中，谈到他如何待在"弗雷泽先生这座庞大的住

宅里，一座哥特式的堡垒，所费不赀，就兴建在帖木儿曾经包围德里的扎营地点上……"弗雷泽的"堡垒"后来变成了印度拉奥氏住宅（Hindu Rao's House，以它后来接手者的姓氏为名），尽管在1857年大起义中受到炮火严重损毁，其中央部分仍保留至今，已成为印度拉奥医院的主建筑。

1820年，詹姆斯·弗雷泽计划经陆路，途经波斯、美索不达米亚以及奥斯曼帝国治下的地中海东部地区回家乡，便借此机会对德里做最后一次巡礼。11月11日，在靠近顾特卜塔附近的营地中，他和威廉互道珍重再见。

> 威廉是个不会表露情感的人，不管那份情感有多强烈，他也不会在这种场合里从俗一番。我们站起身来——他向我伸出手并说："那么，再见了——好好保重自己"——我紧紧握住那手——但没有说话——我怕自己情不自禁——我看了他一眼——或许从此再也看不到他了——然后就匆匆出了帐篷。像这样的事其实并不是常能感受到的，特别是让感情失控并没有意义——而我已长期习于在这种场合中不借由眼泪来宣泄情感。我会让自己憋得要死，但不会让眼泪夺眶而出。

> 那位藩王大人（艾哈迈德·巴克什汗，威廉的生意合伙人兼朋友）和我骑上了马，而留下我的弟弟在帐篷里——我已经要求斯金纳告诉我他的情况，以及他如何承受我的离去，因为他和我都同样明白这虽然不是永别，但我们重逢的机会却是那么渺茫。

威廉在德里又待了13年，到了1833年，他终于获得了垂涎 30 年的职务，即总督特派驻德里代表，但也因为赢得这个职位，他最终垮台。

1834 年，他的老朋友艾哈迈德·巴克什汗去世后，弗雷泽以总督特派代表的身份，正式介入了那位藩王儿子们争夺遗产的激烈纷争之中，而这场纷争已使得兄弟阋墙。在争议的过程之中，弗雷泽强行把可汗长子，也是他负责监护的沙姆斯丁（Shams-ud-Din），一个落拓不羁的莫卧儿贵族逐出家门，因为争端便是由他而起，当初是他吞了弟弟们该分得的家产。

除了不予申诉机会便把沙姆斯丁逐出家门的这种羞辱外，在德里还有其他流言——旧德里城中至今还有人记得这些流言——说是弗雷泽雪上加霜地对沙姆斯丁的妹妹有越礼之举。对于一个莫卧儿贵族青年而言，在红堡严谨的宫廷礼教中成长，像这样的行为简直是是可忍，孰不可忍。沙姆斯丁不仅丢了面子，还遭到他自己的监护人这么不光彩的对待。他马上离开了德里，回到哈里亚纳邦的家园并开始策划复仇。

3 个月后，1835 年 3 月 22 日，年轻的埃米莉·贝利正在位于民政街北面梅特卡夫大宅中。那是星期天的晚上，埃米莉和哥哥乔治正和母亲坐在侧厅里："整座宅邸就像一栋印度房子那样无声无息，突然仆人一阵聒噪骚动，父亲匆忙地走进我们所坐的厅中，他宣布了弗雷泽先生的死讯，并且说他正要去调查这桩谋杀案的内情。"

"当时我紧贴在母亲身边的情景，真是记忆犹新，"埃米莉稍后写道，"还有她听到这消息之后的惊恐——以及我们担心父亲安危的幼稚恐惧感，因为想到若是弗雷泽先生会被杀的话，或许爸爸也会被杀！我们听到马车很快就驶远了，而我们都坐在母亲身边，她则默默无语，然后一直待到父亲回来。"

梅特卡夫的传令兵手持火炬在前引路，带他到山上威廉尸体所在之处，尸体仍然躺在他那座庞大的哥特式住宅的阶梯上。

根据目击证人所说，弗雷泽当晚到他朋友家中寻欢作乐，那位朋友是吉申格尔印度王公（Maharaja of Kishengarh）。之后他回到自己家，就在快进家门的转角处，突然一直骑着马走在他前面的那个人影放慢了速度，他让路给威廉，等他走上前来并排时，便用锯短了的老式大口径短枪近距离对威廉开了一枪。梅特卡夫凭着他一贯一丝不苟的性格，留意到那些碎弹射进了弗雷泽右侧的身体里，"其中两颗已经射穿至身体另一侧的表皮"，另一颗则"完全射穿过去"。梅特卡夫断定："由此当场毙命"。

感谢那堪称极为卓越的侦查工作，这宗谋杀案很快就水落石出。梅特卡夫和他手下那名侦探助手约翰·劳伦斯（John Lawrence）留意到，很诡异的是，路上所留的痕迹似乎没有一道是通往那个杀手所逃走的方向。但是在搜查了一座属于沙姆斯丁汗朋友们的豪宅后，显示出有匹马的蹄铁不久前才换过——完全跟英国大盗迪克·特平（Dick Turpin）蒙混追踪他的人所用的手法一样。在这座豪宅中还发现了刺客和沙姆斯丁之间的信件。一个月之后，另一个共犯反过来提出对同犯的不利证据，这案子的侦讯便大功告成。可汗以及他那名亲信遭到审判并公开处以死刑。

威廉的遗体原是草草下葬于靠近官邸的英国人坟场，后来又重新迁灵，安葬到斯金纳斥巨资兴建的一座宏伟的白色墓冢

146

中。那墓冢位于圣雅各教堂的墓园中，坟墓的设计相当得体，有欧洲墓冢的外形，但是所采用的实质材料、莫卧儿风格的大理石镶嵌，则完全是印度式的。墓志铭是由斯金纳所写，内容如下：

入土于此纪念碑之下的遗体

曾经生龙活虎

忠勇双全

为造物主

所赐予人类之英灵

一位情同手足之友

立碑于此

待他日其自身躯体已化为尘土

此碑依然尚存

以为纪念

并供可同声哀悼者以为凭吊

纪念骤然痛失

一位

他珍如生命之人

威廉·弗雷泽

1835 年 3 月 22 日去世

英印融合的幻灭

22 年之后，1857 年所发生的印度民族大起义结束了这一阶段历史。

　　在衰落时期看来颇为乐观的英印文化水乳交融的种种希望，被遗忘在印度大起义之后紧接而来的大屠杀和绞刑中。英国人在 1857 年 9 月 14 日再度攻陷德里，导致这个城市很多地区被毁之殆尽。红堡遭到趁火打劫；而大部分遗迹则被夷为平地；这座世上最美丽的皇宫之一残余的废墟变成一座灰色的兵营，而宏伟的莫卧儿贾玛清真寺在千钧一发中逃过了被摧毁的命运，整座城也逃过了在原址上另建一座极丑的维多利亚式大教堂的计划。

　　3000 名德里人遭到审判并被处死刑——不是绞刑、枪毙，就是炮轰——而且指控证据十分站不住脚。英军士兵贿赂那些绞刑手，要他们尽量拖长被判刑者的吊死时间，因为他们喜欢看那些犯人跳"苏格兰风笛舞"，这是他们用来形容受刑者临死前的挣扎状态。最后一位莫卧儿皇帝乘着牛车被放逐到仰光；他的儿女，那些皇子公主，全都被枪毙。城中的居民则被赶出城门外，让他们在城外乡间饿死；即使后来准许印度教教徒回到城中，穆斯林却整整两年被禁止踏足城内，那些精美的清真寺则被卖给印度金融家，充当烘烤房和马厩。

　　英军攻陷这座城市之后几个星期内的所作所为，读来实在惊人，仿佛英国人所有的劣根性都因为胜利而表露无遗——没有文化修养、思想偏狭、盲从偏见、报复心重——突然间都浮现了。休·奇切斯特（Hugh Chichester）便是在此时期来到德里，他的说法也与这种典型八九不离十：

　　　　城里有几座很美的清真寺值得一看，但我宁可看到它们全部被毁掉，那些卑劣粗野的人亵渎了我们的教堂和坟场，所以我不认为我们应该对他们那可鄙的宗教有任何尊重。进到那些清真寺里之前，或者觐见国王之前，永远得先脱鞋，不过现在我们可以不理这些细节了。我曾经见过那个老笨猪国王，他是个很老的老头，而且就像个老侍应。

在诗词甚至赞美诗之中，他也都表达了这类心态。"主啊！为你那些被屠杀的圣人复仇吧！"（仿米尔顿十四行诗的集锦句）就在同一个月内刊登于《公民与军队公报》（*Civil and Military Gazette*）上；作者所展现出来的主题，到了19世纪下半叶变得日益普遍——也就是上帝真的是个英国人，而让那些叛乱的异教徒俯首称臣则是祂的特定工作：

> 英格兰现在要平反了，
> 借着深沉可怕的报复行动，
> 以剑砍除这腐败，
> 并以火烧掉它，
> 毁掉这些叛徒大军，
> 在所有的山丘和城郊，
> 吊死每条贱狗，
> 将它们赶尽杀绝。

多年之后，这座城市仍未完全复原过来。1861年，诗人迦利布在较早前曾写过对弗雷泽之死的感受犹如"丧父"，此时则为他同胞的沦落以及他挚爱之城遭蹂躏而哀悼恸哭："我无助地望着王公贵族的妻儿沿街乞讨，要有铁石心肠才能对眼前景象无动于衷……面如明月的红堡诸贵妇，而今衣衫褴褛、鞋履残破地漂泊街头。"

直到今天，有关印度兵变之后英军令人发指的暴行，依然
流传。在卡拉奇，艾哈迈德·阿里告诉我，他历历在目地记
得，祖母曾经压低了嗓门讲述她如何被撵出自家的豪宅，而被
迫在城南的墓冢栖身；稍后有两个英国"大兵"发现她躲在
那里，他们扯掉她的面纱，并且为了搜身而把她剥得赤身裸
体，因为他们认为她身上一定藏了珠宝首饰。直到那一刻之
前，她一直是大门不出、二门不迈，而且只有在贴身女婢面前
才露出脸孔。

然而，英国人却只记取围城和攻陷德里是大英帝国最光辉
的时刻之一，是巩固英国对印度统治的黄金支柱之一，和攻陷
普拉西（Plassy）及塞林伽巴丹（Seringapatam）一样，它们
使英国建立在印度的统治权。但凡与印度兵变起义事件有关的
地点都被保留，成为维多利亚晚期的热门观光胜地，次大陆各
地都竖起了纪念碑，来纪念这些大屠杀，以及那些最后挣扎。
其中最重要的一座是德里反英起义纪念碑，矗立在英军当年建
在山丘上的军营遗址，是座很怪异且变形的哥特式尖塔，堪称
艾伯特纪念馆（Albert Memorial）的私生近亲，而今仍然高高
地耸立在旧德里那些圆顶、屋顶和集市棚顶之上。纪念这场围
城和攻陷德里的原有铭文尚在，不过又加了另一块匾作为更正
的说明：

> 此纪念碑铭文所称之"敌人"乃指1857年曾起义反
> 抗殖民统治，以及英勇争取民族自由的人。为纪念这些争
> 取印度自由的不朽烈士之英勇事迹，于1972年8月28日
> 的民族重获自由25周年揭幕此匾。

149

但最令人瞩目的还不是这两篇铭文；而是英国人立起的纪念起义伤亡人数的统计石碑。在那块纪念碑的八面上，各有一块这种匾牌，嵌在小幅的三叶形装饰之中。参与 1857 年作战150 的名单，分为三栏：遇害、受伤和失踪。每一项的结果又不可避免地划分为本地人和欧洲人。这种冷酷而精准的，可以把一场血腥战争中的人员伤亡数字降到板球投球手平均投球数（bowling averages）那么低的心态，与奥克特洛尼以及威廉·弗雷泽当年所持的态度相去甚远。莫卧儿衰落期已告结束；夕阳终于西沉。

然而，最讽刺的是，纪念碑却矗立在威廉·弗雷泽于该世纪初期穷其精力所兴建的白色大宅几英尺远处。大宅采用了莫卧儿风格兼又建在帖木儿扎营地点上，堪称代表了英国对印度的统治原本很可能会有的面貌，而那座反英起义纪念碑则代表了——很残忍无情又很令人反感地——实际的结果。

第六章　莫卧儿的德里

151　　12 月的结束和开始一样，冰冷刺骨又天寒地冻。

　　在新年之夜，天桥下有成群的贫民依偎在一起取暖。可以看到他们蹲在营火边的身影；有时其中一个身影会拾起一块干水牛粪投入火焰中；而在附近的高尔夫球场以及查纳克亚普利（Chanakyapuri），那些富人则正在欢呼庆祝。随着午夜渐近，他们弄爆气球、开香槟，驾着他们全新的马鲁蒂汽车在德里市区内到处兜风并狂按喇叭。停在交通信号灯前时，打开的车窗便会伸出一只只手抛下施舍，贫富两个世界便惊鸿一瞥地相遇了。

　　那天晚上我们应一位杂志编辑之邀去参加晚宴，屋外除了乱糟糟地停了常见的马鲁蒂汽车之外，还停了一排进口的奔驰汽车——这是绝对错不了的，暴富的旁遮普生意人到来的标志——还有几辆部长级官员所乘的白色大使牌汽车，因为车顶上有红色的标志灯，让人一望而知。进到屋里，呈现在我们眼前的是一群缠着厚厚头巾的锡克人，正随着 20 世纪 70 年代迪斯科音乐蹦蹦跳跳；美丽的印度淑女轻快优雅地左闪右避，以免踩到对方的纱丽裙摆。身穿制服的男仆捧着放着烤肉串的托盘在房间里转来转去。墙上的聚光灯照亮了从废墟神庙的托架上剥下的性感的印度教雕塑。

　　我们在德里曾经参加过的宴会中——多数是沉闷的官方应酬——最让人吃不消的，是被一些肥料分配部的头发花白的副
153 部长缠着不放，啰唆个没完。但是这个宴会里的调调和宾客都很不一样；德里的富家子弟似乎都溜到这里来了，每位女性的颈上都有熠熠生辉的珍珠项链；大颗的钻石映着迪斯科圆球旋转灯的灯光一闪一闪的。

　　那个唱片骑师（disc-jockey）放上了地，风与火乐队

萨夫达尔疆陵墓的清真寺

（Earth，Wind and Fire）的音乐，而奥利维娅则被一个来自阿姆利则的年轻专栏作家给拉走了；留下我和一个脑满肠肥的国会议员交谈。

"你是英国人？"他问。

我点点头。

"你曾在伊顿公学上过学吗？"

"没有。"

"真遗憾。"他如此回答并很快走开了。

就在我形单影只地到处晃来晃去之际，可以听到随着音乐飘到耳中的各种不同谈话内容的片段：

"她以为已经把一个百万富翁弄到手了，她真正弄到的却是五个孩子和两条鬈毛狗……"

"事实上我听人家说，她在遇到她老公之前，是一名空姐，是吗？这么说来，也不过是放下推车去捡钞票而已。"

"……孩子是一回事，可是想想看，还得去侍候那两条恶心的鬈毛狗……"

"我真的不知道殿下大人目前在哪里，巴普基发誓他会在12点以前到这里。"

"……至少她老公在豪兹哈斯村（Hauz Khas Village）买了一家很不错的精品小店给她，不过你应该去看看她进的新货，哦！那么俗气……"

"……就是，罗希特那么有天分，他真是德里的伊夫·圣·罗兰（Yves St Laurent）。"

大多数宾客似乎不是记者、政客，就是时装设计师，这三种职业是新德里方兴未艾的长舌阶层人士的最爱。那些人三两成群地站在一起，泛泛而谈：巴黎学成的设计新人推出的民族风系列服装；下次内阁改组时可能上台的人；漫无尽头的军用武器买卖贪污丑闻的最新情况。看起来似乎只有锡克教教徒男人脑中在想别的事，他们边捻着小胡子，边灌着大杯的威士忌，并且想办法勾引最漂亮的小姐下舞池。房间里依然喋喋不休，飞短流长：

"是的，没错：他爷爷是有一百辆古董汽车，哪辆车刚好衬他的袖扣，他就开哪辆。"

"拉吉夫穿着他的沙图什（shahtoosh）① 看来真是性感，是吗？不过索尼娅——那么难看，说真的，她也不过是个寻常砌砖匠的女儿罢了。"

"泡泡纱还不算什么，只不过有点俗气而已，你们真该在

---

① 指所有由藏羚羊加工的产品，主要指一种用藏羚羊绒毛织成的披肩。

宁拉拿（Neemrana）看看她那副德行……紧身雪纺绸或一身湿纱丽……完全就像从最糟糕的宝莱坞电影里走出来的……"

"你有没有在马展上见到比娜？她身上穿的那套从巴黎买回来的香奈儿套装，也遮不住那些增加的体重，可是她以前那么漂亮……"

到了午夜，人人手拉手并且试着唱《友谊地久天长》（*Auld Lang Syne*），不过虽然有那么几个人曾经拿过英国文凭，却只有两名印度陆军将军知道歌词。那些锡克教教徒满头大汗地暂且抛下舞池，加入合唱。等到碰杯祝贺及握手全部完毕之后，那些社交名流便打开记事簿，开始交换电话号码并确定午餐约会时间。接着，全体互相拥抱，然后便摇摇晃晃地往大门走去，走向等着他们的汽车和冻得半死的司机。

"管这个城市的其实是那些司机，"有个政客一边轻快地踏上车道，一边低声抱怨说，"上个星期我去参加晚宴，宴会才到一半，有个司机跑进来说，人力资源部部长耗的时间已经比预定的长了半个小时。"

"不会吧！"他朋友回答说，"怎么回事？"

"你哪想得到，那部长还真就道歉，也不加反驳就离开了……"

"这年头的仆役！他们比电话还靠不住。"

"除非你送他们槟榔、香烟以及七天假期，否则他们什么也不肯做。"

"我问你，我们的印度到底会到什么样地步？"

普里太太并没有随俗送旧迎新，但第二天却以她举世无双的风格来庆祝新年。

就在我们刚吃完新年午餐之后，听到门铃响起了熟悉的印度国歌，声音响彻房间。我打开门，见到普里太太立正站在门外。我请她进来时，她摆出了最宜去出殡的脸色。

"威廉先生，威廉太太，"她说，"你们有没有看《印度时报》？"

"有。"我们回答，语气不很明朗。

"这么说来，你们知道卢比正处于很不妙的状态。"

155　　普里太太继续讲下去，啰唆了半天，都是关于目前孟买证券交易所面对的诸般艰难困苦。

"简而言之，"她总结说，"我们印度的经济远没达到一流。"

"但是，普里太太，"我们争辩道，因为以前已经听过好几次这样的论调了，"印度的工业正不断壮大。"

"啊！你真好心，威廉先生，但很可惜的是，在我们印度事事都很艰辛，"她语气一顿并摇着头，"我恐怕不得不涨你们的房租了。"

接下来是旷日费时的谈判；拖了几个星期之后，我们才订出双方都满意的永久解决之道。我们的房租，最后按英镑计算直接转到普里太太在卢迪亚纳（Lud hiana）最深处的银行账户里。金额已经定好一年之内不变，不过，英镑币值浮动的差额，则将以玛莎百货公司（Marks and Spencer）的女装内衣裤来抵偿，我们会请在英国的朋友帮我们寄来。"你们一定了解，"普里太太解释，"在印度我们买不到你们玛莎百货的内衣裤。"

"买不到，"我们回答说，颇感尴尬，"当然买不到。"

"我们印度做的内衣裤实在令人很不满意。"

"为什么？"奥利维娅问。

"在印度我们没有质量好的黏胶，这里只有棉花和丝绸，要制造质量优良的现代化内衣裤得需要有黏胶才行。"普里太太以胜利之姿用手杖敲着地板说。

"事实上，威廉先生，我认为你一点生意头脑都没有，"当我们达成协议而握手时，她突然冒出这样一句真心话，"说真的，这项安排太令我满意了。"

萨夫达尔疆陵寝

虽然大清早和傍晚时依然灰蒙蒙且雾气很重，但 1 月的下午已经变得愈来愈温暖又清朗。花园里已经出现早春迹象：九重葛又冒出了芽苞，一品红则鲜花怒放。

一天，由于受到温和宜人天气的鼓舞，我决定出去走走，并去看看萨夫达尔疆那座有洋葱圆顶的宏伟陵墓，那座堪称莫卧儿王朝在印度所兴建的最后一座壮观建筑。它就像座地标，我曾经千百次经过它，但从来没好好地进去看看。然而，从阅读中我获悉了一点有关被安葬者的资料。萨夫达尔疆是位波斯贵族，来自伊朗霍拉桑（Khorasan）的内沙布尔（Nishapur）。17 世纪末期，他来到印度，在皇帝的军队中获得显赫地位，并且和莫卧儿贵族联姻；几年后，他继承了岳父之位而成了乌特（Oudh）地区的纳瓦布（Nawab）①。

我之所以对萨夫达尔疆感兴趣，是因为从 17 世纪末结束的莫卧儿盛期到 50 年后衰落期的分崩离析，中间那引人好奇但灾难性的半个世纪，恰好完全囊括了萨夫达尔疆的一生。当萨夫达尔疆从波斯来的时候，奥朗则布仍然在位做皇帝，而德

156

---

① 印度莫卧儿帝国时代副王和各省总督的称谓。

里也依然富甲天下，是伊斯坦布尔到江户（东京）之间最壮丽、人口最多的城市；由于拥有 200 万居民，因此城市规模比伦敦或巴黎都要大得多。它的军队坚不可摧；宫殿举世无双；城中很多清真寺的圆顶真的是金光闪闪，一点也不夸张。及至萨夫达尔疆去世之际，波斯纳迪尔沙已经离去，席卷了帝国累积八代的财富远走高飞。三位皇帝遭毒手（除此之外，其中一位还先被人用烧热的针刺瞎了双眼）；其中一位皇太后被勒毙，而另一位太上皇则被迫骑着大象跳下悬崖峭壁。德里这座伟大的都城，成了被洗劫一空的废墟之城。

在这段时间之内当皇帝，地位岌岌可危。此时代中在位最久的皇帝穆罕默德·沙（被称为 Rangila，即"多彩多姿"）所以能苟且偷安，是因为用了很简单的策略，即完全不插手国事：他早上观赏斗山鹑和斗大象；下午则有玩杂耍的人、腹语术表演者、哑剧演员和魔术师为他提供娱乐。国家大事他聪明地留给了那些诡计多端的咨议。

正当帝国疆域逐渐缩减到只有以前的一部分那么大时，宫廷却完全纵情于声色享乐，贵族渐渐对战争和军伍失去兴趣，他们转而把余财耗在召妓、资助诗人、举行文艺良宵，以及兴建亭台楼阁和赏心悦目的花园。音乐、写作和印度舞娘表演如百花齐放；老一辈的将相贵族此时抱怨，获得赐爵封邑的不再是冲锋陷阵的将领和骑兵，而是那些演奏西塔琴和萨伦吉琴（sarangi）的人。诗人备受重视，据说那时的德里人若是到印度其他地区去访友，所带去的礼物并非珠宝或水烟袋、精美武器等，而是抄在一张纸上的几首米尔·塔基·米尔的诗词新作。德里大诗人之一所写的一首新的乌尔都语情诗（ghazal），被认为是有文化教养的主人梦寐以求的礼物。

当穆罕默德·沙忙着和他手下那帮人吃喝玩乐的时候，萨夫达尔疆则努力巩固地位，这位纳瓦布从位于勒克瑙的王宫中治理一片广大省域，这片土地从孟加拉国一直伸延经过北印度的富庶平原到河间地，是全印度最肥沃之地；遥远的德里也就真的天高皇帝远，更加无能为力。萨夫达尔疆则成了全印度最富有又最强势的人；他已经成了有实无名的独立统治者。穆罕默德·沙驾崩后，他便进驻德里接掌一切，先攫取了维齐尔（Vizier）一职，不过几个星期，所有的重要决定都轮不到穆罕默德·沙那位没有作用的继承人置喙了。那位皇子尸位素餐地寄情于酒、鸦片以及后宫佳丽。

不过，到后来萨夫达尔疆终于应了骄兵必败这句话，他的傲慢自大兼骄横，令皇室跟他疏远敌对；绝望之际，他们从德干高原召来了印度马拉塔人联盟军，来帮他们除掉这个眼中钉维齐尔。内战因此接踵而来，敌军从印度各地来到德里会合，萨夫达尔疆终于被赶出了首都，直到死后才又回到德里，因为他的儿子恳求准许在沙贾汗纳巴德西南的荒地上，为他父亲兴建陵寝。

而今这座陵寝矗立在此，犹如白头宫女话沧桑，最明显的是它所流露出的那个时代的窘迫之迹。相形之下，泰姬陵充满纯粹之感——无瑕的白色大理石、简洁而不花哨的形状、完美的对称设计——而萨夫达尔疆的陵寝那球状圆顶以及染色的砂岩墙壁，看来似乎充满瑕疵又破败。全世界的小学生都认得泰姬陵的形象，然而萨夫达尔疆陵寝却是另一回事，乍看之下，很不对劲；线条看来设计错误，让人感到很别扭。

更何况，这座陵寝很明显地带有拮据困窘之迹。由于德里承传已久的采石场靠近阿格拉，当时该地已不属于莫卧儿治下——位于德里和阿格拉之间的道路上往往有野蛮、充满敌意的贾特族出没——建筑工便被迫从德里其他陵寝剥下建材，以搜集足够材料来兴建萨夫达尔疆的纪念陵墓。施工到一半，大理石用完了，一道道突出的大理石镶嵌便半途而废；而熠熠生辉的白色圆顶也硬嵌进了难看的小块粉红砂岩。那效果就像个穿上褴褛二手朝服的朝臣：想要看来气派非凡，但实际上却留下俗不可耐，甚至可笑的印象。

然而，愈是凝神细看，这陵寝的特质也就愈加浮现、愈加清晰，令人看见设计此陵的建筑师并非对泰姬陵东施效颦而已，其实他追求另一套很不同的美感——一种类似乱糟糟的莫卧儿式洛可可风格。他的设计属于另一个年代的产物，带有很不同、更怪异的特性。这座陵墓表现出萨夫达尔疆时代的美学喜好，除了大门口要极尽雕饰以及散文要辞藻华丽之外，也让人看到他们多么喜欢让洋葱形的圆顶先膨胀过头之后，才收缩成锥形；他们如何认为墓冢的内部若是没有遍覆令人眼花缭乱的精雕细琢灰泥饰工，就不能算是大功告成。

若是已经习惯泰姬陵那种纯洁无瑕，这座陵墓的内部可就堪称令人瞠目结舌。里面，那些柱头因为卷曲如蔬菜的线条，已经变得像一颗颗卷心菜似的，它们伸出雄蕊和卷须，攀过门道顶上钟乳石状的装饰以及对角斜拱，缠附在圆顶内层低处的花哨浮雕凸饰上。甚至连那些柱子也生出根来，变成了活物似的，柱基有盛开的莲花瓣，延伸向拱顶的楔形拱石，并从那些顶上的凸窗阳台上冒出来，充满丰盛、狂饮盛宴、几乎是纵情狂欢的精神。

年老色衰的高级交际花喜用浓妆来遮掩；这座陵墓则用了

过量的装饰来遮盖建筑上的不足，结果就像涂了过量的唇膏似的。甚至连大门口旁边的小清真寺，也有种年老色衰的气息。

纵然经济拮据，但萨夫达尔疆的陵墓所散发的风味，却不像纵情声色而败家的人，而是代表了一个尚未完全潦倒落魄的年代。这座建筑道出了在帝国崩塌、烟消雾散之际，依然醉笑红尘、翩然于废墟中起舞的故事。

斗山鹑

如果说诗歌、音乐和斗大象是萨夫达尔疆时代宫廷所偏爱的乐事，那么斗山鹑便堪称寻常百姓心爱的娱乐了。有关斗山鹑和斗大象的资料，一再出现于那时期的书信与纪事中；在莫卧儿的彩色手绘本上也可见到相关的插画特写。

这两种活动显然都历史悠久而又风行；但是当我向印度友人打听现代德里是否仍存在这些活动时，他们都摇头。据他们所知，最后一场斗大象，是 19 世纪末到 20 世纪初，在印度王公治下的拉杰普塔纳邦举行的；至于斗山鹑，据我那些朋友说，这类莫卧儿余风流韵已在印巴分治时消失殆尽了。他们认为，或许我还可以在拉合尔或巴基斯坦的某些地方找到这种少见的斗山鹑活动，但不是在德里。

结果 1 月底的某一天，巴尔温德·辛格却突然很巧地宣称，星期天他不会当班，因为要和父亲彭杰比·辛格去观赏他所谓的"鸟儿挑战"，显然斗鸟每逢星期天早上都在旧德里的一座穆斯林坟场内举行。"非常棒的活动，"巴尔温德说，"全部是很棒的鸟儿打架，很棒的赚钱方法，所有非常开心的人一起玩。"

我问是否可以跟他一起去；巴尔温德同意了。

159

接下来那个星期天，一大早 6 点钟时，我们三个人便从国际后侧出租车站出发，驶进清晨浓雾之中。快要到坟场时，街道上的人开始多了起来，都是朝着同样方向走去。有些人提着用绗缝布罩住的大大的包裹，有时其中一个包裹之中不时还传出一声响亮的咯咯声。

160

坟场位于旧德里的伊德格（Idgah）① 后面，坐落在一道高墙之中。尽管是大清早，通往坟场的拱廊门道已经挤满了卖茶水和卖点心的人，极力想把他们的手推车推进狭窄的入口，远方尽头处已经有两三百人聚在一起：皱纹满面的老穆斯林，留着长长的胡须，盘着泰山压顶的头巾；矮小的印度教教徒店员，穿着蓝色条纹、围裙式的缠腰布；克什米尔的学者穿着长外套，戴着国大党的白色党帽。

那些人转来转去地聊着天，交换着赛事预测消息，大声清着喉咙吐着痰，咂咂有声地啜着茶下赌注。正当那些热衷此道的人慢条斯理地晃荡时，三个年纪较大的人极力在坟场中央清出一块空地来，他们昂首阔步地走来走去，神情肃穆，充满威严，显然是赛事过程负责人。而有关这些人的情报，巴尔温德也以他那"特有的大嗓门"低声加以解释，他们是"哈里发"（Khalifa），斗山鹑的监督裁判。

"非常大的人物。"巴尔温德以很敬佩的语气说。

"要怎么样才能成为哈里发？"我问道。

"经验和市场价值。"彭杰比说。

"你得是个很棒的斗士，"巴尔温德补充说，"而且你得有很多的山鹑，这边的这个人就有一百只斗鸟……"

---

① 即露天清真寺。

巴尔温德所指出的那位"哈里发"，此时挺身出面做自我介绍。他是个年纪很大的老人；眼皮用洗眼剂染黑过，牙齿和上唇也都因为嚼槟榔而染了色。他的名字是阿扎尔·哈里发（Azar Khalifa），家住旧德里丘里沃伦巷的萨赖哈利（Sarai Khalil）。

"我们哈里发为斗鸟而活，"他说，"我们不从事其他行业。"

阿扎尔和彭杰比·辛格不约而同地认为，德里是整个次大陆观赏斗山鹑的最佳之地。"我也在勒克瑙、斋浦尔和白沙瓦（Peshawar）看过斗山鹑，"阿扎尔说，"但我从来没见过像德里一样的斗鸟方式。全印度和巴基斯坦的哈里发都跑来这里参加。"

阿扎尔·哈利法有几只山鹑在那天参赛，于是这个老人便把他的鸟拿出来亮相，他从一座古老的穆斯林墓冢的墓碑后面取出了一个椭圆形的长包裹，外面扎裹着一层印度印花布。解开了扎裹的绳子后，除掉那层裹布，露出了一个柳编笼，里面用格架分隔成两个空间，各摆了一只毛光羽亮的丰满山鹑。

161

"这只是女士，这只是先生。"巴尔温德解释说。

那两只鸟以响亮的"嘀——喽！嘀——喽！"的叫声回应着。

这两只鸟中的雄鸟比较漂亮，背上有道黑色，精致完美如木雕般的斑纹；胸前则覆有绒毛似的羽毛，沿着鸟足望下去，可以看到那副用于斗鸟的恶毒刺铁。

162

"我用牛奶、杏仁和甘蔗来喂我的鸟，"阿扎尔边说边把手指伸进鸟笼，轻搔着雌鸟的颈下，"我每天训练那些雄鸟，好让它们可以又蹦又跑，但不会感到太疲累。"

就在我们讲着话时，有个哈里发大喊一声；第一回合比赛马上就要开始了。

阿扎尔把我叫过去，以炫耀之姿让我坐在围观者前排的一

把塑料折叠椅上。中间那片空地已经仔细清扫过，空地中央蹲
着两个男人，相距大概有五英尺远；他们旁边有两个鸟笼，里
面各装了一对山鹑。那些观众——此刻分成两排，前排蹲坐着，
后排站着——赶快下了赌注，而坟场也笼罩在噤声寂静之中。

　　随着阿扎尔发出信号，两名参赛者抽起鸟笼的门；两只雄
鸟雄赳赳、气昂昂地走了出来。当它们昂首阔步时，它们的配
偶也发出了警示与鼓励的咯咯声，两只雄鸟鼓起胸膛回应叫出
声，一面又慢慢打着圈迎向对手。然后雌鸟再度尖叫着
"嘀——喽！嘀——喽！"，那些雄鸟也再度逐渐靠近对方。

　　接着，突如其来地，其中一只雄鸟没胆了，它转身朝鸟笼

冲回去；却发现鸟笼的门已经关上，它被它的对手追得抱头鼠
窜，又蹦蹦跳跳地朝最靠近的观众群冲去。来到那圈人群边缘
时，这只雄鸟索性飞起，羽毛纷扬地飞到了最近那棵树的低枝
上。然后它就待在那里，尖叫着"嘀——喽！"胸部剧烈地起
伏不已，满怀恐惧。与此同时，那只雄鸟的对手却难掩其胜利
之姿，趾高气扬地围着那只被弃的山鹑女士转来转去，而那只
雌鸟则把头别过去。

这第一场短暂赛事显然令观众中的内行人大失所望，巴尔
温德隔着圆圈空地对我摇摇头。"这只没用的鸟，"他呱呱叫
说，"这只很没用。"

金钱易手过后，两个参赛者握握手，然后他们在圆圈内的
位置便由另一对斗鸟人接替：一个是留了翘八字胡的拉奇普特
人，一个是矮小但样子凶悍的穆斯林，须髯浓密。在我眼中看
来，新上场的这一对鸟儿，和我那天所见到的其他鸟儿没什么
分别，但是其他的观众显然不作如是想。人潮中响起了一阵赞
叹之声；巴尔温德掏出钱包，递了两张币值一百的卢比给隔壁
的人。

随着阿扎尔·哈利法再度一声令下，两个鸟笼的门又被拉
开了，跑出两只雄鸟。这次可不是唬人的，两只雄鸟在它们配
偶的粗嘎叫声鼓励下，冲向对方。翘八字胡者的鸟是两者中颜
色较淡的一只，兜头就狠狠地给穆斯林的那只鸟一击；那只颜
色较深的鸟则猛冲向对头的喉咙以为回报。这两只都以鸟喙来
防御对方的侵袭，并各自避开对方的戳刺。观众中出现一阵骚
动之声：这才像样嘛。暴力、血腥和纷飞的羽毛使我惊讶地发
现，看斗鸟竟然异常惊险刺激：就像看古罗马斗士对打厮杀。

此刻两只鸟都不再跟对方纠缠，而分别撤退到自己的鸟笼

163

附近。然后，翘八字胡养的鸟突然扑向半空，飞越分隔它和对手的距离，拱颈张爪地降落到对手身上，鸟足上的刺铁刮裂了穆斯林那只鸟的背脊，就在它翅膀的上方，鲜血直冒。那只鸟不支倒地，但在试着撑起来并逃跑时，却也尽力在攻击者翼尖上狠狠啄了一下。接着，它在翘八字胡者的那只鸟的后方蹦蹦跳跳，抓住了对手的脖子，紧咬不放，用力压倒对方，被压的那只先是动弹不得，躺了四五秒钟，接着便挣脱飞开。

翘八字胡养的雌鸟与此同时也爆发出山鹬的哀鸣。前一场败下阵来的那只鸟还在树上观战，也接着发出哀鸣。未几，激动不已的山鹬哀鸣便响彻了整个坟场。

这一来也激起了观众的情绪，尽管那些哈里发很努力维持秩序，然而圆圈周围的观众却仍不断往中间挤。有人不小心打翻了卖茶小贩的托盘，那些蹲着而被茶泼到的人大声地骂着粗话。但这场意外事件很快就被抛在脑后了，那只穆斯林的鸟又恢复了攻势，挟其刺铁飞扑而下，在敌人颊上割划出很大一道伤口。接着又在那只鸟嘴上方狠啄一记。翘八字胡者的鸟像是吃了一惊，然后便朝它的雌鸟所在撤退而去。

斗鸟的圆圈空地本来相隔约 20 英尺，此时则不过七八英尺宽；蹲着的人都站起身来，挡住了他人的视线。在圈子中间的翘八字胡看来狂躁不安，虽然照比赛规则，他是不可以直接干预赛事的，但是他还是嘘那只雌鸟，使它尽职地发出很响亮的紧张呼唤。叫声制止了雄鸟的退缩行动，使得它转过身去，背对着雌鸟的笼子，去面对穆斯林的那只山鹬。

似乎因为靠近了自己的雌鸟，这只雄鸟又生出新的坚毅之力。有几秒钟，这两只雄鸟面对面地站着，鼓胸提气；然后，翘八字胡者的鸟以一种全新又突如其来的凶悍之力飞向对手，

164

以钩状鸟喙给了那穆斯林的鸟电光石火的一击，接着拱起了双翼飞升而起，然后重重地压落在那对手头上。当它跳开时，又用尖爪再度割伤了那只颜色较深的鸟。

再也不见有反击了，那只穆斯林的鸟慢慢地站直了，两脚蹒跚，一瘸一拐地穿过人群脚下。观众群中发出一阵欢呼。巴尔温德高兴得跳上跳下，朝空挥拳，然后便追着那个他下注的庄家要钱，后者沉着脸递出一卷钞票。圆圈周围纷纷在掏钱包、合上钱包；很多手指在愤怒地指指点点。到处都是讨债还债的人，赢家和输家在吵吵闹闹，真正大胜的显然是旁观者。

突然从大门口传来一声大喊；几个哈里发马上催促大家到一边去，所有的观众都皱眉了。

"怎么回事？"我问彭杰比，他已经来到我身边。

"这个哈里发说有人正抬着死人过来，我们要在一小时内离开坟场。"

"现在？"

"没错，马上。有人要在这里安葬某人。"

165

就在我们离去的时候，经过那个输了斗鸟的穆斯林，他正把鸟捧在手中安抚并亲吻着，几乎泫然欲泣，但那只鸟看来却意外地充满傲然。

"这只鸟会活下去吗？"我问彭杰比。

"会的，会的，"他回答说，"这个穆斯林会用草药帮它包扎伤口，并且会用特制饲料来喂这只山鹑，几个星期之内，这只鸟就可以回到斗场上来比赛了。"

我们在坟场外面遇到了阿扎尔·哈利法。

"你喜欢吗？"他问。

"很喜欢。"我说。

"每个人都喜欢，"阿扎尔说，"对于德里的人来说，斗山鹑一向是件开心事。"

"这倒是真的，"彭杰比·辛格说，"人们来到这里的时候，有些醉醺醺，有些满怀心事，或厌烦了这世界上的生活琐事，但是等到离开这地方的时候，却总是又变回一条好汉了。"

欲望之都

1月的其他时间，我都耗在图书馆里，去查有关萨夫达尔疆时期的研究资料。但棘手的是，这部分似乎只有很少量的基本数据，不像德里其他大多数时期的历史数据来得丰富。数据中包括常见的、尚存疑的宫廷年代纪事，不外是不同的豪门倾轧事件报告——党派之争、冤冤相报的谋杀、致盲、勒毙、刺杀和投毒等——似乎只平添困惑，而非阐明了这些时期的情况。后来还是位莫卧儿史学家莫扎法尔·阿拉姆（Mozaffar Alam）告诉我这本书，日后更成了我心爱的德里教材：《德里见闻录》（*Muraqqa'-e-Dehli*）。

《德里见闻录》堪称一本极佳的德里闲谈集，是从一位很感性的年轻外地来客所写的日记摘录而成，此人名叫达尔加·库里汗（Dargah Quli Khan），是来自德干半岛的穆斯林贵族，1737 年到 1741 年，他在德里做了颇长时间的过客，担任萨夫达尔疆大对头阿萨夫·贾赫（Asaf Jah）的随从，阿萨夫·贾赫是海得拉巴邦（Hyderabad）的首任尼扎姆（Nizam）①。

虽然德里备受屈辱地处于没落状态中，库里汗却依然视德

---

① 1713～1950 年统治印度海得拉巴的土邦君主称号。

里为一个充满活力又世故的城市，风华绝代而引人遐思；他认

为，其宫室与神祠之美，只有该城社会的古怪，以及一大帮让

人眼花缭乱的诗人、舞娘和神秘主义者能与之媲美。他的叙述

把整个城市活现在世人眼前：本来这个时期已形同枯骨，却又

像突然肌肤再生，呈现出可辨的活生生的面孔。其中最有代表

性的叙述，是他描绘伟大苏菲卡达姆·谢里夫（Qadam Sharif）

神庙的节庆情景，据说这神庙供奉着这位神圣先知的脚印。

"每逢星期四，神庙中庭便挤满了访客，甚至难以靠近正殿去

摸一下，"他写道，"远近各地城乡的朝圣者和苦修者来此都

是为了一偿夙愿。"

　　但是当库里汗进一步描述这股人潮时，祈祷的朝圣画面又

发生了变化："见到那些美丽的妇女手持香精瓷瓶时，群众便

失控了……处于狂喜状态中的人像被旋涡扫过般拥上前去……

渐渐地，歌手聚拢过来，而这聚会也变得充满欢乐气氛，男人

和美女也加入其中。寻欢作乐者隐退到角落去，各觅隐秘处去

与他们中意的伴侣享乐。"

　　如果像这种事情会发生在德里最神圣之神庙的话，那么在

较次等神庙的节庆——例如那些兴建在圣洁的巴哈杜尔·沙一

世（Saintly Emperor Bahadur Shah I）陵墓周围的那些神庙——

就更有过之而无不及了。库里汗显然不是很确定，对于周遭这

种忙于纵欲的现象，他该反对，或为之高兴：

　　　（到了晚上）挂起了各类吊灯，使得这地方耀眼如白

　　昼，明月亦为之失色。情侣手牵手在街上游荡，而（外

　　面）则狂饮作乐，淫逸放荡地极尽各种纵欲行为。成群

　　放荡不羁小伙子的所作所为，足以动摇最虔敬之心，亵渎

信徒的信仰。目之所及，都是美丽的脸孔，到处都是伤风
败俗的世界，王公贵族和寻常百姓都在此一解欲火焚身之
饥渴。

167　　描述过主要的神庙、苏菲节庆及神秘主义者之后，库里汗
接着又列出城中凡夫俗子的特点：王公贵族、乐师和倾国倾城
的红颜。这些人物之中包括阿扎姆汗（Azam Khan），"帝国的
主要贵族之一"，此人声名主要得自拥有无数妻妾以及贪得无
厌的胃口（"是个有鸡奸癖好的人，他也喜欢美女……不论何
时，若有人通知他说有个少年或标致的妞儿待售，他就会千方
百计成为买家"）；从塔基（Taqi），"最有名的阉人之一，也
是印度术士的首脑"（"他的家也是美女窝，有些白净如晨曦，
而其他的则黝黑而充满火热激情"）；到伟大的乐师，如盲人
鼓手沙·纳瓦兹（Shah Nawaz）会把自己的肚皮当塔布拉双鼓
（tabla）来敲；或者像那个很恶心的苏尔基（Surkhi），既贪吃
又"鼾声震天并且大声咳痰"，但是因为他歌喉美妙无双（如
夜莺般悦耳动听），模仿本事一流，诙谐逗笑，所以主人都不
计较他这些恶劣习惯了。

　　但其中最出色的，则是舞娘和那些周旋于王公贵族间的名
交际花——例如阿德夫人（Ad Begum），她最拿手的是一丝不
挂地出现在宴会上，但是全身精心描绘过，以致没人会留意到
她是裸体："她把两腿画上美丽的及踝长裤图案，而不是真的
穿上长裤；在袖口处，她用墨色画上花朵和花瓣的图案，就跟
最精美的卢姆布（Rum）上的花色一模一样。"

　　艳名最盛的交际名花是努尔·巴依（Nur Bai），由于艳名
远播，她家外面的窄巷每晚都被那些骑着大象来的公卿挤得水

泄不通。即使是来头最大的贵族，也只能以重金为礼才能获准登堂入室。"但凡对她倾心者，都会被她的需索无度弄至床头金尽，"库里汗如此写道，"到头来终于身败名裂、倾家荡产。很多人都因为曾经一亲芳泽，变成了街头乞儿，可是欲享受她青睐之乐，就得要身家丰厚，才能以此博得她青睐。"显然库里汗与努尔·巴依的邂逅堪称他的德里见闻中的高潮，在他的叙述结尾处，很冷静地顺带一提，事实上他"很有幸能与她共度过一些时光……"

如果说那些名交际花只引起库里汗的遐思的话，那么，他真正的崇仰之情则是留给了德里的诗人。《见闻录》中最有意思的描述之一，是关于著名的"文艺良宵"，那时德里便以这种文艺或音乐晚会而著称。"虽然哈辛（Hazeen，一位波斯苏菲）过着很虔敬和充满魔力的生活，但他家里总是门庭若市。"库里汗写道："一到傍晚，他家的中庭已打扫干净并洒上玫瑰露，铺上色彩缤纷的地毯，一直铺到一座凸起的平台上。那些大诗人便开始朗诵起他们的作品。哈辛的作品令听者如痴如醉，也启发了他们新的写作技巧。"

然而，其他的文艺良宵却并非靠文学而吸引群众：

> ［诗人米朗（Miran）］很谦虚、有教养又好客，（但是）他也是位深谙吸引新脸孔之道的行家……所以米朗的文艺良宵总是引来美女及她们的情人。舞女从早上就联袂而来……为数极众的美少年被引来参加表演，包括印度教和穆斯林的娈童在内。容貌标致的妇女多不胜数，仅是此景已令人大饱眼福，不过（当然）对于那些好色者而言，光色授魂与是不够的。

168

1739 年，波斯入侵期间，库里汗也待在德里，所以当纳迪尔沙手下士兵陷入疯狂而屠杀了 15 万德里人时，他也目睹了这场血腥屠杀。多数的历史记载都把这场屠杀称为莫卧儿德里全盛期的结束，但显然库里汗只把这场入侵视为此城的尺蠖之屈。当然，入侵的确令某些文艺良宵随之黯然失色——有位贵族被迫在入侵期间"将其财富敬献于皇帝脚下"，而在此之后，他所主办的文艺良宵被形容"减色不少"——却没有任何暗示可看出库里汗认为这场入侵已结束了一个大时代；只有事后才能明白这一点。相反地，在纳迪尔沙返回波斯之后，库里汗继续描写的德里，依然是个令人头昏眼花、充满欢乐的欲望之城，一个以狂欢宴会、热烈的庆祝活动以及纵欲节庆而受瞩目的地方。

当然，这种形象和今天被多数德里人视为老家的城市有天渊之别。现代的德里要么被人认为是个死气沉沉的官僚之都，要么就是被视为工作勤奋、旁遮普暴发户的大都会，很少有人会说它是个精力充沛的城市，当然更没有被说成是个纵欲滥交之都。不过，根据我在 12 月的发现，萨夫达尔疆当年的那个声色犬马的德里，依然留存在德里人的某个特定群体中。

你仍然可以在旧德里的暗巷中找到他们——要是你知道往哪儿去找的话。

寻访印度阉人

土库曼门位于旧德里的南边。古代城墙的大部分在 20 年前都拆掉了，如今这座城门孤零零地矗立在安全岛上，像条被冲上岸的鲸鱼，躺在城市边缘。

1 月中旬的一天早上，我跳过栏杆爬上了城门上的胸墙。

那时天就快亮了；旧城刚刚醒来，清道夫把摊档前的尘土和畜粪扫开；附近一座清真寺的宣礼塔上，有个宣礼员正在召唤穆斯林祈祷；卖茶小贩用毯子裹紧了身体，点起了火炉来烧当天第一锅茶。天还是非常冷。

我等了整整一小时，才瞥见我等着要看的景象；就在太阳刚升起的时候，有辆三轮车从旧城迷宫般的城区里晃荡出来，穿越过下方的城门，车上有三个身影，全身上下披戴了色彩鲜艳的丝绸和轻纱，身着花卉图案的纱丽装加上耀眼的织锦，浓妆艳抹，涂了胭脂和鲜红的唇膏；每人的鼻上还戴了颗钻石鼻饰，她们打扮成舞娘模样，装扮得像女人，可是她们不是女人。即使远在 20 码之外，我也看得出她们的相貌特征和那些印度姑娘们的精致五官很不一样。她们的脸太粗线条了，手臂太粗壮，肩膀也不对劲，她们抽烟，从生理上来看，像是化了妆的男人，然而她们又不完全是男人；她们就像库里汗那位朋友塔基一样，是阉人。

以前阉人在整个欧亚地区都是很常见的。亚述和巴比伦的石碑中都曾提到过他们，以及他们成为很受欢迎的仆役——也是供人泄欲玩弄之物——在罗马帝国晚期的衰落日子中便是如此。在伊斯兰世界，他们因性无能而成为最理想的后宫太监，不过有时他们也握有权位，高至宫廷大臣、总督或者将军。在益格鲁 - 撒克逊的英格兰，他们成为奴隶，而在意大利则一直幸存到 19 世纪末期，不但在歌剧院，而且也在梵蒂冈的西斯廷教堂内以阉人歌者身份演唱。

但如今似乎除了次大陆之外，其他地方的阉人显然都已消逝了。在这里，较大城市之中的穷苦地区，这类人物并非少见，一般认为，他们为数仍有 75 万左右。现代的印度阉人打

170

扮成女人，在婚礼或小孩出生的庆典上不请自来，唱歌跳舞、讲黄色笑话。他们向穷人说吉利话、祝他们多子多孙，然后讨赏钱；他们从有钱人家那里拿到比较大笔的赏钱，方法是威胁对方，除非给钱打发他们走，不然他们就脱得一丝不挂；那些被吓坏的中产阶级就什么都肯给他们了，只求他们赶快走掉。他们易怒善变、粗俗，有时也很暴力。

然而，尽管他们经常在公众眼前亮相，但有关印度阉人的情况却不大为人所知。他们极其严密也出于自愿地生活在一个模棱两可、半真半假的阴暗世界里。他们谁都不信任，而且最恨被人质问他们的生活情形；如果遭到穷追不舍的话，充其量是拒你于门外，只有很罕见的情况下，因着一宗丑闻——因为争地盘或谣传是被迫阉割，而出现白刀子进、红刀子出的事件——才会让他们上头条新闻曝光。

从土库曼门顶上首次见到他们之后，接连 10 天我在旧德里熙攘拥挤的巷道中逡巡，想要找出那些阉人的住处所在，并且说服其中之一跟我谈谈。有时我提出的问题会得到不欲多言的回答，但通常我的询问只招来一阵空白的沉寂，又或者更常见的是，一轮措辞生动的咒骂。

一天早上，在一户阉人家又碰了一鼻子灰、一无所获后，我垂头丧气地走进附近一家路边小店去喝杯茶。坐在店里，我终于决定放弃去接触那些德里阉人，因为耗了很多时间，却徒劳无功：已经打听了 10 天，依然毫无进展。我正坐在那里，啜着玻璃杯中热腾腾、甜蜜蜜的印度茶时，有个看起来很机灵的人来跟我搭讪，问我能不能帮他忙；他见我带着照相机；问我是否可以帮忙修理他的相机？我反正没什么事做，于是便同意试试看。他带我回他家，几分钟之内，我就找出了毛病——

电池没电了。扎基尔（Zakir）谢过我之后，悄悄向我透露，他已经留意了我好几天，他知道我在找什么，并且指出或许他能帮得上忙。

他说，他是个首饰匠，家族世代都在德里做首饰——他的祖先曾经为莫卧儿诸帝王服务过，而在那之前，则是为德里的众苏丹做首饰。他们曾经在宫廷里为那些太监娈童做首饰，当英国人在1857年将莫卧儿王族驱逐出红堡之后，其中有些太监娈童便住到附近一带，离土库曼门走路只有几分钟，而他的家族便继续到那里去为他们服务。他说，从童年时代起，就认识所有本地的阉人，而且仍然帮他们做所有的首饰。我帮了他的忙，他说，现在他也有义务协助我。他嘱咐我第二天天一亮，便到土库曼门和他碰头，他会看看能做些什么。

我准时抵达那里，扎基尔很守诺言，领我穿越过旧城的窄巷，来到一条几乎只有两英尺宽的小巷中。走到巷尾，转过转角处，坐落着一栋很大的豪宅，是莫卧儿晚期的风格。他在门上敲了三下，门便打开了。

尴尬处境

阉人在印度社会中所处的尴尬地位，就像其他德里多数事物一样，可以用两种截然不同传统的对冲来解释。这两种对冲之物一个是伊斯兰教，一个是印度教。

印度教最早期的典籍写成于公元前2000年的《吠陀经》（Vedas），就已经提到过海吉拉斯（hijras，即阉人），而宫刑则是只施于最下等人的羞辱惩罚。若是一个贱民在婆罗门附近撒尿而被逮到，很可能就会被处以宫刑，任何低阶层印度教教徒若是和婆罗门妇女发生性关系，也会受宫刑。宫刑会令一个罪犯降级到比贱民还低的地位。一千年之后，在《摩诃婆罗多》所记载的时期中，阉人的地位依然没有改善多少。成为172　阉人是一种天谴；对于一个婆罗门而言，甚至连见到他们都是种玷辱。人人都不得从他们手中接受施舍之物，也不准吃他们所备的食物，所有的祭祀也都把他们排除在外。唯一有商量余地的，是非婆罗门阶层的人得准观赏他们的舞蹈表演。

　　阉人在伊斯兰世界中的处境则非常不一样，虽然先知穆罕默德曾提出禁止阉割，但在穆斯林社会中，阉人一直是很常见的，因为他们不育，所以被认为不会受到性污染，特别适宜守护圣物和圣堂，供奉在埃及的那件穆罕默德衬衫便是由阉人负责看守，位于麦加的大清真寺（Great Mosque）也是。朝圣者（hajji）在前往朝拜天房（Ka'ba）的过程中，也会先亲吻阉人的手。而天房是伊斯兰世界里最神圣的圣坛。

　　由于他们是体贴入微的侍臣，又无家累，所以很快便大权在握，最初见于马穆鲁克（Mameluk）时代①的埃及，然后是奥斯曼帝国时代的土耳其，但是最风光的是在整个莫卧儿帝国中的印度。"帝王公卿、后妃公主都将这些人当成心腹。"意大利的旅行家尼古劳·马努奇（Niccolao Manucchi）写道："养尊处优者都有阉人服侍他们，而其他所有官吏、仆役和奴隶也都趋于向他们述职。"在萨夫达尔疆时代的德里，官吏、歌者、舞伎、术士都是炙手可热的人物；根据库里汗所称，太监塔基即是皇帝最宠幸的人，而且得以"自如出入寝宫"。

　　莫卧儿王朝瓦解之后，穆斯林太监的阉人传统首次向印度教世界曝光，在很典型的德里风情中，这两种阉人传统合并

----

① 指 1250～1517 年军人统治埃及的时期。

了，而穆斯林太监则以非常印度式的妥协屈服于下。

至今，头脑单纯的印度人仍然认为女人所遭受的最可怕的天谴之一，是生下一个雌雄同体的人。但同时他们又认为太监蒙天赐福，拥有不凡的威力，可令不育的女人生养众多，可以驱魔，能够消除邪眼的恶毒影响。走在大街小巷，阉人往往受到嘲笑戏弄，有时甚至还被人投掷垃圾。然而，穷人家在举行最重要的庆典，如婚礼或生了儿子时，要是没请到阉人出席，整个庆祝仪式可能就作废了。阉人本身也助长了两种传统之风合并。他们不再负责守卫后宫或妻妾闺房；取而代之的是，他们却像《摩诃婆罗多》中所记载，以舞蹈为生。他们不再像当年在莫卧儿朝廷上那样穿戴男人服饰；相反，他们以珠宝首饰、胭脂花粉来打扮自己，并且穿上纱丽装。不过，他们还是保有不少当年那些宫中前辈的特质。

173

马努奇对于当时莫卧儿的太监特性有段描写，流露出相当高人一等般的优越感。"这类动物的特性之中，有一项是极其贪财，金银、钻石、珍珠都是他们搜刮之物，"他写道，"甚至是该用的钱他们也怕去花，只喜欢收受，却吝于付出。不过，他们倒是处心积虑地打扮后才出来见人。他们言谈粗俗又喜欢讲无聊笑话，可是在穆斯林中，他们却是最严守教规的人。"

很显然马努奇并不喜欢德里的阉人。"他们简直是群狒狒，"他写道，"傲慢又厚颜无耻、放荡又无法无天的粗鄙之人。"现在任何人要是无意中在街上遇到阉人的话，就会明白为什么他讲得这么不客气了。不过用不着花很长的时间去跟他们耗，很容易就能明白印度从古至今是怎样地把这些人变成这副德行，怎样残酷地对待他们，并迫使他们变得麻木不仁。

被拒于家门外，遭家人排斥，于是他们便团结起来求自保。在大街上，他们表现得像个演滑稽哑剧的男扮女装的老太婆角色，来引人注意：他们掐男人的屁股，故意拿自己逗笑，但也会马上翻脸。由于在这俗世上没有立足的指望，他们便转而求其次；总是去神庙或清真寺朝拜（为此他们便需换上男装），并且去次大陆各地的印度教或穆斯林圣地朝圣。这种奇特的虔敬加可鄙混合的特质，使得他们很容易令人忆起库里汗《德里见闻录》里的世界。

007 和阉人

那座房子是莫卧儿晚期风格的豪宅，坐落在希夫普拉萨德先生巷（Gulli Mr Shiv Prasad）旁边。有个年轻貌美、穿着亮黄丝织纱丽装的阉人，领着扎基尔和我穿过了一道拱顶走廊，来到一座露天的小型中庭里。

174

一座木搭的遮顶露台上铺设了地毯和卧榻，两个阉人正慵懒地倚躺其上；一个正在对镜凝望自己，涂着唇膏，另一个则正在梳头。旁边坐了两个看来很娘娘腔的男人，此外那里还放了个婴儿摇篮。虽然才大清早，这些阉人却打扮得像是要出去参加深夜的印度舞蹈表演。他们很热情地跟扎基尔打着招呼，却对我皱眉。

"这个白人（gora）是谁？"有一个问道。

"这是我朋友威廉先生，"扎基尔说，"他是个作家。"

"你为什么把他带到这里来？"

"他想和大家见见面。"

"你知道我们不能跟外人讲话的，"有个阉人答道，"除非查曼师父（Chaman Guruji）允许。"

"而且她不会准的，"另一个阉人说道，对着我噘嘴板脸很不屑地说，"她不喜欢白人。"

"查曼在哪里？"扎基尔问。

"在楼上，她病了。"

我们走上那段摇摇晃晃的木楼梯，楼梯通往一座阳台；正当我们上楼时，有个阉人朝我抛了个飞吻，然后其他的人发出一阵爆笑。到了楼梯顶，扎基尔敲敲门，于是便有个粗哑低沉的声音命我们进去。

我们穿过门廊的同时，也离开了那个莫卧儿晚期风格的四合院住宅，走进了截然不同的世界里：迎面而来的是一个闪耀生辉的粉红色香闺，简直像20世纪50年代的好莱坞电影明星的化妆间。四面墙上、天花板上全镶了明镜；铜制花瓶上冒出粉红色康乃馨塑料花；装满了印度录像带的玻璃书柜，上缘贴满了画报上剪下来的明星照片。粉红色的印度光面印花布窗帘，与粉红色的床罩配成一套；床罩下，躺着病恹恹的查曼，这户人家的师父，穿着女人衬衫，裹着男装缠腰围布。

查曼的指甲涂了鲜艳的色彩，长发凌乱；她有很大但松垂的乳房。然而她那张脸上的双下巴、宿醉未醒般的眼睛，以及大清早长出的胡子茬，这则完全是男人的特征。当我们进到房里时，那张肿胀的脸朝我们无言地点头招呼。

"查曼，"扎基尔说，"你身体不舒服吗？"

"我就快死了，"查曼说。然后，呻吟起来，"哦！又痛了！"

"你哪里不对劲了，查曼师父？"扎基尔问。

"不中用了，我这身体……"

"又是你的膝盖吗？"

175

查曼师父

"我的膝盖，还有牙齿，还有呼吸。"

"你有没有看医生呢？"

"昨天我打了一针，因为哮喘病发作，感觉就好像要透过一层厚厚的面纱呼吸似的。"

查曼抓起粉红色床罩遮着嘴，示范她所指的意思。

"我浑身都痛，大概快死了，而我那些徒儿（chela）却正打算要离开我。以前我有七个徒儿，现在只剩三个留下来照顾她们的老妈妈。还记得玛雅吗？她上个月走了，嫁了个巴基斯坦男孩。她答应会回来看我的，可是你也知道这些徒儿是什么德行……"查曼突然显得颇伤心，"我的眼睛也没办法看清楚，而且牙齿又……”

“你的牙齿怎么了？”扎基尔问。

“上个月我把它们都拔掉了，换了新牙，你瞧！”

查曼把假牙取出来向我们展示，就在此刻才似乎初次留意 176
到我在场。

“扎基尔，你带来的这个白人是谁？”

“这是我朋友威廉先生。”

我赶紧露出微笑，查曼却皱起了眉头。

“他是你男朋友吗？”

“不是，”扎基尔说，“他结婚了，娶了一个女孩。”

查曼很不屑地皱皱鼻子。

“查曼师父，他带了个礼物给你。”扎基尔接着说。

我从口袋里掏出一个银制的“塔维兹”（ta'wiz），也就是
苏菲派的消灾祈福手镯，这是扎基尔教我买来给查曼送礼的。
我把它递给了师父。被单下伸出一只胖手，一把从我手中抓过
手镯。

“这是谁给你的？”查曼问。

“哈桑纳加什邦迪圣人大师（Pir Hassan Naqshbandi）。”
我说。

“纳加什邦迪，嗯？”

查曼咬着手镯一角，似乎对这手镯的可靠性感到很满意。

“它可以帮你恢复健康。”我满怀希望说。

“什么也不能让我的身体再好起来了，”这个老阉人用锐
利的眼神盯着我，“你是美国人吗？从好莱坞来的？”

“不是，我是英国人。”

“从伦敦来的？”

"从苏格兰。"

"你知道肖恩·康纳利吗？我从杂志上看到文章说他是苏格兰人。"

"你说的对，他是。"

"从前我们这些太监都很喜欢你们的 007，人家称我们为"花加萨拉"（khwaja saras），不叫太监。我们都是住在皇宫里。在那个年代我们从来不跳舞，要做的工作是去打听消息，然后告诉国王。我们就像你们的 007。"

话说回来，我倒是很难想象查曼和她这帮徒儿能对付"金手指"（Goldfinger），又或者去勾引乌苏拉·安德斯，不过我没说什么。

"我很爱看电影，"查曼接着说，"我年轻还是个姑娘的时候，曾经想要去做女演员。你看！"

查曼从床边几上拿起一张黑白照，让人看到一个很漂亮、颧骨很高、穿着欧式服装的女孩，双眉描过并涂了很厚一层口红。颈上围了条贴颈短项链；耳垂上吊着大型金耳环。那风情完全是嘉宝式的；只有两眉之间的小红点透露出这是个印度人。

"这是我 25 岁的样子，"查曼说，"我挺漂亮的，不是吗？"

"美艳无双。"我说。

查曼开心得脸也红了："你是说真的？"

三个人的故事

打通了查曼那一关之后，还是花了两个月定期跟扎基尔上门去拜访，我这才真正对其他阉人有了准确无误的认知。

通常我都是一大早就去那里，趁着全家都还没出动之前，那时她们总是在忙着上妆、梳头，通常也有戏看：拉齐亚（Razia）是查曼徒儿之中嗓门最大、性格最豪放的一个，会因为新男朋友去了阿杰梅（Ajmer），或者因为查曼称她是个风骚货，又或者她养的宠物山羊不见了（她总是怀疑邻居打算宰她的羊），便可见到她紧握着手在哭哭啼啼。

查曼的另一个徒儿潘纳（Panna），她的烦恼之源则是她领养的女婴；只要这宝宝有点喘或咳，又或者不肯吃东西，潘纳就会惊慌失措到简直像演大戏。唯一永远镇定自如的阉人则是维姆拉（Vimla），也是查曼徒儿中最漂亮且最文静的一个。她负责掌厨，早上 7 点钟就已经在忙着剁辣椒和洋葱，准备做午饭时用。

拉齐亚、潘纳和维姆拉三个人完全不同——不论出身背景、个性以及样貌。拉齐亚是三人之中最不像会跻身此列的一个，她是克什米尔穆斯林，自称曾经上过杜恩学校（Doon School，相当于印度的伊顿公学），而且也在孟买大学修完了英文硕士学位。我从来都没法证实她是否在说真话——实际上，我所交谈过的每个阉人都是以一层厚厚的幻想面纱遮盖住了她们生平的本相——但显然她的确是来自中产阶层，而且能讲很流利的英语。

"我是很后来才变成阉人的——二十多不到三十的时候——在我母亲去世后。"她有一次这样说，"我生为男儿身，可是却有颗女人心。以前我总是觉得到处格格不入，但是现在和这些人在一起就觉得很自在。"

"当初你加入阉人圈子时，是不是挺难的？"我问。

"我刚来的时候，是挺怪的。大家都住在一起；一点隐私

178

都没有。其他六个阉人都是来自乡村的文盲。以前我是个看很多书的人；但在这里，屋子里一本书都没有，她们甚至连报纸都不看。不过查曼很照顾人又给予我帮助；让我觉得好像还是跟自己母亲住在一起似的。"

她点点头："有时候我很想回家，去看我的姐妹们，有一次我跑回去了——但没有进门，只是在窗外看了看，然后就走了。"

"那时其他的阉人接受你吗？"我问，"她们会不会介意你这么高级的背景？"

"一点也不介意，这要归功于查曼，所以她们对我都很好。何况，我对她们也很有用，我能讲英语，而且还能读能写，我们相处得很开心。有时候我看到潘纳和她的宝宝在一起，我也希望自己是个女人，有丈夫、有孩子。可是查曼不喜欢我们有另一半，她不喜欢家里有男人出现——至少是不喜欢有坏男人出现，她很喜欢她的女儿们，很容易吃醋的。"

潘纳是拉齐亚的密友，却是截然不同的类型。她是个块头非常大的阉人：将近六英尺高，一张麻子脸，而且还腆着个大肚皮；下巴上有片胡子茬的青色。她绝对不会在选美大赛上获胜的。可是她是我所遇到过最害羞的阉人之一，也是脾气最好的一个，她的命根子就是那个刚刚领养的女婴。是到和她很熟以后，她的故事才浮现出来。

情况似乎是，潘纳生出来就是无性别——没有显著的性特征。她出生在靠近瓦拉纳西（Varanasi）一座村中的穷苦家庭。潘纳只有 20 天大的时候，产婆泄露了她不男不女之事，说她是个天生阉人。消息如野火一样迅速散开，潘纳的母亲害怕发生不测，便带着孩子离开村子，走避到 50 公里外的一位表亲家中。

"在村中，我的残缺变成了唯一的话题。"潘纳告诉我，179
"我的家人都受到排斥，说我们家受到天谴。第二天，有位亲
戚来到村里，说我母亲到了表亲家不久，就因为饱受惊吓而去
世了。

"我和母亲的遗体一起被人带回了村里。母亲去世也没能
软化村里人，相反，他们送了个信给那时候常去村里的查曼，
说一定要把这个村的冤孽弄走。查曼带着两名徒儿来，把我带
走了。从此我就成了查曼的徒儿，跟在她身边长大，她也就成
了我的师父。

"做阉人是我唯一的出路；凭我天生的身体条件，实在也
没有其他行业可以让我去做。有时候我也会感到孤单寂寞又不
开心，但现在有了孩子之后，我的人生就很美满了。现在我再
也不在乎人家怎么讲：我常常会盯着孩子，高兴得晚上睡不着
觉。等她稍微长大点，我会送她去上一所知名女校，让她去学
英文。说不定有一天她会长得很漂亮，变成模特儿或电影
明星。"

潘纳最不同寻常之处，是她天生就是无性人，大多数阉
人，尤其以我所遇到绝大多数，都是天生有男性生理特征。在
欧洲的话，这些男性就会自称做过变性手术，完全改变性别。
但是，在印度还没有这种技术，唯一的选择只是下列两者之
一，一是很残忍——而且危险性极高——简陋的乡村阉割法，
或者，负担得起的话，另一种是在麻醉手术之后，服用一段时
期的激素药丸。这种手术在印度是非法的，但是有几个医生愿
意冒这种风险，只要付手续费就行。

维姆拉，这个阉人中样貌最女性化的人，当初并没有钱去
做那种麻醉手术，所以她自愿历经一项乡村式的阉割。她本来

是德里城外一名贾特族农民的儿子，13 岁的时候，就已经拒绝下田干活，说自觉更像个女人而不是个男人。"我当时就很确信，不管在男人的世界或女人的世界里，都没有我的立足之地。"她告诉我，"我的身体是男人，但是内心深处却是个女人，在青春发育期时，我开始考虑做个阉人。"

"有一天，有个叫作贝娜齐尔的阉人来到我村里。她非常美丽，我爱上了她。当我独处的时候，会感到很伤心，而且又茶饭不思，只有在贝娜齐尔回来时我才开心。家人开始怀疑我在谈恋爱，但是他们不知道是跟谁恋爱。村子里有人见过我和贝娜齐尔在一起，于是就开始有闲言闲语出现。"

180

维姆拉的家人正在帮她说一门收益丰厚的亲事，但随着流言的兴起，这门亲事也告吹。维姆拉的父亲在恼羞成怒之余，毒打了她一顿。第二天，维姆拉便从家逃离，到德里去找贝娜齐尔。

"连着几天我到处找我的贝娜齐尔，可是我既没有地址，也不知道她师父的姓名。我在德里举目无亲，身上又没钱，被迫露宿街头，向人讨钱。偶尔我在卡瓦贾·穆努丁（Khwaja Nizamuddin）神庙那里可以吃到一顿官员们施舍的免费餐，但通常都是饿着肚子睡觉。"

后来维姆拉终于遇到了查曼师父，师父收养了她。

"当年，查曼又有钱又貌美，她成了我的师父，并且送给我很多漂亮的纱丽装和各款金镯子。我开始穿上女装，涂脂抹粉。接下来那年，我被带到旁遮普乡下的一个村子里，他们给我下了鸦片，并且用一条细绳扎住我那部位，然后便把它整个割掉了。

"我知道这会很痛而且很危险，但是我要割掉它，这样一来，就没有人可以再嘲弄我了。在我把它割掉以后，所有的男儿血性都流失了，我的男子汉气概也随之消失。在这以前，我不男又不女。现在呢，我是个阉人，我既不属于男人也不属于女人，而是属于完全不同的另一种性别。"

上门收钱

有一次我问维姆拉，她是否想念过家庭生活？

"我们就是一个家庭，"她说，"徒儿一定要听师父的话，就像新娘要听婆婆的话一样。我们做徒儿的要做事勤快，在家要入得厨房，出外要能跳舞娱人。师父老了以后，我们有义务照顾她，就像我们有义务照顾自己的母亲一样。同样地，师父也要照顾我们，当我们开始变成阉人时，查曼师父便教导我们这些徒儿阉人的行规。"

我和阉人相处得愈久，这种制度的规矩之多，也就愈加清晰可见，不管是在家门之内或之外。不但每户阉人家中都各自有其严谨的家规，而且每户人家也都各有其成员得以活动的"地盘"。过界——也就是说入侵了另一家地盘的话——可以上告到一个特别的议会，这个议会每年举行一次会议，印度和巴基斯坦各地的阉人都会来参加。

阉人甚至还有一所中央舞蹈专门学校，位于德里北面50公里外的巴尼帕特（Panipat），荫凉的校区点缀着一丛丛紫色的九重葛。脾气暴躁的老阉人普雷姆（Prem）脑后盘着圆髻，有双亮晶晶的黑眼睛，为新入行者提供了一系列舞蹈课程［民俗舞、印度纳特扬舞（Bharat Natyam）、阿拉伯肚皮舞、迪斯科］，也教唱歌（传统歌曲，如乌尔都语或波斯语情歌，或者是现代的电影主题曲、插曲等）。她也开课教深造班，以供那些想进一步磨炼某种特殊风格舞姿，或学习最新流行的电影歌曲的人参加。

"她很严格的，"维姆拉有一次告诉我，"不过人家说她年轻的时候，是印度北部最棒的舞娘。"

我缠着维姆拉，要她允许我观看跳舞表演，后来，先和查曼商量过后，她邀请我在她们出外巡回表演时同行，照她们的称法叫作"上门去收钱"。每户阉人都各有情报网探子——清道夫、洗衣人、接生婆，等等——他们会把地盘范围内人家生孩子、结婚等消息报回来。每天，在出发上门收钱之前，师父就会拟当天要跑的路线详情，要去上门人家的地址，然后那些阉人便会按照这张名单去执行任务。

我们在早上 7 点钟出发，出发之前，先是一场大费周章的上妆打扮：三个阉人全部都用印度楝树细枝把牙齿清洁了一番，抹了大量口红，又在脸上扑了胭脂。然后坐上三轮车，前往德里南面城区的拉杰帕特纳格尔（Lajpat Nagar）。（巴尔温德·辛格突然变得少见的正经起来，一早就拒绝载我前往旧德里去看这些阉人："威廉先生，这些阉人都是很坏、很下流的女士。"我第一次想用他的车送拉齐亚一程时，他就这样说："太坏了，而且太下流了。"从那之后，只要我打电话去叫车前往土库曼门的话，他都宣称没有空。）

我们到了拉杰帕特纳格尔之后，便和两名乐师会合，是两个年纪较大的男人，一个弹奏簧风琴，另一个负责敲塔布拉双鼓。匆匆吃过早餐之后，我们便前往名单上的第一个地址。当她们走在街上时，这些阉人拍着手，讲着粗俗的笑话，跟她们平时待在土库曼门区的豪宅家中的举止完全不同。维姆拉更简直判若两人。她平时在家很可人、害羞又目光怯怯，此时在大

182

街上却冲向陌生人，撩着她的裙子并大声叫道："胡须佬！给我钱！不然我就给你好看！"

名单上的第一户人家是一座只有一楼的小公寓，户主是个木匠。这些阉人堵住了大门，乐师开始奏起音乐，而维姆拉则率先起舞，踏着脚步让脚链上的铃铛丁零零地响着。才刚开始，突然有个邻居出现了。没错，她说，这家人是生了个小孩，但全家人都到哈里亚纳邦探亲去了；现在家里没有人。我们很扫兴地又坐回三轮车上，前往下一个地址。

这户位于几条街以外，是座大得多的中产阶级住宅，三天前刚刚办过结婚喜事，并且那天早上新娘才进了这个新家的门。老乐师开始奏起音乐，阉人也开始跳起舞来，一群小乞儿围拢在花园墙外观赏，但是屋里却没有动静。过了一会儿，一个老掉牙的老太婆紧张兮兮地从门那里微笑着窥望，然后又回到屋里。

此时，身材臃肿的潘纳却有很细腻的演出。她用一种方式摇头晃脑，又用另一种方式扭着屁股，还同时唱出乌尔都语歌词，扎基尔翻译如下：

> 真神保佑你，
> 你真可人，
> 你真可爱，
> 真神会赐你长命百岁。

这首古诗似乎发生了作用，那户人家开始从屋内走出：两个媳妇、几个小孩、还有些未出嫁的女儿，两个老爷爷以及新郎。那个新娘按照印度教的礼节，在新婚的几个星期之内，都要保持羞答答的脸红状，所以便怯怯地躲在开了的窗户后面，拽着蕾丝窗帘。当潘纳硬拉着其中一个媳妇团团起舞，跳着新舞步时，此时维姆拉便接掌做了台柱。

183　　就在维姆拉踮着单脚旋转，拉起纱丽罩着头，仿佛东施效颦地跳着"七重面纱舞"时，查曼却放下了手中的钹，谈起收钱的正经事。两个老爷爷在收钱的盘中各自放了50卢比，其中一个媳妇则照着传统规矩，给了查曼一盘面粉。但显然这些远不及查曼所预期之数，她示意潘纳继续唱下去，然后又多了几张50卢比，但查曼还是摇头。到最后，那首歌唱到第13段时，新郎拿出一张一千卢比钞票给查曼，阉人这才边鞠躬边收下钱，撤退走了。

这实在是闹剧式的例行工作，而且日复一日地这样演出，一定也极为单调乏味又令人生厌。可是当社会断绝了阉人所有生路时，他们就只剩下了两个选择：去卖舞或卖淫。相形之下，"上门收钱"或许是较可取的一个选择——而且获利可能也更丰厚。

我一直对于阉人那种不怨天尤人的精神印象深刻。基于并非他们本身的错，而是出于某种身体缺陷或基因上的意外，他们发现自己游离在印度社会边缘，变成了介于为人祈福和受人辱弄之间的存在。然而就他们而言，却似乎相当满足于自己的生活，而且对于命运给他们安排这样的角色也没有异议。那天上门收完钱回家的路上，我在三轮车上问维姆拉，下辈子还想不想投胎做阉人？她在回答之前沉吟了好一会儿。

"上苍怎么样创造你，你对这点有任何选择吗？"她反问道："我为今生祈福，但是下辈子呢？那是上苍手中操纵之事。"

贾弗里博士

第七章　黄金时代

185　　1 月底，冬天的雨季准时开始了。

　　那个月的最后一个星期，我和奥利维娅离开德里去往外地，待在拉贾斯坦邦边界那边的一座宫城。我们回来的前一天，从城堞上眺望，见到厚厚的大片乌云逐渐笼罩住荒草平沙，到了下午将尽之时，云层已经厚到有如炭黑幕墙，遮天蔽日，大地一片昏暗。

　　第二天，我们回到德里，发现暴风雨已经降临，云层低低地越过屋顶；大雨倾盆而下，街上都被淹没。在旧德里城中，可以见到那些穆斯林妇女扯着她们的罩头巾，像淋湿了的乌鸦。一阵阵骤雨打在窄巷中；三轮车冒水行进，像小船而不像脚踏车。那实在是不宜外出的日子，但是我得赴个约，因为已经安排好要去见尤努斯·贾弗里博士（Yunus Jaffery）。他是个历史学家，也是个地道的老派德里人，祖先曾经在红堡担任过波斯王族的侍读学士；如今，贾弗里博士仍在位于旧德里边缘的扎基尔侯赛因学院（Zakir Hussain College）从事同样的工作。他的办公室位于最初的学院建筑内，也就是从前的加齐-乌德-丁伊斯兰学院（Ghazi-ud-Din Medresse），这是座 17 世纪的莫卧儿建筑，坐落在阿杰梅尔门外。

　　巴尔温德·辛格在雨中停了一下，让我在这座建筑外面下了车。有条低矮的莫卧儿式门道通往里面湿淋淋又闪着水光的石板中庭；中庭空荡荡的，只有一个迟到的学生朝着教室跑
186　去。石板很滑，而且历经三个世纪的踩踏，已经出现凹陷，那些污水已经沿着某些走道汇流成浅沟。中庭四周有两层楼高的回廊环绕，地面那层回廊的房间都是教室。楼上的房间面向有遮顶的阳台，那些则是研究生和学者的办公室。拱廊共有四条，其中三条为拱顶走道，第四条则是主轴线，通向一座红色

砂岩建成的清真寺，清真寺的前方，两旁的回廊所包围的院子则是一座种了草药和灌木的花园。

我走上一段窄梯，楼梯通往楼上的阳台。在学者房间外面坐了一排须髯老人，正忙着批改阿拉伯文书法。贾弗里博士的房间是走廊尽头处的那间。

门开处现出一个清瘦、胡子刮得很干净的男人，穿着莫卧儿式的一套长衫长裤，长裤的臀部剪裁是宽松的喇叭形，属于18世纪德里时髦男士爱穿的那种款式。他头上戴着一顶薄薄的白色清真帽，鼻梁上架着厚重的黑框眼镜，但是未予人道貌岸然的感觉。贾弗里博士那双赤着的大脚丫和笨手笨脚的态度，给人印象倒像是有点手足无措、心不在焉的人。"愿你平安！"他说，"欢迎。"然后望望我身后，又加了一句："啊！好大的雨……春天已经来了。"

贾弗里博士那间圆顶房间很小，四四方方又黑幽幽的。暴风雨的雷电中断了电力供应，房间便靠一个铜碟里插着的几支蜡烛照明，闪烁的烛光映出的阴影投在粉刷成白色的浅圆顶天花板上，晃来晃去。波斯文书籍杂乱无序地堆叠在一起；房间角落摆了一个闪亮的铜制俄式茶壶沙莫瓦（samovar），雕刻有伊斯兰风格的花饰。他房间所呈现的苏菲派学者景象，简直就像《五卷书》（*Anvar-i Suhayli*）中描述的细节——或是任何莫卧儿彩绘手本上的画面——而且我也这样告诉贾弗里博士。"我的侄女们也说我还活在莫卧儿的时代里，"他回答，"但是她们——我想——是有批评的意思。你要不要喝茶？"

贾弗里博士对着俄式茶壶底部的炭火吹吹气，然后在上部的壶内倒进了两杯水牛的牛奶。牛奶很快就烧滚了。贾弗里博士一面七手八脚地忙着泡茶，一面告诉我他的工作情况。

前三年他都在忙着重新誊写那份沧海遗珠的宫廷纪事《沙贾汗纪事》（*Shah Jehan Nama*），把那往往令人无法辨读的手卷以清晰的波斯文正体字呈现出来；再由美国的波斯文学者工作小组译成英文。这份手稿原是由沙贾汗那位善于阿谀的史官伊纳亚特汗（Inayat Khan）编纂的，道出了莫卧儿威震天下的故事，在那黄金时代里，坐镇德里红堡中的王朝，统治了印度的绝大部分、巴基斯坦全境以及阿富汗大片的疆域。那是个昌盛无双的时代：天下太平，商旅往来络绎不绝，贸易发达。收复莫卧儿发源地——位于中亚的河中地区——似乎也成了迫在眉睫之事。宫中画坊里的艺术家戈韦尔丹（Govardhan）、比奇特尔（Bichitr）以及阿布·哈桑（Abul Hasan）等，精工细描地绘出莫卧儿最精美的手本；而在阿格拉，白色的泰姬陵也开始在亚穆纳河畔奠基。

贾弗里博士辛苦工作的成果，即将刊印成书发行于世，所以现在他已着手进行另一誊写工作，是一卷被人遗忘的沙贾汗童年纪事。这份手稿刚在大英博物馆里未编录的库藏中被发现；博士说，这是很令人兴奋的工作，但是也很困难：手稿已经被严重损毁，而他又没钱亲自到伦敦去，所以只好靠影印本来工作。这份新的誊写工作占据了他睡眠之外的所有时间；他说：尽管有那么多困难，依然会慢慢有进展的。

"就如伟大诗人萨迪曾经说的，'阿拉伯马奔驰快速，但尽管骆驼步伐沉重缓慢，却能夜以继日地前进'。"

当我们聊着沙贾汗时，贾弗里博士从一处拱形凹壁取出很甜腻的伊朗甜食；他把它们递给我，并且问道："你想不想学古典波斯文？"

"我很乐意，"我答道，"但是眼前光是要学好印度文就够让我头痛了。"

"你想清楚了吗？"贾弗里博士问说，一面把一块甜食掰成两半，"学波斯文可以让你通往一些宝山，我不收你学费，我算是半个苏菲派苦行僧；金钱对我来说没有什么意义，我只要求你用功。"

贾弗里博士说如今德里没有什么人想学古典波斯文了，这种语言在前几个世纪里曾是德里每个受过教育的人的第一语言，就像从前俄罗斯帝国时代法文是必修语言一样。"这年头谁也不对古典文学感兴趣了，"他说，"要是他们看书的话，就看那些美国来的垃圾书。他们根本不知道自己错失了什么。胡狼以为自己饱餐了水牛，但其实只不过吃到了狮子嫌弃而拒吃的水牛眼、内脏而已。"

我说："这情况一定让你很反感。"

"其实也没什么差别，"贾弗里博士回答，"这一代的人没有那种灵性，懂得欣赏菲尔多西（Ferdowsi）或贾拉鲁丁·鲁米（Jalaludin Rumi）的智慧。就像萨迪所说：'钻石落到粪土之中还是钻石，然而，尘土即使升天，也依然毫无价值'。"

我非常喜欢贾弗里博士富含隐喻的谈话；尽管他与世界格格不入，但就像某些古代贤哲一样，谈话中夹杂着珠玑隽语。在过惯跟巴尔温德·辛格以及普里太太相处的平庸生活后，贾弗里博士的话语实在很有启迪性又令人受用。当他诉说着鲁米的几句格言，或者是菲尔多西所著《列王纪》（Shah Nama）里的逸闻——这是莫卧儿诸王最喜爱的故事书——温婉的腔调令现代德里的烦躁不安一扫而空。但是温柔敦厚的智慧却总像是覆了一层薄薄的苦涩。

"今天的旧德里不过是个垃圾堆，"他说，然后啜着茶，"有能力的人，都到城墙外买房子住，只有缺乏栖身之处的穷人才来这里住。现在旧城区里再也没有任何受过良好教育的人了，我在自己的老家也成了异乡人。"他摇着头道："所有的学识教养统统消失了，这年头什么都粗鲁不文。我跟你讲过我是半个苦行僧，言行举止不算是文质彬彬，但是跟这个城区里大多数人比起来……"

"你是指哪方面？"

"这里的人早就忘了从前的礼貌规矩。比如说……从前像我这种身份的人是绝不会去店里买东西的；每样东西都会有人送到家里来：米谷、辣椒、棉花、布料。每6个月店老板就会来拜访请安，他才不敢开口要钱；反而是要等那位老爷认为时机合宜而主动提起这事并且付钱。如果他真的去集市买东西的话，当他进到店里时，他指望老板会站起身来迎接……"

"如今这一套全都消失了，人家见到受过良好教育的人生活贫困不堪，所以认为研究学问是没用的；他们决定最好还是继续当无知的人。对于有病在身的人，清甜的水到了口里尝起来也是苦的。"

"不过，你的学生难道找不到好工作吗？他们的成就对其他人难道不会起鼓励作用？"

"没有。他们全都是穆斯林。在现代的印度，他们根本就没有前途可言。大多数成了职业恶棍或者走私的人。"

"学波斯文对于走私是很有帮助的训练吗？"

"没有，虽然他们中有些人在这些行业里很风光。我有个学生以前是司法官（Nazir），现在是个大赌棍，也是个卖淫业的大头头，但以前他是我最优秀的学生之一……"

就在那时，清真寺宣礼员的叫喊声打破了傍晚的宁静。贾弗里博士在房里转来转去发出沙沙声响，捡起了一些书，又在软垫背后面找他的清真帽，然后才想起来已经戴在头上了。他一面叨叨地道歉，一面把脚穿进凉鞋里踉跄地往外冲。"你能不能等5分钟？"他问，"我得去做晚祷。"

我从阳台上见到一连串身影走出，身穿白色的长衫长裤，纷纷冒雨冲向清真寺的遮庇处。在大暴雨中，我见到那些老人在拱廊下摊开他们的跪拜祈祷用小地毯，然后，随着伊斯兰尊者的信号指示，跪拜下去，然后又随着远方"真主至大"之声响起，又跪拜下去。

5分钟之后，当贾弗里博士回来时，他又倒了满满一杯牛奶到茶壶中，我们谈起了他的家庭生活。

"我这生最重大的事件是，1978年我大哥去世，"他说，"我从童年时代开始，就一直希望住在与世隔绝的地方，过着像苏菲圣哲一样的生活。但是大哥去世之后，照顾两个侄女就成了我的责任，我现在不能做个全职的苦修僧；至少也要等到我的侄女受完教育、出嫁了再说，在那之前，她们的福祉是我的首要之务。"

"之后呢？"

"之后，我想去麦加朝圣，然后便退隐到某座荒废的清真寺中，重建那座清真寺，忙我自己的学术研究。"

"不过，要是你想退隐，难道不能找其他的家族成员来替你照顾侄女吗？"

"我的哥哥们在印巴分治的时候都遇害了，"贾弗里说，"我姐姐也是那个时期的受害者。她到现在还会听到枪声，你哪天晚上有空的话，可以来我家跟她坐坐，起先平静无事，然

190

后她会突然站起来说：'你们听！枪声！他们从那一边过来了！'

"事实上，我姐姐和我能活下来，算是奇迹：我们和最小的弟弟在贾玛清真寺一带找到藏身处，要是我们待在父母家中的话，就会跟家里其他人是一样的下场……"贾弗里博士欲语还休。

"你讲下去。"我说。

"我父母所住的地区向来是个印度教教徒的区域。分治期间他们躲了起来，有两个星期，他们那些要好的印度教教徒朋友偷偷给他们送食物。但有一天他们被人告发了；一群暴徒在晚上冲进来放火烧掉房子。我们后来才知道，那个出卖者是我父亲的邻居，父亲以前还在财务上帮过他的忙，这个人却这样恩将仇报……"贾弗里博士摇着头。"在这个城里，"他说，"文化和文明都只不过是层薄薄的外衣，不用费什么劲就可以把这层薄衣扯得粉碎，而让藏在薄衣底下的东西暴露出来。"

见闻录

在德里全部的历史之中，可说再没有其他时期的文明薄衣比 17 世纪上半叶的更美丽，也可说是更巧妙地编织而成——那就是沙贾汗所统治的黄金时期。

表面上，皇帝以及朝臣所作所为都是严守朝廷法规，就像莫卧儿画家在手本边缘所绘饰的精美画面一样，但在这美丽的表面之下，莫卧儿历任皇帝的野心却绵绵无尽、不择手段地发挥出来：兄弟阋墙，互相残杀，毒死姊妹或饿死父亲。朝廷礼仪只不过是层掩饰莫卧儿政治残酷现实的面纱而已，是个用来刻意为隐藏于其下的残暴无情乔装打扮的面具。

尽管有关莫卧儿的资料汗牛充栋，我却总是觉得它们很难 191
令人一目了然，看清庐山真面目。莫卧儿的建筑、宫廷礼仪、
庆典等都很著名——但是，就像幅彩绘手本上的人物肖像，效
果是单方面的：人物所佩戴的珠宝首饰、头巾的细节、身上衣
裳的褶纹——都画得极为美丽又清晰，远胜过衣饰之下的人
物；画中人的思想感受、性格和情绪，都相当地难以看出；高
深莫测又令人费解。

还是贾弗里博士告诉我有这样两本在那个时期所写的游
记，才使得莫卧儿时期没有被埋没在丝绸、钻石和青金石①之
下，永不见天日——一本是贝尼耶（Bernier）所写的《莫卧
儿帝国之旅》（*Travels in the Mogul Empire*），另一本是马努奇
所著的《莫卧儿印度》（*Mogul India*）。这两本书可不像那官
方记载、满篇谄媚之语的宫廷纪事——如贾弗里博士花了很长
时间誊写出来的《沙贾汗纪事》——这两个欧洲旅行家所写
的见闻录，满篇皆是内容恶毒的市井流言。这两本书可能因此
也有些许添油加醋的虚构成分，但淋漓尽致地描绘出莫卧儿时
期的德里风貌，连同诸般飞短流长、戏剧性事件及阴谋诡计
等，全都呈现在我们眼前。好几个早上，我坐在室外露台的温
暖阳光中，阅读着这两个旅行家在莫卧儿鼎盛时期所目睹的德
里实况。

这两个作者是截然不同的人，弗朗索瓦·贝尼耶是法国贵
族，也是受过高等教育的医生，他在 1658 年来到德里；他很
快就成为莫卧儿皇室以及贵族公卿争相延聘的医师。在他的行
文之中，给人的印象是个很了不得的法国人——傲慢自大、饕

---

① 　一种鲜蓝色带金点的石头，用来制成装饰品、珠宝等。

饕客兼审美家，一个崇尚女性之美的欣赏者；他也是个很长舌的人。贝尼耶不断地把莫卧儿印度拿来和 17 世纪的法国对照。他认为，亚穆纳河堪与卢瓦尔河（Loire）相提并论，在巴黎通奸要比在德里容易多了："在法国，通奸只不过是逢场作戏开心一下，但是在这个地区，通奸而又能够下场不至堪忧的例子，少之又少。"但他认为印度的烤面饼（naan）跟巴黎人吃的法棍面包简直没得比：

> 烘烤师傅很多，但他们用的烤炉和我们的很不一样，也差得很远。因此，面包既做得不好，也烤得不好，（虽然）在红堡售卖的那些还勉强过得去。在和面团的时候，面包师傅是不会舍不得加印度酥油、牛奶和鸡蛋的；尽管面团也会发起来，但尝起来却有股焦味，而且也太像蛋糕了，永远比不上我们的吉涅司（Pain de Gonesse），也比不上巴黎其他各种精美糕点。

虽然贝尼耶多纨绔子弟之态，但骨子里终究还是个启蒙运动初期受过良好教育的欧洲人：他熟知本国的古典学说，坚信理性主义，而且对于"可笑的错误和奇怪的迷信"很不耐烦，尤其是，就像晚他两百年来的麦考利（Macaulay）一样，他也没什么时间去跟婆罗门打交道，以及学习他们的梵文：

> 他们认为世界是扁平三角形；清楚划分成七块人居之地……每块都分别被一片海洋包围；其中一片是牛奶海，另一片是糖海；第三个是酥油海；第四个是酒海；以及其他……（除此之外）这整个世界是由一些大象顶在头顶

上，它们偶尔动动，便造成地震。如果那些著名的古印度学说是由这些天花乱坠的荒诞不稽之说构成的，人类就真的是自愚且又愚人很长时日了。

但话说回来，贝尼耶对于印度很多方面倒是懂得欣赏，而且也是那些来到印度、越来越自以为是的欧洲人之中，率先为莫卧儿文化辩护的人。"有时候当我听到那些身在印度的欧洲人以鄙视的态度谈到（莫卧儿建筑）时，实在大感惊讶，"他写道，附带提及德里的贾玛清真寺，"我承认，这座建筑并不是按照我们认为应该明确遵守的建筑规则兴建的；但是，我却看不出它有任何会让人觉得鄙俗的不得体之处。即使在巴黎，照这种神庙的样式来兴建教堂的话，我确信也会受到激赏的，不论是它那种独特的建筑风格，或它那种出色的外观。"

最令贝尼耶心存畏惧的想法则是，长期浸淫在印度的结果，会剥夺了他原有的文雅教养以及巴黎式鉴赏力，这种恐惧感在他见到泰姬陵时更是达到顶点："上次我见到泰姬陵的时候，是和一个法国商人在一起，他就跟我一样，虽然对这座极为出色的建筑物赏之不尽，我却不敢发表意见，唯恐由于长期待在印度，已经令我的鉴赏力近墨者黑；但我的同伴是最近才从法国到来，所以听到他说从来没有在欧洲见过像这样醒目又壮观的建筑时，我相当释怀。"

年纪比贝尼耶略小的意大利人尼古劳·马努奇，就没有他那种审美疑惧。马努奇是个威尼斯贸易商的儿子，14 岁的时候就逃离家乡，混迹在一艘商船上，偷渡越过中东地区，来到印度，在莫卧儿的军队中觅得炮手之职。这个自封的江湖术士兼郎中，运用他的"过人机智"摇身一变，成为冒牌医生和

193

贾玛清真寺

驱魔人。他在回忆录中，详细地透露如何胆大妄为、妙手遮天地设下骗局：

194　　　我不仅是个远近闻名的医生，而且外界还谣传我拥有法力，可以驱走附身邪魔。有一次，几个穆斯林到我家里，向我讨教有关他们到了晚上就感到不适的事……谈到一半时，我开始用邪魔口吻讲起话来，叫他闭嘴，不要打断我讲话，好让我为那几位先生服务，因为时间不早了。然后我又跟那些穆斯林回到原来进行的谈话中，但这时他们已经吓得魂飞魄散，语带哆嗦。我拿他们的恐惧感来寻开心，更加提高了嗓门，对着仿佛躲在某个角落里的无形之物大声呵斥……他们简直吓得吭不出声来。

　　　由于轻信法术，他们开始谣传这个欧洲医生不但能驱魔，而且还可令群魔俯首称臣。这就够让人趋之若鹜了，上门的人中，有不少人把声称邪魔附身的妇女带到我面前

（其实这是她们想要外出幽会情人的惯用伎俩），并且希望我有办法对付。通常治疗方法是狠狠地糟蹋对方，耍很多花招把戏，让她们服下催吐剂，并用有恶臭的东西去熏出邪魔。没到那位病人精疲力竭受够折腾，并且宣称邪魔已经逃掉，我是不会罢休的。我用这个方法让很多人恢复正常神志，而且名声大噪，而我自己也消遣得很开心。

马努奇有关莫卧儿印度的叙述也和贝尼耶的一样，满篇飞短流长之语，而他选择过那种不稳定的生活，也就意味着他的书更充满刺激行动：他可不会为巴黎和莫卧儿建筑风格的相关优点而大惊小怪，而是在莫卧儿的内战中以炮手身份冲锋陷阵，所率的马队遭到土匪埋伏突袭，与抓壮丁的队伍搏斗，最后又被围困在印度河一座小岛上的堡垒中。

两种截然不同的视野——一个属于忧国忧民的法国知识分子，另一个则属于前任江湖术士、不屈不挠的行动派威尼斯人——贝尼耶和马努奇都为莫卧儿本身制作的描金宫廷纪事以及手本彩绘更添色彩。皇室里的紧张对峙及钩心斗角的画面也浮现出来，壮观而近乎莎士比亚戏剧之感：沙贾汗统治了莫卧儿帝国最壮丽的时期。他把帝都由阿格拉迁至德里，并且在新建的沙贾汗纳巴德的中央兴建了红堡。不过，在此之后，虽然有宫廷谄臣的锦上添花，宫中暗涌的剑拔弩张之势却终于引发了内战，令旧有秩序天翻地覆。这出戏中的各角色——有些正派，但有性格上的缺陷和不通世故，其他的则邪恶又残忍无情——都是古典的文艺复兴式典型人物。沙贾汗就像李尔王一样，晚年由于处理不当，惨败于不知感恩的儿女之手。然而，他的垮台部分也是咎由自取：沙贾汗性格上的缺陷——他的目

195

中无人、好色、贪得无厌，以及偏心、不公平地对待儿女——导致了他的垮台。

沙贾汗宫廷纪事

"在他所宠幸的皇后泰姬·玛哈去世后，"马努奇写道，"沙贾汗在印度选择了德里作为兴建新都之地，他为这座新都取名为'沙贾汗纳巴德'——也就是'沙贾汗所建'之意。他耗费巨资来建造这座城市，并且下令在奠基之处放置几具斩首犯的尸体，当作祭祀牺牲。"

沙贾汗决定由阿格拉迁都德里时，年方 47 岁，刚刚丧妻；儿女都已成人，兴建这座新都可说是中年皇帝寻求不朽之道。

沙贾汗是在 12 年前一场血腥内战之后，才权盛一时的。他原是能干但很残忍无情的三皇子；为了夺取皇位，造反弑父，并谋杀了两个哥哥以及他们的两个孩子，还有两位堂兄弟。沙贾汗虽然冷血无情，却又是所有莫卧儿皇帝之中最具审美的人。15 岁的时候，他就能够重新设计位于喀布尔（Kabul）的寝宫，表现出来的品位令其父皇贾汗季（Emperor Jehangir）刮目相看。年纪轻轻做了皇帝之后，他又用一种新的建筑风格重建了位于阿格拉的红堡，而后协助发展此风格。后来他的皇后去世，他便兴建了泰姬陵，堪称伊斯兰世界里最完美的建筑。

在去世之前，玛哈为其夫君生下了十四名儿女；其中有四个儿子和三个女儿长大成人。长子达拉·舒科（Dara Shukoh），其名意为"大流士①之荣光"，由当时所绘的手本插

196

---

① Darius，古波斯帝国国王。

图可以看出他酷似其父；有同样的深凹杏眼、悬胆鼻，以及美髯长须，然而在某些手本上他的画像则显得比沙贾汗的肤色略深，块头也较小。他也和沙贾汗皇帝一样，喜欢奢华并具有精致的鉴赏力，贪图享受宫廷生活，而不喜欢戎马生涯的艰苦；他喜欢打扮得珠光宝气；身穿绫罗绸缎之外，两个耳垂还各悬一颗很大的明珠。

然而，达拉却也不是只会好逸恶劳、耽于声色，他很有求知的心，而且喜欢与贤哲、苏菲秘圣以及云游四海的行脚僧（sannyasin）为伍。他命人将印度文的《奥义书》（*Upanishads*）、《薄伽梵歌》（*Bhagavad Gita*）以及《至上瑜伽——瓦希斯塔瑜伽》（*Yoga-Vashishta*）都翻译成波斯文，而他自己也写作有关宗教和玄学的论文。其中最受瞩目的是《两座海洋的交汇》（*Majmua-ul-Baharain*），这是印度教教义和伊斯兰教教义的比较研究，强调两者异曲同工、可以兼容，以及这两种信仰都源于相同的神谕。在那个甚至是最开明的莫卧儿皇帝都会惯于拆除印度教神庙的时代，这篇论文可说是既大胆又创新的作品；有些人则认为达拉的观点岂仅是不同寻常，简直就是旁门左道。但许多固守正统的穆斯林贵族私下大为皱眉，奇怪这位皇储怎会宣称，就如一位贵族所形容的："不信真主的人和伊斯兰教教徒是双生兄弟。"

马努奇当时受雇于达拉·舒科的炮兵队，在他笔下，这位主子被描绘成有性格缺点的英豪，勇敢又慷慨，但是不断有处于狡诈对手下风之虞：

达拉皇子人格很高尚，五官清秀，谈吐温文尔雅，演讲时侃侃而谈，心胸极为宽阔开明，为人仁慈，充满同情心，但是太坚持己见，过于自信，以为自己所向无敌，不需任何咨议，事实上，他也鄙视那些咨议。

皇子奥朗则布是沙贾汗的三皇子，性格与他的哥哥很不相同，达拉强悍如武士，但也有温文儒雅的一面，文武双全。奥朗则布则外表圣洁纯朴，内藏野心，以穆斯林苦行僧的姿态出现在人眼前，是工于心计的高手，深知如何在敌人之间散播猜疑与分歧的种子。他操控着很有效率的间谍网：在德里所说的每一句话都逃不过奥朗则布的耳目。除此之外，他更精通下毒之道。马努奇对他如敬鬼神而远之，并且厌恶有加：

> 虽然奥朗则布被公认胆大又勇猛，但他也很善于装腔作势与虚伪。为了假冒苦修之人，他睡在田野旷地中，以自织的草席为垫……他吃粗茶淡饭，借此让人知道他经历了极刻苦的斋戒苦修。而其实在这表面功夫之下，他却过着秘密的享乐生活。他和某些圣人的交往，也都着重于法术方面，他们指导他如何用法术和甜言蜜语去广结善缘，尽量争取朋友。他极善于攻心，连反应最快、最机智的人都会上他的当。

有个人是奥朗则布从来没有欺骗过的，便是他的父皇。从很早开始，沙贾汗就摆明了根本不在乎三皇子，相反，对钟爱的达拉·舒科表现得越来越偏心。他把达拉留在宫中，宠爱有加并赐予无数荣衔，却把奥朗则布派到帝国最南的边疆，也是最无法无天的德干半岛。

一切看来都对奥朗则布极为不利，但他还有一张王牌：他妹妹罗沙纳拉（Roshanara）的撑腰。奥朗则布因为沙贾汗对达拉的偏心而满腹怨恨，同样地，罗沙纳拉也因为另一个姐姐贾哈纳拉夫人（Jahanara Begum）① 比她更可爱，因而受到父皇的白眼。自从母后玛哈去世后，贾哈纳拉便接掌主理后宫的大权。市井流言传说，她和沙贾汗之间的密切关系远超过正常的父女之情；总而言之，就像贝尼耶所形容的："要否决皇上去摘收他亲自所种树木之果的权利是不公平的。"

198

随着贾哈纳拉的影响力日增，她妹妹的妒憎也与日俱增，罗沙纳拉和奥朗则布一样，变得越来越满腹怨毒，亟思报复，她就像莎翁笔下《李尔王》中的里根（Regan）或贡纳莉（Goneril），而贾哈纳拉则犹如考狄利亚（Cordelia），她成了最坚决维护奥朗则布利益的人，因此也不再隐瞒她对达拉和贾哈纳拉的恨意。她也像奥朗则布一样，操控着自己的间谍网，透过此网而把宫中一切进展报告给她哥哥。她也像哥哥一样变得怨毒又无情，谣传她还是个精通下毒的女巫。然而，对于现代的读者而言，她大概是整个皇室之中最令人感到好奇又引人的角色。

当沙贾汗在 1648 年由阿格拉迁都到新的沙贾汗纳巴德时，贾哈纳拉夫人负责兴建了"月光市场街"，这是旧德里最主要的大街。在这条大街的中部，她兴建了一座占地极广的商旅客栈。这座建筑在 1857 年被毁掉之前，经常被来到德里的人誉为是宫城之外最壮丽的建筑。连马努奇这个通常对建筑没什么感觉的人，也不厌其烦地提到了客栈的绘画、花园和湖泊，而

---

① Begum，夫人，是印度、巴基斯坦、阿富汗、孟加拉国等国对已婚女子的尊称。

贝尼耶则建议在法国兴建类似建筑，这可说是他所表现出的最高评价了。

罗沙纳拉夫人的财力有所不及，无法做出这么雄心满满的贡献，然而，她还是掏出钱来建了罗沙纳拉花园。这是座位于沙贾汗纳巴德最北面的怡人游园，而今这座名园仍在，虽然由于城市扩建之故，早就被纳入城郊部分了。此园坐落在旧德里的果蔬市场后方不远处，紧邻一座货车停车场。这并非城中很美的角落，然而热带花园中青翠之色郁郁葱葱——长长的草地、花坛，以及尤加利树和木麻黄夹道的林荫道——处于周围的脏乱与贫困之中，却为人带来意外惊喜。

草地上随处可见印度公园惯有的各种古怪人物：在干涸的水道中玩棒球的小男孩，看来像迷路的乡村牧羊人赶着羊群，带着一堆便当盒来野餐的旁遮普家庭，倚靠在树干上的情侣，一个身穿橙黄袍的印度苦修僧盘腿坐在草地上，两个弯腰驼背的老上校拿着一模一样的手杖。在这些人的中央，矗立着一座莫卧儿时期的亭阁，呈低矮的长方形，结构比例极优美，与在红堡所见的那些亭台楼阁的设计类似。这座亭阁有三道拱门之宽；四角上各有圆顶的莫卧儿式伞亭（chattri），里面有座精美的长方形格子窗石屏风，由此可通往砖砌的中央厅房。

这座建筑以前很美丽，但已倾圮，如今看来既残败又令人感伤。莫卧儿的废墟往往不外乎下列两种情况：风格最简朴的城寨堡垒依然威风凛凛地矗立在焦枯的平原之上，不减当年固若金汤之姿；然而莫卧儿建筑所表现出的细腻面、巧夺天工之美，却只剩下了断瓦残垣。

如今很难令人想见，但是当年那位年轻的罗沙纳拉必然是在这亭阁之内，斜倚在汩汩水道畔的地毯上和她的密探商谈。

遗憾的是，找不到这段时期有关公主的叙述；罗沙纳拉唯一见诸记载的，已是她生平后期的纪事；出于贝尼耶之手，他曾经在德里见到过公主那令人叹为观止的仪仗队伍经过——可能是从他自家的花园里见到的——浩浩荡荡地正出发前往克什米尔避暑：

且发挥天马行空的想象力，如此才能想象前所未见、比罗沙纳拉夫人出游的声势更浩大壮观的情景。爬上一头装饰华丽的缅甸大象，坐在大象背上那个有泛着金色和蓝色光彩的、丝绸制成的华盖的大型象轿上，其他背载华盖象轿的大象尾随其后，那些象背的华丽象轿也跟她所乘坐的不相上下，全部坐着她宫中的女子……

罗沙纳拉的华盖象轿是开放式的，面前坐有一个年轻、穿戴整齐的女奴，手持孔雀尾羽毛，为公主拂尘兼赶苍蝇……紧跟在公主大象之后，是那些大太监，个个服饰华丽，端坐象背之上，人人手中都持令牌。旁边跟了几个骑马的太监，伴着一大群徒步的跟班仆役，这群跟班远远地走在前面，帮公主及其人马开路……

这支约由 60 只大象所组成的行进队伍，浩浩荡荡甚为壮观；要是我未曾理智到不为这种壮丽展示所动的话，必然就会像其他多数的印度诗人一样，任由那天马行空的想象带我满天翱翔了。

200

感恩宴

冬天的雨季一过，德里就开始了两个月完美无瑕、怡人无比的天气，简直补偿了一年中其他 10 个月极差天气所带来的苦楚。晴空蔚蓝，昼暖花香，世界处处都顺眼。

2 月间的德里犹如天堂，奥利维娅和我在天台花园里种满了棕榈和百合花，还有蜀葵，又让九重葛爬满格子架。那些在冬季严寒中好像都已枯死的植物——金鱼草、木槿花和鸡蛋花等——都神奇地恢复了生机，绽放出花朵。气息也开始转变了：不再嗅到烧木柴和牛粪的烟火味，取而代之的是浓郁的印度鸡蛋花香，以及一阵阵飘来的甜橙花初放的芬芳。

沙贾汗兴建的贾玛清真寺前面，坐落着旧莫卧儿禽鸟市场，我们在那里买了三对吸蜜小鹦鹉和两只大的白色鸡尾鹦鹉，还找了个竹器师傅帮它们做了两个鸟笼，挂在天台，并且在旁边安放了红土罐，鼓励它们生养。

显然，德里其他鸟儿的心思也很少与此大相径庭。紧邻我们客厅旁边的屋檐排水管顶上，两只麻雀正为筑巢忙得不可开交。然而更多的春事活动却发生在我们的卧房墙外，普里太太贴墙摆着的那个报废空调的铁皮顶上，每天早上天才刚亮，就有两只鸽子飞来此处精心表演非常吵人的晨舞。虽然那个冷气机早已失效，无法令房间凉爽，但是演变出另一种奇特功能，能够把鸽子的脚步声放大，于是当它们于每日清晨 6 点在冷气机顶上跳踢踏舞时，听起来就像是一阵鼓声响起。奥利维娅喜欢享受睡眠，因此很快就对我们的晨间访客产生了强烈反感，但是她费尽心思，也赶不走它们，遑论去扑灭那两只鸽子的似火热情了。

普里太太却一反常态地以阔绰手笔来庆祝春天的到来：她举行了一场小型的感恩宴。她的长子到美国出差时曾经染上肺炎，病得很严重。普里太太认为，他之所以能康复，完全归功

201

于拿那克宗师（Guru Nanak）插手管这件事，这位宗师是16世纪的人，也是锡克教的始创者。为了感谢宗师之恩，她把她常去的那家谒师所里一共四位锡克师父都请来，到她家的花园做些功德仪式。

前院里用染色土布搭出了一座帐篷，屋后则有几个上门承办宴席的人正在一座泥炉上忙着做旁遮普菜。9点时，四位留了一脸大胡子的师父出现了，他们手里捧着一大卷锡克经《古鲁·格兰特·萨希卜》（Guru Granth Sahib）。他们毕恭毕敬地先在普里太太的一座花坛里摆设了一座小神龛，以便供奉这部经书。未几，整个花园便响起赞美拿那克宗师的诵经声。

宾客全是锡克教教徒，此时也纷纷由附近寓所现身上门，和普里太太打过招呼后，便一排排静静地盘膝坐在地上，普里先生也借助轮椅被人推了出来，然后被绑在靠近神龛的一张椅子上。我和奥利维娅获得邀请，待在人群后排观礼，条件是两人都得把头盖住。那些客人很耐心地坐着听了整整一个钟头；然后人人都站起身来，一副早已不做他想的神情，蝗虫过境似的把摆在屋子后院里等着他们的免费餐食一扫而光。

那天晚上，普里太太对我发表评论，要是她的家人没有坚持离开旁遮普，并且到外国去做生意的话，根本就没有必要花这些钱来大宴宾客。普里太太一向都清楚表态，她一点都不喜欢国外。一旦离开了印度祖国的怀抱，她指出，永远要面对很扰人的茫然无知，如外国人根本不知道如何烹煮美味的豆子饭，以及最令人忍无可忍的，没有可供早上去祈祷的谒师所。她还朗读了《印度时报》上的一段文字，以为明证，因为这段文字恰与她所想不谋而合，古老的印度观点认为非白种人（Wogs）是起源于喀布尔，而文明则止于印度河。

对于普里太太来说，绝大部分近亲都移民到国外，实在是很不便的事。对于她那位已在加拿大变成皇家骑警的弟弟德格·巴哈杜尔（Teg Bahadur），她似乎已经听天由命，随他去了，但依然对她女儿鲁宾德尔（Rupinder）感到忧心忡忡。女儿已经移民到美国，而且还未出嫁。"鲁宾德尔虽然在美国工作，"普里太太每月和朋友摊钱吃喝聚会时，会这样告诉她那些朋友，"但她一心只爱我们的旁遮普。等她回来的时候，我们会帮她找个门当户对、有钱的锡克教教徒丈夫。"

"我肯定，在那边也一定有很多很不错的锡克教男孩。"有一回我这样发表高论，哪知后果却很糟。

"我们才不要那些美国人锡克教教徒，"普里太太断然说道，"他们就像在你们伦敦绍索尔（Southall）区的锡克教教徒一样，都是下等人，他们没有受过良好教育。"

"他们其中一定会有些人是受过良好教育的。"

"也许吧，"普里太太说，这才切入要点，"不过他们不是出身于良好的家庭，他们都是乡下人。"

"现在已经不再是了，绍索尔区的锡克教教徒通常都是很成功的生意人。"

"威廉先生，"普里太太深深吸了口气道，"我们是普里家族，在印度以外的地方，没有和我们属于同一种姓阶层的锡克教教徒。"

由于那帮低下种姓阶层的乡下人之故，鲁宾德尔的端庄谨慎也受到威胁，后来普里太太才领悟自己的职责所在。虽然一想到就觉得很痛苦，但她还是宣称，迟早会有必要亲自到美国去考察一番，届时她会租一辆别克汽车，找个出身良好的锡克教教徒司机，以她所习惯的作风去参观美国，可是她并不引颈盼望这趟旅程。

"美国可不像印度那样是个有传统文化的国家,"她说,
"那里根本没有什么道德风气,不过我听人说过,落基山有部
分倒是跟我们印度的西姆拉挺像的。"

征婚

接着,就在我们正享受着怡人恬静的春天时,结婚旺季却
达到高潮,一夜之间,天下大变。

印度一直停留在世上最迷信的国家之列,即使是在城市
里,迷信之风也很盛行。受过高等教育的印度生意人与乡村文
盲一样,都会靠算命占卜指点迷津;大概除了孩子出生之外,
再没有其他事是比结婚更急需找星相师来指点的了。不仅父母
之命、媒妁之言的婚事需要靠星相算命来成婚,甚至连结合之
日也要劳星相师去费心。在印度,传统习惯是不在星期六婚
嫁;只有黄道吉日才宜举行婚礼。

在德里,整个寒冷的季节里一直都有人举行婚礼。然而,
由于很多占星师不约而同认为,一年中最吉利的日子,就是这
个春月出现的时期,因此,理所当然也就使得半年内的婚礼,
全部挤在这印度教春季庆典洒红节(Holi)前后的两个星期中
了。接着便是要争着租帐篷和雇用到府备宴的厨子,为此,新
娘的家人往往不惜用尽威胁利诱的手段,有时甚至动用暴力。

然而,这种陋习所带来的诸多不便不仅仅影响着所有参与
其中的直系亲属。整个德里一反常态,出现许多混乱局面。这
一晚可能还是静谧太平的春天夜空,除了知了,一片空寂。接
下来一晚,闪烁的霓虹灯光却突然照亮了穹苍,四面八方也响
起了印度管弦乐队穷敲猛打、尖声刺耳的演奏,直到凌晨两三

203

点，都可以听到扩音器音量放到最大的印度电影音乐的噪声。

等到好不容易睡着时，已经是 3 点多钟了，通常在下一回合开始之前，你大概可以勉强睡上两个多钟头，因为天亮不久，又有新的迎亲开始了。8 点左右，卧房窗外远处便传来了乐队的吹打声，慢慢地渐行渐近，越来越响。半个钟头之后，卖力吹打、声响震天的乐队便停在你家三户之外的地方。新郎来接他的新娘了。从来没有人向我解释，为什么这个仪式要在大清早举行，不过，前一晚演奏过的印度电影音乐却显然是婚礼不可或缺的部分。

白天的情况还算稍微好些，有一天早上，我由于睡眠不足而头晕眼花，脚步踉跄，于是出门去可汗市场买点可以治头痛的东西，却发现路上大堵车，全被那些装饰得像圣诞树的白色大使牌汽车给堵住了。其中一辆车的挡风玻璃上——虽然几乎已经被那些金色和银色的流苏饰物给完全遮蔽——是那画龙点睛的告示：2 月 20 日，苏尼尔与纳利妮联姻之喜。再往前去，便可看到那支令后面交通堵塞、车队大排长龙的迎亲队伍，包括骑在一匹白色牡马上的新郎，在他前面有个小男孩、空的迎亲花车、一支吹打乐队、二十个扛着手提长条形舞台照明灯的流浪汉，队伍最后面是几个四散跳着舞的阉人，一面撩逗过路人，一面讨赏钱。

为了摆脱堵塞的交通，我抄近路走后面一条巷子，结果却发现整个路面上搭起了一座大型的婚宴帐篷，堵得水泄不通，至此我唯有放弃前进，转身回家去，躲进一个较阴暗的房间去看报纸。然而，即使在这个房间里，也逃不过结婚旺季的侵袭，那天是星期天，报上有一半篇幅都登满了征婚启事。

对于多数的印度家庭来说，婚姻是生意经与浪漫情怀并重，或许因为这样，很多启事看来都像是为了找个商品，而不是未来结婚对象：

> 征婚：寻貌美、身材苗条、肤色白色，任职于加利工厂的女性，她需念过教会学校，精于家务，适应性强，卡亚斯塔种姓。

有些启事却像西方的"寂寞芳心"专栏，带点伤感：

> 征婚：孟加拉国目盲男孩，自幼父母双亡；一腿残废，但仍可行动，征残障女孩，种姓不限。

有些则颇令人脸红：

> 征婚：28岁、五官端正男子，有良好工作，饱受性功能失调之苦，例如早泄。征终身伴侣，女方需有同样之苦，或对性事不感兴趣。

少数几则启事却不知可靠性有几成：

205

> 纯良、美丽、迷人、有同情心、端庄持重、温声细语、脾气好的离婚女性征求联姻对象。

但是最得我心的，无疑是那些雄心万丈、想要人财两得的旁遮普男子所刊登的启事：

　　征婚：非常英俊、运动健将、精力充沛、高贵而富有崇高理想的锡克教男士，大学毕业并精通瑜伽，工作勤奋，在古尔冈工厂任高职，征求非常貌美、肤色白净、身材苗条、迷人、受过良好教育、系出名门并持有绿卡的淑女为偶。寄照片及星座详情。

　　事实上，印度的征婚启事是英国人发明的，是旧时代的后遗症。当时那些受过教育又正值适婚年龄的英国文官，被派到印度中部的丛林荒僻地带，度过青春岁月。在那里，根本就连条件最差的英国女人也碰不到，更遑论追求对象、结婚成家了。于是，征婚启事就变成了这些人的"邮购服务"：即使身处在最偏远的那格普尔（Nagpur）或乌贾因（Ujjain），都可以令这个年轻人的条件呈现在伦敦切尔西或肯辛顿（Kensington）那些急着要帮女儿找对象的妈妈眼前。

　　然而，也像许多其他英国统治印度时期所遗留的余风一样，征婚启事也变得面目全非，和当年英国人所熟知的启事不同。如今这些启事有很多是大言不惭地自吹自擂——满篇都是在选美大赛中胜出、曾经获多项奖以及拥有学位等——使得我常怀疑这些当事人究竟是否如他们所自称的那么完美。因此，有一天，分类广告栏下方中的一则小广告吸引了我的视线：

巴拉特侦探社

专长侦查骗婚行为

　　我打电话过去，证实了我的假设，帕万·阿加沃尔先生以前是伞兵部队的军人，最擅长调查征婚启事的内容是否属实——通常是很干脆地派个手下，到新郎或新娘的老家村子跑一趟。

"我以前受训专门侦察敌情，"阿加沃尔先生告诉我，"所以我知道观察的方法。"

"你都查些什么？"我问。

"我什么都会查——看看男方是不是交很多女朋友，或者女方看太多印度电影，不用功念书"，阿加沃尔先生回答。他补充道："我甚至也查那些未来的婆婆和丈母娘。"

婚礼

贾弗里博士所誊写的《沙贾汗纪事》中，最发人思古幽情的一段是，描述达拉·舒科的成婚大典情形。

达拉迎娶远房表亲纳迪拉夫人（Nadira Begum）的大典，是在 1633 年 2 月 11 日举行，恰好在达拉的母亲玛哈去世一年之后。在大婚前一天，举行了事前庆祝仪式（hina-bandi）："沿着亚穆纳河岸，燃起了无数的烟花……还有数量庞大的蜡烛、油灯、火炬和灯笼（照亮了）大地，使之与繁星灿烂的天空争辉。"宾客获赠华贵袍服，并且有槟榔和甜食以飨随行贵族。最后达拉的双手撩开了后宫遮掩的帷幕，让里面的嫔妃为他们用散沫花染剂来染红须髯与头发。

第二天中午，奥朗则布及其他青年王公簇拥着达拉穿越宫殿，来到大殿里的"四十柱堂"。现存于温莎城堡的《沙贾汗纪事》抄本中，有幅穆拉尔（Murar）所绘的精美插图描绘出当时的盛况：所有的王公都是珠光宝气，戴着串串珍珠项链；嘴上已生髭的年轻达拉骑在一匹黑马上，率领着众兄弟进入宏伟的大殿中。他占了插画中央大部分；奥朗则布和其他兄弟骑着白马，被摆到插画的边缘。

在沙贾汗赐给儿子贵重结婚礼物之后——礼物包括"一袭华美的礼袍，一把雕花镶珠宝的匕首，一柄宝剑及饰有宝石的皮带，一串珍珠念珠"，两匹千里马及一对征战用的大象——这些礼物全部展示出来，供在场的人欣赏，然后婚宴庆祝便开始了：

依据陛下的命令，位于寝宫下方的花园以及浮于亚穆纳河中的船只，统统要燃起油灯并放烟花；（从中午直到晚上9点）欢腾地奏乐唱歌……等合卺吉时终于来到，便请来卡齐·穆罕默德·阿斯拉姆（Qazi Muhammed Aslam），由他在皇帝面前主持婚礼，并定好赡养金（mihr，万一婚变时，需付给女方的款项）数目为50万卢比。仪式完成时，欢呼贺喜之声响彻天地，欢欣的铜鼓声也直穿云霄。

在读过（也耳闻）了这么多有关德里结婚喜庆的情况后，我很高兴地在2月底接到了一份结婚请帖，喜帖的内容如下：

沙希都丁邮差先生和太太

敬邀您赏面光临

满堂吉庆

嫁女之喜

莎希娜

与 B. 汗先生

（M. 汗先生之子）

喜宅位于沙普尔杰特村十一号

（靠近 DDA 水箱）

沙希都丁邮差先生是我们这栋屋子的熟人：每天早上来送过信之后，他就会蹲在大门外面，和园丁一起抽着印度廉价烟，他们两人外貌倒是很像。这两位先生都很清瘦，眼神精明，讨赏本事一流；而且不管天气有多热，两人都喜欢整整齐齐地穿上他们固有的密实制服：园丁总是穿着他那件蓝色、有闪亮铜扣的户外雨衣，沙希都丁邮差先生则穿着印度邮政局所发的卡其制服。

我们只在很正式的场合——十胜节、排灯节、圣诞节、新年——跟邮差先生讲过话，因为他来讨过节赏钱，但接到邀请时还是受宠若惊，并且因为好奇，决定参加婚礼。

婚礼那天早上，奥利维娅、园丁、巴尔温德·辛格，以及我自己，一起坐上了辛格先生的出租车，出发前往沙普尔杰特村。那是个2月晴朗的早晨，园丁那些才仔细擦亮的纽扣映着阳光闪闪生辉。

"这个邮差先生人很好。"辛格先生说，他并未被邀请参加婚礼，但显然也照样打算去凑热闹。

"很有钱的人，"园丁表示同意，"他为了嫁女儿，整整存了五年的沙－阿尔－希（Shah-al-arhee）。"

［这个园丁有种独特本事，能够把简单的英文词变成了印度语或乌尔都语：比如他用来种花的土盆（clay tubs），到他嘴里就成了伙—货—盆（fellah-i-puts），播种（seedlings）则成了锡德－乌德－丁（Sid-ud-Dins），而我最心爱的花——蜀葵（hollyhock）——就成了胡里－乌尔－哈克（holi-ul-hag）。等到习惯了他的讲话发音方式之后，就很容易解读了：园丁口中的沙－阿尔－希就是"薪水"（salary）。］

关于邮差先生的财力，事实证明园丁所言相当正确。沙普

208

尔杰特村是邮差先生的老家，原属于哈里亚纳邦的农垦地，但近来已成为德里郊区的一部分。我原以为会见到小小的公家宿舍公寓，哪知却是一座简朴但很大的豪宅，邮差先生那人口众多的家族全住在里面——包括三个兄弟、他们的儿女以及邮差先生的高堂老母。

婚礼是在住宅内那座宽广的中庭举行，中庭顶上已经扯起了遮棚，沿着四面墙摆了一排排的椅子，棚柱上张灯结彩；空气中飘来一阵阵香料烹调的气息。帐篷中央摆着一个奇大无比的锡制箱笼，简直和一座古罗马雕刻石棺一样大，里面装满邮差先生送给女儿的陪嫁礼物：20套全新印度套装、一大堆陶器、大号的铜锅、一部缝纫机、一个熨斗以及其他，等等。

我们的主人在大门口迎接打招呼，跟我握手、向奥利维娅鞠躬，拥抱园丁，并且对巴尔温德·辛格皱着眉。接着，就像沙贾汗在达拉婚礼上对宾客所做的一样，邮差先生带着我们走到大箱笼那里去欣赏陪嫁礼物。受到这个婉转的暗示，我们便把为他女儿嫁妆锦上添花的礼物拿出来：一个小型的电暖风机。

"冬天用的。"我说。

"不仅是冬天，"沙希都丁邮差先生回答，"有了这么漂亮的收音机，我们就可以一年到头，每天收听英国国家广播公司的马克·塔利（Mark Tully）先生的广播了。"

我们还没能来得及纠正他的错误，邮差先生已经安排我们坐到中庭高处的第一排椅子上去了。他拿水烟袋来招待园丁和我，当我们开始吸着水烟管时，他向其他宾客介绍我们。

这回，我又对到场宾客的来头颇感讶异了。坐在我右边的是阿布勒·海德尔博士，是个不苟言笑的助理讲师，在新德里哈姆达德大学（Hamdard）任教；再旁边坐着的是斯瓦鲁普·辛格先生，在尼赫鲁大学（Jawaharlal Nehru University）里担任文员。这两人都是沙希都丁邮差先生的同乡；两人都接受过高等教育，走出乡村而跻身学院的基层。海德尔博士自豪地解释说新娘，也就是邮差先生的女儿，是个难能可贵的人——一个念到十年级的穆斯林女儿。

"我们沙普尔杰特村子里的多数孩子识字，"海德尔博士说，"我们是个很有远见的村庄，但是，"说到此处他压低了嗓门，"新郎家是贾特人，他们是很落后的农民。"

就在我们谈着话时，我瞥见巴尔温德·辛格从帐篷后方的备宴角落晃出来，捧着一碟堆得满满的热腾腾裹馅油炸面团，边走边往嘴里塞。

"这人是邮差先生的朋友吗?"海德尔先生问。

"算是。"我说。

"这人简直像动物一样。"海德尔先生很不客气地说。

在海德尔先生走开去和邮差先生谈话时，我又和村长巴赞·拉尔（Bhajan Lal）先生聊起来。拉尔先生的英语没有我的印地语流利，于是，我们便乱无章法地用他的语言交谈。幸亏我们每星期上两次课，因此奥利维娅和我此刻才有充分信心运用一番，这番练习也变得很有乐趣而非枯燥乏味——只因为人家听到非印度人讲印地语便已大感惊讶，即使是讲得蹩脚无比也无妨了。

拉尔：先生！您在讲印地语！

本人：一点点。

拉尔：哦，先生！这可真是难得的一天！您尊姓大名，先生?

210　　　本人（此时很有信心了；因为我知道这个句子）：我的名字叫威廉。

　　　拉尔：哦，谢谢您，威——严先生。您在哪里学的这么流利的印地语？

　　　本人：在德里。有个老师上门来教……

　　　拉尔：在德里！真是要赞美上天……

　　就在我们闲聊时，其他的村民都围拢过来，问那些印度人最常问的问题：我们是从哪里来的？我们怎么认识沙希都丁邮差先生的？我们的母语是什么？我们是不是穆斯林？苏格兰有多少穆斯林？其中有个锲而不舍的先生显然是拿我们当练习讲英语的对象，他的谈话内容带有循环反复的特质：

　　"我是个印度教教徒，先生。"

　　"真的？"

　　"不过我看起来不像印度教教徒。"

　　"不像。"

　　"我看起来像个锡克教绅士。"

　　"没错。"

　　"但我是印度教教徒。"

　　"很好。"

　　"虽然我看起来不像……"

　　我们在婚礼上待了一个钟头之后，我开始感到好奇，新娘和新郎究竟在哪里？

　　"你要不要看看新娘？"海德尔博士问道。

　　"她已经在这里了吗？"

　　"在，在，"海德尔博士回答，"当然在，她在女宾部。"

　　我被领到中庭旁边一间门窗都遮掩住的房内，房里几乎一片黑暗，但在灰暗朦胧之中，却可见到四五个女人，围着一个身上披挂了红色拉贾斯坦式服装的女人忙得团团转，那个女子出人意料，看来年纪已不小了。

"这是个用印度方式拼凑成的穆斯林婚礼。"海德尔博士解释。

"什么是印度方式拼凑成的？"我问。

"风格感受是印度教式的。"海德尔博士回答。

"我不明白。"我说。

"你看到我们的新娘子穿的红色服装，是印度教教徒穿的。"海德尔博士说，"还有她的手上用散沫花染剂画了花纹图案，就像个印度教的新娘。她鼻子上所戴的大鼻环也是，这就是我们所说的印度教式的拼凑。"

211

我望着新娘，她低垂着脸，但即使在暗淡光线之中，也可看得出这可怜的女子吓坏了。

"她有张很好看的脸蛋，"海德尔博士说，"不过她有点害羞。"

"她年纪不小了吧？"我悄声说。

"就村子的水平而言，沙希都丁算是富裕人家，但他毕竟不是个大富翁。"海德尔博士回答，"为了嫁女儿筹备婚礼，他得存很多年的钱，而在这些年之中，他女儿可不会变得越来越年轻。"

"不过她一定也快 40 岁了。"我说。

"我们政府公务员的薪水，"海德尔博士很平静地解释，"是非常靠不住的。"

外面传来叫嚷的声音。

"赶快！"海德尔博士说，"新郎来了。"

向新娘祝贺过后，我们便匆忙地挤过宾客人潮，来到宅邸大门口的拱门下，刚好见到吹打乐队的第一批乐手——一个长号乐手和一个大号乐手——来到巷子转角处，乐手根本没有什么旋律概念，只是使出吃奶力气狠吹乐器，让它尽量大声响就行了。

"很美的音乐，"巴尔温德·辛格说，此时他出现在我身旁，陶醉地摇头晃脑，"一流的美妙。"

在住宅大门口处，乐队形成了两列，一些街头顽童在附近屋顶上随音乐尽兴地跳着舞。那乐队吹打得越来越大声，越来越快速，也越来越不成调。新郎的迎亲队伍——一群来自哈里亚纳邦、头裹绿巾的农民——从巷子转角处出现，并且在住宅大门口外围成了一个圆圈。其中有几个脚步踉跄，点出了延误的原因。

"我在想，可能这几位先生之前先去过一家英国酒馆。"海德尔博士说，语气中有点故作道貌岸然的味道。有时穆斯林提到酒精时，都会用这种口气。

就在海德尔博士说话之际，一群清道夫出现在巷子里，正对着迎亲团走来。这是群肮脏不堪、皮肤黝黑的拾荒者；每人背上都有个装破烂的布袋。沙希都丁邮差先生从人群中跳了出来，连珠炮般激烈咒骂，轰得这群倒霉的贱民顺着来时路落荒而逃。此时，乐队奏起出场音乐，新郎出现了：一个看来面色灰黄的年轻人，骑着匹癞皮白马，有个牵马少年在前开路。新郎穿着白色的长衫宽松长裤，头戴筒状帽，脖子上挂了一串银光闪闪的流苏环饰，也跟他的新娘一样，看起来惨兮兮的。

"这是我们的习俗，"海德尔博士说，"我们认为新郎也得表现出有点害羞的样子。"

迎亲乐队

"他看起来一点也不像办喜事很开心的样子。"

"或许因为他在想，过了今天之后，他便失去自由了，从今天起他就得听老婆的话。"

"我一直以为穆斯林男人才是最权威的一家之主。"

213

"绝对不是这么回事，"海德尔博士说，"在所有的国家里，不同的宗教表面下，背后其实都是女人在统治男人。你结婚多久了？"

"一年。"

"再过段时间你就会明白。"海德尔博士说，沉着脸摇着头。

乐队停止演奏，新郎那群酩酊大醉的朋友开始唱起歌来，他们选的曲调是歌颂当地政客的赞歌，先是赞美德维·拉尔（Devi Lal）先生，接着又轮到哈里亚纳的省长。这首歌在上一次的竞选中大为流行，歌词大致如下：

> 德维·拉尔，农民的领袖，
> 令百花在秋天也能盛放。
> 面对此领袖，
> 所有对手退避三舍，
> 而德维·拉尔则所向无敌。
> 德维·拉尔，农民的领袖，
> 能令水牛产乳丰富，
> 他会送给每人一辆拖拉机，
> 打破纪录的棉花产量，
> 毫无疑问：德维·拉尔顶呱呱。

接下来便是一出很奇特的小闹剧，显然也是照传统规矩行事。新娘的妹妹，年纪也是老大不小的了，出来迎向满怀惊惧的新郎，向他索要开门红包，否则新郎和他那帮迎亲团就不准进宅里去。虽然那个新郎看起来一副恨不得赶快办完喜事的样子，可是仍然乖乖地遵照传统规矩加以拒绝。

"你得先给钱，才准进来。"新娘的妹妹重复说。

新郎的迎亲团中有人出 50 卢比，妹妹则两手叉在胸前摇摇头，又有人加了些钞票：多了 200 卢比。

"至少要 700 卢比我们才会接受。"妹妹说。

慢慢地，又出现了几张钞票：300、400、550、650——终

于凑齐了 700 卢比。妹妹退回去了，然后新郎在他那帮醉醺醺 ²¹⁴
的朋友们簇拥之下，加上一些游手好闲的人，拥进了中庭。我
以为此时会开始举行宗教仪式的婚礼，结果却猜错了。讨价还
价还没完，新郎和他的直系亲属在嫁妆大箱旁边的席子上就
位，盘腿而坐，沙希都丁邮差先生和他的兄弟们则跟他们面对
面而坐，两个家族之间则坐着两个村中的伊斯兰教法官，以及
另外两个满脸胡子的古兰经学者。

"他们在做什么？"我问海德尔博士。

"这是我们所说的赡养费议价的时刻，"他回答说，"新郎
家族一定要先讲好，万一这桩婚姻失败而以离婚收场的话，他
们会付多少钱给女方。"

这个有点煞风景的议价——在《沙贾汗纪事》中很快一
笔带过——花了至少 15 分钟时间，但接下来的结婚仪式却只
花了很短的时间，大概只花了 3 分钟而已。过程是念一段
《古兰经》，并且诵读了有关施与受的内容。然后新郎便在一
份文件上签名，文件又经过沙希都丁邮差先生和四个证人会
签。直到人人站起身来，互相握手，鱼贯走向喜宴棚——巴尔
温德·辛格在那里至少已经待了半个钟头了——这时我才恍然
大悟，原来仪式已经结束了。整个仪式过程中，新娘都待在那
个不见天日的房间里。

"那么新娘呢？"我问海德尔博士。

"她还待在女宾部。"

"她什么时候才会出来？"

"过些时候。婚礼没有结束之前，她不可以出来到男宾
之中。"

听了海德尔博士所说，我想起温莎城堡所收藏的《沙贾

汗纪事》彩绘手本上有关达拉·舒科大婚的插图，这时我才明白，为什么看的时候觉得有些怪怪的：原来在所有欢宴庆祝的画面中，找不到新娘的影子。

"所以，新娘在婚礼中根本就没有参与的份儿？"我问。

"没有，至少是没有抛头露面的份儿。"

"而且她也还没有见到她的丈夫？"

"没有，不过很快她就会见到了。"海德尔博士说，脸色阴沉地摇着头，"如今他们已经是夫妻了，这辈子都得待在一块。"

绅士的礼仪标准

2月中旬的一天，我和贾弗里博士相约在红堡碰面，贾弗里博士和任何人一样熟知这座建筑，而我则渴望能跟一个研究红堡多年的人一起去逛。

用书面通知确定我们的约会时，贾弗里博士也派人送了《米尔扎手册》（*Mirza Nama*）——"完美绅士之书"影印本给我。这份简短的手抄本，是在19世纪末20世纪初，被人在一个私人藏书室里重新发现的，里面列出1650年左右，一个莫卧儿青年绅士应该如何举手投足的细节。贾弗里博士说，除非我先读过有关莫卧儿人当时的礼仪手册，否则无法对莫卧儿宫殿有正确了解。

《米尔扎手册》是部极不同凡响的文献，透露出一个极重表面功夫的世界，繁文缛节的生活都是为了做给别人看。青年米尔扎（mirza）的首要条件是锦衣华服和仪态；只要做到金玉其外，则败絮其中亦无妨，而最重要的事则是——理所当然——要让人见到自己跟像样的人在一起，《米尔扎手册》开宗明义地点出："他（青年贵绅）绝对不可跟任何不值一顾的人讲话，而且应该只视跟他同一阶层的人为唯一（适宜与他）为伍的对象。"他不宜"跟那些一无是处的人说笑"。重点是要尽量表现清楚贵绅与平民之间的分野。由是之故，青年贵绅永不可被人见到靠双脚徒步而行，而且要随时随身携带钱财，足够支付"一乘轿子的开销"，而乘坐轿子则应被他视为"最佳代步方式"。

如果，坐在轿子上恰好行经集市，见到吸引他的东西，"不可对价钱表现出面有难色，而且不宜像寻常商贩那样去购买"。类似这种对金钱不屑一提的态度，也要表现在言行上，例如万一有个脸皮够厚的贵绅问起自己的收入："（在此情况之下，贵绅）宜转换话题；否则就宜扔下这家户主，尽速离开，退避三舍，不宜再回头。"身为贵绅亦永不宜与人讨论最不合时的宗教话题，以免"遭到狂热分子伤害"（此语至今在德里依然堪称金玉良言）。

对于任何充满抱负的青年贵绅而言，懂得主办盛会也是很重要的。为达此目的，贵绅需特别注重以混有印度大麻的芳香烟草待客；讲究排场铺张，把宝石——例如翡翠和珍珠——捣碎了放进美酒中。在谈话方面，有条金科玉律：身为贵绅绝对要避免讲冗长无聊的滑稽故事。除此之外，万一他的宾客之中有人"开始讲起长篇故事，贵绅不宜推波助澜，因为（这类故事）堪称'交谈之图圄'"。

文学修养深受重视：所有充满抱负的贵绅都应该熟背波斯诗人萨迪所写的《蔷薇园》（Gulistan）以及《果园》（Bustan）；但更重要的则是讲话语法的正确："贵绅在社交圈中，应该（永远）在谈话中保持警觉，不犯语法错误，因为这种言词上的不正确是被视为贵绅的一大瑕疵。"如果青年贵绅"有美妙动听的声音",不妨在大庭广众之间吟诗朗诵一番;但是不宜经常如此或太过长久,以免——但愿不是这样——他会被人误为专业诗人或歌者。(除此之外,身为贵绅更应"永勿信任那些满身绫罗绸缎自称作者的人……")

显然,青年贵绅最大的缺憾,便是有自己的意见看法,并且为了永保无虞,《米尔扎手册》为年轻绅士提供了几项可当作自己意见的须知守则:在花草树木之中,他应该对水仙、紫罗兰和橙树表示欣赏;以西瓜("果中最佳者")大快朵颐,而"以香料烹煮的米饭则是他最偏爱的入口之物"。身为贵绅"不宜过度使用烟草",但是"应该要体认阿格拉的城寨举世无双(而且)……认为伊斯法罕(Isfahan)① 是波斯最佳城镇";如果他坚持行万里路,就该前往"埃及,因为很值得一看"。

217　　　最后,《米尔扎手册》在最微妙的服饰打扮方面,向青年绅士提出忠告。色彩鲜艳的外套、衬衫以及长裤,应该量身定做,力求贴身无比;腰上应该缠有一条精工装饰的长巾,并且挂把匕首:"每月有 100 卢比薪水,就该抽出 10 卢比来添置腰带和绣工精美的徽章……要是他花 50 卢比去买件皮裘,也不算奢侈。"不过,样样事都有可能过犹不及,虽然打扮像样出来见人是必需的,但是贵绅却要提神切勿模仿那些花花公子,耗时费神地缠出一个庞大头巾:像沙贾汗手下一位王公,米扎尔·阿布·赛义德(Mirza Abu Said)为了缠头巾不厌其烦,结果等他缠好头巾的时候,上朝觐见的时间也过了。

---

① 伊朗中西部城市,古代丝绸之路的南路要站,建城历史长达 2500 年。

"在印度"，这本《米尔扎手册》总结说，身为绅士"对于那些缠着泰山压顶头巾的人，别指望他们有聪明才智和良好的言行举止"。

再临红堡

红堡对德里来说，就等于罗马的大竞技场，或者是雅典卫城（Acropolis）一样，是城中最著名的古文物，代表了长达六百多年印度－伊斯兰宫殿建筑实验成果登峰造极的境界，而且也是莫卧儿王朝在德里所留下的，最令人叹为观止的古文物——在当年也最宏伟壮丽。从月光市场街的尽头望过去，景观一流：一道巍峨的赭红幕墙，有两座壮丽的城门可穿越其间，并且有一座座凸出醒目的棱堡层层护守，每座棱堡顶上都建有圆盔状的伞亭。

贾弗里博士带了伊纳亚特汗所写那本《沙贾汗纪事》的新译本审稿，而我则带了皮面装订的贝尼耶游记。这两本书里都有关于建这座新城的翔实叙述。我们去看红堡之前，先到一家茶铺里坐了坐，啜着热茶并朗读着伊纳亚特汗所写的年表纪事。《沙贾汗纪事》就跟《米尔扎手册》一样，都很重金玉其外的表面功夫——礼物、朝服、珠宝首饰——却对深宫中的腐败视而不见。前者与《米尔扎手册》不同之处，在于其通篇阿谀奉承：阅读伊纳亚特汗的年表纪事，感觉简直犹如浸在一片甜言蜜语之中。

218

几年前，当皇帝那明察秋毫之智念及要在亚穆纳河岸边择美景佳地……并欲兴建堂皇赏心之宫室，顺其崇高情性之趋，皇帝高瞻远瞩，河水需流经昌盛之堡，宫内露台皆可俯临此河。

尽管满篇是油腔滑调谄媚之语，但《沙贾汗纪事》可能道出了这番大业的精髓：沙贾汗的新城，就像沙贾汗宫廷事务的记录一样，都是用来为统治者歌功颂德的。皇帝想要建一座城市作为他的统治纪念；诚如当时的史学家甘达里（Qandhari）所指出的：“宏伟堂皇的建筑可令帝王流芳百世……亦即，一般人的衡量标准是取决于他们的建筑是否可观、有价值而定。”

异曲同工地，这两本书以及那些建筑都成为莫卧儿帝国好大喜功的部分。

从人潮中挤过去——一大堆乘公交车来的拉贾斯坦乡下人，兴奋无比，又有点瞠目结舌——贾弗里博士和我一路前行，穿过了宫城的皋门，沙贾汗这座城堡外层那些增建的不甚雅观的防御工事，是奥朗则布的杰作。这些防御工事未能对皇宫起实质的保卫作用，反而成功地遮掩了沙贾汗原有的工程，按贾弗里博士的说法是，“像一层面纱遮住了漂亮的新娘”。

我们把奥朗则布的遗产抛在身后，迎向原有的立面。在我们眼前，矗立着沙贾汗拉合尔门八角形棱堡，以及用厚实砂岩砌成、固若金汤的城墙，并且嵌有朴实无华的细节装饰：一排尖顶拱形壁柱，一座精美的凸窗阳台，在宏伟马蹄拱之间的三角砂岩拱腹上，现出两枝莲花浮雕。

我们从城门走进了有遮顶的集市，奋力杀出小贩的重重包围（全都兜售同样的风景明信片，模糊不清地印在吸墨纸上），走进鼓堂（Naqqar Khana）前面的入口。以前当贵宾驾临，经过这座建筑时，喇叭和铜鼓就会齐响，奏出一阵震耳欲聋的刺耳声音。贝尼耶在德里的 6 年，一直定期去宫城中探访，据他叙述，当时情况是这样的：

> 这种音乐在刚到的欧洲人耳中，可以说是很怪异的声音，因为总共大概有10到12支高音双簧箫，还有很多铙钹，（全部）一起响起。我第一次来时，真是吓了一大跳，觉得简直难以忍受；但是习惯成自然，如今同样的嘈杂声在我耳中却很悦耳；尤其是在夜晚时，躺在床上，或在露台上，耳中听到远处传来这些音乐，却是如此的庄严、雄壮又富有旋律。

在1857年英国人尚未把周遭的建筑摧毁之前，鼓堂面向一座宅院中庭，可通往大殿里的"四十柱堂"，也就是上朝觐见皇帝之处。现在则面目全非，"鼓堂"和"四十柱堂"各立门户，分别矗立在一片广阔的绿草地中。贾弗里博士依然能够辨认出以前遍覆鼓堂壁龛中的褪色壁画，他认为，壁画中所绘的那些中亚花草树木，是为了提醒莫卧儿人他们位于河中地区的老家——但是大殿上描金绘饰的天顶则完全不见了，一起失踪的还包括凉篷、克什米尔地毯、结实的银制栏杆，以及富丽的孔雀宝座，宝座上有12根翡翠柱子撑起一座黄金打造的宝盖，盖顶有两只用宝石镶成、灿烂耀眼的镀金孔雀，大概可称为最令人目眩神迷的座椅了。

为了令红色的砂岩遗骸再生肌肤——在这形同遗骸枯肋的尖顶拱下重现沙贾汗上朝的情景——我再度翻开了贾弗里博士给我的贝尼耶回忆录。站在大殿前方，读着这个法国佬对昔日发生在此的情景之描述，这是德里那时的家常便饭，也是贵族最不胜其烦的例行差事：

　　每天正午时分，（君主）便坐上宝座，左右分别坐着几个皇子，随侍在侧的太监用孔雀尾赶着苍蝇，或者用大扇子扇风……紧邻宝座下方有道银栏杆围住的部分，在这个圈里，齐集了莫卧儿王公、印度藩王，以及各国使节，人人都俯首垂视，交叉着双手。离宝座很远的地方，则是那些地位较低的贵族，也以同样姿势毕恭毕敬地站着。整个中庭其他空处则挤满各阶层的人，尊卑贫富皆齐……

　　无论何时皇帝口中冒出一个字……不管多微不足道，环绕的群臣都会立刻表现得它如雷贯耳；而莫卧儿公卿便会向天伸出双臂，如闻纶音，高呼万岁！万万岁！陛下口吐神言！说实在的，没有一个莫卧儿人不深明波斯谚语所说之道：

　　若君主说白昼是黑夜，

　　则回答说——毋庸置疑：且看星月高悬，正当空争辉。

　　这些朝廷的接见仪式便是伊纳亚特汗最心爱的材料，它们让他有很大的发挥空间，以此在《沙贾汗纪事》中填满阿谀奉承之语，通篇都是对这位皇帝主子慷慨之举的歌颂。日复一日，伊纳亚特汗就像一位电视有奖游戏节目的主持人，不厌其烦地列出皇帝送礼和收礼的清单：

　　回历三月十七日星期天（1650年3月20日），以最豪华壮观的方式庆祝新年（Nauroz），皇室挥金如土，如汪洋大海，滚滚波涛，赏金与礼品不断……圣恩浩大，仁爱慷慨，布兰·伊克巴尔皇子（Prince Buland Iqbal）沐此圣恩而获赐华美马甲礼服一套；镶钻石及蓝宝石雕花匕

220

首一把，以及镶钻石腰带一条……

诸如此类。

绝大多数涉足皇宫的公卿贵族，最多也只到大殿为止，只有备受恩宠的人才能越此范围而进入深宫内，里面除了有仙境般的花园、流水、亭台楼阁，其间还坐落着宫闱及莫卧儿帝王的寝宫。由于贝尼耶身为御医，所以得以进到后宫的宫闱之中，但事后他并未因此感觉更加大开眼界：

> 哪个旅人能够描述出他亲眼看见这座建筑内部的实景？皇上不在德里的期间，我曾数度身入其境，因为有位贵妃重病在身，甚至无法移驾至宫门外，因此我便前往诊疗，我以为可趁此一睹深宫之貌；但被人用一块克什米尔披巾由头罩到脚，然后由太监牵着我的手引路，仿佛我是个盲人似的。
>
> 因此，你应该对我的描述感到满意才是，因为这是由其中一些太监转述给我听的。他们告诉我，后宫包括很多漂亮的宫室，其华美程度与大小程度是按妃嫔的地位阶级与收入而定下的。几乎每个内宫门口都有汩汩清流的水池；四面八方都是御花园，赏心悦目的小径、阴凉的憩息之地、流水、喷泉和洞穴。

至今仍然幸存的彩绘手本上，还是可以见到宫城中的这部分，富丽堂皇，有许多阴凉的鲜红丝幕凉篷，以及伞亭顶上耀然生辉的镀金小圆顶，亭台楼阁之间，便是"赐予生命之园"（Hayat Baksh），遍植丝柏、芒果树、杏树和甜香袭人的各种奇花异树。一条有着淙淙流水的水道蜿蜒穿过花园及亭台楼阁之间，这条"天堂之河"（Nahr-i-Bihisht）流经之处不时设有水池、精心雕琢的流泻瀑布，以及一簇簇水花四溅的喷泉。

目前，深宫内院的部分仍然堪称宫城的参观重点，只不过它的景象令人看了之后十分泄气。诚如贾弗里博士所指出，之所以如此，大部分要怪19世纪末的英国人。他们把位于宫城后方的亚穆纳河改了道，填河之后修了条大马路，于是那些精致优美的莫卧儿雅阁便全部暴露在外，面对的不再是天堂之河，而是那条目地人道（Mahatma Gandhi Marg），最嘈杂又乌烟瘴气的马路，一直延伸向德里的环城路。

在城墙之内，征服者以类似除旧的精神，把宫中多数的中庭都毁掉了，只剩下——而且是勉勉强强地剩下——一点点里面的部分，包括珍珠清真寺（Pearl Mosque）和一排靠近面向亚穆纳河城堞的亭台楼阁。甚至连原有的莫卧儿御花园也都被连根铲除，全部为清一色的英式草坪所取代。英国人在某些拆除的华丽大理石建筑物原址上，建起了一些丑不堪言的建筑，简直是大英帝国匆匆建造的最烂建筑——一排看来像是杂草丛生形状的营房。这些营房多年前早就该拆掉了，但是红堡的现任管理单位"印度考古研究协会"（Archaeological Survey of India）却将由英国人开头的破坏行为变本加厉地推进：为原本是白色的亭台楼阁改了颜色；也任由灰泥雕饰剥落；园中水渠干裂，野草丛生；喷泉也全部干涸无水。只有那些兵营看来维护得很好。

仍然留下来的那些莫卧儿建筑——一排只有一层的亭阁、皇帝寝宫以及后宫建筑——那些简洁的大理石建筑依然矗立于当地；然而不见了地毯、凉篷以及那些华丽的装饰，看起

珍珠清真寺

来让人觉得很不舒服：冷冰冰、硬邦邦又惨白，很难想象曾有的生气。而今，这些亭阁空荡荡地矗立在那里，又无人打理，就像是僵化的帐篷——丝幕变成了石料。皇帝已经死了；廷臣也树倒猢狲散，整个架构已溃然而崩，富丽的华盖亦已破烂，支撑的竹竿咔嚓而断。灿烂夺目的镶嵌宝石早就被人用匕首撬掉了。

　　最令人怒不可遏的是，沙贾汗皇后玛哈的后宫以前是最壮丽的后宫建筑，是独一无二、属于一位女性的寓所。其隐秘使得居住其中的人得以借此违禁幽会情人——所以罗沙纳拉才会因为见到这种便利竟然落入她姐姐贾哈纳拉之手，而更添妒火。然而，宫中遍布密探细作，即使在这座后宫里也不可能有

223

秘密。沙贾汗很快就听闻贾哈纳拉的纵欲狂欢，据贝尼耶记载，他很快就出其不意地来了个捉奸在床式的处理：

> 沙贾汗突然驾临，事先一点也没通知，（贾哈纳拉夫人）仓皇失措之余，无法另寻藏匿之处，于是那位吓破了胆的面首便躲在一个容量很大、用来烧水沐浴的锅内。皇帝不动声色，既不露惊讶之色亦无不悦神情；和女儿话家常琐事，不过在谈话结束之际，却把注意力转移到她的肌肤，并且指出她似乎忽略了惯常应有的沐浴，她应该好好入浴一番。然后便命手下太监去沐浴汤锅下生火，并且坐着不走，直到他们前来暗示那个倒霉鬼已经一命呜呼，这才离去。

按说，所有亭台楼阁之中，这座后宫应该有许多冤魂流连不去才是，然而如今它改成了一座肮脏的小博物馆，既无庄严气氛又没神秘感可言。在众多的印度宫殿废墟之中——例如曼杜（Mandu），又或者古印度王国首都亨比（Hampi）——虽然是断瓦残垣，但依然具有那种凛然不可侵犯的气派，但在红堡，很明显缺乏这种氛围。相反，虽然城墙以及皋门等都保存得很完整，却空荡荡的乏善可陈，只能算个空心建筑物。尽管目之所及仍可见到大理石、精工镶嵌，透过细致的镂花石屏可令人管窥昔日的风华，然而到头来那种印象还是很不堪，简直近乎俗气而一文不值。

224　那些谄臣另觅新主去奉承了；身后留下的那些书册，现在读来也不过是一片空洞的虚华之语。

放鸽人

那个星期，我和奥利维娅初次到贾弗里博士家去做客，他家位于旧城区内的一座豪宅，他对于邀请我们感到很紧张。

"你不该和一个养大象的人交朋友，"他这么说，"除非你先拥有可以招待大象的地方。"

"博士，我希望有时你能阐释一下所讲的格言。"

"朋友，我是在讲你。你是个欧洲人，来自一个富庶的国家，我只是个穷学究。两人交情变深厚是不大明智的，因为我没有办法用你习惯的方式来招待你。"贾弗里博士皱着眉说："我是个很简朴的人，住在很简陋的房子里，你一定会嫌弃我那种简陋的生活方式。"

"这是什么话，博士，我当然不会嫌弃的。"

"那么，如果我请你到我家来吃饭，你不会嫌我只能用粗茶淡饭招待你？"

"再也没有比这更让我感到荣幸的事了。"

"这样的话，你和你太太就一定要来我家，跟我的家人一起尝尝风味简朴的修行者烹调。"

那时已经是 3 月初，伊斯兰教的斋月（Ramadan）刚开始，新德里的印度教教徒占了绝大多数，因此到了伊斯兰教的斋月也看不出有什么变化，但是旧德里就和上次我们来所见到的情形完全不同。此时人少了很多：很多街道上都空空如也，只有成群被拴住的山羊，正待养肥了好在宰牲节（Idul-Zuha）食用。那些出门上街的穆斯林看起来脾气都不大好：因为从天亮前就开始不吃不喝，所以根本没有心情面露笑容或说笑。连向来很有耐心的三轮车夫，在吃力地踩着车轮走上坡路时，也喘着气冒出咒骂之语，往渐行渐窄的紧密住宅区中行去。

贾弗里博士的家离土库曼门不远，位于甘吉米尔汗（Ganj Mir Khan）的窄街旁。从街边一段窄阶梯可前往一楼的中庭，里面点缀着许多盆九重葛，贾弗里博士的侄子法尔丁（Fardine）就在此迎接我们。

法尔丁是高个、长得很好看的男孩，大概 16 岁；他也像叔叔一样穿了白色的宽大长上衣和宽松长裤。贾弗里博士还在学院里上课，法尔丁说。他问我们愿不愿意到楼顶上去帮他放鸽子，等贾弗里博士回家吃开斋饭（iftar），也就是斋月期间日落后才吃的那顿。

他带我们走过四层黑暗、狭窄的楼梯，然后又爬上一个摇摇晃晃的梯子，才上到外面屋顶上。我们跟着他从天台上冒出头来，德里壮丽的景色展现在眼前。右边矗立着贾玛清真寺那三座鼓起的大圆顶；左边可以见到古老的黑色清真寺（Kalan Masjid）顶上起伏的小型半圆顶。在这两座清真寺之间，在这沙贾汗纳巴德屋宇上壮观的拱形屋顶以及天台，我首次见到德里隐藏的一面，只从平地认识此城的人是无法窥见这一面的。从贾弗里博士家的屋顶天台上眺望，可以越过旧德里街巷里那些千篇一律的围墙，见到墙内阴凉的中庭和花园，而这些才真正是旧城的精髓。

在斋月禁食时间结束前那个小时内，那些中庭和屋顶天台上到处都是人，有些躺在绳编床上，打着盹来度过长达 13 个小时禁食的最后几十分钟，等着吃结束禁食后的第一顿；其他的人则在树荫下铺了地毯，享受黄昏的凉爽。附近有些小男孩在玩色彩缤纷的菱形风筝，让风筝顺着黄昏暖风飞上青天，他们机灵地扯着风筝细绳，然后又放松风筝，就这样顺着角度不断地抽放手中细绳，那风筝就越飞越高，飞向满天晚霞中。大多数放风筝的人都乖乖地尽量让风筝在天空高飞，有几个男孩却忙着和旁边的人展开风筝战，他们选中敌手之后，便让风筝绳缠上对方的绳，而且他们的风筝绳上黏有碎玻璃，可借此割断对方的风筝绳。

不过，屋顶天台上放风筝的人数却很容易被放鸽爱好者（kabooter baz）压倒，几乎每个天台上都站了这些人，他们伸手向空召唤着他们的鸽子："来啊！来啊！来啊！（Aao！Aao！Aao！）"他们头顶上的空中响起一片扑翅之声，云集的鸽群忽上忽下地穿梭于清真寺圆顶和宣礼塔之间。盘旋的鸽群越飞越高，然后应着主人的召唤，突然对着自家的天台俯冲而下。有些鸽子飞下来栖息在竹栖架上——在一根支柱上水平钉上许多根竹枝做成的——这是有些放鸽人在自家屋顶上所竖的设备。

226

在英国，一提到放鸽人就让人联想到纽卡斯尔人（Geordies），以及平顶帽和纽卡斯尔（Newcastle）的麦芽酒。但是在德里，这种活动却有完全不同的联想，它是昔日莫卧儿王朝消遣活动的流风余韵。有关玩鸽子的规矩，曾由阿布尔·法兹勒（Abu'l Fazl）记载于书中，而个中乐趣及危险性则在莫卧儿的彩绘手本中有所描绘。在所有同好者之中，最精于此道的是莫卧儿最后一位大帝，巴哈杜尔·沙·扎法尔（Bahadur Shah Zafar）皇帝。至今德里人依然热爱此道，而这也是他们和住在新德里那些旁遮普邻居截然不同习性中的其中一项。

227

法尔丁带我们走到天台的边缘，他的鸽子都养在一个大型鸽子笼里。他打开铁丝网笼门，在地上撒了些谷粒，那些鸽子马上就昂首挺胸、振翼而出，欣欣地咕咕啄食。当这些鸽子由

放鸽爱好者

笼中跑出时，法尔丁便一一指出他所养的各品种鸽子。

"这些是施拉吉（Shiraji）鸽，"他指着两只双翼带红色、胸部呈黑色的鸽子说，"它们属于战斗鸽，这两只是很棒的一对鸟：它们已经打赢过很多次仗。你看到那几只了吗？"此时他指着几只体型较大的鸽子，颜色是浅灰蓝的："这几只是卡布利（Kabuli Kabooter）鸽，它们是全德里最强壮的鸽子，飞得不是很快，但是能够飞得很高，一飞就是2到4个小时——有时候还更久。这些红色的是拉尔卡尔（Lal Khal）鸽，和戈利（Avadi Golay）鸽子一样，都是所有鸽子中飞得最快的。"

他用很流畅的动作抓了其中一只拉尔卡尔鸽，在它头上亲吻了一下，然后把鸽子翻过身来，指着他在鸽子踝上所戴的微型脚链。"瞧！"他说，"它们和舞伎一样戴脚链。"

法尔丁从鸽笼旁边的小柜中取出一个锡罐，里面是混了印度酥油（ghee）的谷粒，显然是那些鸽子最爱的美食：一见这锡罐出现，它们中很多雀跃万分地振翅而起，飞到我们头上，等着冲下来啄第一把撒出的谷粒；其他的则撒娇似的栖在法尔丁的手臂与肩上。这男孩朝空抛出一把黏黏的饲料，成群鸽子便蜂拥而上逐谷粒而啄。法尔丁肩上的那些鸽子则来到锡罐边缘，稳坐在锡罐边上，贪婪地啄食着罐内的谷粒，其他几只则栖在法尔丁摊开的手掌上，从他手中啄食。

等那些鸽子吃够了，法尔丁后退站着大呼一声："阿——咿！"马上响起一片振翅声，鸽子全都飞向空中，在天台上盘旋，法尔丁吹起口哨，这些鸟儿便向着贾玛清真寺方向飞过去；再一声口哨，它们便又飞回来，法尔丁挥着双臂，群鸽便向高空飞升而起；听到"来啊！来啊！来啊！"的呼声时，便乖乖服从指令飞回来，又一阵扑翅声后，鸽子都降落在鸽笼顶上。

"这几招很容易学，"法尔丁耸耸肩说，"但要成为精通此

228

道的大师——做个哈里发——可能要花上 20 年的时间。驯鸽大师可以教会他的鸽子去逮人家的鸽子，然后像赶羊似的把那只鸽子赶回来。他也能训练鸽子飞得如脱弦之箭——纵队呈一条直线状飞——或者是引导它们以他想要的组合方式，飞到任何他想要它们飞去的地方。在德里大概有五千个玩鸽子的人，但是只有 50 个哈里发。"

就在法尔丁说话时，突然出现像爆炸似的啪啪声，几秒钟之后，德里上百座清真寺的宣礼员就开始大声疾呼："真——主至大！"并且召唤虔诚穆斯林做晚祷。日落西山，这一天的禁食已告结束，到了吃开斋饭的时候。

开斋

贾弗里博士俯伏在祈祷用的地毯上，正结束他的晚祷，法尔丁也加入了他。叔侄两人肩并肩地跪在一起，两人的手拱成杯状，毕恭毕敬地磕着头。

做完晚祷之后，贾弗里博士站起身来，拍拍衣服上的尘土，然后走向奥利维娅和我。他先欢迎我们一番，又补充说："我们在祈祷的时候，你们用很奇怪的眼神看着，难道你们从来不祈祷吗？"

"我以前常祈祷，"我尴尬地说，"现在……我不是很确定自己到底信仰什么，或许我是个不可知论者……"

"你把上帝讲得好复杂，"贾弗里博士打断我的话，"上帝很单纯的，要追随祂也不是那么困难，你只要记住鲁米的忠告：'跟着爱心骆驼走。'"

"可是跟着它到哪里？"我说。

"走到它带领你去的地方，"贾弗里博士答道，"上帝无所

不在，他在建筑之中、在光里、在空气里。他也在你体内，比 229
你脖子上的血管更靠近你……"

"不过……"

"如果你敬拜祂而且相信上帝只有一位，你就会觉得一切
都很对劲了。"贾弗里博士说，"来，开斋饭已经准备好了。"

他带我们走进屋里并介绍他那两个侄女，努欣（Nosheen）
和西敏（Simeen）。她们都很漂亮，大概分别为 16 岁和 17 岁，
穿着印花的长上衣和宽松长裤。

地面上已经铺了一块餐布，围着餐布四面摆了长方形的硬
靠枕，开斋饭则摆在正中央。我们坐下来，贾弗里博士递了一
盘蜜枣过来：这是穆斯林传统上在斋月期间开始进餐时所吃的
美食，接下来是各式美味的德里串烧烤肉，配以水果做的恰特
（chaat，一种又香又辣的水果沙拉）。席间，贾弗里博士谈起
（当时）风雨欲来的苏联解体。

"伊朗人已经开始用土耳其语向中亚地区广播了，"他说，
"帖木儿帝国会复国的，你等着看吧！再过不久，撒马尔罕就
会在德里设大使馆了。"

等我们吃完饭之后，人人都向后倚在靠枕上，贾弗里博士
的侄女恳求他跟我们讲个纳西尔丁毛拉（Mullah Nasir-ud-
din）① 的故事，后来他答应了。

他说，有一次这位传奇的纳西尔丁毛拉到德里来，正好碰
上斋月。这位毛拉饿得要命，听说皇帝在施舍开斋饭，便来到
红堡，拴好驴子就往里面闯。但因为他一路风尘仆仆，所以醍
醐不堪，宫中的礼宾司司仪（Master of Ceremonies）就把他安

---

① Mullah，对伊斯兰教学者的一种尊称。

置在最远的角落，不但离皇帝远远的，而且取食物时也是排在队伍最后。

这位毛拉眼见等几个钟头都轮不到他，便出宫回到下榻的商旅客栈。他梳洗过后，换上华丽的绣袍，戴上镶金丝的头巾，回到宴席上。这回迎宾楼却鼓乐喧天地宣布他的驾临，礼宾司把他引到莫卧儿皇帝身边不远处坐下，并且在他面前摆了一碟刚刚烤好的羔羊肉。但纳西尔丁却不吃它，相反，他开始拿起烤肉往绣袍和头巾上频频擦抹。

莫卧儿皇帝便说了："卓越的毛拉啊！您一定是从远方野蛮不开化地方来的异乡人。我此生从来没有见过有人表现出这样的态度举止。"但是纳西尔丁一点也不懊恼，他回答："陛下，全靠这身绣袍我才有得吃，所以我认为它也该分一份，您不这样认为吗？"

讲完故事之后，努欣和西敏道过晚安，便上楼去了。但是法尔丁、奥利维娅和我则跟贾弗里博士继续闲坐啜着茶，一直聊到午夜过后。起初贾弗里博士又讲了几个关于纳西尔丁毛拉的故事，但过了不久，谈话内容就变得更严肃了。

我向博士问起有关达拉·舒科和奥朗则布的事，未几，博士便告诉我们内战，以及贝尼耶和马努奇所记载的叙述。

争夺皇位之战

17世纪50年代，达拉·舒科的权势和影响力一直不断增加。

在莫卧儿朝廷中，繁文缛节永远最重要。头巾的色彩、贵族匕首上所镶嵌的珠宝数量、他在红堡宫中被分配的席位：这些事都成了表征，显示了一个莫卧儿贵族在帝国中的阶级地位。

沙贾汗便是借着一连串这类的暗示，让大家知道他的长子一直备受皇帝宠爱，上朝的贵族受命要先到达拉·舒科的寝宫里，向他请过早安之后，才到大殿上去朝拜沙贾汗。斗大象也看达拉意愿而随时举行；他的侍臣也获准在朝觐殿上持镶金饰银的令牌；达拉本人更获准坐在紧邻父皇的较小型宝座上。有两次场合，沙贾汗已公然宣称达拉是他所属意的继承人，不过又补充说此事仍取决于真主安拉。

与此同时，皇帝却命奥朗则布需置身德干半岛，毫无报偿地为帝国与敌人苦战。就是在这样的背景之下，1657 年 9 月危机爆发了。 231

祸起萧墙的导火线却让人意想不到。沙贾汗在性欲上的索求无度，向来在皇城中引起某些猜测，包括外来的旅人和当地德里人在内，同时代许多文人笔下都对沙贾汗的荒淫无餍有所置评：皇帝对女儿贾哈纳拉的淫欲；他偏好勾引皇亲国戚及将相等的妻妾；以及当后宫三千佳丽都不能满足他时，所召进宫来为他止熄欲火的名交际花数量等。有关此话题的诸般猜测之中，马努奇笔下的最香艳刺激：

> 沙贾汗虽然后宫有佳丽三千，却依然贪得无厌，垂涎贵族之妻妾，因此失去他们的尊敬……（除此之外）为了满足他的淫逸之趣，沙贾汗命人兴建了一座遍饰大片明镜的厅堂，以便淫秽地观察自己和心爱的女人。沙贾汗对这方面的热衷，实在是笔墨难以形容。

时光流逝，皇帝的性欲却丝毫不减当年，但显然他的雄风也未能增长。有谣传说皇帝的雄风渐衰，因此已养成了服用春药的习惯。且不论这些春药是否管用，但其用量之大会带来很严重，甚至致命的副作用。"这种激情药物，"马努奇写道，"会导致闭尿问题……沙贾汗曾经连着三天差点踏进鬼门关。"

贾哈纳拉夫人搬进了沙贾汗的寝宫中，以便亲自照顾皇帝。寝宫大门紧闭，皇城中谣言四起，说皇帝已经驾崩了。月光市场街中的店家用木板把店铺封上，把财宝埋藏好，准备应变。另外，红堡中的密探则分别向沙贾汗四个皇子报告最新情况发展，人人皆以为，一场等待已久的皇位争夺战即将展开，他们各自招兵买马、向放贷者借钱，以便备战。

先行采取行动的是二皇子沙舒贾（Shah Shuja），他是孟加拉的总督。他齐集大规模的兵马，横越印度北部一路进军，并且有小船队作为后援部队顺恒河而下。在抵达阿格拉城墙之外时，他便展开了一场战斗，沙舒贾被达拉那位 25 岁的儿子苏莱曼·希科（Sulaiman Shikoh）所率军队打得大败。

此时沙贾汗身体已经恢复，可以移驾到阿格拉去庆祝凯旋，然而庆功却提前结束。因为消息传来，三皇子和四皇子，也就是奥朗则布和穆拉德·巴克什（Murad Baksh）已经组成联军向北而来。他们的兵马只及达拉的一半，但都是士气高昂的精兵。不过，奥朗则布并不完全倚赖兵力，他和达拉军中那些易变节的军官暗通款曲，允以重赏，暗中已经掌握住对手相当多的兵力了。

尽管 4 月炎热异常，但叛军横越印度中部迅速进军，到了月底，已经来到乌贾因附近。突破最后一道屏障，亦即一条急湍河流，叛军便长驱直入到了萨木格（Samugarh）平原上，离阿格拉只有几英里。1657 年 5 月 29 日，达拉·舒科的大批部队与叛军两军对垒，部队之中包括下级炮手尼古劳·马努奇在内：

> 两军在旷野上扎营对峙，我军营地犹如一座漂亮城镇，装点着华美帐篷，旌旗无数，色彩缤纷，迎风飘扬……达拉皇子如水晶塔般置身于兵马中，似骄阳普照大地，周围簇拥着大队的拉其普特骑兵，其盔甲耀眼生辉，远远可见。为大军打前锋的是许多头骁勇战象，全身遍覆铁甲，象牙上镶金嵌银。

这支大军总共有为数约 10 万的骑兵，2.5 万名火枪手，还包括几个师的战象和骆驼炮兵部队。然而，在这金玉其外的表面之下，马努奇却不是非常看好："达拉手下大部分士卒都不是骁勇善战之辈；他们原是屠夫、理发匠、铁匠、木匠、裁缝之辈，骑在马上全副武装时，看来威风凛凛；但其实对冲锋陷阵一窍不通。"

开战始于炎热的 5 月早晨，在皇室军队里为奥朗则布做卧底间谍的哈利勒·乌拉汗（Khalil Ullah Khan）的坚持之下，达拉放弃了金汤般的防守，转而为攻。9 点钟之后，他的大军便缓慢而吃力地前进，奥朗则布的火枪手全都静守以待，直到最后时刻才铆足劲儿火力全开。打前锋的拉其普特人全力开火掩护；但是殿后的那些新征之兵却溃不成军，临阵脱逃。

然而，达拉并不为之所动，依然高坐在战象背上的华盖宝座上，指挥大军继续前进，拉其普特人重新组队，簇拥着他，皇室军队里那些精锐此时发挥所长：几分钟之内，达拉的兵力就攻破了叛军的炮兵阵线，并且杀得叛军的步兵部队鸡飞狗跳，落荒而逃。那天，还是靠奥朗则布狡猾的计谋才挽救了叛

233

军。他那些在皇室军队中的卧底间谍趁达拉手下三名大将没有掩护地高坐大象背上时，成功地暗杀了他们，三人中的拉姆·辛格·拉托尔（Ram Singh Rathor）是负责指挥左翼军的，当他麾下的拉其普特人见到统帅倒下时，他们也开始失去斗志。

哈利勒·乌拉汗一见机不可失，立即驱马向前来到达拉身边，建议他从大象背上下来，骑马去接掌指挥被动摇的左翼部队。仓皇失措之际，这位皇子同意了。由于达拉不再高坐大象背上，见不到他的踪影，于是谣言马上散开，说他已经阵亡了。奥朗则布趁机反攻，到了中午，达拉手下的乌合之众已经落荒而逃，"就像强风吹散乌云般"，这场仗已经输了。

达拉潜逃回阿格拉城中，无颜见父皇，随即上路出发前往德里。战败消息传来，沙贾汗便准备趁奥朗则布进到阿格拉宫城中时突袭他——但这个计划却被奥朗则布的妹妹兼同谋罗沙纳拉夫人给出卖了。叛军包围住宫城，派部队进城去救出罗沙纳拉，然后留下那位老皇帝，将他关在后宫中，让他在自己的宫殿里成为阶下囚。

稍后，当叛军举行庆功活动时，奥朗则布邀请四皇子穆拉德·巴克什到自己的帐篷里，把他灌醉。让他熟睡之后，奥朗则布便悄悄地为他的弟弟套上银制的手铐脚镣，送他上大象背，将他安置在垂幕重掩的象轿里，打发到德里去。到了德里之后，穆拉德就被扔进位于红堡对面的萨林加尔古堡的地牢里，强灌以鸦片浆，这是从鸦片里提炼出来的，喝下去之后，几个月内会令人身体残疾并且疯癫失常。

短兵交接之后，奥朗则布俘虏了皇帝，囚禁了他，并且开始对三个兄弟斩草除根。此时，虽然沙贾汗仍然在世，奥朗则布却已决定自立为皇。至于举行登基大典的地方，他选了位于旧德里以北五英里处、赏心悦目的夏利玛花园（Shalimar Gardens）。

夏利玛花园

虽然没有几个德里人知道夏利玛花园，但是这个花园至今还存在。一个春天的傍晚，我带着日记本去那里，打算找个清静的地方写东西。

贝尼耶描述夏利玛园"美观清雅……虽然比不上枫丹白露宫、圣日尔曼（Saint Germain）或是凡尔赛"。他说的没错：不论是以莫卧儿或法国的标准来看，这花园虽大，但难称得上蔚然可观。那里有座孤零零的沙贾汗时期风格的亭阁，几条干涸的渠道，以及精美的围墙。不过，夏利玛园景致虽然简单，却很有气氛：尽管草木杂生又被人遗忘，成了精灵流连的乐园，但它是坐下来看日落的好地方。

我从此园旁边发展出的村庄中走过，一路见到村民坐在绳编床上，嚼着长长的甘蔗，有个女人蹲在皮包骨的水牛之下，温柔地扯着那头牲畜的乳头，让一股股温暖的泡沫乳汁射入锡桶内。附近不远处，有匹拖车的马已卸下套轭，正忙着大嚼草料；那辆双轮拖车则放倒在一边。我蜿蜒地穿越这个村子，突然已不再置身于印度村庄，而来到了一座莫卧儿花园里。尘土飞扬的双轮辙痕变成了一片草坪；村屋也不复见，映入眼中的是一行行直直的、很对称的大王椰子树；边缘地带有盛开的百合和菖蒲——一丛丛的蔚蓝和洋红延伸进波斯风味花园中。

那时我才恍然大悟，看到莫卧儿花园深入印度景色中的分野。印度教尊崇自然，因此从不觉得有必要去栽培或修剪，塑型设计：任何一座村庄的市场上，几乎都可任由一棵印度榕树的气根四垂，或让这棵树堵死荒林区中的小径。树本身受到尊重；不管如何生长法，终究有其完美性。不仅是大自然，对建筑也是这样，印度的宫殿看来都是随心所欲地建成：这里一座大堂，那里一座神庙，某个地方又突然有道莫名其妙的弧形幕墙出现。

穆斯林的传统风格却完全不同，他们沿袭了希腊人爱秩序与逻辑之风，因此伊斯兰式的园林——就像他们的建筑——严密地合乎完美对称线条；样样皆讲究平衡，精心设计，没有一样是信手拈来、妙手天成的。点缀在整个次大陆各地的莫卧儿园林，都带有这些特色。相形之下，这些园林在印度风情环境之中所产生的南辕北辙感，就像是座布莱顿穹顶宫（Brighton Pavilion）搬到英格兰南部海岸，又或者中国式宝塔建在英国皇家植物园（Kew）里一样。在这园林之外，是怡人的凌乱；园林之内，则反映出伊斯兰教的精神，一切天然皆在一种讲究的秩序下俯首称臣，为之粉碎。

一小群穆斯林似乎潜意识中也体会到这点，他们在花园边缘处铺了地毯，作为据点。一个年长的毛拉正领首示意，为那群年轻的研习者讲解《古兰经》以及圣传，也就是先知所留下来的名言。地面上摊着一本本书，喃喃的颂赞声压过了远处大货车路（Grand Truck Road）传来的隆隆声，这条古老的莫卧儿街道衔接了旁遮普省的村庄和德里的集市。村妇走过林下的草木间，往自家走去，她们头上顶着大捆柴火，用来生火做饭。到处弥漫着傍晚时分割下的草和茉莉的芬芳。

236　　我是很偶然地，因为沿着一条干涸的渠道行走而闯到园林正中的亭阁的。这亭阁如今蔓藤杂生，已经半处于丛林之中。表层的雕饰灰泥已经剥落，露出里面红色的砂岩；有些地方的砂岩又已坍塌，现出最中心部分的砖砌结构。

夕阳逐渐西沉，我快乐地在这废墟中游荡，直到无意中闯进其中一间侧室，见到有镂空星状圆顶的帖木儿风格扁带装饰，上面残留了几片绘饰的灰泥雕饰，绘有一堆泥釉彩饰花卉，包括玫瑰、郁金香和菖蒲，有些长在地上，有些则插在丰饶角饰中——丰饶角饰是古时候用来代表富饶和丰盛的象征，这些花卉图案和野生的蔓生植物纠缠交织成一片。

或许也是因为倾毁之故，花园保持了封闭与隐秘的气氛——那种与世隔绝的感觉——这是每座围在高墙内的花园所必备的。罗沙纳拉花园和红堡就少了这种诡秘气氛。

我漫步经过芒果树、西桑和佳木，来到花园围墙边。此处面向一大片流水草地，到处是正在啃草的水牛，一个身穿白色长上衣宽松长裤的老牧人坐在一旁，周围有两只戴胜鸟飞扑下来。原来它们看中了清泉，要来弄波戏水，互相跟着团团转，于是从翼下的黑白条纹现出了红色的羽冠。我身后那座亭阁的红石列柱的色彩，也随着夕阳西斜变得鲜明起来。突然一声尖鸣，阁顶上出现了一只野生孔雀。我打开日记本，匆匆地写起东西来。

当我坐在墙边，悬荡着两腿，望着静谧的水草地，那个乱无秩序的德里像是遥不可及，而我也逐渐明白，为什么在最精雅的文化中，天堂总是被想象成围墙之内的怡人花园。我来印度之前，并不了解英文中的"天堂"（paradise）这个词是源于古波斯文"pairi"（环在）和"daeza"（一道墙），这个字眼被色诺芬（Xenophon）[1]带到西方，引进希腊文中，用来描

---

[1]　约公元前 440～前 355 年，古希腊历史学家，苏格拉底的弟子。

述波斯王居鲁士（Cyrus）① 在萨迪斯（Sardis）② 所兴建的神
奇花园；从希腊文"paradeisoi"流传入拉丁文，成了
"paradisum"；然后变成中古英文中的"paradis"。

　　此刻，坐在夏利玛花园中，就很容易让人明白为什么这个
指围墙花园的波斯语单词，会变成英文中与"极乐"同义
的词。

奥朗则布

　　奥朗则布在夏利玛花园登基的第二天，便再度率兵向北去
追赶达拉·舒科。但直到达拉抵御一年半之后，1659 年 8 月，
奥朗则布才终于令他成了阶下囚。达拉先是逃往西边的沙漠
区，除了直系亲属，人人都已离弃了他，到头来却还是被一个
当地的族长所出卖，这人叫作吉万汗（Jiwan Khan），几年前，
达拉曾向他施过人情，救了他一命。达拉也像穆拉德一样，被
上了镣铐，放在垂幕密闭的象轿里送到德里去。

　　在进城之前，他已经被改造成"一个惨不忍睹、疲惫不
堪的动物，浑身脏兮兮的"。他的小儿子被牵着走在前面，故
意弄得好像是他的婚礼队伍般，让他在新建的月光市场街大道
从头走到尾游街，公然受尽各种羞辱。贝尼耶那天也身在德
里，亲眼见证了这场游街示众。达拉身穿"粗布污衣，头上
裹得像是最贫贱阶级所用的破烂头巾"，在这条壮丽大道上走
到一半时，有个伊斯兰教苦修圣人喊着达拉，因为达拉以前一
向对贫苦之人慷慨好施；但此时他明白达拉已经身无长物可以

---

① 约公元前 600 ~ 前 530 年，波斯阿契美尼德王朝开国君主。
② 古代吕底亚王国的首都。

施舍了。达拉听到此人的话，便扯下蔽身的粗布扔过去，但是奥朗则布的部队禁止圣人接受这件赠物，他们说，达拉对任何人都不再有权施舍了。

几天之后，一群急于讨好奥朗则布的贵族潜进达拉被囚之处，那是在沙贾汗纳巴德宫墙之外，面向尼桑木丁的一座小庭园之中。达拉抓起了把菜刀，想要反抗，但这群暴徒人多势众，把他扔到地上，当着他儿子的面，砍下了他的脑袋。清洗干净之后，便把它用一条裹头巾包起来，放在金盘中呈献奥朗则布。这位新皇帝命人掌灯照明，验明人头的面貌，然后便用剑狠狠地砍了三次。他说："瞧瞧这个本来要做整个莫卧儿疆域帝王的脸孔。把它拿走，不要让我看到。"

238

达拉完蛋，再没有人比罗沙纳拉更开心了。她曾经央求奥朗则布不要饶达拉一命，这时听到达拉已经被了结，便在后宫里举行盛大宴会。欢聚庆祝之际，她说动了奥朗则布，把那颗脑袋送到囚禁在阿格拉宫中的父皇那里，会是个大快人心的玩笑。于是第二天，奥朗则布便派手下的大太监伊提巴汗（I'tibar Khan）前往。马努奇写道：

（那太监）一直等到沙贾汗坐下来要吃饭的时候。当他开始吃时，伊提巴汗拿着盒子走进来，把它放在这个闷闷不乐的父亲面前，对他说："您的儿子奥朗则布皇帝，给陛下您送了这盘好菜，好让您知道他没忘掉您。"那位老皇帝便说："感谢老天，我的儿子竟然还记得我。"盒子已经放在桌上了，于是他迫不及待地命人打开，但是抽开盒盖见到达拉皇子的脑袋，他惊恐之余发出惨叫，两手和头都趴到桌面，撞上了金制器皿，撞断了几颗牙齿，显然已经气绝身亡。

贾哈纳拉夫人以及其他几个在场的女人开始哭号，捶胸顿足，扯着头发并撕裂衣裳……不过，太监伊提巴汗向奥朗则布皇帝报告详细经过时，后者和罗沙纳拉都听得心花怒放。

达拉遭毒手而死于非命，以及奥朗则布大逆不道地推翻沙贾汗，似乎为德里带来了天谴。从此之后，短短9年中，沙贾汗坐镇红堡治理天下的那种繁华盛世，永不复见。

奥朗则布尽可能少待在城中，情愿坐镇奥朗纳巴德继续指挥作战，因为那是他在德干半岛上的据点基地。德里本来因为是朝廷所在而生气蓬勃，如今朝廷消失，这城市也就像拔掉栓塞的水盆，水流尽而空。到此一游的人纷纷描绘此城犹如荒城。"帝王不在，此城就显得像座荒漠，"法国的旅行家让·德特弗诺（Jean de Thevenot）这样写道，"如果当年皇帝在时这里有40万人的话，如今，剩下来的人大概不到六分之一。"

不仅是因为皇帝不再坐镇此城，事实证明奥朗则布的统治极严苛又压迫，到处是间谍密探；人人都不知道他们能够信任谁。以前所有令德里充满欢娱又有生气的事，一件件遭禁。舞娘和名交际花全都被迫嫁人，严禁卖淫、饮酒、吸印度大麻以及演奏音乐。

更严重的是奥朗则布对付非穆斯林的手段，他那种激进宗教主义的观点，使得他摧毁了帝国各地的印度教神庙。他对所有的印度教教徒强征特别税，并且处决了锡克教第九代伟大祖师德格·巴哈杜尔（Guru Teg Bahadur）。他所造成的宗教伤口一直未能完全愈合；在当时可以说是把国家一分为二。随着两个宗教的分歧增多，妖言悄然滋生，关于法术、邪魔女妖、城中精灵的骚动不安，等等。谣传拉贾斯坦邦的荒野中，有剃光头的印度苦修高僧组成赤手空拳的大军，在一位老女巫率领下，一路向德里前来。早期的传闻称他们所向披靡，莫卧儿军队在他们面前也溃不成军，直到——据说如此——奥朗则布用旁门左道的法术才收服了他们。

那时是圣徒的黄金时代，他们的行为甚至使得多疑的贝尼耶大为震惊及困惑："他们可以知道别人的心思，可以让树在一小时内开花结果；在他们的胸怀里只要 15 分钟就孵好一颗蛋；制造出各种你能说出的鸟并让它在房里飞翔。"

随后，奥朗则布下令将手无寸铁的圣徒萨尔马德（Sarmad）斩首。这位圣徒本是个亚美尼亚犹太人，后来改宗伊斯兰教，据说他捡起被砍的脑袋，一直走上贾玛清真寺的阶梯，做完最后的祷告礼拜后才升天。

与此同时，奥朗则布带头在朝廷中所兴起的钩心斗角风气，也一发不可收拾，并且每况愈下。罗沙纳拉夫人犹如莎翁笔下的德里麦克白夫人，已经填补了贾哈纳拉的空缺，成了后宫主管。她替自己扩充了为数庞大的随从，往往喜欢浩浩荡荡大队人马走上德里街道，以为炫耀。然而，1661 年的雨季期间，她一失足成千古恨。

奥朗则布因为发高烧病倒了，并且似乎复原无望。罗沙纳拉便偷了玉玺，伪造圣旨，宣谕奥朗则布那个 9 岁大的儿子才是下一任真命天子。这偷天换日的手段是为了让罗沙纳拉垂帘听政，保持她的权势。但人算不如天算，奥朗则布却突然康复了，他从手下太监那里获悉罗沙纳拉的所作所为，便一点也不顾她多年来支持他的情义，而让罗沙纳拉颜面尽失。稍后，罗沙纳拉便证据确凿地被逮到，她在红堡后宫中有九名面首，奥朗则布处心积虑地向妹妹下了毒。罗沙纳拉死得很痛苦，"肿胀得像个猪头，又留下了淫荡的臭名"。她后来葬在自己兴建的罗沙纳拉花园中的亭阁下。

奥朗则布毒死了妹妹之后，就再也没有人可以信任了。到了晚年，他忙着东奔西跑，镇压各地的叛乱，努力地想把他的苛政施于不愿臣服的对象。1707 年他驾崩后，帝国随之瓦解，不过莫卧儿皇室的香火却未完全断绝。

最后一位公主

"都是曾祖奥朗则布的错，"帕奇扎·苏丹夫人（Pakeezah Sultan Begum）边说，边整理外套，"要不是因为他，我们现在还拥有帝国。"

这位夫人气冲冲地抓住图书馆同事递过来的一本书。"公主殿下，请帮我在这本书上盖印。"

帕奇扎夫人拿起橡皮章，在印台上沾上墨水后，便在书本前页的归还日期上结结实实地盖了个章。

"告诉那个男孩，3 月 20 日要还书，不然就要罚 5 个卢比。"那女人拿着书走开了，但公主还没完："哦！还有，班纳吉太太？"她说，"请帮我送些茶过来，这几杯茶都凉透了。"

班纳吉太太紧张兮兮地拿走杯子，嘴里道着歉："对不起，公主殿下。"

"他们都知道我的身份，所以很尊重我，"等班纳吉太太走掉以后，帕奇扎说，"我们是同事，在一起工作，但是他们

241

知道我祖先几代的背景，所以很有分寸，不敢乱来。"

"德里有人知道您是谁吗？"我问。

"老一辈的德里人知道，其他有些人会猜。上个周末我去参加婚礼，有位女士过来说：'您和这些人很不一样。'我那时也没有穿特别的衣服，不过这位女士——她出身于勒克瑙的名门望族——从我的仪态上看出我不是普通人。"

帕奇扎点点头："我发现如果是皇室成员的话，举手投足之间就会让人知道：譬如你怎么吃东西、怎么讲话、怎么迎宾，都是很细微的事，但是很重要。虽然我们现在和普通人平起平坐地生活，可是我们没有他们的习气。"

班纳吉太太重新拿了两杯茶来，放在帕奇扎夫人那部大大的老式黑色胶木电话旁边，帕奇扎向她道谢："啊！这才是我所说的好茶。"

"您认为自己可以成为一位好女皇吗？"我问，一边嚼着一块饼干。

"要是我当女皇的话，也只能当君主立宪制下的女皇。"帕奇扎说，倾身向前。"我很愿意像你们的女王一样，不要有太多的权力，但是保有我的威严和地位，或许在我之下还有个民选的首相，"她说，"民主是有利现代的事。"

帕奇扎看看表，刚刚过了5点，她说："我们不能待在这里——图书馆要关门了。你愿意的话，倒是可以去我家，也可以见见家母，我们家族的历史她知道得比我详细。"

公主殿下把她的东西收拾好之后，在纱丽装和外套外面裹上一条大披肩，摇摇晃晃地走出图书馆，我跟在她身后。

"不管我那些祖先当年怎么风光，"她接着说，"都已经成为过去，我的家人应该接受这个事实。我们没有正式的皇室地位，我们什么都没有。"

我们闲步走过德里门，穿越旧德里那些残败的街道；我们一路走着，帕奇扎开始对周围感伤起来。

242　　"你看这个所谓的政府把我的城市搞成什么德行，"她喟然絮叨着，"我的祖先建了这座世上最美丽的城市。他们有珍馐美味，有最精致考究的生活方式，最赏心悦目的花园，最华美的衣装。他们统治的时候，德里样样完美无缺，而今却是谁都不爱惜任何东西。这些人变得一点都不在乎，对于他们的过去一点也不感到骄傲。"

我们在法伊兹集市（Faiz Bazaar）的大街转了弯，走进了通往达里亚甘吉（Daryaganj）方向的肮脏后巷。

"这一区以前有很多栋豪宅，"帕奇扎解释道，"很多在我祖先宫廷中出入的显赫莫卧儿贵族和诗人都住在这个区。如今这里住的是来自各地的劳动阶层。当然，他们的生活方式与我们很不一样。"

露天水沟旁边蹲着一个乞丐，那里就是他的窝，他向我们哀声乞求施舍。帕奇扎皱起了眉头道："我认为我们应该搬到别的地区去，但家母说这个家应该留在这里，达里亚甘吉靠近红堡。我母亲说，要是我们不能住在红堡里面，至少也应该住在它的旁边。"

她家包括另一座古老的豪宅分割出来的一个小角落，有座小小的中庭，可以通往三个简朴、粉刷成白色的房间。其中一个房间里的床架之上，坐着成吉思汗、帖木儿、巴布尔（Babur）和沙贾汗一脉相传、至今年事最高的一位后代。她已经瘫痪了 30 多年，在此期间，这个床架就成了她的宝座。床架之下，有两只鹅正在啄食谷粒。

萨哈卜扎迪·卡马尔·苏丹（Sahabzadi Qamar Sultan）生于 20 世纪的第一年。她密密实实地裹在一套白色的长衣和宽松长裤的套装里，嚼着放在雕花银盒中的槟榔。她又老又聋，一口老式的宫廷乌尔都语很难听懂，要靠她女儿帮我翻译。

"他在写一本关于我们德里的书。"帕奇扎对着她母亲的耳朵大声喊话。

"你说什么？"老太太悄声道。

帕奇扎重复一遍刚才讲的话，这回，年老的公主微笑了，对她女儿讲了些话。

"她说欢迎，愿真主保佑你并祝你长命百岁。"

"谢谢您，"我说，"也祝令堂长命百岁。"

"她已经 91 岁了。"帕奇扎说。

我问起她们莫卧儿皇室的族谱详情，我以为这个女人是那些皇帝们的远亲，结果却大错特错。

据这位老公主透露，她是最后一位莫卧儿皇帝巴哈杜尔·沙·扎法尔二世的嫡子法特乌尔·穆尔克（Fateh-ul-Mulk）的孙女。法特乌尔·穆尔克在 1857 年之前，于一场宫廷斗争中被人毒害，但是他那个六岁大的儿子，也就是老公主的父亲，不但逃过了那场劫数，也逃过了后来的印度兵变。

英国人围城攻破旧德里之后，这个孩子被人偷运出红堡，送到梅劳利一带的丛林中躲藏起来。等到风平浪静之后，悔不当初的英国当局给了她父亲一份衣食俸禄；甚至在 1877 年德里的首次藩王接见仪式中，还给了他荣誉席位。我粗略算了一下，这个老公主应该是在她父亲 49 岁时才出生的。

"我的兄弟姐妹和我都没有儿女，"帕奇扎说，那时她母亲已经讲完故事了，"我们唯一的侄儿在 30 年前死于伤寒，

243

那时候他才 14 岁。等我们都走了之后，这支嫡传血脉也就完了。"

"令堂没有兄弟姐妹吗?"我问。

"她有个妹妹，极为美丽，但是她没有孩子，因为她嫁了个精灵。"

"您是说真的吗?"

"当然，我阿姨对她的精灵丈夫很满意，不愿意嫁人。他们住在自己的公寓里，那个精灵负责养她——给她钱以及其他等。"

"有人能见到这个精灵吗?"

"没有，但是我母亲可以看见精灵送她的礼物。"

"您真的相信这一套?"

"为什么不相信?"帕奇扎夫人反问。

我们谈起印巴分治的事，以及老公主曾经如何把最后一件传家之宝——一整套镶了玉石的匕首——抛进豪宅的水井中，免得警察以藏有攻击性武器的罪名逮捕他们。我们也谈到了老公主当年和尼赫鲁会面的事，尼赫鲁在她耳边悄声低语说:"姐姐，要是您需要任何东西，就马上告诉我。"我们也谈到印度独立之后的苦日子，以及老公主如何拒领政府发放的救济金。在这之后，帕奇扎的兄弟便去了巴基斯坦，而她妹妹则移民英国:她现在住在温布利（Wembley），丈夫在一家饼干厂里做奶油甜酥饼。我们也谈到了红堡，以及帕奇扎还是女学生时，第一次到红堡附近泫然涕下的事。

"我从红堡看到了世上最精美的一系列建筑——可是根本没有人在意它们，它们全都崩塌了。我的祖先把这么精深的文化带到印度来——可是他们却让它崩溃瓦解。迟早会完全消

胡马雍陵

逝，没有人知道了。"

　　天色已经很晚，看得出老公主疲倦了，我也该告辞离去。我向帖木儿的一家之主道别；帕奇扎送我出去，带我走出达里亚甘吉迷宫般的街巷，到法伊兹集市为止。我们一路走时，她告诉我，她的兄弟一直力劝她移民巴基斯坦，但她总是拒绝。

　　"我一直觉得巴基斯坦是个很不稳定的国家，"帕奇扎说，"再说，无论如何，我的第六感告诉我，要留在这里。德里是我们的家。"她耸耸肩："纵有千般错处，我们还是爱这个城市。"

　　然后，她停了一下，又补充了一句："毕竟，我们兴建了它。"

第八章　精灵之城

245 一觉醒来，就知道天气会变热。

太阳已经高挂树梢，金黄得像清纯的奶油，但它的威力一点也不弱，已经让人知道火炉一样的热度就会出现。没多久，那些风筝就随着上升的热气流盘旋，大展双翼的鸟群振翅，沿着螺旋形航线翱翔。还没到中午，空气就已经变得火热；打开面向天台的门时，一阵热气迎面扑来，简直就像窑洞里冒出的烈焰一样。中午时分就像白色的夜：街上空荡荡的没有人，门窗紧闭。听不到嘈杂声，只听到吊扇单调无生气的转动声。

高温是突然冒出来的：从冬末一下子跳到炎夏，欧洲长达6个月的天气变化在德里被压缩到两个多星期。之前的秋季，雨季期间闷热而潮湿的气温，在十胜节的第二天就开始下降。同样地，德里的换季以及重锤出击般的夏季开始，也由另一个印度教节日——洒红节，划分得一清二楚。前一天人人都还在德里的公共花园里嘻嘻哈哈唱着歌，互相泼着粉红色的粉末以及色彩缤纷的胡里水；第二天所有人把自己关在卧房或办公室的空调之中，耐心地等着傍晚的到来。

天气转热改变了一切。花园里的一年生植物都枯死了。大
246 地干裂；草坪也变成光秃秃的又褪了色。路上的柏油层也闪亮得像液态水银。

人们都变得懒洋洋的没精神，水果烂得很快：一个没吃过的芒果，在早餐时还很硬实，到了黄昏表面可能就已经出现一层薄薄的霉。冷水的水龙头喷出的是滚烫的水。除了用普里太太冰箱里一瓶瓶冷水来淋浴之外，没有其他解暑之方。

早上那一个个出现的叫卖小贩之中，增添了卖瓜人和卖果汁的男孩，还有卖凉水（一杯卖半个卢比），以及成群结队的卖冰淇淋的人。旧德里城中的人在路边摆摊，卖一种红陶土罐

装的茴香水（jal jeera），这是一种深绿色、香辣的饮料，喝在嘴里辣乎乎的，但是下肚后遍体清凉：这是比新德里所卖的各种清凉饮品都要管用的土方清凉品。

我们也不知不觉地改变了日常生活习惯来适应新情况，早上5点半就起床，在屋外吃芒果当早餐。吃过轻食午餐之后，就躲进卧房里午休，不到日落不出房。温和的黄昏弥补了白天的不舒服，晚上6点钟左右，我们会打电话给辛格先生叫车，带我们到大饭店游泳，或者到洛迪花园的墓冢之间闲逛；当我们经过那些墓冢时，黑蝙蝠在废墟间飞来飞去，仿佛与世长辞的幽灵。

稍后，我们便会坐在屋外露台上，在烛光下阅读，喝冰啤酒；阅读之时，透明的绿色壁虎便会捕食那些被火光引来的蚊子。有时候，晚上停电，天花板上的吊扇不转了，我们就把床垫拖到外面，睡在星光之下。

太阳愈来愈火热，我们的脸也晒黑了，奥利维娅的雀斑历历可见，我认为它们很漂亮，但显然它们却让辛格先生提高了警觉，他很不习惯我太太这种凯尔特人肤色转变的情况。一天早上，开车经过旧德里城中时，他突然转进了靠近贾玛清真寺的禽鸟集市，什么也没有交代就跳下车，走向那些在此地摆了几百年路边摊的卖药郎中，这些人端坐在待价而沽的药材之中：商品包括活的鬣蜥，煎出来的汁据说可以治性无能；有催情用的人参，可促进或止熄欲火；可以防止女人停经的树皮；一种产自喜马拉雅山脉高山的药草，据说可以医治秃顶或令最小白脸的锡克教教徒长出一脸大胡子。

247

坐在热得要命的出租车里，我可以看到巴尔温德·辛格正在和一个郎中讨价还价，最后，巴尔温德终于递出一把零钱，然后那郎中便给了他一小罐白粉。回到车上之后，出乎我意外地，巴尔温德正色地把小罐递给了我。

"给夫人的。"他热切地说。

"谢谢你，"我说，"不过，这是什么？"

"药，"巴尔温德说道，"医治威廉太太的。"

"医什么？"

"她的脸，"巴尔温德说，用手指在他自己的颧骨上敲了敲，"这种粉可以医夫人的痘痘。"他指指天空道："印度的太阳，对英国女士非常不利。"

我看来像丈二和尚摸不着头脑；我这位朋友则看来颇为尴尬。

"先生，"他悄声说，"这种粉可以让威廉太太的皮肤恢复白皙。"

开斋节祈祷

4月中的一个傍晚，我和贾弗里博士从月光市场街往他的学校办公室走去。斋月已接近尾声，旧德里在过去一个月死气沉沉，此时猛然冒出了生气，很多清真寺和屋宇都悬了彩色小灯饰。我们一路走，一面穿过那些挤在甜食店和裁缝店缝衣机周围的人潮。

"这一天是我们所称的 al-vida，"贾弗里博士说，"意思是指'再见'，这是我们禁食的最后一个星期五。"

我们经过德里老式莫卧儿甜品店"Gunthe Wallah"，以前——据说如此——是沙贾汗领队的大象最爱光顾的。那头大象带头率领一行出巡队伍来到月光市场街时，就停步在这家甜食店门口，不肯往前向红堡走了，也不管象夫怎么拼命地戳它、赶它，都不为所动，直到让它吃一盒这家甜品店所做的最

上等甜品为止。虽然见不到大象的踪影，这家店仍然受到具有　249
同样锲而不舍精神的村民包围，争先恐后地抢着让店家来服
务。为了应付这种场面，伙计已经在店门外摆了一排搁板，每
个上面都堆满了这家店所做的又黏又甜腻的各式甜点。

附近其他店也搭起了摊位，摆满了丝绸纱丽和刺绣的长衣
长裤、印度套装、高跟鞋，以及刺绣的清真帽、小玩意和手
镯，首饰以及其他装饰品等。路边小吃店老板也在店门外摆了
好几个大锅，装了满满的、热气腾腾的黄色比尔亚尼菜炒饭
（Biryani rice）；店里则飘出阵阵土耳其烤肉（kebab）的香味。
路的一边，有个锡克教教徒正大声吆喝着售卖萨达姆·侯赛因
的海报，尽管伊拉克的总统没能在海湾战争中获胜，可是仍被
德里的穆斯林当作英雄人物，但全城最畅销的那张海报中的萨
达姆一身奥地利军装打扮：吊带花饰皮裤、手环、阿尔卑斯
帽、凸出的膝盖，等等，很令人想不通。

贾弗里博士和我经过了一大群披着黑色面纱的女士，她们
正一匙一匙地把冰淇淋往面纱底下送。

"今天所有的乡下人都进城，到德里来买开斋节的礼物，"博士说，"这个节日对我们来说就像你们的圣诞节前夕。庆宴可能在明天举行。"

"为什么只是可能？"我问。

"这要看月亮而定，"博士回答说，"今晚明月委员会会在贾玛清真寺开会，要是他们判定可以清楚看到新月，那么就会举行开斋节（Id），要不然——要是云太多遮住月亮的话——我们就得再禁食一天。"

走过炎热又灰尘飞扬的月光市场街之后，贾弗里博士的简朴白色小房间出奇的清凉，令人心旷神怡。厚重的石墙、圆顶天花板和挂在拱形窗口的竹帘，发挥了空调系统般的降温作用。等贾弗里博士做完了晚祷之后，我们一起吃了简单的日落开斋饭：枣、葡萄和一碟咖喱羊肉。吃饭的时候，贾弗里博士应允我，如果第二天举行庆祝活动的话，他会在早上打电话给我确认此事。

"万一取消了呢？"

250　　"那我就不会打电话，"博士说，眉头一扬，"你不知道那个有关波斯战士要上战场的故事吗？"

"不知道，"我说，"讲给我听。"

"那个战士带了把弓，可是没带箭，半路上遇到个朋友，问他为什么没带任何用来发射的东西。'那你怎么打仗？'他朋友问。'我会用敌人射过来的箭。'他回答。'可是万一没有箭射过来呢？''那么，'这个弓箭手说，'就不会有战争了。'同样的，如果明天我没电话给你的话，就表示不会举行开斋节祈祷。"

我们正谈着话时，外面中庭突然传来一阵兴奋的喧嚷。我们放下食物往门外走去，看到方形中庭对面的屋顶上站着几个身影，开心得又叫又跳，其中一个身影还施放起罗马焰火。

"发生了什么事？"我问。

"你瞧！"贾弗里博士说，"那里！新月出来了。"

我顺着贾弗里博士指的方向望过去，就在旧德里的那些圆顶和宣礼塔之上，挂着一弯皎洁的新月，月光照亮了那些屋顶。

"禁食结束了，"贾弗里博士说，"每个人都可以松一口气了。虽然——"说到这里，他压低了嗓门，"有少数几个毛拉会装模作样地哭哭啼啼、闷闷不乐，他们会说：'斋月是蒙福的月份，现在那些天使要再等一年才会祝福我们了。'但其实这些人私心窃喜，没有人喜欢禁食。"

第二天早上，吹来了清凉的山风；天色宛如玫瑰精油。一大早接到贾弗里博士的电话，我便前往贾玛清真寺去看开斋节的祈祷仪式。

辛格先生开着车和我经过新德里宽广的街道，街上空荡荡的，只有靠近尼桑木丁圣陵的公共水泵处，有几个要朝觐的穆斯林在清洁手脚。我们改向朝着环城路向旧德里驶去，当我们行驶在大道上时，街上的三轮车渐渐多了起来，都是朝着同一方向的。等我们驶到红堡时就已经堵车了，那时才不过早上6点钟左右。我在红堡附近下了辛格先生的车，进入人潮之中，那些人都穿着全新的白色粗布衣裳。

似乎各种年龄层、各种族的穆斯林都到齐了：留着八字胡的阿拉伯人，肤色黝黑的索马里人，穿着裹腰围裙布、矮小的印度南部人，长衫长裤绷在身上、人高马大的德里生意人，一脸络腮胡子、裹着大披肩像《旧约圣经》里的先知一般的阿富汗人——全都拥入禽鸟集市，往贾玛清真寺的阶梯走去。

251

他们一路走时，沿途有许多残障人士、麻风病患以及孟加拉国难民等，仿佛列队欢迎似的，磕头伸手乞讨，有些穆斯林便向他们扔出开斋节的施舍。经过那些乞讨者时，可以听到他们喃喃地呼着"真主至大！真主至大！"不时还可见到一些叫卖小贩混迹在乞丐中，迫不及待地想在这个神圣月份结束之前，把那些清真帽、念珠存货给清光。

穆斯林人潮汹涌地拥进了清真寺，我们都到得很早——礼拜还要等半个小时才开始——但是占地极广的中庭有四分之三已经挤满了人，约有七八千人都占好了位置，在祈祷小毯上跪下来。所以，一踏进宏伟的红石大门之后，映入眼帘的便是成行成列的白色背影，以及其上的鲜艳头巾或刺绣的清真帽。

为了有较佳的视野，我爬上了东墙的窄阶梯，到顶上的阳台去，这块平台也很快就挤满了人，但我还是设法挤过人群，沿着墙顶上的小道，走到东南角上的一座伞亭底下。这里有群穿了全新镜片刺绣装（Mirror-work）的穆斯林少女，在她们父亲的监视下，盘腿而坐；每个人的马尾辫子上都系了彩色发带。我小心地在墙缘找了个空间，和那些女孩保持适当距离，也让两腿悬荡在墙缘外，可以居高临下一览无遗。

我一向都认为印度教是属于农村的宗教，在农村特别显出它的可取特色：一座简朴的路边神龛、一条圣河、一处圣泉——这些都构成这个伟大宗教的命脉。同时，伊斯兰教却是一种都市宗教，一到旷野之地就显不出威风了；它的文明一向都是在东方那些迷宫般的古老集市中最兴旺。无可否认，尤其是在都会中一座大清真寺里，特别是像开斋节这样的场合中，伊斯兰教是最能令人叹为观止的。

人潮依然由旧城中四面八方的迷宫街巷蜂拥而出，向着贾

玛清真寺的三座大门涌进来——像三条人潮组成的翻腾巨鳄，　252
钻进墙内同一座中庭里。几分钟之内，粉红色石板地面的剩余
空间也覆满了人体，只见一片粗布白袍。此时清真寺已经爆
满，可是人潮还是不断涌进来，后来者发现中庭已经挤满人，
便在入口阶梯找位子，然后连通往清真寺的路口也成了占位之
处，接着是外面更远处的花园和集市。礼拜开始前 5 分钟，人
潮也差不多静止下来，两三万人全都面向西方跪下，耐心地等
着斋月最后一次祈祷。要是我在两三百年，甚至四百年前的这
一天里占到这个位子的话，相信所看到的情景绝对完全一样，
没有改变。

然后伊玛目开始讲话了。

伊玛目布哈里（Bukhari）——他是当年沙贾汗特地由布
卡拉（Bukhara）招来的毛拉的嫡传后裔，他的祖先被招来后，
在 1656 年 7 月 23 日为新落成的清真寺主持启用典礼——透过
宣礼塔的扩音器向信徒讲了 30 分钟话。他所讲的乌尔都语很
难听懂，但是所发表的信息显然是政治性的——经常提到美
国、以色列、克什米尔，以及拉吉夫·甘地。头顶上有成群的
鸽子盘旋于宣礼塔之间，然后又远离信众向红堡方向飞去。我
身旁那些女孩中，已经有一个开始沉不住气了，她的爸爸则从
我们所在的胸墙之处为她指出德里所有的显著地标，哄着让
她保持兴趣。布哈里终于讲到了高潮处，最后，在一阵爆响的
喇叭噪音之中，这场宣道便结束了。

然后，祈祷仪式开始了。全体信众站起身来，双掌打开，
举至耳朵处，深深弯腰鞠躬，远远地从前排的祈祷者传来呼
声：真主至大！（Allah hu-Akbar!）奉真主仁慈慷慨之名！
（Bismillah e rehman e rahim!）接着，虔诚信众跪下来磕头：

安拉是唯一真主，穆罕默德是祂的先知！（La Allah illah Allah，Muhammad Resul-allah！）就这样反复做了 25 分钟，直到最后喊出那声"真主至大！"为止。然后，为了宣告礼拜已结束，后方的门楼放出了三次闪光大爆响，响声震动了红堡的城墙，又反射回来；并且有一道紫色烟雾升入晓空之中。

253　　　　人人都站起身来。礼拜者各自朝着自己要去的方向散去，原本整整齐齐的阵容消散了。中庭里一块块粉红色砂岩地面突然又清晰可见。人潮向大门涌去，粉红色地砖也愈见愈多。四面八方都有人在互相拥抱贺节，互道"开斋节快乐（Id Mubarak）"。

与我同在伞亭之下的几个小女孩也都站起身来，等着父亲发给她们期待已久的开斋节红包（Idi）。伞亭下方的禽鸟集市那些路边餐厅此时也开始挤满了去吃喝的一家大小，大家都狼吞虎咽地吃着堆得高高的炒饭，特大的酥炸无酵印度面包，以及一种称为佩尼（peni）的开斋节特别甜食（用薄切胡萝卜做成，出人意料的美味）。

我坐在一家路边餐厅的帆布篷下，品尝着开斋节的甜食，悠然望着身边川流不息的庆节人潮。那时不过才早上 9 点钟，但已经热得让人吃不消了。

白图泰

1333 年，在那个热得让人喘不过气来的开斋节期间，可以见到一支骆驼队伍蜿蜒穿越兴都库什山脉的狭窄山口和隘道，在那只主要骆驼的背上端坐着一位暴躁易怒的穆斯林法官。他已经在路上走了 8 年，此时正往南方印度苏丹王国的都城德里行去。

阿布·阿卜杜拉·穆罕默德·伊本·阿卜杜拉·伊本·穆罕默德·伊本·易卜拉欣·阿尔－拉瓦蒂（Abu Abdullah Muhammed ibn Abdallah ibn Muhammed ibn Ibrahim al-Lawati）长老，他的朋友简称他为白图泰（Battuta），在1325年6月初离开出生地丹吉尔（Tangier），那时他才21岁，是个刚从法律学校毕业的毛头贵族小子，打定主意要"告别亲友并离乡背井"，他沿着北非海岸朝麦加方向行去，据他形容是受到一股"出自内心无法克制的冲动"所驱使。旅程开头时，他想家想得很苦。"我孤身上路，"他写道，"一路上没有人做伴以便彼此可以亲切地交流，为我打气，也找不到我可以结队成群的旅人。"等他到了突尼斯时，已经"备受孤寂之苦，以至于眼泪夺眶而出，悲泣不已"。

不过，在那之后，这个摩洛哥人还是完成了朝圣之举，也到过巴勒斯坦、东非、呼罗珊（Khorasan）以及拜占庭①。他讨过几个老婆，买了几个女奴做妾，也博得旅行家兼讲故事者之名，能讲述有趣的传说故事。白图泰不再是个涉世未深或感情脆弱的小伙子，相反，他的日记已经呈现出中年的世故；有时候更有古板、武断之弊，就像许多后来在这个地区旅行的欧洲人一样，非但未能开阔心胸，反而对任何相异的宗教信条、肤色或阶级怀着盲目的排斥。

因此，白图泰在以弗所②（Ephesus）买了个希腊女奴，他可以接受这个他所爱上的漂亮女奴，但是在笔下称她那可厌同胞中的自由公民是"吃猪猡的人"、喝有害烈酒的人兼"安

254

---

① 后称君士坦丁堡，即现伊斯坦布尔。
② 古希腊小亚细亚西岸的重要贸易城市，以阿尔忒弥斯神庙闻名。

拉的敌人"。他也很震惊地发现，那些外省的穆斯林有时表现也是这么差。

中国就更糟糕了。"我很难过地发现，异教风俗信仰竟然牢牢地掌握了（这个富庶的国家），"在泉州待了几个星期之后，他这样写道，"不管什么时候我走出家门，常会见到不少很让人反感的事。因为太让我吃不消了，所以我通常都待在户内，万不得已才出门。"

由于对甚至只有少部分非穆斯林的国家都不抱期望，白图泰也不对印度存有奢望。但他知道，至少印度教教徒是不大吃猪肉的（不像中国人或那些可厌的拜占庭基督徒），不过他已经听说他们有其他习惯，一想到就会让他昏倒。"印度教教徒敬拜水牛，"他写道，"据说当他们生病的时候，还喝水牛尿。"后来，他目睹了一场寡妇焚身殉夫（sati），白图泰震惊到差点从骆驼背上摔下来。

白图泰沿着开伯尔山口（Khyber Pass）狭窄的羊肠小道往山下走时，应该已经知道德里苏丹王国是个动荡不安的边陲国，不断处于战争状态之中，不是和北部的异教莫卧儿人打仗，就是跟南部那些不信真主的印度教教徒作战。在这一点上他提到一个朋友，此人名为马利克·瓦尔纳（Malik Warna），这人放弃了当时更太平又文明的阿富汗，而选择迁居到德里。

255　显然白图泰认为这人的决定不同凡响："瓦尔纳是个很卓越的人，喜欢狩猎、猎鹰、骏马、奴仆，还有财富和王袍……当然，印度根本就不是像他这样性格的人应该待的地方。""此人在那个国家备受尊崇，"他接着写道，"就所能见到他的行事、举止和热忱而言，堪称实至名归，因为在印度根本没有人懂得家庭或家族观念。"

简而言之，德里不是适合绅士待的地方。但是比印度欠缺高贵血统的阿拉伯家族更令人忧心的事，是嗜血又大逆不道的穆罕默德·本·图格鲁克（Muhammed bin Tughluk）很有成为暴君苏丹的趋势。

有关图格鲁克令人发指的故事，已经传遍亚洲各地区。一位财政大臣因为没能防止盗贼偷取国库之财，被活活打死；一位秘圣因为拒绝撤销他对图格鲁克暴政的控诉，结果被人用扦子撑开嘴巴，灌下排泄物。下场最凄惨的是被俘获的起义将领：他被活活地剥皮"之后，把他的肉拿去煮饭，并且送给他的儿子和家人"。

白图泰很快就感受到图格鲁克严刑峻法无声无息的掌控。他从地中海一路行到印度河，都没有引起任何一处官方的注意，但是就像后来许多旅客一样，白图泰一过了印度边境，就发现自己深陷于无法冲破的官僚之网：他们才踏上印度河东岸，官方密探"马上就通知在德里的君主我们的到来，以及有关我们的所有细节"。接着，旅客便会被边防的腐败印度官员拷问不休："他们的关税是把商贩所带进来的所有东西都拿去四分之一，每匹马都抽整整七个金币的税金。"诸如此类，都很不对这个摩洛哥人的胃口："一想到我的行囊被人搜查，就觉得很受不了。行囊里面并没有贵重物品，不过在这些人眼中却很了不得似的。"

白图泰勉为其难地忍受了这一切，因为他相信苏丹会好好嘉勉他这番努力；德里或许是个相当不开化的边陲城镇，一个庞大的驻防都会，为了抵御莫卧儿人和印度教教徒、捍卫伊斯兰边界而兴建，但仍然是个充满良机之地：雄心勃勃的穆斯林可以在很短时间内飞黄腾达。白图泰向来就是个敢碰运气的人，毕竟，就像他在日记里所写的："穆罕默德·本·图格鲁克对外国人是出了名的慷慨，因为他对外国人比对印度人更偏爱，青睐有加……（尤其）对阿拉伯人更是垂青。"

完成报关手续后，白图泰又骑上了骆驼，击退了"八十个徒步"突袭他的人，他率领着队伍，浩浩荡荡踏上旅程的最后一段路途，穿越过炙热的旁遮普平原，迈向威武的印度都城以及苏丹的王宫。

废墟

只有少数几种现代地图会不厌其烦地把贝加姆普尔（Begampur）这个地方标出来，它坐落在最近才沿着梅劳利冒出来的新发展区之中，是个主要由泥墙平屋顶构成的小村，被包围在一圈高耸的公寓大楼之间。新发展区有条碎石路衔接奥罗宾多街（Aurobindo Marg），走几百英尺便可到这小村，沿着这条碎石路颠簸地来到小村时，你便置身于自己制造出来的尘土飞扬之中。

5月初一个炎热的傍晚，我第一次见到贝加姆普尔。等到尘埃落定，可以见到村中街道上疏落地映着夕阳，磨坊远方的地平线上飘着一片火烧云；八哥鸟和长尾鹦鹉正与公鸡互相唱和。

我挨家挨户地打听通往王宫废墟的方向，村民耸耸他们的肩膀：什么王宫？终于，拐过一个弯之后，我见到了一路所要寻找的地方。

在村子一边的荒地上，矗立着巨石砌的墙。一侧有座宏伟的圆顶大堂，由扇形的巨石拱顶支撑住，每座拱顶至少都有12英尺厚；旁边耸立着王宫的墙壁，简直就跟罗马式建筑一样雄伟。

王宫和大堂的墙壁都完全没有装饰；伊斯兰建筑早期风格中所特有的精雕细琢、挑空镂花如刺绣般的石工，全然不见。

这种纯朴的巨石工程是图格鲁克个人所选的风格，他就安坐在 257
这座肃穆的"千柱宫"（Hazar Ustan）发号施令，治理自1500
年前阿育王（Ashoka）以来，最大也最耀武扬威的印度帝国。
他坐镇于此，掌控着一个密探和打报告的情报网，此网由马杜
赖（Madurai）延伸到阿托克（Attock），从马拉巴尔（Malabar）
海岸到孟加拉国的沼泽区。

　　走上几段狭窄、曲折的阶梯之后，我上到了苏丹当年的琼
楼玉宇。由此眺望，贝加姆普尔所有的屋顶尽入眼帘。白图泰
描述他抵达此地时，曾经穿越过一连串的大门和中庭，每一处
都有一帮喇叭手和侍卫，如今这些大门和中庭都消失不见。其
中第二座中庭便是满是刽子手、恶名昭彰的行刑处。

　　"图格鲁克杀人不眨眼，"白图泰写道，"每天都有成百上
千的人——被铁链拴着的、被绑住的和上了脚镣的——被带到
（苏丹大堂），该处决的便处决，该用酷刑的就用酷刑，该毒
打的便毒打。通往他王宫的入口大门处鲜有机会不见死尸。有
一天我来到王宫，所骑的那匹马因为见到地上有团白色残余物
而受惊不前，我问那是什么，有个同行的人回答说：'那是
（今天早上）刚刚被斩成三块的一个人的上身部分。'"

　　访客需取得苏丹所下的手谕，方可进入第三座中庭，只有
最显赫的访客才有此荣幸获准入内。"第三道大门通往千柱
宫"，白图泰如是记载。

　　　　苏丹便是在此上朝……（他）盘腿坐在壮观华盖下
　　的宝座上，两旁站了百名禁卫军，个个手持盾牌、剑与
　　弓……（文武百官齐集一堂时）便带进来50头大象，每
　　头都以丝织锦绣为饰，象牙上装了铁制利器，以便杀死囚

犯时效果更好。这些大象都经过精良训练，懂得低头向苏丹朝拜，当大象朝拜时，宫廷大臣便会高呼："奉真主之名！"（Bismillah）

258　　　接着，乐师和舞伎便进来了，第一批进来的是那年成为战俘的异教徒印度藩王的女儿。等她们表演完歌舞之后，苏丹便把她们分派给那些伊斯兰教的王公将相，以及地位显赫的外宾。

好不容易轮到白图泰自己朝觐苏丹，他把从呼罗珊带来的礼物呈献给苏丹；换得了一个法官（Qazi）之职，并且获两座村庄作为封邑，年金 1.2 万金币，还有一栋房子可住。他对苏丹实在心存畏惧，但打定主意对图格鲁克敬而远之，"每次他对我有任何鼓励之语时，我便去亲吻他的手，结果亲了七次"。

从白图泰的记载中可以很明显地看出，当时令他印象最深刻的，是这个他后来待了 8 年、努力融入的城市模样。那时候的德里有五六个分区，散布在亚穆纳河的两岸，以及古老的旧堡（Lal Kot）附近的平原。其中几处垦殖区不久前才并成一个城市，称之为贾汉帕纳（Jahanpanah，意为世界庇护所），以一道长达 40 英里的巍峨城墙圈住，总人口将近 50 万。

"德里"，白图泰写道，是个"庞大又壮观的城市，结合了力与美，环绕在一道举世无双的城墙之中，为印度最大的城市，不，该说是东方伊斯兰世界中最大的"。

一些其他作者也为这个摩洛哥人描绘的画面做了补充。"屋宇都是用石材和砖块建成的，屋顶则用木材。"阿拉伯的地理学家欧麦里（al-Umari）在他所编写百科式的《王国大观》（Masalik-ul-Absar Fi Mamalik-ul-Amsar）中如此记载，"有很多宏伟的修道院、广阔的开放空间，以及无数的浴室。此外还有为数约两千的小规模清真寺和隐修处。城市的三面遍布花园，延伸极广，长度多达一万两千步。"

　　贾汉帕纳众多精美建筑的圆顶之中，最壮丽的是大教堂清真寺（cathedral mosque）的圆顶，位于我此刻安坐的楼台南面，高耸于贝加姆普尔所有的屋顶之上，这座清真寺——有一连串大小不一的蛋形圆顶，耸立于一座阴凉的修道院回廊四周之上，这座回廊和院内空地的宽广程度，和旧德里的贾玛清真寺不相上下——使得散布在周围的村舍相形见绌。

259

贝加姆普尔的清真寺

这座建筑显然曾经风光过，从我置身的屋顶上，可以看到其中一侧的祈祷堂屋顶已经崩坍。以前洁白耀眼的粉刷墙面也失了色，被烟熏得黑黑的；很多地方的泥灰雕饰也已经剥落，露出内层大块的砌墙巨石。成群的山羊在啃噬着石板地面缝隙间长出的杂草。但是尽管充满破败之相，这座清真寺依然带有一种浑厚庄严肃穆的气势，它的特色在简朴风格之中表露无遗。清真寺的柱子只用长条成块的灰褐色石头做成；柱头除了简单的荷叶边之外，什么花饰都没有。既不用缤纷的色彩，也没有一点装饰，或任何夺目的设计。然而，这种个别部分的简朴素净，却令整体的平衡与和谐感成了引人注目的焦点：拱门的韵律感、圆顶的起伏有致以及线条的庄严，观者视线也因此丝毫不差地落到了西墙正中挑高的入口门廊（ivan）。

260

这座清真寺形式的清晰感与纯粹感，让我联想起早期西多会（Cistercian）的建筑——在中世纪末期以前，这个最先开始遁世的修会还没有受世俗污染、随波逐流时，曾经有过短暂又宝贵的半世纪清纯之风，在这时期，产生了在方廷（Fountains）的宏伟的教士会议厅（Chapter House），以及建于里沃（Rievaulx）用原始黑石建造的教堂正厅。

在我安坐的楼台四周依然可以见到贾汉帕纳的其他废墟残余，当年白图泰一定都相当熟悉：在一片延展的现代建设之海中，矗立着一连串中世纪的断瓦残垣之岛。

从清真寺做90度转弯，望向正在西沉的落日处，视线穿越傍晚蒸腾的热霾，可以看到远方顾特卜塔的形影，这是苏丹在1192年把印度教教徒赶出德里之后，随即兴建的胜利之塔。如今这塔还是巍峨地高耸于印度旧堡城墙上，高达240英尺，呈锥形筒状，分隔成四层愈来愈窄小的楼层，很像个拉长的伸缩天文望远镜，恰好把有镜片的那端倒过来放在阿拉瓦里（Aravalli）山丘上的高原地面。这塔看来相当招摇又有炫耀之感，恰与我周围那些图格鲁克建筑的素净与肃穆成对比。

视线再转向东北面，可以勉强分辨出西里（Siri）城墙的轮廓，这是当年穆斯林征服者在德里平原兴建的首座全新城市。但是德里中世纪期间最宏伟的图格拉卡巴德的废墟，却坐落在离我所在楼台顶东面约 6 英里远的地方，由于天色渐暗，当时其实已无法看到。

太阳开始落到顾特卜塔的后方，我打定主意要尽快找个时间，到以前整个伊斯兰世界中最庞大壮观的防御工事看看。可是随着德里日增的炎暑酷热，找到借口不出家门变得越来越容易。

尘土

天色变成熔化了的黄铜，大地干裂得像龟裂的挡风玻璃。4 月过去，5 月到来，气温每天升高，一天比一天糟。

令人窒息的热风开始扫掠过德里空荡荡的林荫大道。暑热透过房子的墙壁渗入，热得像个大烤箱。有钱人都躲到山上避暑胜地，乞丐也跟在他们后面跑掉。剩下还留在城中的德里人，活动速度也减慢到像蜗牛一样。

其中有个德里人却一反常态，那人便是我们那倒霉的园丁。5 月初的时候，普里太太那位做生意的儿子，决定要在面向他游廊阳台的地方建一个"日本式"花园。一大清早，就可见到倒霉的园丁在忙着劳动，挥汗如倾盆大雨——尽管热得要命，却仍然坚持穿着那件厚厚的哔叽制服——在前院草坪的一角堆筑缩小版的富士山。

让人伤心的是，事实证明，这项东方园艺工程对这园丁而言太过吃力，做了一个星期的动土英雄之后，他终于因为中暑倒下来，躺到他的绳编床上去了。留下普里太太的草坪没完工，弄得像个露天煤矿场；堆放一边的废物散落到车道上，进出屋子的通路被阻塞，这还不算，除了这种不便之外，又制造出大量尘埃，沙尘滚滚。德里的夏季特别以沙漠热风（Lu）而闻名，从 5 月就开始由拉贾斯坦那里吹过来，夹杂着大量塔尔沙漠（Thar Desert）的尘土。炙热的粗沙如雨般落在城中，然后又吹过棋盘格局的光秃秃街道。交流通道处吹着夹尘的旋风，取代了那些没出现的乞丐。高空之上，太阳就像个隐在沙尘面纱之后的红色圆盘。

在我们寓所中，门底隙缝和窗棂裂痕间也开始吹进了少量风沙，而这一切则成了我们那位扫地人的空前挑战，她是位名为穆尔蒂的拉贾斯坦女士，很讨人喜欢，长得漂亮，迷人又聪明，她有很多天分本事，但可惜的是，扫地却不包括在那些项目之中。

每天早上，她来到我们门口，花 5 分钟四处挥舞手中那柄扫把。于是便大风起兮尘飞扬，有一阵子，寓所到处都尘雾迷漫，等到桌椅床上等处尘埃落定，它便静留于该处。掸灰尘是穆尔蒂尤为退避三舍的事，所以甚少有此意图，更从来没有成功过。不过，奥利维娅却是个模范雇主，认为要指出这点未免显得太小气无礼。于是，每当穆尔蒂例行公事般做完那 5 分钟的"除尘工作"之后，我太太总是开开心心地挥手向她说再见。"好极了，穆尔蒂，"她会这样说，"今天就到此为止。"

这幕荒唐剧一直皆大欢喜地演到 5 月初的那个星期为止，有天早上普里太太又出现在我们家门口，为她的产业做突袭检查。她只看了四散于我们客厅里的沙丘一眼，便摇摇头。

"这是什么？"她边说，边用手杖在沙上画了个圈。

奥利维娅就解释，不想伤穆尔蒂的感情，但是普里太太把手一举。

"威廉太太，"她坚决地说，"我认为你不懂得怎么管理这些人。"

"可是……"

"要是穆尔蒂没能称职做好分内事，你就得吩咐她重做。"

"可是穆尔蒂很讨厌扫地。"奥利维娅说。

"那么，"普里太太说，用手杖在地板上杵杵，"那么她就得学学怎么样才能乐在其中地去做这件事。"

巴尔温德的新车

我们家里正在闹这些事的同时，国际后侧显然也有些事正在进行。巴尔温德·辛格情绪高昂，兴高采烈。尽管酷热惊人，但连着一个月，他的谈话内容变得比平时更加伤风败俗。

"威廉先生，你喜欢这个吗？"当我们沿着洛迪路行经某个漂亮的旁遮普女孩时，他会这样问我。

"你是指什么？"

"那个年轻小姐，站在红绿灯旁边的那个，长头发的。"

"辛格先生，我是个结了婚的男人。"

"我也是。都是这么回事，没问题。你喜欢吗？"

"她还不错，太年轻了点。"

然后停了半晌。

"你知道吗？威廉先生。"

"知道什么？"

"她就快要去洛迪花园亲嘴了。"

"可是那女孩最多不过 10 岁左右。"

"也许,"辛格先生会悄声说,"可是洛迪花园是恋爱花园。"

我那时已经摸熟了辛格先生的习性,晓得他的性亢奋往往是受到其他某种外在因素引起的。但直到 5 月中旬,我才发现是什么如此刺激了我的老友。有天早上我打电话到国际后侧叫车,巴尔温德说他 5 分钟就到,等他终于出现时,开来的是一辆全新的大使牌出租车。等我下楼,跨过园丁留下的堑壕工程,巴尔温德已经把车头擦得光可鉴人,连他的小胡子都照得清清楚楚。

"巴尔温德,"我说,"恭喜呀!"

辛格先生满脸神采飞扬的自豪之色。

"我存了很多个月的钱,"他说,"现在旁遮普银行给了我大笔贷款。"

"你真行。"我说。

"以前你每次都跟我说:非常老的车,味道大,很脏。"

"巴尔温德,我绝对没有……"

"现在是新汽车,你不会抱怨了。"巴尔温德利落地打开车门,示意我该坐进车里了。"昨天和家人上锡克庙去了,先拜神,祷告,之后喝威士忌和德国啤酒,出租车站开派对。没有臭味,不肮脏,没有问题!"

"我可不知道你这么虔诚,巴尔温德。"听说他去谒师所礼拜,我倒挺惊讶。

"我一年去一次锡克庙。只有最棒的特殊情况才会去。"他含糊着说。

"你怎么处理那部旧车呢?"

"给了弟弟古尔马克·辛格。"

"你真的把它送掉了?"

"差不多等于送掉,才 7 万卢比而已。"

巴尔温德把新车钥匙插进启动开关。

"你看!"他说,向着那排仪表做个手势,"都是全新设计。"

这或许就是值得讨论的一点了,这部大使牌汽车无疑是刚出厂的新车,有洁白耀眼的椅背套,新的地板垫,手套箱上面还贴了张彩色印刷的拿那克宗师的肖像,后视镜上则吊了串万寿菊鲜花。但再怎么看,基本上它还是属于 1956 年莫里斯·牛津(Morris Oxford)款式印度制的汽车,而这种汽车已经在印度的道路上称霸了 30 多年。我尽量很婉转地向巴尔温德道出这一点。

"不,不,威廉先生,"他回答说,"全部是新的计算机设计,你看——计算机系统。"

巴尔温德转动车钥匙,接着按下一个按钮,仪表盘的灯亮了起来,奇迹般地从后面照亮。有一会儿工夫没人讲话,然后巴尔温德悄悄说:"威廉先生,这车的计算机是印度太空计划的产品,它可以开得像火箭一样快。"

于是我们便出发往图格拉卡巴德(Tughlukabad),同时巴尔温德身体力行地证明着他的观点。

图格拉卡巴德

当我们开车经过丛林时,旭日初升的阳光已射到长在树下浓密的灌木杂草中。亭亭如盖的树梢深处,虽然见不到基尔鸟(Keol),却听得到它们粗嘎的叫声此起彼伏地相呼应。然后,我们突然驶出了丛林,来到阳光和宏伟堡垒的护墙之中,固若金汤的堡垒像头石象,屹立在我们四周。

图格拉卡巴德堪称德里，或者该说是全印度最如假包换的军国主义建筑废墟，它坐落在德里东南方边缘，层层粗凿巨石建成的护墙浩浩荡荡地雄霸于平原旷野上。就像贝加姆普尔的宫城一样，也是完全没有装饰或任何美学上的设计，取而代之的是，很干脆地用大块的巨石堆筑得高高的，一块堆一块，直到堆出巍峨的塔楼，有些地方甚至有将近30米高。

但是在兴都库什山集结的蒙古部落，却不容图格鲁克掉以轻心。这座占地极广的堡垒不但有护城河环绕，而且还有个很深的人工湖。各堤道之间建有水坝，连接了一连串小型的前哨堡垒，并且有一系列精心设计的泄洪水门及水闸来控制洪水。265 蒙古部落若是要进攻这金汤堡垒的话，在还没抵达最外层的防御工事之前，就得先弃马下水。

吉亚斯·乌德·丁·图格鲁克陵

这里总共有 13 座城门，我往上走穿越过其中一座，然后爬过成堆崩坍的石块，因为这些石堆阻塞了通往城池顶上的通路。即使在此城池建成 700 年后的今天看来，它那庞大城墙所围住的范围，依然令人大开眼界。不过在图格鲁克时代，当如今已坍毁的格状断瓦残垣还是熙来攘往的街道与集市，军械库和大象厩房，这一切从波光粼粼的湖光中升起时，那景观一定令人叹为观止。白图泰有幸能赶得及目睹它盛极一时的情景：

> 环绕此城池的护墙简直举世无双，墙内有空间可供骑兵和步兵团行军，足以从城池此端行至彼端……图格拉卡巴德里有宏伟的宫殿，苏丹将宫殿的屋瓦都镀了金。太阳升起之后，屋瓦闪烁生辉，耀眼得令人无法直视。苏丹把他储藏的大量财宝都寄放到这座城池里，据说他建造了一个贮水池，然后把熔化的黄金灌进去，使之变成奇大无比的金块。

从我所站的地方，可以看到下方有个独立分开的微型堡　266
垒，借着一条脐带般的堤道和母堡垒相连，而就在这个图格拉卡巴德中最坚不可摧的位置，坐落着吉亚斯·乌德·丁·图格鲁克陵，他是穆罕默德苏丹的父亲，也是这处固若金汤城寨的始创者。

陵墓是座近似金字塔的四方体，用红色砂岩建成，厚厚的护墙颇怪异地向内倾斜，一座结实的白色大理石圆顶坐落在高墙之上，建构形式就如城寨的缩影，四面八方都有城垛装饰的护墙，就像是建来将死神拒之千里之外似的；或许堪称前所未有、最精工建造的保护遗体的防御工事。这座战士的纪念堂和莫卧儿那种花园陵墓简直有天渊之别，前者充满军国主义风味，而后者却以精雅及华美复杂为特色，一个精致细腻如丝绸；另一个则依然回响着铁环盔甲的铿锵声。

整个城池的重点在这里尽显无遗，表现出图格鲁克念念不忘防御之心，也强调出苏丹统治的军国主义本质特色。大马士革的地理学家一语就道破这座陵墓暗含的精神：德里表面上虽有许多集市和神庙，以及精美建筑，但实际上是座大军营："（德里）的军队包括90万名骑兵，这些部队中有土耳其人，以及卡塔（Khata）居民、波斯人和印度人。他们有良驹骏马，可观的盔甲和精美的服装。苏丹还拥有3000头大象以及约2万名马穆鲁克（mamluk）。"

我徘徊在图格拉卡巴德的废墟之间，试着在脑海中想象那些荒废的军营中遍布土耳其马穆鲁克以及波斯骑兵军官的情景，想象他们研读法赫尔·穆达比（Fakhr-i-Mudabbir）所写的《军事手册》（*Adab al-harb Wa'l-Shaj'a*），这手册约在图格拉卡巴德完工时写成。这本手册不但是苏丹统治期最有意思的文献之一，也是我们追溯图格鲁克时代德里那些心悬战事之王公贵族心态的最佳入门。

爬上一座高高的棱堡之后，俯览城池闪烁生辉的内部，我想起了一段话，用来描述当年驻扎在此的骑兵最为贴切不过：

267　　　利剑是由第一位君主贾姆希德（Jamshed）发明的，并且其威力无穷，为其他武器所不及。因此，当一个王国遭到武力征服时，就称之为一剑定江山。

宝剑种类良多，各有其貌：奇尼（Chini），鲁西（Rusi），鲁米（Rumi），菲朗吉（Firangi），夏希（Shahi），欣迪（Hindi）和卡什米里（Kashmiri）。其中以欣迪（Hindi）剑最为精美，而所有欣迪风格的宝剑之中，又以"海浪剑"（*mawj-i darya*）最为灿烂夺目。

弓则是吉卜利勒（Jibrail）在天堂里送给亚当的超凡武器，在这个尘世中几乎永无他物可取代，而那些蒙福者则在天堂中练习射箭术。

选弓应选伽色尼（Ghazna）的山区弓，此弓用动物的角制成，百发百中。

印度式的弓（kaman-i Hindavi）用藤做成。箭射得不远，但在近距离内会造成重创。此弓所配合用的箭头通常有倒钩，若是射进肌肤，箭杆很易折断，因此箭头便留在肌肤之内，而且往往带有剧毒，很难将之取出。

中亚地区的弓采用马革做弓弦，材料很差。与之相对，如果用犀牛革所做的弓弦代替，它在飒飒生风之际，则能断其他所有弓弦，不论是用野牛革、马革，或甚至用精壮蓝牛羚两胁的皮革所做成的弓弦，都能切断。

豪兹哈斯

图格拉卡巴德可谓 14 世纪德里的军事重地，郊区的豪兹哈斯则是文人学者聚居地。图格鲁克时期的德里是第一个，也是首要的兵营城镇，但也并非完全没有文化或文明。很多受过良好教育的难民，为了躲避撒马尔罕的蒙古征服者而逃来此地，于是中亚那些大学城的人便成千上万地托庇于德里，他们的才学对此地的马穆鲁克也起了潜移默化的影响作用，而这些战士自从征服德里以来，一直深具统治影响力。

在豪兹哈斯有座很美丽的蓄水湖，是由苏丹伊勒图特米什（Sultan Iltutmish）勒令挖掘的，而那些艺术家和知识分子便渐渐聚居在其水畔。其中一边的水畔，矗立着一系列图格鲁克王朝所兴建的最精雅的建筑。

豪兹哈斯伊斯兰教学院的名气极大，与苏丹王朝不相上下，闻名遐迩。大堂至今依然安然矗立，又长又窄像条船，有很多精雕细琢的小亭和阳台在湖面上显露。当时留下来的记载，不但对这种建筑之美赞誉有加，也对门墙之内的学术工作多有推崇。"此建筑的壮丽、优美比例以及怡人的气氛，皆使得它成为世上最独一无二的建筑。"编年史家巴尔尼（Barni）如此写道，"事实上，它简直就可以拿来和古代巴比伦那些宫殿相提并论。无论从东方或西方，都有人组成商旅队伍络绎不绝地前来参观。"

易激动的德里诗人穆塔哈尔（Mutahhar of Kara）则进一步发挥。"我一踏进这座蒙福的建筑，"他写道，"就见到一座生气蓬勃的中庭，其辽阔犹如世界之平原。充满琥珀的芳香，放眼所及，是盛放的风信子、罗勒、玫瑰和郁金香。夜莺啼声婉转动听而……（它们的啼声夹杂着）学生们的争辩与讨论。"

更令人印象深刻的是学院食堂的菜单，使得垂涎三尺的穆塔哈尔特别提出来大赞一番："山鸡、鹌鹑、鹭、鱼、炉烤家禽、烧烤羔羊、炸肉糕、色彩鲜艳的甜点，五花八门，到处有成堆的美食。"石榴甜汁混了酢浆草（sorrel）① 作为饮料，饭后用金银打造的碟子装了槟榔以飨客。进食的时候，学生都盘

① 草本植物，可入药，也可用于烹调沙拉等。

腿坐在地毯上，而那些地毯则来自远方的设拉子（Shiraz）、大马士革以及也门等地。

学院的课程以穆斯林法学及研习《古兰经》为主，但德里也以天文学和医学而著称，很可能这些学问也都是在豪兹哈斯授业。图格鲁克王朝的苏丹对医学尤感兴趣，而穆罕默德苏丹的侄儿菲罗兹沙（Firoz Shah）更设立了至少七十家药房，以及一家中央医院（Shifa Khana），免费给病人供应饮食以及医药，费用由国库支付。

学院及驻院医生所行的医术，为古典希腊医术流传下来的其中一派，非常精深，要是希腊医学之父希波克拉底（Hippocrates），或者是希腊神医盖伦（Galen）在世的话，一见马上就会认可；这种医术由于步希腊古传后尘，故被称为爱奥尼亚医术［Unani（ionian）Tibbia，也称尤纳尼］。爱奥尼亚医术最早是由拜占庭帝国传至萨珊波斯。当时基督教派中的景教（Nestorian）信徒为了逃避君士坦丁堡正统教的压迫，于是逃亡到现在德黑兰南方的君迪沙普尔（Jundishapur），在那里成立了一所医学院，而在伊斯兰早期大举征服行动中，阿拉伯人偷取了他们不外传的秘方。

此种医术生根于巴格达和开罗，又吸取了其他古代医术为养料，包括法老王时期的埃及、苏美尔、亚述和巴比伦等地的医术，最后由阿拉伯学者伊本·西纳［Ibn Sina，中古期的西方称为阿维琴纳（Avicenna）］集大成，将爱奥尼亚医术变成了综合系统的医术。精炼后的医术传到了中亚，成了撒马尔罕和塔什干（Tashkent）那里的大学课程，也因此，终于在13世纪由那些为了躲成吉思汗的难民带到了印度——那时也差不多是阿伯拉尔（Abelard）在巴黎新成立的大学里讲学的时期。

西方医术一向注重消灭细菌，爱奥尼亚医生却致力于把病人当作整体的人；他们怀着希腊的传统认知来学习诊疗之术，肉体、心智及精神一并考虑在内。爱奥尼亚医术着重于加强身体功能重建，以本身的抵抗力来医治身体，其治疗之方的准则是禁止为了只医某处疼痛，却对整个身体的健康造成伤害。诊疗并非只是开开草药的药方，还包括饮食和生活方式的调整与控制，因此，爱奥尼亚医院里也配备了最好的厨子，就以 6 世纪期间位于巴格达的贝特医院（Bait al-Hikmah）为例，它还设有整批的歌手以及乐师。

270　　所有这些用心良苦之举，都是以希波克拉底的"四大体液"（Four Humours）医学理论为基础。这套理论假定人体中有血液、黏液、黄胆汁和黑胆汁，每个人体内所含这些元素的混合成分都不一样，因此便决定了这个人的体质。血液占多数者属于多血质；黏液占多数则属于黏液质；黄色胆汁较多则属胆汁质；而黑色则属抑郁质；失调的结果就是会造成疾病。爱奥尼亚医生力图诊断失调情况，并且让病人能够恢复原有的正常平衡体质。由于没有人拥有完全相同的体质，因此也绝不会用同一治疗手法去治两个不同的病人。

爱奥尼亚医术在它的发源及发展地早已后继无人，我却很惊讶地发现——几乎就如其他所有传入德里的传统那样——它依然完整无缺地活跃在旧德里巷弄中。至今德里仍有为数1500 名左右的医师（hakim）在行拜占庭医术，而且显然他们的生意都很好。爱奥尼亚医术被视为如假包换的医术，丝毫不亚于西方治疗法，跟那些马路边向行人做生意、靠不住的郎中，或者巴尔温德·辛格那位在禽鸟市集消灭雀斑的老友有天壤之分。

现代爱奥尼亚医师的主要集中地依然环绕着巴里马兰（Ballimaran），也就是杀猫人街所在之处，在 17 世纪 40 年代末期兴建此地区时，那些医生就纷纷迁移到此。在莫卧儿人统治之下，巴里马兰成为贵族聚居之地，林立着大规模又通风的豪宅。可是几百年下来——就像旧德里其他部分——这个地区逐渐趋于没落。扛着装满砖石柳条筐的男孩行色匆匆地走过；街道臭气冲天，遍布污泥和屎尿。然而，要是你知道门路的话，还是可以在那肮脏邋遢的门面之后，找到爱奥尼亚医师，他们依然一丝不差地沿用流传下来的医术治病。

他们的诊所堪称蔚为奇观，里面光线很暗，拱顶的房间里有红木架子，摆了很多瓶瓶罐罐，可以见到白须老者在帮从头裹到脚的妇女把脉；身后的阴影之中，他们的助手正像中世纪的炼金术士一样忙着煎药汁：白色的粉末混入灰色的晶体，然后，慢慢地，一颗颗晶体溶化在一缸冒泡的液体中。

这种中世纪的气氛倒是相当应景：因为这些医师所行的医术，多少仍跟 14 世纪期间在豪兹哈斯学院所传授的技术相同。

271

医师奇观

接着，5 月的第二个星期里，我们有个朋友——一位名叫纳维娜（Navina）的古典舞蹈家——从楼梯上摔了下来。一个星期后我们去看她时，她告诉我们，因为膝腱发炎，正在接受治疗。她看的是一位伊斯兰教医师，住在土库曼门附近，她说，要是我们有兴趣的话，很欢迎我们跟她一起去看医生怎么治疗。

在盛夏溽暑，医师诊所早上 10 点半就关门了，所以我和奥利维娅一吃完早餐就和那位朋友会合，一起坐车前往旧德里。路上，纳维娜跟我们讲起她一位朋友的事，那是个美国女孩，多年来一直苦于剧烈头痛和背痛，在西方国家看过无数医生，但他们除了开止痛药给她以外，全都束手无策；到后来，这女孩已经听天由命了。然后，纳维娜带这女孩去看她的医师，阿卜杜勒·贾米勒汗把过脉之后，又检查了她的脊椎尾骨，便直接问她，她小时候是不是有过很严重的意外。那个女孩点点头：她在6岁的时候，曾经被甩下马背，摔得很严重。阿卜杜勒·贾米勒汗为她开了须严格遵守的饮食之方，并且用他自制的草药油为她按摩，不到一个月，她便完全康复了。

医师阿卜杜勒·贾米勒汗的诊所里有间很小的房间，门开向旧德里靠近黑色清真寺的一条小巷。房间用一道遮幕隔成两部分，这头有一排满脸病容的德里老人家坐在矮凳上；遮幕后面则传来水壶里水烧滚的哨声以及阵阵金属碰撞声。我们排了半个钟头，医师才有空见我们。在候诊室时，听到三轮车载客经过，铃声按得震天响；一只老山羊凑近前来，伸着鼻子在我的大腿上磨蹭。最后，遮幕被拉开了，我们三个——奥利维娅、纳维娜和我——被迎了进去。

那位医师是个胖嘟嘟的中年穆斯林绅士，他穿了一件白色272 宽大长上衣，围着格状缠腰布；赤着脚，胡子修剪得很短，向后靠在垫枕上；身下有块破旧草席权当地毯。这位医师的四周——托盘里、柜顶上、伸展的红木架上——排列着一排排、用软木塞住的瓶瓶罐罐。所有的瓶罐里面都有用草药研成的粉末，各有不同的颜色和性质。医师的面前有个搪瓷托盘，摆了一组外科手术工具，看起来就像是从大英博物馆的古罗马工艺品室弄来此处的收藏品。

阿卜杜勒·贾米勒汗并没从座位上站起身来，但是向我们打了招呼，示意我们坐下。纳维娜坐在医师面前的长凳上，伸出手臂，医师接住她的手，闭上眼把三只手指搭在脉搏上。

我知道，把脉是爱奥尼亚医术最主要的诊断方式，每个医师学习把脉时，不但要懂得分辨脉搏速度最微妙的各种变化，也要分辨脉搏跳动的强弱；14 世纪，德里的医生就已经分列出数千种不同的脉搏形态，并且根据各种动物的动态而为之命名：压下食指可以测出蛇型和水蛭型的脉动；中指则可探出乌鸦、云雀和青蛙型的脉动；无名指可以感受到天鹅、鸽子和公鸡型的脉动。医师阿卜杜勒·贾米勒汗专心地帮纳维娜把了右脉两分钟之久；接着，一言不发地又接过她的左臂，再度闭上眼睛，心无旁骛地把起左脉，最后，他放开她的手。

"纳维娜，"他说，"你又吃起花菜了。"

纳维娜心虚地点点头。

"要是你想要有起色的话，就得照我的话去做。请你在这两个星期内听我的话：除了小黄瓜和动物骨髓，别的都不要吃。"

他边说边从旁边抽出一个电环；又从另一边拿出一个被火熏黑的带柄大锅，他打开电环开关，然后把锅放在电环上面。

"这玩意很棒，"纳维娜边说边把裙子拉高露出膝盖，"锅里有医师特别配制的草药，他用草药蒸气帮我熏敷伤处。"

那锅混合物很快就烧滚了，医师在锅和纳维娜的腿上都铺了块类似棉纱布的东西，然后慢慢打开锅盖又放低，房间里顿时充满阵阵药香。开合锅盖时发出的金属碰撞声，就是刚才我们在遮幕后面的候诊室里所听到的声音。

"这热敷实在太棒了，"纳维娜说，"马上就减轻痛楚。"

"锅里面是什么？"我问医师。

273

"草药（dawa）。"医师不做正面回答。

"可是到底是什么药？"

"野生草药，我自己采集的。"

"在哪里采的？"

"在每个地方，山顶上、亚穆纳河那边、山丘上……巴德林纳特（Badrinath）、凯达尔纳特（Kedarnath）等地。"

"可是究竟是什么样的草药……"

"他不会告诉你的，"纳维娜说，"那是家传的秘方。"

"所有各种特别的草药，"医师带着促狭的微笑说，"我父亲传授给我，他父亲又传授给他……"

"总而言之，看起来很有效的样子。"我说。

"我不是治疗者，"医师说，虔诚地举起双掌，"我只是治疗所需借助的工具而已。"

我们谢过医师并离开诊所。

走到外面，耀眼炫目的烈日骄阳像给了我们当头一棒似的照射着。

炙热

日复一日，周而复始，永无休止的炙热弄得每个人脾气都变得很坏。买新车的兴奋劲过去之后，巴尔温德·辛格那个即使在好景时期也不收敛的讲粗话习惯，此时变本加厉，老是处于怒火攻心的状态中。他不断地用粗言秽语咒骂无辜的行人，对其他对手司机大声辱骂，用语生动，并且玩儿命地狂按喇叭：哔！哔！哦！去他妈的！哔哔哔哔！混蛋印度笨驴！哔！狗！哔哔！妹妹也不放过的家伙！哔哔哔哔哔！去你妈的混蛋！

随着夏日的推进，有时我也同样焦躁不安，对于辛格的尖酸之语并不能总是包涵。

"耶！威廉先生：为什么你没味道（smelling）？"

274

"你说什么，巴尔温德？"

"你为什么没味道？"

"这话可不太礼貌。"

"威廉先生，请回答我，为什么你没味道？"

"嗯，如果你非知道不可的话，我今天早上洗过澡，而且我总是记得要在两腋下喷点除体臭剂。"

"不，不，威廉先生，或许是你不习惯这里的热天气。你通常味道很大的。"

"你的意思是不是说我通常味道很大？"

"哦！没错！威廉先生，"巴尔温德说，大摇其头，"可是这些天来你的脸总是很不开心的样子。"

我终于恍然大悟他所指的意思，于是脸上的表情就变了，为之莞尔。

"好多了，"辛格先生说，"现在你终于笑了（smiling）。"

另一项因为天热而为我带来的转变，普里太太也留意到了。

"威廉先生，"有天早上，她以一贯的直言不讳态度说道，"你开始变秃了。"

"只有一点点而已，普里太太。"我辩解道，但心里有数，她讲的是实话。已经有五六年的光景，我那条让我丢人现眼的发际线一直后退，此时更是到了无药可救的地步。

"威廉先生，"普里太太说，双眉皱了起来，"你这样的年纪不应该有秃头问题的。"

"在我的国家这是很常见的，"我努力找借口说，"我已经满25岁了。对于苏格兰人来说，头发在这个年纪开始变得有点稀疏，不是什么值得大惊小怪的事。"

"嗯！"我的房东太太说，"你的同胞应该缠裹头巾才对，这样就不会秃头了。"

"我不认为这样做会有什么分别，"我说，"至少就我的情况是如此。"

"那么，要是你不肯缠头巾的话，至少你该去尼桑木丁圣陵拜拜，"普里太太说，"那里的圣人最会消灾解难，记住我的话，你的秃头问题就会转眼否极泰来。"

仿佛回到了中世纪

275   尼桑木丁是座穆斯林聚居的村子，离普里太太家不是很远，位于新德里的城市边缘，跟周围有宽广林荫大道的大英帝国新德里形成强烈对比。尼桑木丁是个簇集了中世纪神殿、清真寺、陵墓以及苦行僧隐修院的地方，全部都挤在一处，而以印度最伟大的苏菲长老尼桑·乌德·丁·奥利亚（Shaykh Nizam-ud-Din Auliya）的墓冢为中心点。

尼桑·乌德·丁长老属于吉亚斯·乌德·丁·图格鲁克同时期的人。他出家并宣扬简单、以祈祷及舍世为主要内容的教义。他应允信众，若是他们放弃肉体享乐及世俗，就可净化灵魂，而提升至与神同在的境界。长老所提倡的苏菲教义入门与星期五祈祷或空洞的表面宗教仪式无关，而是要深明推己及人之道："己所不欲，勿施于人；己所欲者，推己及人。"

尼桑·乌德·丁吃得很少，他说一想到周围有那么多人在挨饿、露宿街头或清真寺角落里，他就无法下咽。不论获赠什么，他都施舍出去给贫苦之人，无论他们是印度教教徒或穆斯林，完全没有区别。有段时期几乎所有的穆斯林——包括白图泰在内——认为非穆斯林都是真主安拉的敌人，因此，他们都该下地狱受永恒之火的折磨。尼桑·乌德·丁却宣扬一种四海一家、非常包容的教义，坚持"每个社群都有自己的信仰和修行法门"。他对其他宗教的包容并非他在非穆斯林之中大受欢迎的主因，更重要的是，印度教教徒、佛教教徒以及基督教教徒等，统统在他的宣道中找到自己宗教的共鸣。

长老相信追寻个人与神之间的神秘联机，是要先经过漫长又艰苦的挣扎，直到个人的自我完全灭除，才能天人合一。他把和门徒之间的关系，视同教养良好的主人和一群单纯宾客的关系。有些宾客从未登堂入室过，因此需要指点他们如何使用座椅、与人寒暄交谈；有些宾客则一直担心何时才供应饮食，主人的职责便是先在他们风尘仆仆地来到之后，让其安心，然后满怀耐心地向他们解说，其他的厅房里厨子正在准备盛宴，而且到时候他们便会在这些厅房中进餐。由于那些宾客见不到厨子，因此不免会担心厨子根本不存在，主人便有责任去说服那些宾客，调教他们，教他们礼仪规矩，以便盛宴开始之后，这些人懂得进食之道。

尼桑·乌德·丁向来都不怕惹人争议，他认为音乐和诗歌极具威力，可以令虔信者的宗教情操升华，从而对真主涌出崇高之爱。因为持此观念，使得他和德里清真寺里那些正统伊斯兰教贤哲起了冲突，由于妒忌他有大批信众，那些人便在苏丹面前告他一状，说他是旁门左道、异端邪说。这位

276

圣人借着讲道逃过了这次陷阱，但这不是他和吉亚斯·乌德·丁·图格鲁克苏丹的最后一次冲突。

当苏丹宣布要兴建图格拉卡巴德的计划后，尼桑·乌德·丁那时正忙于兴建他自己的苏菲隐修院工程，并且计划在隐修院掘一个水池，用来储雨水。结果当时所有为私人兴建计划的工人，都奉命得马上到标明建城池的地点向工头报到。根据传统说法，尼桑·乌德·丁无法阻止他手下的建筑工离他而去兴建城堡，但他很冷静地预言，要不了多久，城池便会成为荒城，只供牧羊人和游牧的古贾人（Gujjar）作为临时栖身所，这话在今天果然应验了。图格鲁克王朝消逝了；图格拉卡巴德变成了废墟；只有尼桑木丁圣陵依然香火鼎盛。

每个星期四晚上，庞大的人潮仍然聚集在长老的墓冢前祈祷，无所不求，从医治头秃到换政府，并且在此聆听为这位圣人献唱的卡瓦利歌曲。按照惯例，这也是那些苦行僧（dervish）神迷狂喜而跳旋转舞的时候：在聆听献唱给他们圣人的诗歌而情不自禁之际，他们会陷入一种被催眠状态，站起身来像个小孩一样团团转个不停。苦行僧跳旋转舞的历史和苏菲教义一样悠久：10 世纪期间的波斯彩绘手本上就有这种画面——穿着橙色袍服的僧侣，双手高举向天，仰脸陷于一种狂喜状态。这是渴望已久想看的情景，事实上，我更渴望的是头上又再长出以前的金色鬈发。

277 　之前，我常常到尼桑木丁东部去看住在那现代化郊区的朋友，但从来没有机会到路的另一头去，参观那个簇聚在圣陵周围的破败古村。5 月初的一个温暖的星期四夜晚，我第一次来到这里，并且说动了贾弗里博士陪我一起来。

　　这片苏菲乐土别有洞天。外缘有层层陋屋包围，抵达圣陵之前，要先穿越过密集、愈行愈窄的巷弄，经过许多崩坍的墓冢和清真寺，越往里走，时光就越像在倒流。我和贾弗里博士前走进拱顶走道的旋涡里，20世纪初的景象就逐渐消逝在身后，汽车和机动三轮车的噪声也消失了，接着是19世纪和18世纪的感觉，眼见的是莫卧儿晚期、无窗的城镇屋宇。等到我们钻过一条狭窄的拱道，又豁然开朗地走出来之后，便已到了这片范围内的中心点，我们已经时光倒流般地回到了中世纪；四周都是图格鲁克的文物遗产。

　　长老墓室外面的游廊阳台上，坐着一群尼桑·乌德·丁的同宗子孙，他们穿着长外衣，留着没修剪过的胡子，坐在那里对着他们的《古兰经》摇头晃脑，要不然就是记下所收献金账目。信众到处挤得水泄不通：朝圣者、苦行僧、行脚僧、劳工、商人、学者、军人、鸦片烟鬼和扒手窃贼……有些盘腿坐在冰凉的大理石地面上；其他的则排队等着进到墓室里，这些人站着等候时，有个穿薄羊毛紧身短上衣的苦行僧，用一把很

278

大的盾形扇子为他们扇风，扇子上用金线绣了阿拉伯书法金句。其中一个角落坐了一个圣愚（qalander），正起劲地在跟一个看不到的精灵谈天。他跪坐在自己的腿肚上，边点头边微笑，举起双手做抗议状，又左右扭着脑袋。另一边有个烧香的火盆，烟雾袅袅，旁边坐了另一个苦行僧，正安然地在磨刀石上磨着一对铁叉，好像准备要用来刺穿他的双颊。这人的外貌真够惊人：赤着脚，光着双腿，上身套了件橘黄色的长外套，头上戴了顶金色毛皮高顶帽，帽子周围又缠了像蜂巢似的头巾。

"来，"贾弗里博士说，轻轻搭着我肩膀带着我，"我们得去向长老致敬。"

我们加入了排队的朝圣者，很快便经过了尖顶的拱门，走进柔和温暖的圣陵里。

圣陵的墓室里洋溢着世界各地备受尊崇陵墓同样的气氛：有着同样的庄严肃穆和点点烛光，充满神圣之感，那种氛围马上令我联想起西班牙孔波斯特拉的圣雅各大教堂（Saint James in Compostela），或者是耶路撒冷的圣墓（Holy Sepulchre）教堂。墓室里面又窄又幽闭，在中央绘饰的圆顶之下，有一张大理石床，上面用四柱撑住厚天鹅绒华盖遮顶，整个看起来就像是个四柱式床；前面横梁上悬挂着一对鸵鸟蛋。在那华盖和其下的墓盖之间，朝圣者们在深红色的帷幕上堆满了玫瑰花环，艳红四散，以至于几乎看不见大理石，因为它被埋在掉落的花瓣之下。

朝圣者全是男性——妇女被拒于圣陵门外——他们慢慢地绕着铁栏而行，低着头，合拢双手祈祷，不时停下脚步，喃喃念出祷词或背诵着符咒。透过雕镂的窗格，可以看到外面不孕妇女的影子，她们趴在墓室后方，有些在格状石屏风上系线：每条线都是为了提醒长老，要保佑她们生个期待已久的儿子，好传宗接代。

贾弗里博士喃喃地祷告完之后，我们就离开墓室，走在一279个目盲的锡克教上师后面，有个年轻的门徒牵着他慢慢往前走。那位上师的双眼布满了青白的眼翳，走路的时候，用另一只手中所持的黑色柚木手杖敲点着地面。

外面中庭里突然响起一阵敲鼓声，卡瓦利歌者已经开口哼唱起来。"祝你平安（Salaam）！"他们唱着，"祝你平安，高贵的尼桑木——丁！"

总共有 6 个唱圣诗的人，全部穿着高领的白沙瓦式（Peshawari）背心，盘腿而坐，一字排开地坐在墓室前方。其中两个弹奏簧风琴；两个敲塔布拉双鼓，还有两个没有乐器，但是他们拍着手唱歌。其中有个唱歌的是一位牙都掉光的老者，声音粗重而沙哑；他肤色很黑，胡须浓密，长了一双细长的眼睛，看起来好像凡·艾克（Van Eyck）所画的《羊的崇拜》（*Adoration of the Lamb*）里的东方三博士（Magi）之一。他的年轻孙儿则以颤音唱法为他伴唱。

几分钟之内，本来围着圣陵团团转的人统统静止下来，呈半圆状地围着几位乐师。每个人都专心地聆听着，陶醉在音乐之中。唱圣歌的人趁势越唱越快，每次唱到歌词高潮处时，两个唱歌的人便把双手向空中高举，那位老头戒指上的宝石也就映射着光线闪烁不已。然后圣歌速度渐渐慢了下来，直到只剩下那个男孩温柔、清脆的声音，伴着簧风琴的低音部单音。歌声骤然停止，有一会儿，全场寂然无声，接着，塔布拉双鼓重重响起，歌者再度唱出最后几段歌词，他们重复又重复地唱着圣人的名字：尼桑——乌德——丁！尼桑——乌德——丁！尼桑——乌德——丁！

人潮的边缘处有两个摇扇人，跟着礼赞之歌缓慢又如催眠似的摇着扇子。周围所有的信众也都摇晃着身子，眼神中有着恍惚，仿佛就快进入催眠状态，卡瓦利歌者见到这种情况，又把歌拖长了，企图再制造一次高潮。他们提高了声音唱出新的亢奋之情，但已经错过了那一刻，没有为群众带来投入的催眠状态；激情高潮多少已消失了。赞歌结束，一股失望之情在群众之中传开。

后来，和贾弗里博士坐在路边小吃店时，我谈到信众之中究竟有多少是印度教教徒，多少是锡克教教徒的问题。贾弗里博士耸耸肩。"印度教教徒和锡克教教徒也各有他们想要圣人帮忙实现的梦想，"他说，"这是一点。除此之外，你也不一定非得做个穆斯林，才能在更深入的事情上去求圣人帮忙。有很多印度教教徒就和我们一样，对于来世超凡入圣很没耐心，

280

他们都想要在此生就能瞥见真主的面貌。"

"可是他们所瞥见的真主面貌，跟你会见到的很不一样，不是吗？"

"那当然，"博士说，"但谁够资格说哪一个才是真主的真面貌？"他把念珠套在食指上不停地拨弄。

"贾拉尔·乌德·丁（Jalal-ud-Din）以前讲过一个远方国家的故事，那个国家在阿富汗北部某个地方，里面住的居民都是盲人。有一天，消息传来，城墙外面有头大象经过。

"市民便召开了一项会议，决定派出一个三人组成的代表团，出到城门外面去了解，以便回来报告给大家，大象究竟是什么东西。于是，那三人便离开城镇，跌跌撞撞地往前走，终于发现了大象所在。这三个人便伸手出去摸，用手去感觉这个动物，然后他们又尽快赶回城中，好去报告他们摸到的感觉。

"第一个人先说：'大象是种很神奇的动物！就像一条大蛇，但能竖立在空中！'第二个人听到这说法大为不满：'胡说八道！'他说：'这人在误导你们，我摸到的大象更像根柱子，结实又坚固，你怎么用力推都推不倒它。'第三个人摇着头说：'这两个人都在撒谎！我摸过大象了，它就像把很大的扇子，又宽又扁，而且坚韧如皮革，你摇它的时候，它会摇晃，就好像是有桅帆船的风帆一样。'三个人各持一说，互不相让，终其一生为此而拒绝彼此交谈，每个人都坚持自己才知道所有的真相。

"不用说，这三个盲人也都各有其道理；第一个人摸到的是象鼻，第二个摸的是象腿，而第三个则是大象耳朵。每个人都摸到了部分真相，可是没有一个掌握住这个所遇到动

281

物的整体或它的庞大。要是他们肯聆听彼此的意见，对这大象的不同层面深思一番，或许会了解到这只动物的真正面貌。可是他们都太骄矜自满，因此情愿固守他们自己那一知半解的真相。

"我们跟这种情况也差不多，我们见到安拉的这一面，印度教教徒又有不同的概念，而基督徒也有他们的第三种想法。在我们看来，所有这些不同的看法似乎完全不能相提并论并且混为一谈，但是我们却忘了一点，在神的面前，我们就像跌跌撞撞的盲人，完全陷于黑暗之中……"

就在博士讲故事的时候，跑堂的已经端上我们点的烧烤肉串。我们吃了起来，我一面请教博士有关苏菲主义，以及尼桑·乌德·丁和贾拉尔·乌德·丁·鲁米所教导的道理。贾弗里把他的盘子推到一边，慢慢地把我想知道的事解释给我听。

旧德里的苏菲

基督教早期的几百年之中，从安条克（Antioch）[①] 城郊一直到西奈半岛（Sinai）的旷野，这片称为黎凡特（Levant）的地中海东部地区的沙漠里，到处都可见到隐士或遁世苦修的人，他们坐在洞窟中，或者坐在粪土堆上，孤立于高柱之上，要不然就在旷野中捡找蝗虫和野蜜充饥，他们在沙漠中以折磨肉体来寻求灵魂的救赎。

7世纪初，当这个地区被伊斯兰大军征服之后，很多隐士都转而信奉这个新宗教，因而加强了伊斯兰教义更避世与神秘的一面，于是这种肯定严厉与正统性的看法，也就随之

_____

① 古叙利亚首都，今土耳其南部。

在《古兰经》里成形了。由于不耐烦等待来世的天堂，这些穆斯林玄学主义者——人称苏菲、苦行僧或圣贤——背弃世俗的一切，希望能够得到某种与真主之间的神秘天人感应实质体验。

随着正统伊斯兰教的散布，苏菲神秘主义也跟着广传，遍及波斯，深入喜马拉雅而传至兴都库什山区，直到巴基斯坦信德省（Sind）以及印度，并且吸收了当地的玄学信仰，因此包括印度教、密教（Tantrism）基本教义，以及喜马拉雅东区的萨满教（Shaman）膜拜仪式等。为了得到精神上的启发，印度的苏菲把自己倒吊在井里40天，什么也不吃。一些其他苏菲则以蛇蝎充饥维生，抽印度大麻，随身携带狼牙棒，用来把自己打得遍体鳞伤。有些则用灰烬抹遍全身，赤身裸体到处行走，甚至走在喜马拉雅山的冰天雪地里。有一派则受到印度教苦行高僧的影响，用铅条穿过他们的生殖器，铅条上并附有大环，作为他们严守独身的生理保证。

其他没有这么极端的苏菲，则追随更圣洁又充满哲思的道理，以便寻求天人合一。他们退隐到苏菲隐修院中，终其一生致力于精神上的修行，这些更受人敬重的苏菲派人士也拥有了相当的影响力。"人人皆知，"14世纪的德里诗人伊萨米（Isami）写道，"只有借着苦行僧的祝福，王公贵族才能掌权……当一个苏菲弃国他往时，这个国家便会受到无可名状之苦。这些都是不争的事实。"

有关他们法力无边的故事激增，而在印度，真相与虚构之间的分野向来就不是很明显，此时就更完全失去了清晰性。有谁不知道，沙贾拉尔（Shah Jalal）每天都骑着会飞的骆驼从东印度飞到麦加做晨祷（据说那匹骆驼总是赶得及在早餐之前把他带回来）。还有来自江布尔（Jaunpur）的沙穆达尔（Shah Madar），他也是变戏法的人的守护圣人，他喜欢坐在一面墙上飞行，范围遍及次大陆各地区；他从来不吃东西，诅咒人时能让人全身长出水泡。

283

近几年来，由于伊斯兰宗教激进主义的兴起，许多伊斯兰国家都对非正统派的苏菲秘僧加以迫害并禁止。只有在印度和巴基斯坦他们才有增无减，而且他们的教义文化也越来越大行其道，广为传播。

对于某些人来说，苏菲的修行法依然是取得与真主天人合一之道。旧德里城中还是有几个住持高僧带领着成群苏菲秘僧修行，他们过着简朴的隐修院生活：吃得很少，生活只是为了祈祷以及念 99 次安拉之名。"我每天都努力念两万四千次祂的名，"贾弗里博士带我去见一个很老的苏菲时，那位苏菲这样声称，"当我念的时候，觉得身心非常舒畅，我静心坐着冥想，合眼闭嘴……有时运气好的时候，突然感到心中充满灵光。"

但更常见的是，现代的苏菲往往开设神堂，主要以头脑简单的村民为对象，给予祈福消灾的手镯以及护身符、草药，等等，并且收取服务费。这些人多数看来既不懂什么医道，也欠缺苏菲应有的基本道理修养；很多是一眼可看穿的神棍。目前德里大概有一百个这类伊斯兰教法师，其中最恶名昭彰的是赛义德·穆罕默德·萨尔马迪（Syed Mohammed Sarmadi）法师，有着脑满肠肥的庞然身躯，缠着泰山压顶般的头巾，腰粗如象，层叠下垂的双下巴，他主持全印度最赚钱之一的信心治疗生意。萨尔马迪有位祖先被莫卧儿皇帝奥朗则布勒令斩首，因为他一丝不挂地游荡到皇帝面前，尖叫着苏菲诗句。萨尔马迪声称，曾经在入定幻象中见到他那位殉道的曾祖，他手持脑袋在德里街道上游荡，之后，他便挨着祖先的墓冢做起了治疗的生意。

每天从早上 10 点钟到下午 5 点，他盘腿坐在神堂里，只在吃午餐的烤肉串时，稍微休息一会儿。那是个小房间，不过萨尔马迪却把它摆得满满的。墙壁上摆着各种粉末和经卷，装框裱起用阿拉伯书法写的论文，以及麦加的天房照片。排队等着见他的人络绎不绝，萨尔马迪也让队伍不停前进，每个来诉愿的人大概会花上他两分钟时间。前来朝圣的人进来，坐下，解释自己的疑难杂症问题。萨尔马迪侧耳倾听，只有在清洁手指甲或对着黄金痰盂清喉痰时，才会分散注意力。等到恳求者讲完了之后，萨尔马迪就摇晃着手中的孔雀羽扇，向诉愿者扇几下，诵一段《古兰经》，写一道神符或者一些神圣数字，然后放在护身符上，接着就收费 50 卢比，那已经是一个印度工人的周薪数目了，然后便要这祈愿者离去。

284

最后，那个来求消灾祈福的人还要再递出 20 卢比给站在神堂外的一个老阉人。这个老阉人拿着装水的羊皮袋，收到钱之后，便会把水倒进一条排水渠，水渠流过被砍脑袋苏菲的墓冢之下，而祈愿者则被告知，此举具有为个人洗涤罪恶及为墓中死者抹圣油之效。生意好的时候，萨尔马迪一天差不多有两百个求消灾祈福的人上门。

有一次，我曾向贾弗里博士发牢骚，旧德里有很多所谓的苏菲其实很明显都是大言不惭的骗子。博士说他同意我的话，不过他补充说："可是威廉老友，你得要记住一件事，冒牌苏菲就像其他的冒牌货一样，之所以会有这些假造的冒牌货存在，就是因为真金太难能可贵了……"

精灵何在

那个夏天，当地狱般的酷热逐渐转为傍晚时的怡人温暖之际，奥利维娅和我经常散步到尼桑木丁圣陵，我们在那里聆听卡瓦利歌曲，并且和前来朝圣的人交谈。

没过多久，我便了解到一点：绝大部分来圣陵的朝圣者，不仅视尼桑·乌德·丁为逝世已久的圣人，而且在他们心目中，仍然是活着的长老，随时都能为他们指点迷津、帮助他们。有一回，坐着听圣歌时，我问贾弗里博士，一般人是否都作如是想？

"圣贤是不会死的，"他说，"你的血肉之躯，我的血肉之躯，都会化为尘土，但是这种事却不会发生在圣人身上，他们只不过是消失在一层面纱之后。"

"不过你又怎么会知道这一点呢？"我问。

"只要运用你的双眼！看看你四周，"贾弗里博士说，"在285 这方圆之内，坐落着帝王的陵墓——穆罕默德沙·兰吉拉——以及一位公主贾哈纳拉的陵墓。过了马路，另一边坐落着另一位皇帝胡马雍的陵墓，这些陵墓都比尼桑木丁圣陵的墓室壮丽多了，可是又有谁去看它们呢？只有乘着一辆辆大游览车来的观光客去参观。他们大声嬉笑，吃着冰淇淋，进到陵堂之前，也从来没想到过要脱鞋子。

"可是这个地方就不同了，没有人对着尼桑·乌德·丁的墓室大呼小叫，这只是个死时一文不名的穷人纪念冢。然而，每天却有上千人来此，热泪盈眶地带来心底深处的愿望，在尼桑·乌德·丁离开了他的肉体之后600年，一定是有些什么促使他们不断来此。每个来到这里的人都很清楚地感觉到这位圣人与他们同在。"

我后来认识了负责照管圣陵的皮尔扎达（pirzada，某种意义上的庙主）——他们全部都是尼桑·乌德·丁姐姐的嫡传子孙——他们开始跟我讲起很多故事，关于许多人都曾在他们祖先以前那座修道院里不同地点见到这位圣人的事。

"只有心地纯洁，你才能见到尼桑·乌德·丁，"有天晚上，我和哈桑·阿里·沙·尼扎米（Hassan Ali Shah Nizami）一起坐在墓室前的游廊阳台，他向我解释，"要看你虔诚到什么程度而定，有些人见到他坐在墓冢上，有些人则见到他在圣陵里到处溜达。对于其他人，他会在梦中显灵，这一切完全没有硬性规则，因为他已经摆脱了肉体凡身，所以没有凡夫俗子的限制。"

"你见过他吗？"我问。

"没有用肉眼见到，"尼扎米回答说，"不过有时候我试着治疗某个人，或者帮人驱除邪灵时，我会呼唤他的名字，并且感到他与我同在……就好像我是根笛子：本身起不了什么作用，不过尼桑·乌德·丁知道怎么样通过我来吹奏，而且——怎么讲呢？——可说是借着我来制造圣洁的治疗音符。"

尼扎米还告诉我一个故事，说明尼桑·乌德·丁对于照顾自己的陵墓是如何要求绝对忠实。几百年来，不成文的规定是只有皮尔扎达才准去打扫他们祖先的墓冢，有天晚上，轮到当班的守墓者想要到附近去看一出戏，便把打扫墓冢的工作托付给一位朋友。等到那个当班皮尔扎达回来，却见到他朋友仰面朝天平躺在地上，手中还握着扫把。他赶紧把其他皮尔扎达找来，一起把这人拖到圣陵外面，在他脸上泼水弄醒他。稍后，这人讲述说，刚开始他在圣陵里扫地时，墓冢便现出一道强光

286

把他击倒了，他吓得半死，后面的事什么也不记得。其他几个皮尔扎达马上亲自去打扫圣陵并膜拜一番，恳求那位发脾气的祖先原谅他们。

对于那些皮尔扎达以及聚集在尼桑木丁圣陵的苦行僧而言，最不同凡响的，是每天，而且几乎是例行出现的超自然现象：那些苦行僧会告诉我——而且面无表情的——他们在前一个星期之中，有幸出现了圣痕（"先知穆罕默德手指所造成的神秘伤口"），要不然就是前一晚见到重甲武装的邪魔大军行军过诸天。他们提到这些显灵现象时的语气，就跟列出前往勒克瑙巴士班次，或者提及正在康诺特广场电影院上映的影片名一模一样，稀松平常。

有天傍晚我花了几个钟头时间，向那些皮尔扎达以及苦行僧询问有关精灵的事。我们正在谈论的时候，一大群人也随着聚拢围着我们，人人都插嘴讲一段他们与这种隐形魂魄打交道的经验。

"你没法看见风，同样的道理，你也见不到精灵。"有位苦行僧发表意见。他是个胡须浓密的孟加拉人，身侧佩戴了一柄长弯刀。

"唯一能见到精灵的人，是那些伟大圣人，以及修行好的婆罗门。"第二位苦行僧附和着说，他是来自艾哈迈达巴德的古吉拉特人。

"他们无所不在：在某个人的家里，或者是在空气中。"

"女精灵还可以千变万化，变成各种生物的形状，她们会变成一头驴子、耗子、美女……"

"变成蛇。"

"变成山羊。"

"变成胡狼。"

"变成黑狗或水牛。"

"据说那些大精灵骑在老鹰翅膀上环游世界。"

"以前哈伦·拉希德（Haroun al-Rashid）这位哈里发便常常向那些精灵群中的诗人学唱歌曲和小调。他们宣誓过要效忠他，并且协助他在幼发拉底河岸兴建那座壮观的王宫……"

有一点引起相当程度的争议，那就是：精灵究竟是穆斯林还是非穆斯林？

"精灵是魔鬼的一种形式，他们不可能是穆斯林的。"有位苏菲说道，他是块头很大的阿富汗人。

一阵不以为然的喃喃之声随之响起，其他所有的人都摇头表不同意，有些苦行僧则摸着胡子。

"你错了，"佩弯刀的那个孟加拉人说，"精灵也有能耐接受救赎的，先知穆罕默德被派到我们之中来，也同样被派到精灵之中，《古兰经》上面就说过，有些精灵会进入天堂花园。"

"有些精灵是穆斯林，其他的精灵是印度教教徒。"那位古吉拉特苦修僧补充说。

"这倒是真的，"另一位同意道，"而且穆斯林精灵是住在清真寺里面。"

"他们每天都祈祷 5 次，而且也做所有的膜拜仪式。"有个来自海得拉巴的巴基斯坦人说，"他们把安拉写在心里，只要是呼唤穆斯林祈祷的声音传达到的地方，你都见不到异教精灵。"

"印度精灵住在丛林里面，他们也喜欢废墟，譬如说古庙、坟场、火葬地、商旅客栈……"

"有些精灵躲在大树的树根里。"

"不过有些伟大圣人可以捕捉精灵，而且即使是印度精灵中的首领（Rajas），他们也有办法让这些精灵改宗，"古吉特拉人说，"他们会善用这些精灵的法力来达到自己的目标。"

"有谁？"我说，"当今有谁可以做到这点？"

"在信德省有个人，"巴基斯坦人说，"他的名字是赛义德·赖兹·阿塔尔（Sayyid Raiz Attar），他住在海得拉巴附近的沙漠里，他就曾经抓过很多精灵，而且利用他们来帮他兴建自己的隐修院。"

"德里也有位很了不起的苏菲懂得精灵的秘密，"孟加拉人说，"他借着手下精灵做了很多神奇的事。据说他是全印度最了不起的伊斯兰教苦行圣贤。"

"他叫什么名字？"我问。

"他的名字是，"孟加拉人说，"萨德尔·乌德·丁法师。"

208 个精灵

288　　　"这可真是个奇迹。"拉维·博斯（Ravi Bose）先生说，一边抹着眉头滴下的汗水。从 7 点钟开始，博斯先生就在和我等萨德尔·乌德·丁。我们站在旧德里土库曼门附近那个高僧的圣祠的窄檐阴影中。此刻正是 5 月热浪滚滚的早上，沙漠吹来的干燥风沙正刮过所有的窄巷。我们热得要命，而萨德尔·乌德·丁却迟到了将近 3 小时。

"真的，我跟你说，那完全是个奇迹，"博斯先生接着说道，"这位高僧来到我家，10 分钟之内，他就找到了精灵——整个精灵家族都被他找到了。"

"你看得到那些精灵？"我问。

"不，可是萨德尔·乌德·丁法师就像在光天化日下找人一样看到了他们。这位圣人说，那些精灵是黑色的，样子丑得不能再丑，而且其中有些是男的，有些是女的，总共有 208 个。"

"208 个精灵，那可真算多的，不是吗？"我问，"我的意思是：他们全部都在哪里呢？"

"躲在家里不同的地方，"博斯先生回答说，"萨德尔·乌德·丁说，楼梯底下有 52 个，还有 52 个在阁楼顶，其他的则都在厨房里。"

我们在等候的时候，博斯先生讲起了他的生平故事来为我解闷。他透露他是个电镀专家，受过良好教育，有辆小汽车、一栋大房子以及两个孩子。他的人生一向没有问题——直到，也就是说，那个扫地的女人滋事为止。

头一个月，他已经很确定那个扫地女工在偷他的东西，于是迫不得已只好赶她走。但她走的时候，在他家里下了咒——让他家遍布邪法以及成群而来的邪恶精灵。不久，他的孩子都病倒了，生意也一落千丈，老婆也收拾细软离他而去。他不是个迷信的人，他说，但是他得想想办法。后来是他的一位穆斯林雇主介绍他去找萨德尔·乌德·丁。

"所以是萨德尔·乌德·丁帮你把家里的精灵赶走的？"我问。

"怎么不是？"博斯先生说，"他做了些法事，我们买了一千克的凝乳，萨德尔·乌德·丁把它们放在平底锅里煮沸。突然间冒出一股恶臭，这意味着那些恶魔正迅速服从萨德尔·乌德·丁的指令，而且按照指示撤出了我家。"

快到 10 点钟的时候，这位圣人大师萨德尔·乌德·丁·马赫布卜·阿里·沙·奇斯提（Sadr-ud-Din Mahboob Ali Shah Chisti）终于出现了。他是个高头大马的人，有两只大脚，握

289

手很有力；有张看来阴郁迟钝的脸孔，粲然一笑时，露出嚼槟榔的血红大口。他穿了件高领背心，头上披了条红白相间阿拉伯头巾，一言不发地从口袋里掏出一把钥匙，开了圣祠的门，露出一段很陡的阶梯，一直通到地底。

这位苏菲率先走进黑暗之中，像只雪貂钻进地道中似的。我们跟在他后面，过了几分钟，眼睛才适应了黑暗。这时我们置身地窖，墙壁上遍布灰泥装饰，做成类似圆顶和壁拱的形状。部分壁拱之间挖出浅浅的壁龛，萨德尔·乌德·丁在这些壁龛里燃起了火光摇曳的蜡烛和香柱。地窖正中央有座墓冢，四周有顶华盖，萨德尔·乌德·丁盘腿坐在华盖底下，闭着两眼。后来，他终于示意让我开口发言。

"告诉我，"我说，"关于精灵的事。"

萨德尔·乌德·丁在回答之前停了半晌，整整有两分钟，只有烛光在寂静之中摇曳。

"精灵是由气体或火焰组成，"萨德尔·乌德·丁说，"他们是由真主安拉在魔鬼撒旦诞生同一时期创造出来的，那是早在亚当诞生前几百年的事。每年精灵的数目都会增加，精灵有男有女，而且女精灵非常漂亮。"

"你有法力对付精灵吗？"我问。

"我有。"

"你曾经抓到过精灵吗？"

"抓到过。"

我等着听，他没有说话，烛影依然摇曳。

"你用什么方法抓精灵呢？"我问。

"这是个大秘密。这个诀窍是所罗门王最先发现的，然后传给他那时期的圣贤，那是早在先知穆罕默德出现之前的事。

即使在今天，那些伟大僧人也仍然保密，他们不可以随便传授给人，只能传给另一个苦行僧大师。"

"这么说来，"我说，"要怎么样才能变成苦行僧大师呢？" 290

又来了一阵良久的无语沉寂。

"如果你要变成苦行僧大师，"他终于开口了，"首先你得学会灵魂出窍。有时候你得先祈祷很多年，才能掌握这种本事。只有这样，才能直接升到真主那里。"

"你已经这样做过了？"我问。

"我第一次灵魂出窍的时候，是 16 岁，"萨德尔·乌德·丁回答说，"我的圣人师父让我禁食 40 天，并且浸在亚穆纳河里，水没脖子。每天让我出水两次，每次一个钟头，给我一杯橙汁喝。在那之后，我师父又带我到一座坟场，又让我禁食 41 天，然后又带我到高山顶上，这次我只禁食了 21 天。"

"到了禁食最后一天，我灵魂出窍升天，一直升到天上光明之处，那光明便是真主，那是一道很庞大的光，就像有很多太阳一样，但是我看不到光明的中央，因为有块覆盖物遮住了……现在我每次禁食并且灵魂出窍时，就见到比以前多一点的光。人家有问题来求我指点迷津时，我就与这光交谈，请求帮忙让那些人如愿以偿。"

萨德尔·乌德·丁又停了下来，烛泪涟涟之中，烛影在四周摇晃。

"真主给了我法力，"这位苦行僧说，"如今我可以解决所有的疑难杂症。我可以捕捉精灵，也能驱魔，我可以治人家的头痛，愈合断掉的四肢，让奶水干了的女人再生乳汁。"他的双眼映着烛光发亮。

"没有任何事，"他说，"没有任何事是我做不到的。"

间谍网

白图泰当年在旅途上时，有件事是必然会做的，便是去拜访沿途所经城镇上最负盛名的苏菲秘圣和苦行僧。

来到土耳其的科尼亚（Konya）时，他曾经到贾拉尔—乌德丁·鲁米的坟前去致敬。在希伯伦（Hebron）① 则参观了一面清真寺的古迹墙壁，据说此墙是所罗门支使精灵建成的。置身亚历山大港的时候，他住在大师穆希迪长老（Shaykh al-Murshidi）那里，据白图泰记载，穆希迪"神奇地凭着话语便创造出礼物，以之赠人。各阶层的人往往成群结队地来看他，人人都渴望在他的斗室里吃到些肉、水果或者甜点，而他也会让每个人如愿以偿，即使那些东西并不产于那个季节"。

白图泰在长老寓所的屋顶天台上午休时，做了个梦，梦见有只巨鸟以双翼载着他向东面的麦加飞去，然后又经过也门深入东方。等他从屋顶天台下来之后，很惊讶地发现长老已经知道他所做的梦，并且长老还为他解梦，丝毫不差地预言白图泰的东行路线。后来又有另一个埃及苏菲秘圣未卜先知地告诉他，日后他沿路会遇到的所有大师的名字，这个秘圣名叫布尔汉·乌德·丁（Burhan-ud-Din）。虽然当时白图泰一心只打算到麦加完成朝圣之举，并未计划要旅行到远过麦加之地，然而到头来行踪还是远及中国，而且颇偶然地遇上了三个苏菲大师，姓名诚如布尔汉·乌德·丁事先预言的。

然而，尽管白图泰对那些伊斯兰教苦修高僧的出世世界甚为着迷，但是在他抵达德里时——至少是在刚开始的时候——

① 巴勒斯坦西南地区城市，位于约旦河西岸，耶路撒冷以南30公里。

这个摩洛哥人的思维似乎仍受红尘俗念所支使，而且到头来还混得相当好。当时一个印度家庭每个月平均有 5 个第纳尔就够维持生活，穆罕默德·本·图格鲁克苏丹却赏了白图泰 1.2 万第纳尔的年金，并且赐予重要职位，任命他为德里的法官。不过看来白图泰并不能胜任此职，因为自从他离开麦加之后的几年，已完全没有碰过他所学的法律本行，根本不曾做过法官工作，也没有实习经验。

不过白图泰从来都不是个会对礼物吹毛求疵的人，对于自己不够资格胜任职责这一点，他可是毫不在乎，而且欣然地接受了这项能为他带来安逸生活的安排。待在这个印度都城的头 7 个月里，他没有审讯过一宗案件，相反，他把精力都用在再度迎亲娶妻——这回娶的是胡尔娜莎（Hurnasab），一位显赫的苏丹贵族之女——并耗资约 4 千第纳尔，扩大装修那栋位于顾特卜塔附近的住宅。他定期上朝，有时还陪同苏丹出猎，他甚至还有本事说服苏丹帮他付清拖欠的账款，那些账都是他在德里的集市疯狂购物所欠下的。这种生活必然是很好的转变，至少比骑在骆驼背上，旅行于中世纪的中东地区要好得多，后者的生活既艰苦、不适，又充满危险性。

就在白图泰——起初——对苏丹除了满心感激、不做他想之际，德里大多数人却有截然不同的感受。苏丹接二连三地发动了一连串荒唐可笑、考虑欠周的改革；这些改革包括对德里附近的村庄征双倍的所得税（结果引发大饥荒），又试图引进中国模式的铜钱货币制度（结果只造成大量伪币流通，国库破产）。这些丢人现眼的改革计划失败，徒令图格鲁克苏丹恼羞成怒，变得更加残暴不仁。据编年史学家齐亚·乌德·丁·巴尔尼（Zia-ud-Din Barni）记载："当苏丹发现他下达的指令

292

并未如他所愿顺利执行，愈发恼羞成怒地拿老百姓来泄愤，开始像收割野草一样对待他们。"

图格鲁克就像其他处于同样情况中的暴君一样，第一个反应是加强秘密警察的势力。白图泰一开始并未处于冲突的第一线（何况他又多少站在这个不仁的政府这边），印象也最为深刻：

> （图格鲁克）惯于在每个大小王公贵族身边安插一个奴隶，监视他们的一举一动并报告给他。他也在他们家里安插女奴（作为密探），这些女奴把密报传给扫地的人，扫地的又把情报传给间谍头目，间谍头目再报告给苏丹。（德里）有个传说提到，某个王公曾在床上向妻子求欢，欲行云雨，其妻以苏丹的脑袋为名，祈求其夫勿行交欢，但他一意孤行。第二天早上，苏丹便派人传他进宫，然后处决了他。

到了后来，白图泰因为走错了一步，终于体会到图格鲁克统治的黑暗面。1341 年，他来到德里已经有 8 年时光，白图泰犯了个错误，便是去拜访高僧谢哈布·乌德·丁。这位长老在德里是政见最激进的苏菲秘僧。稍早，图格鲁克因为他的傲慢无礼，而拔掉他的胡须作为惩罚。在此之后，谢哈布便隐退到亚穆纳河岸附近的农庄，并且在那里为自己掘建了一座很大的地下住宅，样样齐全，有"厅房、储藏室，以及烤炉和一间浴室"。白图泰和这位离群穴居的隐士来往之事，显然传到了密探耳中，因为稍后那位长老遭到逮捕——罪名是拒绝奉苏丹之命，从他那地下栖身处出来——白图泰也同时受到监管：

"（苏丹）心怀处罚我的念头，并且下令让他的 4 个奴隶在我上朝时，如影随形地跟着我。他一对任何人采取这种行动，甚少有人能逃得过他的掌心。结果我禁食了 5 天，每天反复地读着《古兰经》，除了水之外，什么都不入口。5 天之后，我开斋了，然后又开始另外 4 天的禁食。"

等到那位高僧长老备受酷刑折磨，再遭处决之后，苏丹这才发了慈悲放了白图泰一马。在感谢真主安拉让他死里逃生之余，白图泰散尽家财，并且和一个乞丐交换衣物，做了 5 个月的苦行僧，栖身于旧堡城门外的一座洞窟中。

这种经历并非只有白图泰才有，全德里有越来越多的无辜者都被图格鲁克的密探找上。情况每况愈下，而德里人面对这种压迫的回应，唯有一途，就是每天写下"谩骂与侮辱"苏丹的字条，不具名地扔到千柱宫的朝觐殿上。这一做法成了导火线，盛怒之余，图格鲁克决定毁掉德里，他下令马上迁都道拉塔巴德（Daulatabad）。那座城市在德里南方 700 英里处。全德里 50 万的人口限 3 天内收拾好离开。

"绝大部分人都逆来顺受，但有（部分人）躲在自家屋宇内，"白图泰写道，"（等到期限过了之后）苏丹便勒令大肆搜查，他手下的奴隶发现街上还有两个人，一个是瘸腿，另一个是盲人，他们被带到苏丹面前，他下令把那个瘸腿之人当石弹般从投石机发射出去，而那个盲人则用马从德里拖到道拉塔巴德去，那是要行走 40 天的距离。那个盲人在路上便已解体，只有一条腿到了道拉塔巴德。"

在那些被逼离乡背井的人之中，包括德里大诗人伊萨米的祖父。伊萨米在他的作品《信德沙纪事》（*Shah Nama-i Hind*）中写道：

　　我的祖父当时已经离群，独立地住在自己的宅中。他已经把祖产都分给儿子们了，那时几乎足不出户，除了星期五上清真寺去祈祷。

　　皇帝把他赶出德里时，我祖父90岁，坐在轿子里（熟睡）。抵达提帕特（Tilpat）后，有些喜欢亲近他的人揭开了他的轿幕，这位有福之人向轿外张望，见到周围一片茂密青翠的荆豆和果林，就向仆役打听他身在何方，因为他很惊讶地发现自己竟然在这么奇怪的地方，周围都是茂密的树林和野兽。

　　当仆役听到他这么说时，他们都凄然叹气说："哦！老爷，驱逐我们出境的密探来的时候，您正在睡觉，他们命我们离开德里，到道拉塔巴德去，还有其他所有平民百姓都要离开。要回德里是不可能的了！"

　　这位德高望重的老人家听了这番话之后，深深叹口气，便气绝身亡了。他的死——真的是因为忧伤过度而造成的后果——引起了所有人的哀悼。四面八方都爆发出哀号悲泣，男男女女撕抓着自己的脸，扯着头发。

　　在路边埋葬了这位老人家之后，第三天，大队人马又出发上路了。那是段焦土之上的艰苦旅程，头上骄阳炙人。（披戴罩头面纱的妇女）以前最多只不过在花园里走走路，而今要行经怪异的地区，有很多人筋疲力尽撑不下去，还在吃奶的婴儿也因无奶可吮而死亡，大人则因口渴而死。有些人赤脚而行，流着血的双脚在路面印下血印。整支队伍到头来，只有十分之一的人活着来到道拉塔巴德。

　　德里变成了空城，好像伊斯兰教天堂里没有了妖艳女人，城里的屋宇成了精灵的寓所，稍后，皆付之一炬。

德干半岛上的新德里

　　路两旁各有一排古老的榕树一直延伸到远方，树干粗大，长长的气根垂悬到路面上，看起来好像巨大的木头蜘蛛爪似的，有时气根垂得很低，以致车子驶过时，气根梢还会拂过车顶。

　　那时还是大清早，可是路上已经有很多村民：围着裹腰布的牧羊人，赶着走在他们前面的羊群；一群戴着国大党帽子的工人，他们穿着层层包裹的白色围腰布；三个穿着鲜红袍子的流浪乐师，每人都抱了个又长又弯曲的弦乐器：不是印度式琵琶，就是印度式提琴。在榕树之后的远方，可以见到德干山脉阴森怪异的形状：在风化的山脊之上，可以看到起伏的灰色护城墙轮廓。在印度传说里，这些大块的侏罗纪时期的花岗岩是上帝创造世界之后，弃在这里的废料。

　　去看那座废墟城市之前，我先参观了那些墓冢，相当出人意料，竟有几百座坟墓星罗棋布地位于林荫道两旁的灌木丛中：一片荒烟蔓草中的陵墓，有些上面建有圆顶，有些则建了圆锥顶，其他的一些则用砖砌成金字塔状。而今这些陵墓都寂寞无人见，只有低矮的灌木丛和灰绿色的荆棘包围住它们。我醒悟到，100年前，勒琴斯尚未把德里的墓冢规划进他的新城市网脉时，它们看起来必然就和这些墓冢一样。

　　接着，来到一个转角附近时，黑色的道拉塔巴德险崖便映入眼帘，陡峻地耸立在平原之上，这座岩石嶙峋的险崖很可能是全印度最大的一座天然壁垒。此崖的基部呈正方形，有三面是垂直陡峭的崖面，第四面则没有那么陡峭，不是九十度。然而大自然在这第四面未完工的部分，却由人力补足了；在这片岩崖上，有四面图格鲁克所建的巍然半圆形城墙，层叠而上，

宛如古罗马圆形露天剧场的阶梯席位。这些城墙比图格拉卡巴
德的城墙规模略为小些，但用一种坚不可摧的乌亮花岗岩建
成，因此使得它们看来非常壮观。

这个地方也像德里一样，不容图格鲁克王朝掉以轻心，因
为在这个地区有他们的劲敌马拉地人，虽然马拉地人不像莫卧
儿人那样拥有军事力量，不过他们却以足智多谋弥补了这方面
的弱点。几百年前，有个马拉地部族为了爬上那面保护印度中
部地区堡垒的峭壁，想出了天衣无缝的办法：他们训练巨
蜥——这种巨蜥生长于德干半岛，体长超过 5 英尺——爬上陡
峭的岩壁；由于巨蜥能够紧紧地攀附住岩壁的裂口和缝隙，马
拉塔人的突击部队便把绳子绑在这种爬虫的身上，然后跟在它
们后面爬上峭壁。

或许就是为了防止他们的劲敌采用这种手法，图格鲁克在
岩壁的中层城郭之间掘了很深的护城河；唯一的渡河通道是一
条皮革制的无板吊桥，到了晚上就收起。图格鲁克王朝更进一
步地重修和维护了几世纪前由穴居的印度德奥吉尔王（Rajas
of Deogir）所兴建的古老防御工事：一座如小说家赖德·哈格
德（Rider Haggard）① 笔下的洞窟迷宫，充满黑漆漆的隧
道——也是上到山顶的唯一可行通路——其中一条的尽头是冰
隙深渊。这些簇集的迷宫隧道里设有可伸缩的石板和一道铁制
陷阱活门，可以变得滚烫；随后，整个被隔绝的范围之内就会
密封而且冒出烟来，困在里面的人绝对会因窒息而死。

这座荒凉阴森的城池，便是那些被迫长途跋涉 700 英里、
来到马哈拉施特拉邦（Maharashtra）德里人的旅途终点。抵达

---

① 英国小说家，主要作品有冒险小说《所罗门王的宝藏》《她》等。

此地时，他们见到的是一座坚不可摧，但并不令人宾至如归的堡垒；他们亲力亲为地在这些城墙内重新兴建家园，一座德干半岛上的新德里。

白图泰对道拉塔巴德印象最深刻的是那些奇大无比的恐怖老鼠，他在这座城的地牢里见过（"它们比猫还大——事实上，猫根本就不敌这些大老鼠，一见它们出现就逃开"），伊萨米则对这城市做了更有条理的记述。

> 虽然只有十分之一的德里人抵达道拉塔巴德，却仍有本事把这地方变成繁荣沃土。崎岖不平之地都被埋平了，城市周围和近郊也转而成为趣味盎然的花园和豪宅林立的地区，花草树木极为茂盛，连日月星辰也欣然俯览，各式人等由天南地北涌来，以便定居。

就像 1947 年之后，旁遮普难民令德里完全改观一样，这些离乡背井的新来者也辛劳地工作，在他们的新家园重建新生活。然而，如今在道拉塔巴德，已经没有留下什么可以见证当年他们心血的地方。整个城池已成废墟，荒无人烟，几乎已被湮没遗忘，甚至连观光宣传手册上有些徒有虚名的名胜都比它强。

漫步于空荡荡的废墟之间，最令我感动的是那些思乡的流放者心情，他们把思乡之情转化为在此重建他们所失去的德里之热忱，整个兴建工程就是思乡之情的发泄对象，位于道拉塔巴德的贾玛清真寺，完全就是顾特卜塔脚下那座清真寺的翻版，城墙也是图格拉卡巴德城墙的缩影，而此城周围那些墓冢，也跟德里城缘的墓冢一模一样。

在下到城市内部逛过之后，我经过黑暗的迷宫隧道往上爬——有个导游拿着点燃的夹板为我照明——一直上到城堡最高处。居高临下眺望四方时，我见到了下方平原尽头处，越过城墙之后，点点灰色的荆棘灌木丛之中，有座打理甚佳的围墙花园，里面依然树影摇曳，有着青翠的无花果和桑葚树林。

这个范围原来是座小型的奇斯提派伊斯兰教隐修院——苦修僧的修道院——是这片空荡荡道拉塔巴德古城范围内唯一有人烟的地方，而以前这座古城是全印度最大、最威武的城市。然而，就像尼桑木丁圣陵一样，一文不名的高僧长老的墓冢留存下来——不但精心维护而且备受尊崇——而他那些富贵显赫的同时代之人的宫殿却已崩坍，成为废墟。那座隐修院最初是由尼桑·乌德·丁的一位门徒，巴哈·乌德·丁长老所建，形式一如德里的同类建筑，包括一座墓冢和清真寺。两者都同样有座阴凉的中庭，也都得先经过一道陡峭的阶梯才能到达。

现在这里是个很幽静的地方。我坐在粉刷成白色的中庭里，头顶高处有面旗帜飘扬，看着年迈的长老忙他的敬拜活动，把护身符交给那些难得上门来的朝圣信徒。等他不忙这些事的时候，他又滔滔不绝地和摆在墓室后方的一座木笼中的白尾鸽子聊天。整座圣祠里静悄悄的，只有老人养的鸽子温婉的咕咕叫声、旗帜飘荡声，以及远方烧焦的山坡上传来的山羊铃铛声。

在离开之前，我走进墓室里，向那位逝世的长老致敬。一位年老的苦行僧为我祝福，他先把一根孔雀羽毛放在墓冢之上，然后先后在我两肩上碰了碰。接着，我们便谈起有关巴哈·乌德·丁的事：这位高僧当年如何遭到穆罕默德·本·图格鲁克驱逐出德里，如何长途跋涉来到道拉塔巴德，以及他如何从一无所有兴建了这所隐修院，在此对被流放的穆斯林宣道，并且对当地的印度教教徒传道，改变他们的信仰。

我就是从这位苦行僧口中，首次听到赫瓦贾·希兹尔（Khwaja Khizr）之名。

绿苏菲

巴哈·乌德·丁隐修院中有台阶的那口井，并非人力建成，而是借助赫瓦贾·希兹尔的超凡力量。

为了符合奇斯提传统教规，巴哈·乌德·丁长老选了城外作为兴建他的隐修院地点。他希望像尼桑木丁圣陵一样，离城够近，以方便人们出城来听他讲道，但又远得足以免遭城内政治纷争的池鱼之殃。"我的房间有两道门，"尼桑·乌德·丁曾说，"要是苏丹从其中一道门进来，我就会从另一道门离开。"

由于谨记此项原则，巴哈·乌德·丁在道拉塔巴德平原的角落上，选了个偏僻的不毛之地作为隐居之处。他弄来了足够的砖块和砌墙用的灰胶，但很快就了解到，没有人愿意帮他兴建隐修院，而且这座清修之所完工后，附近也缺饮水之源。然而，他却满怀大无畏的精神闭上眼睛，向赫瓦贾·希兹尔祈祷了三次，那是守护生命之水的绿苏菲（Green Sufi），等巴哈·乌德·丁回过神来，砖块和灰胶都不见了；原本放这些的地方——已经全部完工——矗立着一口有台阶的水井，满溢清冽甘美的泉水。从那天起，那位苦行僧说，这口水井就没有干涸，或者水质变酸过。

这个故事我当时并没有听在心里，直到几个星期之后，再度听闻赫瓦贾·希兹尔的大名，这回是在德里，我在重读《德里神迹之地》（Muraqqa'-e Dehli）时，读到有关沙密蓄水

299

湖（Hauz-i-Shamsi）这段，这个人工湖是伊勒图特米什苏丹勒令在旧堡外挖掘的；离豪兹哈斯不远，在靠近梅劳利伊德格（Mehrauli Idgah，即梅劳利的露天清真寺）的地方，便有处神迹之地，可以召唤绿苏菲，并且和他面谈——要是你懂得正确的咒语和仪式的话。我在书架上又找到另一本书《沙贾汗纪事》，里面也提到在亚穆纳河靠近红堡的地方，有处赫瓦贾·希兹尔沐浴的石阶（ghat），显然这位绿苏菲在德里的神话与传说故事中，曾经家喻户晓。

由于着了迷，我连着几天都消失了，钻进尼赫鲁图书馆里去追查所能找到的相关资料，结果查出这位"绿苏菲"在整个伊斯兰世界里的名气很大。据说他是所有苏菲秘僧的守护神，肉眼看不见的导引者，是个神秘的人物，曾经在漫漫的西奈沙漠里救过迷途的苦行僧，又或者在尼罗河或奥克苏斯河（Oxus，即今日阿姆河）里拯救差点溺毙的苦行僧，还在旷野中向那些有福报的人显灵并传授天机。

至于他的生年，伊斯兰学者仍是众说纷纭，有时他被称为与《圣经》里亚伯拉罕同时期的人物，跟着这位族长一同离开巴别塔（Babel）；有时又被说成是摩西的朋友，帮忙指引以色列人穿越过红海。还有些人认为他是马其顿的亚历山大大帝的表亲，曾经在伊苏斯（Issus）指挥希腊后卫军。其他权威人士则更详尽指出，希兹尔是诺亚（Noah）长子闪（Shem）的曾孙，长生不死，每隔500年，他的肉体便奇迹般地更生一次。他留着一把长长的白胡子，有根拇指里面没有骨头。他总是穿绿色服装并且被称为希兹尔（阿拉伯语的"绿色"之意），因为不论他跪在何处祈祷，那里的土地便会马上遍生茂盛的草木。他依然活着，活在中世纪伊斯兰作家的笔下，也是个浪迹大地者。要是呼唤他的名字三遍，他就会保佑那些心地纯良者免受盗窃、溺毙、火烧，或被蛇蝎咬到以及帝王与魔鬼的迫害。他在空气中来去自如，以水欧芹维生，而且能讲所有民族的语言。有时他也走水路，稳坐在一条大鱼背上。他住在一座岛上，也是汪洋大海中央的一块绿毯上，但他在耶路撒冷有栋房子，而且每星期都到橄榄山去祈祷一次。他还可以随心所欲地隐形。

　　赫瓦贾·希兹尔的盛名由苏丹治下的苏菲秘僧圈子，散布到印度北部印度教教徒那里，后者很快就醒悟到，其实希兹尔便是毗湿奴（Vishnu）① 转世；在旁遮普地区，以前都把这位"绿神仙"当河神来拜，很多神庙里都把他画成乘坐在大鱼背上渡过印度河的形象。在信德省内，他被称为"船夫之神"（Raja Khidar）；任何一个信德人要漂流过河的话——传说中诸水皆流入同一泉源——就会供养婆罗门以讨好这位神仙，呈上干的鹰嘴豆，并且在井栏上燃烛拜这位神仙。在古吉拉特邦则传说他大清早就在市集里流连，订定五谷价格并保护市集免受恶魔之眼（Evil Eye）的侵害。至于在巴洛达（Baroda），人们则以法术召唤他来帮忙治头痛。

　　若欲披荆斩棘地在神话传说丛林之中追溯赫瓦贾·希兹尔足迹所到之处，到头来还是回到《古兰经》里的记载。贾拉尔·乌德·丁·鲁米以及其他多数注释家认为，希兹尔便是苏腊十八世（Surah XVIII）时的那位无名导师，曾经指点摩西并努力教他学会忍耐。然而你若是再更进一步深究，就会发现《古兰经》也不过对这位"绿苏菲"略微一提而已。

---

① 印度教主神之一，守护之神。

至于在苏腊十八世期间的故事，其实又是从更早期《亚历山大传奇》（*Alenander Romances*）所搜集的故事演变来的，那是中东的神话传说主体，环绕着西坎德尔（Sikander）——亚历山大大帝——的诸般回忆衍生。在那些传奇故事中，希兹尔摇身一变，以主管生命之水和长生泉的圣贤角色出现。在那个马其顿人寻找这些幸福水源而徒然无功之际，他指引马其顿人穿越黑暗的旷野，然而尽管他把亚历山大带到了泉边，这个马其顿人却迟疑不前，并未痛饮一番长生泉水，因而永失良机。这个故事和后来中世纪有关圣杯的各种传说极为神似，很可能就是那些传说的灵感主要来源之一。

这部以古叙利亚语写成的《亚历山大传奇》中可追溯至基督教早期的那几百年，可是，这仍然不是希兹尔神话的滥觞，因为《亚历山大传奇》中很多相关部分其实是借自全世界最古老的诗篇：苏美尔人（Sumerian）所留下的《吉尔伽美什史诗》（*Epic of Gilgamesh*）。

《吉尔伽美什史诗》曾收藏在尼尼微（Nineveh）的亚述巴尼拔（Ashurbanipal）图书馆中，至今这个版本依然幸存，不过这部作品写成的时期更早，很可能在公元前 2600 年左右，那时刚刚发明了书写文字。在史诗的故事里，希兹尔是以乌特纳比西丁（Utnapishtim）的名字出现，是大洪水的劫后余生者。在诗的尾段中，吉尔伽什美走过黑暗以及死亡之水，去寻找知道长生不死秘密的圣贤，乌特纳比西丁——也就是希兹尔——指点他到何处去找可令他逃过死亡的仙草，可是吉尔伽美什刚找到时，就被一条蛇先下手为强地偷走了。

在《吉尔伽美什史诗》中出现的希兹尔故事，可能稍后为《创世记》那些无名作家提供了灵感，因此创造出另一条

301

蛇，这条蛇涉及吃另一种植物之事，从而在亚当那里，把人类长生不死的最后希望也给偷走了。因此，希兹尔不仅是文学世界里的第一批角色之一，也是最中心的人物之一；很可能是他启发了原罪堕落（the Fall）这部分的情节。然而，最让我感兴趣的是，在道拉塔巴德的一个苦行僧竟然还记得这个异曲同工的角色，而且在18世纪期间《德里神迹之地》写成时，德里也记得希兹尔。此刻我最迫切想知道的，倒是有关希兹尔的传统——古老得令人难以置信——是否依然活跃于德里。我十分确定该怎么去查出来。

我打电话给辛格先生叫车，让他带我到旧德里去。半个钟头之后，车子就停在伊斯兰学院贾弗里博士的办公室门外。

迦梨时代

"我当然知道希兹尔，"贾弗里博士说，"他是为那些在沙漠中迷途的苦修高僧指点迷津的先知，没有食物的时候他便会显灵，把人带到安全的地方。"

"那人们还是可以见到他的吗？"

"有很多故事，"贾弗里博士说，"不过，话又说回来，这个城市里一向就有很多故事。" 302

"拜托，"我说，"跟我讲个关于希兹尔的故事。"

"嗯——我有个苦修僧朋友，在靠近欧赫拉（Okhla）的地方主管一座圣祠。有一天，他云游的时候走在亚穆纳河岸边，脚下一滑，掉进了河里。那段亚穆纳河的水流很急，旁观的人眼见他就要淹死了，然后我朋友便呼唤了三次希兹尔的圣名。这是他说的，马上，就觉得好像有个人拖着他的衬衫，把他拖回河岸边。他什么也没见到，但是在河岸边旁观的那些人却说他们看到一个绿色的身影——结实得像原木，但是动作像人一样——悬在他的衬衫之上，并把他拖到陆地上。这个苦修僧很确定那天救他一命的就是希兹尔。"

我翻出《德里神迹之地》书中有关希兹尔圣地的那些记载给贾弗里博士看，他戴上眼镜，仔细地研究起来，最后，他放下了书。

"我知道这个地方，"他说，"可是我过了童年之后就没再去过那里了。远在印巴分治之前，我还小的时候曾经跟着祖父到过那里。我没想到这地方竟然还在。"

"你现在在做什么？"我问。

"在标注文章。"

"先把它们扔开一个钟头，"我请求他说，"拜托。"

贾弗里博士眉头一皱，迟疑了一会儿，然后就让步了，穿上了夹克，带头走出办公室。

我们坐车一路往梅劳利行去。那正是一天中最炎热的时候，滚滚沙尘透过车窗扑了进来；等我们来到顾特卜塔时，两人的衬衫后背全都被汗水湿透了。我们在顾特卜塔离开大路，右转到那条通往梅劳利古村的路上，经过了阿扎姆汗（Adham Khan）陵墓的大圆顶之下，并且转向沿着旧堡的城墙路线行驶，旧堡最初是印度教教徒的堡垒，1192 年沦陷于穆斯林手中。

离了碎石路之后，我们进入了一个截然不同的世界：一座由尘土飞扬的窄巷所组成的迷宫，负重的驴子和成群的山羊阻塞了巷道；儿童在路旁的手摇水泵下冲洗。接着，贾弗里博士继续指点方向，车子便出了梅劳利的地界，驶进了低矮丛林中。沿途林立着穗状荆棘灌木丛以及橙红色凤凰花盛开的树木。开了大约一英里，出了灌木丛林之后，就见到清真寺耸立的粉刷白墙：这里便是梅劳利的露天清真寺。

"就在这附近，"贾弗里博士说，"当年祖父带我来这个希兹尔圣地的时候，有个阿富汗籍的苦行僧负责照管——可是话说回来，那已经是50年前的事了。"

我们下了车，从露天清真寺沿着通往山下的蜿蜒山径向丛林中走去，林木下的杂草灌木越来越浓密。小路上，有对画眉鸟在我们前方跳跃，透过树林间隐约仍可见到远方耸立的旧堡城墙，树下浓密的杂草灌木丛中是一堆堆的石工建筑——神庙柱子、托座、墓台——全都长满了爬藤和开花的蔓生植物。

贾弗里博士忽然指着前方说："你看！你看！"

在山谷底，窝在曲折的山凹处，矗立着一座小型的露天清真寺，四周有道围墙环绕。总共只有两三间建筑：一间厨房、一座中庭、一间祷告堂，同时，在圣人墓冢之上，还有座小小的洛迪时期风格的伞亭，另一旁有口古老的圆形水井，用低矮的铁栏杆围住。

"这里，"贾弗里博士说，"就是苦修圣僧住的地方。"

我们把鞋子留在大门外并走了进去，见到芦苇席子上盘腿坐着一个矮小、黑肤、留着山羊胡子的苏菲。他很年轻、精瘦结实、半裸上身，只裹着一件纱笼围腰布，披着翡翠绿披肩。他上身抹了椰子油，在阳光下闪闪发亮。

贾弗里博士说"愿你平安"，然后便在这位苦行僧面前蹲下来，向他解释我们正在寻找的目标。苦行僧一言不发站起身来，走进伞亭，从其中一根直柱的挂钉上取下一把钥匙，然后便笔直地朝着面向圣祠的陡峭岩石跳上去。贾弗里博士和我竭尽所能地跟在后面，好不容易来到岩顶上，却刚好见到那位苦行僧往下跳进一道狭窄的裂隙中。我走到他刚才站的地方，见到一段从岩石中凿出的阶梯通到下面，阶梯底是一座山洞的入口，入口有金属栅栏挡住，那位苦行僧把钥匙插进锁中转动。我步下阶梯，跟着苦行僧走进希兹尔圣地。

304　　里面很简朴，粉刷成白色，洞中央摆了张芦席，面向从远处岩壁中凿出的拱形祈祷壁龛（mihrab），在芦席和壁龛之间竖立着一盘煤炭。

"这就是那些苦修圣僧入定时所凝望之处。"贾弗里博士说。

"这么说来，山洞仍然派得上用场？"

贾弗里博士问那苦行僧，苦行僧用我听不懂的语言回答着。

"那当然，"博士说，"这位先生说他就是看守山洞的人。那些想要出神入化的苏菲会来这里祈祷41天。"

"希兹尔会向他们显灵吗？"我问。

贾弗里博士又把我的问题翻译给这人听。

"他说有很多苦行僧都试过，"贾弗里博士回答说，"不过他知道到现在已经很多年没人成功地召唤到希兹尔，他说如今的苦行僧都不像以前那些那么有法力了。"

"为什么会这样？"我问。

"这个世代已经对灵性修行不感兴趣了，"贾弗里博士说，"太多所谓的高僧都喜欢愚弄单纯的乡下人，搜刮他们的钱。这些所谓的高僧假装禁食，其实却偷偷地溜出去吃烤面饼和泥炭火炉烧鸡。这条路比通往真主之路要易行多了，有些苦行僧虽然能召唤精灵，但召唤不到希兹尔，因为那需要更大的法力。我们如今是生活在灵性堕落的时代。"

"这就是印度教所称的迦梨时代（Kali Yuga）吗？"我问。

"一点没错。印度教教徒相信历史创造和毁灭的时代；帝国兴起，然后毫无警兆地突然又分崩离析了。据说，我们现在便是处于崩毁的循环期中——因为我们罪孽太深重，所以样样都在分崩离析之中。"

"你的看法呢?"我又问道。

贾弗里博士耸耸肩。"我不知道，"他说，"也许印度教教徒是对的，或许这的确是迦梨时代。黑暗时期，瓦解时期……所有的征兆都齐了……"

帝国的瓦解

穆罕默德·本·图格鲁克帝国的瓦解来得很突然——事实上，几乎可说是一点警兆都没有。　　305

颠沛流离地从德里迁都到道拉塔巴德之后，紧接着，各个不同省份的藩王便纷纷起义反抗苏丹，并宣布独立。1335 年，差不多就有 15 宗离心叛乱，图格鲁克在国内各地疲于奔命，讨伐起义藩王，斩了一个藩王的脑袋，又剥了另一个的皮，然后命人用他的作战大象将第三个碎尸万段。当他经过那些叛变省份时，自己就带头大肆劫掠蹂躏，然后放火把自己的王国烧成大片焦土。

"他把国家变为荒土，"编年史家巴尔尼记载，"落入他手中的人便遭他宰割。很多居民都逃难跑掉，躲到丛林中寻求栖身之地，但是苏丹命人包围了丛林，并且将每个抓到的人都杀死。"

就在这场浩劫闹得正凶时，图格鲁克决定派一个使团到中国。至于担任大使的人，他选了白图泰，这个在几个月前就差点被他处死的人。当苏丹派来的使者来到白图泰所住的山洞前，他依然过着苦行僧的生活。

> 苏丹（已经）派人为我送来装备有马鞍的马匹、男
> 女奴隶、袍服和一大笔钱。我穿上袍服去见他。在我退隐
> 期间里，身上穿的是一袭（简朴的）蓝色及膝短袖束腰
> 外衣，而当我脱下它时，我谴责自己（因为背离了宗教
> 生活，再次臣服于浮华俗世）。

> 我听命去朝见苏丹，他则对我表现出空前未有的恩
> 宠，对我说："我决定让你当我的使臣，去面见中国皇
> 帝，因为我知道你很爱旅行。"

于是，一支声势浩大的人马便从德里出发了，带头的是大
使以及他的陪同人员，接着是一千名骑在马上的护卫，以及长
长一列骆驼队，驮载着送给中国皇帝的礼物，包括一百名佳
丽、一百名印度舞娘、树枝形黄金大烛台、金线织锦、宝剑和
绣有珍贵珍珠的手套。跟在骆驼队伍之后的，是最宝贵的礼
物：至少上千匹纯种的新疆骏马。

白图泰大使后来遇上的事，足以显示出图格鲁克苏丹统治
的气数已尽。才来到离德里南方不到 100 英里处，这大队人马
就碰到了印度教教徒组成的叛军。接着发生了小规模的交兵，
而白图泰这位新派任的大使则与仆从失散，成了俘虏："40 个
手持弓箭、不信真主的人上前来包围住我，而我手无寸铁，我
怕只要我一逃跑，他们会用箭射我，所以便下马投降，因为他
们不杀投降的人。他们抓住我，把我身上搜刮得一干二净，只
留下一袭及膝短袖束腰外衣、衬衫和长裤。"

白图泰后来终于设法逃脱，归队继续去当他的大使。然而

整个长途跋涉旅程就像蒙上了诅咒，来到马拉巴尔海岸的港口城市卡利卡特（Calicut）时，白图泰把他所带的那些宝贝都装上了四艘有桅的大帆船，等着举行完星期五的礼拜祈祷后才离开。结果突然刮起了强风暴；那几艘笨重的大帆船撞到岸上破裂了，奴隶、部队和马匹全被淹没。白图泰则发现自己被困在沙滩上，口袋里只有 10 枚第纳尔，眼前地上则有张很简陋的祈祷用小地毯。他所拥有的一切都失去了，由于不敢回到德里去面对苏丹的狂怒，他便以个人身份继续旅行去往中国。等他后来终于回到祖国摩洛哥，并且在费兹（Fez）安定下来写他的回忆录时，他已经旅行了 29 年，走过 7.5 万英里的漫漫长路，约为马可·波罗行程的 3 倍不止。

穆罕默德·本·图格鲁克苏丹继续在他那个逐渐萎缩的王国耀武扬威了 9 年，然后在 1351 年的雨季期间，在和联盟起义的叛军作战时，染上了疟疾，发烧情况才稍有好转，苏丹又吃了一盘很糟糕的鱼。

"那盘鱼给他带来很坏的影响，"巴尔尼写道，"他的病情复发，发烧，手下军队也面临大问题，因为他们身处德里两千多英里外，深入沙漠之中并饱受敌军威胁之苦。1351 年的伊斯兰历元月二十一日，穆罕默德·本·图格鲁克在印度河岸与世长辞，该地离塔他（Thatta）三十多英里。"

苏丹在有生之年，已经为自己兴建了一座庞大无比的陵墓，而且就建在贾汉帕纳的正中央，此城最初是他仿德里所兴建的新城，然后又把它毁了。陵墓而今依然矗立，外观悦目——长方形灰色琢石柱基，其上为精工琢磨过的阿格拉砂岩棱柱。陵墓顶上有座高耸、弧形的圆顶，形状像弗里吉亚（Phrygian）帽。这座陵墓建成已经 600 年了，但一点都看不

出有崩毁的迹象——只有圆顶尖顶饰的包金不见了。陵墓里面
并没有安葬穆罕默德·本·图格鲁克苏丹的遗体，因为当这位
令人恨之入骨的君主驾崩时，遗体被运回了德里，被悄悄地葬
在图格拉卡巴德对面的陵墓里，这座陵墓葬有他的父亲及其父
的爱犬，而他便葬在这两者之间。至于他自己兴建的那座陵
墓，到头来却是用来安葬一个贫困的托钵僧，此僧名为迦比
尔·乌德·丁·阿里亚（Kabir-ud-Din Awliya）。

至于这个云游四海、有点疯癫的苏菲，虽然葬在莫卧儿王
朝之前德里所兴建最富丽的陵墓里，其生平如今却无从稽考。

神迷旋转舞

到了 5 月底，平时到尼桑木丁圣陵聆听卡瓦利歌曲的苏菲
僧众之中，显然又多了成群的托钵僧、朝圣者以及来自德里以
外的苦行僧。我一问之下才知道，那些朝圣者是路经此地，他
们其实是要去拉贾斯坦邦的阿吉梅尔（Ajmer），那里即将举
行全伊斯兰世界最盛大的节庆——一年一度苏菲圣人赫瓦贾·
穆因·乌德·丁·奇斯提（Khwaja Moin-ud-Din Chisti）的逝
世纪念日（Urs）。纪念节日包含直到 5 月最后满月之前的那些
夜晚，尽管今年暑热逼人，预计仍会有 50 万名朝圣者。

路经的朝圣者暂住在旧德里的落脚营区里，营区臭气冲
天，到处弥漫着混着香料、尿臭、灰尘和煮食的气味。帆布帐
篷搭成的临时清真寺里传出宣礼员召唤信徒做礼拜的呼声；可
以见到来自天南地北的苦行僧悠然度日、祈祷、聊天、卷起铺
盖和动手做早餐——上千个不修边幅的人，瞪着眼睛，须发乱
如飞蓬。不同派别的苏菲，可以由他们身穿的颜色分辨出
来——奇斯提派［英文"jester"（爱讲笑话逗乐的人）可能

便是来自此派之名"Chisti"，因为此派以进入神迷狂喜境界的
特色而著称〕穿黄色，胡塞派（Hussein）穿红色，这是代表　　308
殉教的颜色。有些朝圣者有着东方人的细长眼睛，蓄着一绺胡
须；其他的如帕坦人则长得高头大马，留着山羊胡子，一脸精
明厉害的样子。落脚营区实在堪称一大奇景，冲动之下，我买
了前往阿吉梅尔的夜间巴士车票，决定要去多看一看。

　　我们在晚上9点钟出发，摇摇晃晃的老爷巴士震颤地开出
了营区，满载尖声嚷出祈祷的苦行僧，好像这趟前往阿吉梅尔
之旅已经是他们人生的最后一程似的。挤在我身边的是个牧
人，从克什米尔来的游牧族，名叫布伯·汗（Boob Khan）。
他留着用散沫花染成红棕色的大胡子，头缠碧绿色头巾；又高
又瘦，我们通过一个叫阿夫扎尔·阿卜杜拉（Afzal Abdullah）
的人进行翻译而交谈起来，这个人是珠宝商。布伯·汗说他到
阿吉梅尔是要为家人祈福；他已经去过三次了，而且每次都有
求必应："有一次是有个病人痊愈了。另一次我碰上了财务危
机，我去求穆因·乌德·丁（那位苏菲圣人），他又帮我去求
真主，最终我们如愿以偿。这位圣人深受真主恩宠，我们求真
主可能会遭拒绝，但是他就可以求到。"

　　"你难道不能在克什米尔向这位圣人祈求吗？"我问，"何
必大老远跑到阿吉梅尔去呢？"

　　"穆因·乌德·丁知道我是从大老远的地方跑去，"布
伯·汗回答，"就因为这样，他会特别关照我的祈求。"

　　那是个炎热的5月晚上。车里面又热又湿又黏，没有几个
朝圣者能睡得着，快到中午时，我们在阿吉梅尔的巴士站下了
车，但还得再走一段路才能到圣祠。

　　那座苏菲圣祠被挤得水泄不通。成千上万名来自全印度各

地以及外国的信徒到处转来转去，神迷狂喜以及精神有问题的
人则自顾自地尖声怪叫，用额头撞着墓冢的石栏杆。目盲乞丐
手持讨施舍的碗到处晃，妇女小心翼翼地借着纱丽遮掩为小宝
宝哺乳。

　　我们买了一小篮的玫瑰花，准备用来撒在圣人墓冢上，又
给了在门口的人一点钱，朝圣者在里面祈祷时，他就在门口帮
309　他们看管脱下来的鞋子。我们在墓前向圣人致敬之后，那个珠
宝商问我有没有特别的心愿要向穆因·乌德·丁祈求。

卡瓦利歌手

　　"没有。"我回答说。

　　"你总会有什么事想求吧？"他说。

　　"我只想看苦行僧跳神迷旋转舞（dervish whirl）。"

　　"那你就求圣人呀！"

　　我耸耸肩，有点难为情。

　　"好吧，要是你不想求，我就去求他。"

　　下午其他时间，我都跟着布伯·汗在这所苏菲圣祠里到处
逛。我们去参观了沙贾汗所兴建的白色大理石清真寺，里面还

有巨型锅，有 20 英尺宽，庙主便是用这口锅为穷苦的朝圣者煮食物。我们见到有个圣愚的女人在圣人墓前哭泣，还有个女孩，最多不过 20 岁，在大理石地面上滚来滚去，痛苦地扭曲着身子。

"她被恶魔附身了。"有位倚在旁边柱子上的庙主解释。

"你懂得驱魔吗？"我问他。

"我不需要懂得，"庙主解释，"穆因·乌德·丁会自动帮她驱魔，要是她在坟前待一晚上的话，隔天早上，恶魔就会逃之夭夭了。"

6 点左右，天渐渐黑了，那些乐师——两个在弹奏簧风琴，三个鼓手，一个歌手——已经开始演奏起卡瓦利。大批人潮聚拢过来，盘腿坐在一座帆布棚下，或许是因为人数众多以及幽闭恐惧感，那气氛的确和我在尼桑木丁圣陵周复一周听圣歌时所感受到的完全不一样，扩音器的音量大多了，塔布拉双鼓的低音敲击节奏在棚里回响，简直像是一槌槌地敲打在听者的胸口。群众跟着曲子哼唱起来，拍着手又唱又叫。

然后，突如其来地，人潮远处有个苏菲僧人全身一阵哆嗦，脑袋甩来甩去，两眼瞪得大大的；但他还是牢牢地坐在地上，不久，那阵发作便过去了。第一部分的圣歌唱完了，人潮渐渐散去，布伯·汗出了圣祠去找地方吃晚饭，我则流连在墓室周围，和珠宝商谈着话。

到了 8 点半，乐队又开工了。这回人较少，但是演唱依然灵气逼人，那些鼓乒乒乓乓地响了起来，歌者的声音也提高到假声高音，圣歌顺势唱到了高潮，音量也大为提高。突然"呼"的一声，我向左边望去，几英尺之外有个穿黄色长外衣、宽松长裤的苦行僧，虽然还跪在原地，却向前扑倒，因此额头正撞在大理石地面上，他躺在那里浑身颤抖呻吟着，显然陷于痛苦之中。我正想过去帮他，但珠宝商制止了我。"他现在神迷了（wajd），"他告诉我，"你等着瞧。"

几乎就在他讲话的同时，那个苦行僧站了起来，有几秒钟时间他呆若木鸡地站着，就像只突然被车头灯强光照到的兔子一样，轻微地颤抖着，但是脚下生根似的站在原地。接着，他慢慢转过身朝向圣祠，从我坐着的位置可以看到他的眼睛；黑眼球完全不见了，翻进了上眼皮里，只见到眼白。他指着圣祠，然后以穆斯林日常祈祷时的姿势跪下；之后就平躺在地上。接下来，他突然一跃而起，蹦蹦跳跳，疯狂地舞起来，简直像精神错乱，可以听到夹杂在音乐声里他所发出的叫喊："安拉……安拉……安拉……"

他开始像个朝臣一样弯腰鞠躬；接着便旋转起来，随着音乐演奏到高潮，群众也跟着拍手，鼓励他继续旋转。于是他便

311 越转越快，裙摆飞扬，像绕着单轴一般转个不停，一面大声尖叫："哈！哈！哈！"最后，他终于倒下来缩成一团。

"你看，"珠宝商说，"你不应该心存怀疑的。"

"你这话是指什么？"

"这场神迷旋转舞是为你而跳的，"珠宝商说道，"穆因·乌德·丁一向都对朝圣者有求必应。"

第九章 《摩诃婆罗多》

313　　　现在已经是 7 月，然而雨季却迟迟未来。

　　日复一日，太阳在那铜箔般的天空中晒得人焦头烂额：一踏出阴影之处，烈日就狠狠给你来个迎头痛击。此时的夜晚也跟白天差不多热，无法令人舒服多少。身在德里的人，没有一个在晚上睡得着，人跟人讲话也变得很不客气；大家脾气都不好。传言越来越多：在那些集市里面，众说纷纭，说是拉贾斯坦已经出现旱灾，而且范围逐渐扩大；还说印度北部地区普遍出现缺水现象；今年的雨水一定不足，根本无法为整个干裂的大地解渴。每个人都同意——他们必然每年都如此——这是有记忆以来最炎热的一年。

　　在印度的主要城市之中，德里一向就深受炎热之苦。那些莫卧儿大帝不改游牧祖先习性，克服此问题的方式，是夏季期间把整个朝廷都暂迁至凉爽的克什米尔。要处理朝政时，大可以在怡人花园里，舒舒服服地倚在波斯地毯上，地毯则铺在潺潺小溪畔，又或者是在达尔湖上泛舟钓鱼时顺便处理。

　　起初英国人拒绝这种传统避暑方式，他们很顽固地留在德里的民政街，道貌岸然地穿着浆得硬挺的衬衫，每天晚上都穿戴得一丝不苟地吃晚餐，简直犹如大英帝国的面子全赖此维持。心思灵活的希思·罗宾逊（Heath Robinson）的那些降暑小玩意让他们得以稍微减轻酷热。继威廉·弗雷泽之后，托马314 斯·梅特卡夫爵士被任命为总督驻德里特使，他在亚穆纳河下凿建隧道盖了个房间；他发现河水令这个房间的温度比府邸中任何一处都低了几度。

　　后来，德里有个英国人拿到了轮状冷风机的专利，这怪玩意要靠一个摇扇人去转动一个大风扇，这大风扇跟"索普威思骆驼"（Sopwith Camel）飞机螺旋桨大小不相上下。这个风轮可以让风穿过一层浸湿的干草，过滤后的风吹进屋内，弄得屋子里面闻起来像个运马的篷车。但是到了19世纪中期，英国人似乎也认为，即使借助于轮状冷风机，盛夏期间的德里还是避之为上。从那时开始，城中大部分的英国居民都在4月便到西姆拉避暑，天气炎热时期都一直待在那里。

那个夏末，由于印度北部平原已经变成了一片庞大的高温混沌，奥利维娅和我也向传统低头，步上昔日英国官员太太们的后尘——也是现代德里大多数中产阶级风俗——到那凉爽的帝国避暑夏都去了。我们不坐飞机，而学德里人积累百年的习惯：乘坐"喜马拉雅女王"号（Himalyan Queen）到卡尔卡（Kalka），然后换乘窄轨火车，迂回地登山前进，爬上陡坡前往西姆拉。

那小火车看来就像从儿童玩具箱拿出来的玩意：古老的车厢是木制的，漆成翠蓝色；每节车厢只能坐10个人。引擎稍微新一点——年代可以追溯到第二次世界大战——发出像伦敦出租车般的噪音。在汽笛呜呜的响声中，火车摇摇晃晃地活过来了，突突地往山上爬，速度只比走路快一点点，转过一弯又一弯，迂回蜿蜒的上山路似乎永远走不完。我们在一座爱德华式火车站停下来，火车站有挑高的瑞士三角墙，爬满了开花的蔓生植物；窗口花卉盆中种着报春花和向日葵。气温下降了，阔叶树逐渐增多，色彩也鲜艳起来，马上让人感觉浑身舒畅。历经3个月焦头烂额的暑热之后，现在终于可以喘口气休息一下了。

有群在火车尾的人开始欢呼；我坐的那节车厢里有两个军官以及他们的太太，大家用着时不我予的20世纪30年代措辞聊得正开心，这种措辞方式至今在较好的印度军团中仍然得以保存和使用：

"沙丽妮，我亲爱的，你正坐在我的帽子上。"

315　　"老虎对我说——'老小子，'他说，'要是你打算往高处去，就得上得有风格……'"

"好一个老虎！好一个值得信赖的硬汉。"

将近傍晚，我们绕过了山上一个转弯处，首次瞥见西姆拉的印度式平房以及乡间度假屋，矗立于山脊上的雪松树林之中。位于这座夏季避暑山顶上的是总督别墅，别墅有我所熟悉的爱德华式塔楼和小尖顶，在这个离西藏只有 200 英里左右的地方，见到这样一栋苏格兰地主大宅式的建筑，很有奇异之感。我感到敞开的火车窗开始飘进了雨滴，天空昏暗了下来，山腰也渐渐变得灰暗。一阵乡愁悄悄地涌上我心头：这不是印度平原上的热带暴雨，而是家乡那熟悉的、踟蹰的、将下不下的蒙蒙细雨。

在吉卜林（Kipling）的笔下，西姆拉是不伦之恋的背景地，其作品《山中的平凡故事》（*Plain Tales from the Hills*）里面，一个接一个的故事都在重复同样的情节；年轻的军官受够了热得喘不过气来、无聊烦闷的平原之后，到了山上的西姆拉，突然碰上一大堆年轻的英国佳丽，弄得他眼花缭乱、神魂颠倒，不是爱上了豪克斯比太太（Mrs Hauksbee），就是爱上了雷弗尔太太（Mrs Reiver）："他跟她一起去骑马，和她散步，一起野餐，在佩利蒂（Peliti）和她一起用午餐，直到人们为之侧目地说：'真不像话！'"

如今得运用很大的想象力，才能想见这座古老夏都在维多利亚时代的人眼中的样子：因为得去感受那些人从最开始的一起散步，到成为绯闻焦点的心路旅程。但无可否认，处处都可见已经远去的英国人所留下的影子：商店橱窗里的折叠座手杖

(shooting stick)①　和马鞭；那些垂着网眼帘子、题名"松风"
"丽景"的印度单层别墅；管饭的寄宿家庭旅馆菜单上的烤水
果馅饼和蛋奶沙司。

　　然而，这一切都是仿造出来的。西姆拉其实一向是个美
化了的、风景明信片式的英国回忆的重现，所有的茶铺、村
落教堂和乡间别墅花园——都是那些被德里高温热疯的离乡
背井的人所制造出来的浪漫化产物，看起来宛如按照甜饼干
锡盒盖子上所绘的风景画而兴建的。你会不断问自己：这是
怎么回事？为何这座奇怪的英国式村庄会坐落在喜马拉雅山
脉之中？

　　最奇特的地方，便是那家"欢乐剧场"（Gaiety Theatre），
从前原是供玩票戏迷演出的地方，自从最后一个英国人也回了
老家之后，这座剧场却一直保持原样，没有改头换面。奥利维
娅和我花了一个早上，很开心地在那里研究以前留下来的剧
照。在 1937 年演出那些剧目时，剧中很多造型必然早已过时：
黏着假八字胡的男子跪着求婚，对象是姿色平庸、戴着垂边软
帽的女孩，而诡计多端、策划阴谋的女仆则在外面前厅挡驾，
设法拖延，不让教区牧师进来。有时还真叫人难以搞清楚演员
和角色名字之分，例如特雷尔（Trail）少校、莫尔德（Mold）
小姐以及邓尼特（Dunnett）小姐等，难道除了像阿加莎·克
里斯蒂（Agatha Christie）作品中的人物，这些人真的在人间
存在过吗？

　　三天之后，奥利维娅和我又下了山，途经火烧般的平原回
到了德里。我们在半夜 12 点以后才到，那是个热得令人窒息

316

_____

　　①　可插在地上，上端可打开成为坐凳。

的夏季深夜，墙壁和路面都散发着热气，空气既混浊又闷热，只有蒸发出的废气。天上是一轮红色的月亮，在一层厚厚的飞沙尘雾之后发着光。我们付了三轮车的车费，然后向前门走去，就在我们走近时，于微光中见到花园里面搭了一座精致的帐篷，旁边还摆了一排长板凳。显然普里太太曾经在此招待过客人，但由于是深更半夜，所以我并未停下寻思为何我们这位房东太太在盛夏之际，突然于户外招待起客人来。

到第二天，我才知道，我们不在的时候出了什么事。

普里先生过世了

上午 9 点，我像往常一样下楼拿牛奶，见到普里太太家的门外零乱地摆了二十多双皮鞋和拖鞋，客厅里的家具全部收拾起来了，光秃秃的地板上铺了白色的床单，倚着长枕的是一群发福的旁遮普妇女，全都拼命地摇着扇子，压低着嗓门谈论着雨季：

"每年都来得愈来愈迟……"

"以前总是雨水充沛，可是如今……"

"是臭氧层造成的……"

"那怎么办呢？"

普里太太穿着白色的莎瓦尔，背对着我，跟那群人略为分开而坐，低垂着头，没有和她们一起聊天。走进厨房里，我问普利先生的男仆拉杜，究竟发生了什么事？

"是普里先生。"他说。

"他怎么了？"

拉杜的神情突然变得很严肃。"Khatam hogia，"他说，"他在星期天过世了。"

"普里先生去世了？怎么回事？"

"他在睡梦中去世的。星期一傍晚就火葬了，玛塔吉（Mataji，普里太太）亲自把他的骨灰送到恒河去了。"

"那些人是？"我指指客厅。

"那些是吊唁者。"

那天傍晚，从谒师所来了一群锡克教法师，他们在普里太太客厅一头摆了个小神坛，然后放上一卷很大的锡克经书——《古鲁·格兰特·萨希卜》（Guru Granth Sahib）——放在中央的神龛华盖下。然后他们便开始诵起哀悼的经文来，语调哀伤而平实，每句的句尾都提高了音调变成了哀号。

奥利维娅和我悄悄地在后方找了位子，我差点认不出坐在我们对面、客厅尽头的房东太太：她憔悴了很多，不复往日的活力，默默无语地坐在一角，在面纱之下蜷缩着，突然变成既弱小又易受伤害的样子。10个月来盯着我们让一切都上轨道的那位威严老太太，此时深陷于伤痛之中，完全变了个人，让人认不出来。仪式结束之后，我们走上前去，慰问普里太太并表哀悼之情。

"他已经是个老人了，"她很干脆地说，"对我们来说很痛苦，但对他来说已经解脱了，这就是人生。"

"他会重新投胎转世吗？"我问道。

"上师是这样告诉我们的，"普里太太说，"可是这些都是神话，谁敢说会呢？很多人都去了，可是没有一个回来过。"她举起手做了个无助的手势，然后又加上了几句话，让我们两个都感到很惊讶。

"火葬的时候，我倒是很希望你们也在场，"她低语着说，"你们应该在场的，因为现在你们也算是我们家的一分子。"

告别仪式

318　　整个星期里，那些法师都在诵经，他们和普里太太都因为
这样耗着而愈来愈筋疲力尽。随着那个星期慢慢地过去，她靠
在长枕上时也越来越往下沉，有时在诵经时睡着了。自从她丈
夫去世后，她就未曾有过一夜好眠。

　　锡克教的传统是，教徒火葬之后要连续做七天法事，于是
第三天便开始阿坎德·帕尔特（Akand Parth，即诵唱《古
鲁·格兰特·萨希卜》），要日夜不停地诵唱 96 个钟头，直到
圣典中每句都诵过了为止。到了第七天诵完经之后，便举行最
后的告别仪式，人称安蒂姆·阿达斯（Antim Ardas）。

　　举行仪式的前一天来了一大批半裸的工人，在屋子对面的
公共草坪上搭起一顶很大的帐篷，占满了整片草坪。坚实的地
上打了几个洞，插进竹子，用竹子建起了一座法师神坛；上面
铺裹了一层颜色鲜艳的粗布。那座供奉了《古鲁·格兰特·
萨希卜》的神龛也移来放到帐篷一角的一座高台上，下方摆
了普里先生的遗照，饰有花环，左右并分别有拿那克宗师和巴
哈杜尔宗师的肖像，每张肖像的两边都摆了花瓶，插着夜来香
和鸡蛋花，帐篷下弥漫着迷人的芬芳。

　　举行告别式的那天早上，突然变天了，破晓时就怪异地云
雾遮天，阴沉沉的。东南方出现硫黄带赤的雷暴云，到了中
午，起了一阵狂风沙；接着，渐渐地，天空暗了下来，变成了
绛紫色。

　　午饭刚结束就下起雨来，微风吹拂，草木摇曳，几个月以
来德里首次飘雨：这是雨季来临前的第一场雨。那些帮人带孩
子的女佣（ayah）冲到屋顶天台上去抢收晾晒的衣物；在路

面上玩跳房子的儿童也放弃了游戏；雨滴把他们小心翼翼在尘土上画出的方格冲刷得一干二净。远处传来一连串雷声，但最后却发现这只不过是场阵雨。雨季的第一片乌云飘向北方，告别仪式也如期地在 3 点开始举行。

一大群锡克教法师已经走上帐篷一头的神坛，各就各位，在那本圣典后面有两位格兰缇（granthi，锡克教经文诵读者）；一个手持马尾拂尘，另一个摇着香烟袅袅的香炉，两人像伺候显贵般地对待这本大书。神坛一边坐了四位年长的锡克教教徒，包括一个歌喉很美的男高音、一个簧风琴手，以及两个鼓手。乐队平静地奏出了一连串忧伤、缓慢的单音，帐篷里也开始坐满了人。男人都坐在左边，女人则在右边。会众之中绝大多数是普里家那些锡克教教徒邻居，但出席的人之中，至少也有二三十个印度教教徒。虽然信仰不同，但是吊唁者进到帐篷时，都会先走到神坛前跪拜，几乎是五体投地向拿那克宗师膜拜。

未几，尽管雨水从帐篷缝不断滴下来，地面上还是有两三百个人盘腿而坐。歌者呜咽地伴着小调的乐符唱圣歌，唱到高音处，歌者把每句歌词都掌握得很好，唱得很动听，簧风琴手则加上了伴奏和音。全体与会者显然也为之动容；缠着头巾的脑袋也随着音乐左右摇晃：

319

Wahe Guru,

Wahe Guru,

Wahe Guruji-o!

Wahe Guru!

Sat nam,

Sat nam,

Sat namji-o!

Sat nam！

圣歌唱到尾声，其中一个法师便开始讲话；每个人都站起身来，然后全都在《古鲁·格兰特·萨希卜》之前跪下，为普里先生、他的遗孀以及儿女、孙辈等祈祷。然后又诵唱了最后一次"Wahe Guru！"普里家族的人便鱼贯列队，很庄重地在普里太太的带头之下，走到帐篷入口处，排成一列送客，行列最尾端站着我们这位房东太太。当我们逐渐走近她时，可以看到她两眼通红，双颊还是湿的。

320 　　她握着我的手，喃喃但很平静地说："非常感谢你们来参加。"

《摩诃婆罗多》

至今我们在德里待了快 11 个月了。雨季的季风已经吹到了孟买，很快也会吹到首都。空气早已湿度惊人，又闷热又黏人，普里先生之死，为此宅笼罩上一层厚厚的愁云惨雾，促使我们做了决定。我们思乡已久，想念着亲朋好友。虽然此时在德里是一年中最不舒服的时节，但是在苏格兰和英格兰交界地，却是最美的时节：拉默穆尔陵（Lammermuirs）已冒出了风铃草，而塘鹅也就快在巴斯岩（Bass Rock）筑巢了。这正是可以好好休息一下的时候，于是奥利维娅在月底时订了两人回英国的机票。

然而，在我们走之前，我还得完成我的资料搜集研究。告别仪式一结束，我就回到了尼赫鲁图书馆，开始翻阅书籍，剥丝抽茧地细探德里历史。

有一点很快就明朗了，那便是，要梳理穆斯林统治之前的德里历史，简直就像是愈来愈深入仲夏的狂暴风沙之中：较大规模的历史里程碑虽然突出，然而细节却都被湮没了。

普利陀毗罗阇·乔汉（Prithviraj Chauhan）是 12 世纪拉其普特人的首领，德里便是在他手中沦陷于穆斯林。他曾经扩建了旧堡的城墙，旧堡就是拉其普特人所建的德里宫城，但是除了他所留下的城墙之外，便无其他证据或记录可供稽考了。我们所能知道关于此人的信息，全部来自中世纪晚期的长篇叙述诗《地王颂》（*Prithvi Raj Raso*），作者昌德·巴尔代（Chand Bardai），是拉贾斯坦的吟游诗人。

在叙述诗中，乔汉被描述成一位如假包换的英雄豪杰，与邻近一位族长贾伊·昌德（Jai Chand）的女儿相好，一把将她拉上自己所骑的马背私奔，而她父亲只能束手无策地看着他们扬长而去。一年之后（1191 年），穆斯林军阀戈尔的穆罕默德（Muhammed of Ghor）率土耳其骑兵从中亚杀来，乔汉抗敌，大败这支入侵军队，却豪气万千地释放了俘获的穆罕默德。1192 年，诡计多端的土耳其人卷土重来，这回千军万马，兵力大增，在塔劳利（Taraori）战役中杀得乔汉片甲不留，贾伊·昌德最终没有去支援他的女婿。

胜利在手，穆罕默德却证明了他没有乔汉那么宽宏大量，那位拉其普特人被斩了脑袋：他的旧堡也遭围城而沦陷，接着又遭焚城而夷为平地。全印度第一座清真寺库瓦图 – 伊斯兰清真寺（Qu'watt-ul-Islam），采用德里被毁的 67 座印度神庙的石材而兴建起来；如此这般，伊斯兰教便被引进了次大陆。

在乔汉家族之前，旧堡原是在另一拉吉普特部族托马尔（Tomar）手中，再一次，资料上又是只见其名：阿南格帕

321

拉·托马尔王（Raja Anangpala Tomar）。后来的吟游诗人留下了资料，使人得知阿南格帕拉曾在 1020 年兴建了旧堡宫城，并且在宫城里插设了一根令人费解的金属柱，此柱至今仍矗立着，闪亮并且没生锈，它位于顾特卜塔下方。托马尔之名依然留存于阿南格普尔（Anangpur），这是一座位于顾特卜塔南面 6 英里处的村落，狭窄的山谷中仍然横跨着一道庞大的、伊斯兰化之前所兴建的堤坝，用闪亮的石英岩建成。在这堤坝工程附近，浓密的杂草树木之中，可以见到那些被毁已久的神庙柱子，以及依稀可见的一座原始堡垒的部分护城墙。然而，有关这道堤坝的兴建目的，或是兴建人物及其品性，至今又是无从稽考，而学者专家们则很欣然地彼此争论，讨论那些互相矛盾的不同证据片段之价值——包括后期已经以讹传讹的宗教经文中含糊提到的参考证据；地名上的证据；考古学家发现到的零星文物；少量几乎无法阅读的铭文等。

然后突如其来地，就在处于史前黑暗深渊的边缘之际，如同受到回光返照，古代德里又戏剧性地重见天日。那光明来自一部最伟大的文学作品，也是印度次大陆空前绝后之作：《摩诃婆罗多》（Mahabharata），伟大的印度长篇史诗。

在西方，堪称与它分庭抗礼的史诗——《奥德赛》（Odyssey）①、《贝奥武甫》（Beowulf）② 又或者是《尼伯龙根之歌》（Nibelungenlied）③ ——而今除了最学究式的学者还会记得之外，早已成了死文学。然而，《摩诃婆罗多》在次大陆

---

① 古希腊史诗，相传为荷马所作。
② 七八世纪之交开始流传于盎格鲁－撒克逊民间的史诗。
③ 以中古高地德语写成的德国民间英雄史诗，约完成于 13 世纪初，作者不详。

却是每个印度人耳熟能详的故事，上至受过极高等教育的婆罗门科学家，下至路边擦鞋的"贱民"，无人不知。不久前，其中 93 段情节被搬上印度的银幕，收视率从未低于 75%，巅峰收视率则达 95%，算起来约有 6 亿观众收看。全印度各地的乡村里，每到星期天早上，整整两个小时，单纯的乡下人大为倾倒地聚在村落电视机银幕前。城镇里，街道上空荡荡的没一个人；连乞丐好像都消失了。在德里，曾经有个让人忘不了的星期天早上发生过这样的情况：几乎整个内阁都没人出席一场紧急简报会，从此开会日程都重新调整过。

《摩诃婆罗多》的价值并非仅在于盛名，即使是翻译版本，其内容依然保有莎翁笔下悲剧中那种叙述性和道德勇气，但是结合了如荷马世界里的印度式壮举。这部长篇史诗的地位犹如印度的开国神话，跟英国的亚瑟王传说故事可谓异曲同工，但是对于印度教教徒来说，《摩诃婆罗多》同时也等于《圣经》中的《新约》部分，占有很重要的宗教性地位：其中包括的《薄伽梵歌》（*Bhagavad Gita*），为印度教经文之中最精深、睿智又神圣的部分。

《摩诃婆罗多》故事始于奈密萨森林（Naimisa Forest）边缘一处隐修之地。有群深山隐士正准备度过晚上，吟游诗人乌格拉斯拉瓦斯（Ugrasravas）翩然到来。这群隐士便邀他共度夜晚，但条件是要他讲旅途见闻以为娱乐。乌格拉斯拉瓦斯告诉他们，他甫由俱卢之野（Kurukshetra）战场归来，愿意把这场在平原上打到水深火热阶段的惨烈战争故事讲给大家听。他在史诗中加强了其神圣威力的部分。

"熟知四部《吠陀经》（等于印度的《旧约》）所有内容的婆罗门，要是不知道这篇史诗的话，等于一无所知。"他

322

说，"一旦听过这个故事，其他作品就再也看不上眼了：就像听过布谷鸟歌唱之后，再听乌鸦粗嘎叫声一样难入耳。所有诗歌灵感都来自这篇至高无上的史诗：世上所有能听到的故事都包括在这篇史诗内容里。要是一个人能学以前毗耶娑（Vyasa）① 那样朗诵婆罗多（Bharata）的话——哪还需要到布什格尔（Pushkar）的圣水中去沐浴洗礼呢？"

仅以长度而言，这部史诗也是举世无双。总共约有十万颂（sloka）梵文，是《伊利亚特》（*Iliad*）加上《奥德赛》的 8 倍，《圣经》的 4 倍；简而言之，是世界上篇幅最长的文字作品。然而神奇的是，甚至在一个世代之前，依然很容易找到可以背出整个庞然诗篇的流浪讲故事者：他们会坐在咖啡馆或德里贾玛清真寺的台阶上，连续七天七夜地背诵出整部诗，完全不中断。

即使在今天，云游四海的吟游诗人也步印度狮子后尘，濒临绝种——因为差不多被杀光了，但就史诗被淡忘的情况而言，则是因为印度电影和电视的兴起——但在每个偏远地区，还是有可能找到熟知史诗内容的人。我有个朋友是人类学家，就曾经在安得拉邦（Andhra Pradesh）的一个小村中，碰到这样的流浪讲故事者。我朋友问他，怎么能够记得住这么庞大的诗作，那个吟游诗人回答，在他脑海里，每一颂都是写在一块小石头上，而那堆小石头永远都在他眼前；他只要记得那些石头所摆的先后顺序，然后从一颗石子的内容读到另一颗便可以了。

这部史诗便以这种形式流传到今天，《摩诃婆罗多》是部齐集了印度宗教讨论、民间故事以及传说的庞然巨作，但是所有这些五花八门的枝节，却是环绕着一个堪称清简抽象的单纯

---

① 《摩诃婆罗多》的作者。

中心主题而衍生的。

史诗道出了两群半神的同宗兄弟争夺上印度（Upper India），这就是婆罗多的传说故事，其名也是诗名的来源。宗族的一支持国（Kauravas）统治象城（Hastinapura）；另一支般度则占据大城因陀罗补罗湿多（Indraprastha）而雄霸一方。持国跟般度玩掷骰赌戏时，以作弊手法赢走了对方的国土，后者因此被迫流放 12 年，在喜马拉雅山的山脚和丛林中流浪。到了第 13 年，持国却拒绝遵守掷骰结束时的约定，将因陀罗补罗湿多归还堂亲，双方便开始准备作战。最后一役——印度惊天地、泣鬼神之战——发生在俱卢之野，湿婆神（Shiva）授予般度终极武器兽神枪（Pasupata），几乎可以毁灭世界。经过 18 天可歌可泣的战斗厮杀之后，持国终于全军覆没，般度也重建了良好秩序。

因陀罗补罗湿多的遗址——般度的那座伟大都城，印度的特洛伊（Troy）——直到最近才被认定是位于因德帕特村（Inderpat）。在勒琴斯兴建新德里时，这个聚落被清除，但直到那之前，这地方是史前时代便已存在，位于（很后来才有的）旧堡（Purana Qila）旁边，旧堡是莫卧儿早期的城堡，由皇帝胡马雍在 16 世纪晚期所兴建的。根据《摩诃婆罗多》的叙述，这座以前矗立在此的伟大城市——也是所有众多的德里城市中的第一座——简直无与伦比，不论是在天上或人间的世界里。作者毗耶娑写道，

324

　　（它就像）一座新的天堂，固若金汤，护城深壕如汪洋，并有一道遮天的城墙环绕……重门森严，塔楼高耸入云霄。城墙上遍布各种长矛与标枪，锋利超绝而且转动自

如，像吐双叉舌信的蛇……

城堡（之内）有规划整齐的街道……街上有美丽耀眼的白色建筑。这个美景佳地犹如财神窝，宝藏丰富。婆罗门群聚，他们是深明神圣《吠陀经》的上智之人，通晓人间所有语言。天南地北的商贸也都来到此城，寻求发财机会，而（熟练掌握）各种手艺的工匠也来到此地生活。

城市周围到处有赏心悦目的花园，园内有芒果树和番樱桃、面包树、欧洲夹竹桃、棕榈、茉莉花，全都盛放着花朵，果实累累垂枝头，令人陶醉。那些树上总是鲜花怒放，百鸟齐鸣……那里还有些很怡人的小丘，树荫下的莲花池，池中满溢清澄池水，野雁、鸭子、鸽子，以及卡拉维卡鸟更令池塘充满蓬勃生气……

全城最精美的建筑是"宝殿"，这是摩耶女神（Maya）[①]的杰作，她是众神之中的建筑师。摩耶从遥远的北方弄来了宝石及水晶建材，兴建了：

……一座无可匹敌的宫殿，只应天上有，华美无比，镶嵌宝石为饰，因此盛名远播，遍及三界（人间、天上与地狱）。宝殿有坚金之柱，周长一万腕尺。散发着神圣光辉，如火光闪烁，灿然与光芒万丈的太阳争辉。八千名武装的罗刹（Raksasa）——赤眼、在空中来去自如、令人生畏——负责把守宝殿。宝殿如高山或雨季之云，耸立遮天，既宽且长，平整无瑕……甚至连克利须那神庙

325

---

① 印度教女神，湿婆神之妻，为虚幻女神。

（Hall of Krishna）或梵天宫（Palace of Brahma）的宫殿，也未能具有摩耶施予（这座建筑的）无可比拟之美……

的确，由于这座神庙太壮丽了，以至于俱卢族的领袖难敌（Duryod hana）来参观它时，大为眼红。"我妒火中烧"，他告诉自己的一个弟弟说，"就像酷热季节里逐渐被晒干的小池塘。"

　　（难敌）见到前所未见的神圣景致，即使象城（哈斯提纳普拉，Hastinapura）也自叹不如……

　　一次君王到来，站在宝殿中央一块水晶板上，他误以为是一片水，于是撩起长袍；另一次，他见到一座水面晶莹的池塘，点缀着朵朵晶莹莲花，他却以为那是陆地，于是连人带衣袍踏了进去……等他人看到之后，仆役都开怀大笑，然后为他取来干净长袍……还有一次，他想打开一扇似乎开着的门，结果却［为这幅错视画（trompe l'oeil）］撞伤了额头……

我越读《摩诃婆罗多》——尤其是那些有关因陀罗补罗湿多的部分——就越渴望知道那些描写有多少是属实的，还是仅出于作者毗耶娑的想象力。毕竟，在爱琴海地区，曾有过施里曼（Heinrich Schliemann）[1] 和埃文斯爵士（Sir Arthur Evans）[2] 做过考古工作，证实了有关迈锡尼（Mycenae）以及

---

[1]　1822～1890 年，德国考古学家，曾在希腊小亚细亚发掘特洛伊遗址、迈锡尼古墓葬等。
[2]　1851～1941 年，英国考古学家，发掘出克诺索斯王宫遗址，并提出米诺斯文明概念。

米诺斯王宫遗址（Minoan Knossos）的传说故事都有事实根据；因此似乎没有理由假设《摩诃婆罗多》的历史根据不及《伊利亚特》，又或者是认为印度的吟游诗人比希腊的同仁更富创作想象力。

可是要挖掘事实并不容易，印度的考古发掘不大受到圈外人的注意，只有那些参与其中的学者会做研究，因此，要追查终生致力于研究《摩诃婆罗多》背后历史真相的考古学家，颇花了我一段时间。我翻遍印度考古调查协会年度报告，终于发现，20年前，印度知名的考古学家拉尔（B. B. Lal）教授曾在因陀罗补罗湿多遗址上挖掘过一小部分，而且也发现，较早之前，拉尔也在俱卢国都象城遗址做过考古发掘。

326　　　巧的是，这位教授正好途经德里，待在以前他发掘过的遗址旁边，位于旧堡废墟中的"考古招待所"。但是，我打电话给他之后，却得知拉尔教授正忙着要在截稿期之前赶完一份考古报告，所以暂时无法见我。终于，在一个溽暑下午，就在我们要飞回伦敦的前三天，电话铃响了，是教授打来的，他说，几分钟之后他就有空了，不知道我是否能马上去旧堡。我跳上出租车就去往那里。

考古

拉尔教授身材矮小、整洁、注重仪表，穿了一身浅色的猎装，坐在书桌后面，头顶上是缓缓转动的电风扇。他身后有一排书架；他的两旁都是柜子，里面摆满了陶器碎片以及年代久远的骨头。

由于时间不多，所以我便单刀直入地问：很简单，他认为《摩诃婆罗多》到底有多少历史真实性？

教授莞尔而笑，摘下眼镜开始擦拭起来，他说，我讲个故事给你听。

"差不多40年前，1955年的时候，我碰巧搭乘'卡尔卡'号列车（Kalka Mail）从加尔各答到德里。途中火车停靠在阿拉哈巴德，月台上一片大混乱：人们争先恐后地想爬进火车里，到处是警察，很多女人在啼哭……总而言之，后来火车慢慢开出，当时我并没有发现出了什么事，直到第二天早上。原来那时阿拉哈巴德附近正在庆祝大壶节（Kumbh Mela，每十年一度印度教苦修僧的大集会）。上百个圣人聚在一起，走到河中沐浴，突然之间，那些驮载托钵裸僧（Naga Sadhu）的大象发起狂来，混乱之中死了几百人。

"多年之后，我在阿拉哈巴德附近主持一项考古挖掘工作，按照惯例，挖掘工程到了尾声时，我们会在挖掘地点上和工作人员以及工人一起举行音乐晚会。晚会之中，有个工人拿起了维纳琴（veena），自弹自唱起一段民歌，是他自己作曲的，内容关于1955年的大壶节事件。故事的基本主干还是可以听得出来，不过他已经添油加醋，死伤人数也全夸大了。"

327

"这让我灵机一动，于是便在附近那些村庄里到处打听，又发现了另外两首同样在流行的民歌，但版本却不一样，每个唱歌的人都用自己的方式去讲述这个故事，每个都大大地添油加醋——可是从所有版本中，依然可以了解故事的基本主干；尽管有那些精心增添的枝枝叶叶，可是它的中心出发点是真实的。"

"所以你认为《摩诃婆罗多》也有这种真实性？"

"一点也不错——虽然只不过是40年时间，大壶节事件就有那么多细节部分被人修改了，那么想想看，《摩诃婆罗多》在孕育成形的过程中，会有多少真假难分的混淆？流传下来最古老的版本内容里提到过帕提亚人、罗马人和匈奴人，所以应该不会早于公元 400 年。但《摩诃婆罗多》里面所描述的事件，一定是发生在更早的几百年前，说不定早到公元前 900 年左右。这就意味从最初的事件发生，衍生膨胀到后来的面貌，其间已经过去了 1300 年。"

教授从书桌上拿起一支铅笔，用手指玩着它转圈圈。

"《摩诃婆罗多》的内容提到，这篇叙述史诗开始的时候本来是一篇名叫"胜利"（*Jaya*）的诗，只有 8800 行。然后又变成《婆罗多》（*Bharata*），有 2.4 万颂（输洛迦），后来又演绎成《伟大的婆罗多》（*Great Bharata*）——也就是《摩诃婆罗多》——便多到 10 万颂。我们知道，《胜利》诗的前身，应该是更短小、内容简单的民歌，就和我们音乐晚会上那个工人所唱的形式差不多。"

"所以你是说，在这部史诗里所读到的全都不可信了？"

"不是，我并不是这个意思，"拉尔教授回答，"不过显然是不可尽信，不能完全只倚赖诗中所言。解决这个问题的唯一方法便是——我以一个考古学家的身份来讲这句话——去查证《摩诃婆罗多》里的地名。"

"那些地方都还在吗？"

"不只还在，而且还保留着同样的名字。你看这幅地图，还是只有一个象城与一个俱卢之野，这点很肯定。"

拉尔教授往椅背上一靠，伸伸双臂。

"早在 20 世纪 50 年代初期，我就开始调查《摩诃婆罗多》里面所提到的所有地名，以及几项跟史诗很有关联的当地风俗习惯——全部约有 40 个地点。我层层挖掘发现到的，是所有这些地点的最下面的那一层，都有相似的物质文明遗迹，而且它们每一个都绝对是在公元前 1000 年左右便已存在。除此之外，所有的地点都可找到大量的陶瓷，这种陶瓷很独特，称为'彩绘灰陶'（Painted Grey Ware）。"

凑巧的是，一个星期前我在詹帕特街上的印度国家博物馆闲逛时，曾经看过一些彩绘灰陶。整个博物馆中，这个展览厅可说最没什么意思——里面都是些破烂碎块、箭镞和赤陶碎片等，都是出土自印度史前时代的考古地点——只有一项很突出。

陈列在展览柜聚光灯下的彩绘灰陶却是极出色的东西：薄如蛋壳——几乎呈现透明状——精致无比。拉尔教授曾在一些著作中提到它们，就其风格拿来跟在希腊北部色萨利区（Thessaly）所发现的一系列陶瓷碎片做比较。可是在我这个非专家的人眼中看来，这些陶器似乎与希腊基克拉泽斯群岛（Cyclades）上那些新石器时代地点所发现的绝美陶器太像了。基克拉泽斯文明除了产生出这种极出色的陶器之外，也产生出美丽的大理石小雕像，简洁的线条、盾形脸蛋、奇特又抽象的姿势，以及极近简洁的元素，启发了亨利·摩尔（Henry Moore）[1] 和布朗库希（Brancusi）[2]，他们两人都曾不约而同地各自在博物馆中参观过基克拉泽斯风格的小雕像——布朗库希是在卢浮宫看的，摩尔则在大英博物馆。结果便产生出像摩尔那座壮观的《月之首》（*Moon Head*）以及布朗库希的《世界的开端》（*Beginning of the World*）这样的雕塑作品。

---

[1]　1898～1986 年，英国雕塑家。

[2]　1876～1957 年，罗马尼亚雕塑家。

　　或许因为它们对 20 世纪的艺术具有影响力，如今这些基克拉泽斯风格的小雕像，以及同类陶瓷小像在我们眼中看来竟如此充满现代感。彩绘灰陶也一样：那些碗的绝妙椭圆形线条直接令人忆起布朗库希的《世界的开端》，而绘在碗上的那些抽象图案，也一定会吸引马蒂斯（Matisse）。想象着般度族在因陀罗补罗湿多的宝殿中，用这种简单但美妙无比的陶碗吃东西，实在很美，但我还是不得要领：难道在《摩诃婆罗多》所有提到过的地点挖掘出这种陶瓷，便可断定史诗的历史真实性了吗？我向拉尔教授说出心中疑问。

　　"你说得很有道理，"他说，"是没有直接而且完美可靠的考古证据，可以用来确定《摩诃婆罗多》的历史准确性。不过所有这些不同的地点不约而同地追溯到同一时期、有着共同性的物质文明，这个事实也可算是一种客观环境上的证据。而且当你把这个证据和别的证据组合在一起时，就开始勾勒出一幅画面。"

　　"还有什么其他证据？"我问道。

　　"好吧——我们在象城组织挖掘的时候，发生了一件很有意思的事。在土丘干燥的那一面挖出了很多彩绘灰陶，但是在临河的那一侧，却什么都没有。我大为不解，于是不断问自己为什么。

　　"然后，有一晚我躺在行军床上，想起《摩诃婆罗多》里面写过：在俱卢之野战役结束、过了很多世代之后，尼遮沙（Nicaksu）称王，象城曾因恒河洪水大泛滥而被冲走一切，一度荒弃，老百姓都逃到俱赏弥（Kausambi）居住。我猛然领悟，会有那现象是因为恒河把这块土地的一大半都冲走了；因此土丘只有干燥的那一面——也就是不临河的那一面——才安然保存了彩绘灰陶。

"这念头大概是在半夜1点出现在我脑中的。我叫醒了同事，连同四个看守人，各自提了煤油灯，回到挖掘现场，然后就拿起了鹤嘴锄和铲子。我们检查了所有的排水沟，接着，谢天谢地，在一锄之后，找到了界线：一边是淤积的烂泥和砂浆；另一边是安然无恙的彩绘灰陶掩埋层。不久，在我们挖掘的那些主要壕堑里也发现同样的情形。在那之后，我们在恒河的古河床钻直孔采集土壤样本，结果找到了大量的家用物品的冲积混合物。这就再清楚不过，象城的彩绘灰陶曾毁于一场洪水，与《摩诃婆罗多》上面讲的一样。

"后来我又在俱赏弥挖了几条考古壕堑——那个地点靠近阿拉哈巴德，也就是据说象城的人迁徙的目的地。在最底层发掘出来的部分，发现了晚期退化形式的彩绘灰陶，与在象城所发掘出、洪水前最后期的考古遗迹是同样的东西。虽然缺乏铭文记载可供考据，但这已经是最明显的，可以用来证实《摩诃婆罗多》内容的考古证据。这是很好的——也是很少有的——考古例子，恰好可以用来确证文学内容。"

"关于因陀罗补罗湿多的部分又如何呢?"我问，"你也能够证明《摩诃婆罗多》提到有关它的内容吗?"

"啊!"拉尔教授说，脸色略微一沉，"确实，我们在旧堡范围里挖掘的时候，曾不断地发现莫卧儿时期的文物，再挖下去是苏丹统治期的，以及拉其普特、佛教徒、佛教徒之前的时期……"他中断了话:"与其我这样向你讲解一切，不如带你去看好了，跟我来。"

我们站起身来离开办公室，此时已是傍晚，太阳正落到旧堡的城墙和圆顶后方。我们沿着一条小路，快步走向城堡的胡

330

马雍城门，经过了舍尔沙宫（Sher Mandal）。然后左转，往一条陡坡窄沟堑走去，一边是高耸约达 30 英尺的土墙，其下应该是条干涸溪流的河床。那道土墙层次分明，好像树木的年轮。

"你看！"教授说，"整个德里的历史都在这里！这道土墙代了三千年的人烟不断，这个地区从来就没有荒弃过。"

"人民不断地从一个时代延续到另一个时代，一直生存在此？尽管发生过那么多的焚烧、屠杀和征服？"

"在多数的考古地点上可以预设，那里的人民或许都曾暂时迁徙到他处，但是德里却一向都有人烟，从来不曾有过片刻的中断。你可以在这道墙的最顶层看到 20 世纪的痕迹，接下来是莫卧儿那些层……这层是苏丹统治期的……最底下都是彩绘灰陶层。"

"因陀罗补罗湿多？"我说。

教授耸耸肩："也对也不对。你知道，所有我们找到的彩绘灰陶层只是一层小小的烂泥结构，我认为那个城市的主要部分，或许位于还要再往南的地方——过了胡马雍城门，朝胡马雍陵的方向。"

"是不是现在动物园和桑德那格尔（Sundernagar）所在的地方？"

"一点没错：那个区附近——尤其是靠近亚穆纳河的区域——我们在那里获得了一篮篮的彩绘灰陶。"

331　　"这么说来，那个地点仍在等待将来其他考古学家挖掘了？"

"要是他们有办法筹到钱的话——是的。不过这年头谁会为整整 10 年的考古挖掘提供资金呢？"

"可是那些宫殿、城门和塔楼……难道世界各地的大学不会抢着捐钱来挖掘这么重要的遗址吗？"

"你不会在彩绘灰陶层找到很多宫殿的。"拉尔教授说。

"你是指什么？在《摩诃婆罗多》里……"

"那是诗歌创作，"教授说，"考古证据显示，彩绘灰陶文化其实是相当原始的——基本上还是农牧经济的社会。象城有铁器和铜器、几种用兽骨制成的工具，一些玻璃饰品，还不错的拉胚陶器……"

"可是那些建筑呢？"我问，"因陀罗补罗湿多的宝殿应该是什么样子？"

"要是真的存在过的话，应该是泥墙和茅屋。"

"泥墙和茅屋？"

"有几道泥砖筑成的围墙，土堆的护墙，用窑里烧出来的砖所砌成的怪异结构，但一般来说，彩绘灰陶的建筑都还停留在泥墙和茅屋阶段。"

"不用任何大理石吗？"

教授摇摇头："石材在这个地区很少见，而且他们也没有任何资源可以从很远地方把石材搬来。直到目前为止，彩绘灰陶层从来没有出现过任何石材建筑。"

"那些绘饰又怎么说？那幅害得难敌一头撞上的错视画？"

"没有——根本就没有这类绘画，只有单色的几何图形，以及陶器上面的花卉绘饰，没有人类造型。史诗里面所讲的物质文明至少已经是公元4世纪的事了，不是公元前9世纪的。"

教授转过身，开始走回招待所。"《摩诃婆罗多》里描写的因陀罗补罗湿多，"他说，"基本上是一位诗人用笔创造出来的。"

"而且毁掉它的，"我说，"是一位考古学家的铲子。"

拉尔教授莞尔而笑。"随便你怎么说。"他说。

离别

332 　　所以，就是这么回事了，我在想：俱卢和般度一下子就由半神半人变成了穴居人，惊天动地的大战也缩小规模，变成了部落成员手持棍棒石头对打。因陀罗补罗湿多的紫晶塔楼也化为沉闷无味的栅栏、泥砖和尖桩；这座固若金汤的想象之城，用对句、韵律和精巧的格律筑成，结果尽毁于考古学家的鹤嘴锄和铲子下。研究了德里历史一年后，如今我似乎终于来到了终点。

　　奥利维娅和我闷闷不乐地在寓所里收拾行囊。停电变得越来越频繁，电风扇一停，热度就逼得我们没法继续把东西装箱，只能坐着不动，直到电力恢复为止。当然，这时已没有先前那么热——云朵罩住了太阳，比起 6 月底的盛夏巅峰高温，气温降低了好几度——但是此刻的天气若有更让人感到不舒服之处，那就是空气中的湿度了。不管走到哪里，人们都在谈论着风雨欲来的雨季。

　　"啊！我小时候在旁遮普时，多风调雨顺呀！"我们下楼去跟普里太太道别时，她这样说道，"可是如今就很难说了，要是雨季来得顺利的话，人们就开心得发疯，到处跳舞。要是不来的话，佣人就变得脾气特别暴躁。"

　　在上飞机的前一天，我带着我们养的那对长尾小鹦鹉到旧德里，把它们交给贾弗里博士；他的侄女很好心地应允了我们不在的时候会代我们照顾它们。我们互道珍重再见之后，巴尔温德·辛格载我到旅行社去拿第二天要用的机票。当我抓着机票信封从旅行社走回车子时，巴尔温德问我手上拿着什么。

"机票，"我说，"我们明天就回英国了，巴尔温德。"

"回去英——国？"

"对。"

"哦，威廉先生。"

"怎么了，巴尔温德？"

"你们不回来了吗？"

我受宠若惊——而且多少有点意外——因为发现巴尔温德看来感伤的样子。

"你放心，"我说，"我们几个月后就会回来。" 333

"哦，威廉先生，"巴尔温德说，"你们一定要早点回来。"

"我们会在 10 月初就回来。"

"哦，威廉先生，再早一点，再早一点。"

这可真是叫人感动的一幕。

"我没有办法在 10 月以前回来，巴尔温德。"我说。

"或许你可以在 9 月底回来。"

听起来他像是真的会很想念我们。

"好吧，我想……是的……也没什么理由让我们不能在 9 月底就回来。"

"好，"巴尔温德说，"那你做一件事。"

巴尔温德把车开到路边停下，从手套箱里猛地摸出笔记本，开始在上面草草写着什么。

"你替我带一套 ITT 汽车音响、一部索尼随身听、一部飞利浦卡带式录像机，两瓶尊尼获加黑方威士忌、一箱嘉士伯特醇啤酒……"

巴尔温德从笔记本上撕下那张购物清单交给我。"一手交钱，"他说，"一手交货，现金交易，没问题。"

千年来的祭祀圣地

第二天大清早，被远方传来的轰隆雷声给吵醒后，我躺在床上想着读过的所有关于古代德里资料，然后灵光一现，忽然想到，当然，因陀罗补罗湿多绝对不是德里的历史开端，还有个神话故事与这个城市有关，而且据说比《摩诃婆罗多》的传说故事出现得更早。

躺在床上，由于太热而无法再入睡，我想起曾经读过的卡尔·斯蒂芬（Carr Stephen）1876 年出版的经典研究作品《德里的考古及文物遗迹》（*The Archaeology and Monumental Remains of Delhi*）中提到，德里城里有一项流传的习俗——至少直到卡尔·斯蒂芬做此研究时还有这项传统——可以用来解释为什么般度族会选这个地点来兴建因陀罗补罗湿多。根据这项传统，在《摩诃婆罗多》之前，德里这个地点就已经做了几千年的祭祀圣地。

传说内容涉及造物神梵天在创造世界、"成"（Duvaparyyoga）之阶段将尽时，突然患上失忆症，把所有《吠陀经》和其他神圣经典忘得一干二净。为了记起它们，这位神便力行各种瑜伽修行法，并且过着禁欲生活，之后再跳进亚穆纳河中。未几，雨季来临，河水涨到极高点时，洪水神奇地把神圣经典冲到了右岸，离亚穆纳河和阿拉瓦里山脚交汇处不远，这个经文被冲上岸的地方叫作"尼刚柏河阶"（Nigam bodh Ghat），意思是"神圣知识河岸"（Bank of Sacred Knowledge）。

这也就是般度家族选择这个地点兴建因陀罗补罗湿多城的原因，而且也是因为这点（这点和《摩诃婆罗多》的"官方"内容说法有分歧），在俱卢之野的大战结束后，般度五子回到因陀罗补罗湿多城，便举行了盛大的帝王十马祭（Das Ashwamedha Yuga），地点在神圣知识河岸的尼利庙（Nilli Chattri）。

河岸地点还在，但我从来没去那里参观过，我们的班机是在傍晚，因此还有充分的时间去看看这个地方，这个因传统而成为圣地，也是整个德里最古老的地方。

天亮了，但是个阴霾又暴风雨欲来的早上。绛紫的雷暴云掠过旧德里的那些圆顶之上，显然暴风雨即将来临：树木在风中摇曳，树叶被吹得沙沙作响，湿度却还是几近饱和。天上的老鹰和秃鹰也越盘旋越低，仿佛它们的螺旋飞行轨道被某只无形的手越压越低。东南方远处不时劈出一道蓝色闪电，接着传来雷声：雷电交加，预告暴风雨的来临。

我们坐车沿着环城路走，这条高速公路沿河那段多少是循着以前亚穆纳河的河道而修筑的，乘车循着已干涸的河床往上游方向走时，就像看着拉尔教授的地层学解说：我们一路上经过的是德里千万年来的历史，一个又一个的古城遗迹，在河岸边衔接而立。我们离开勒琴斯所兴建的 20 世纪林荫大道，先经过旧堡，这座莫卧儿早期为德里防御工事所增建的堡垒；之后，又经过圆顶倾圮的菲鲁兹·沙堡；然后是红堡壮丽的城墙，以及穿插其间的宏伟肋拱伞亭；最后，车子终于来到德里的巴士底狱萨林加尔古堡（Salimgarh）。经过了这些地方之后，我们转向，朝着威廉·弗雷泽所住的第一座房子驶去。

但是在我们抵达那里之前，先右转驶进了一座古代的印度楝树园林，路旁到处蹲着全身橘黄色的苦行僧，长发绺在风中乱成一团。有些圣人手提汽化煤油炉，正想用来烹茶；有些则把念珠套在食指上打着转，酣然地抽着印度大麻烟斗（chillum）。

　　我们走路经过那些托钵僧，又穿过了尼刚柏河阶火葬场——这是些占地很广、用锡皮屋顶搭成的尖顶棚，每座棚中都有用石材筑成的焚化炉。十天前，普里先生的家人刚刚在这里为他举行了火葬。但现在还是清晨，在炉灰中冒着烟的是一两个早起的寡妇所插的香柱。旁边有一群扫地的人，正尽其所能地在清理善后——万寿菊花环、一段段木炭、曾经用来装供品给苦行僧的破陶罐——但是阵阵狂风很快刮走了那些扫地人扫好聚拢的垃圾。

　　再往前，穿过一道拱门，走下阶梯，可以见到亚穆纳河黑色的河床，此刻——在炎热季节的尾声，在连场大雨即将来临前——正发生着最阴暗的脱胎换骨。我们越走近，这河看起来就越脏：河面浮着一层像原油一般厚实的烂泥，但是在善男信女眼中它是美丽又圣洁的河。河阶最下方有个苦行僧正伸出双臂坐在那里，对着河神亚穆纳呼喊出他的祈祷。我悚然了解到，他其实是在膜拜下面这些软泥。

　　印度教教徒相信所有的河流，不管是否美丽或清洁，都值

336

得因为它们所带来的生机与肥沃而特别予以致敬，它们是大地之母的血管，就像山脉是她的肌肉、森林是她可爱的披肩长发，而雨季期间从山上冲刷下来的红色淤泥，则是大地之母的月经。印度七大圣河之一的亚穆纳河也不例外，她是太阳的女儿，死神阎罗（Yama）的妹妹。有一次，克里希那的弟弟巴拉茹阿玛（Balaram）酒后乱性，意图强奸她；就在她奋力抵抗时，那个酒鬼神把她绑在他的犁下，拖着她走过印度北部——如此一来，他倒是灌溉了多阿巴（Doab）的肥沃平原。到最后，在靠近阿拉哈巴德的地方，他把她扔进了恒河。

虽然迷人到能燃起巴拉茹阿玛的欲火，但是亚穆纳河那黑色的肌肤似乎从未困扰向来在意肤色的印度教教徒，在笈多王朝（Guptas）的黄金时期（公元 5～6 世纪），在神庙门口安置恒河和亚穆纳河这两姐妹的神像，已蔚然成风。亚穆纳河的神像是个美丽的达罗毗荼（Dravidian）女子，有曲线美丽的鼻子，近似闪族人（Semie），并且有一头浓密鬈曲的秀发。德里的国家博物馆里，有一对这两个女神的精美神像，是从《摩诃婆罗多》史诗中的遗址之一阿希切特拉（Ahichchhatra）运来的。恒河女神像是站在一只鳄鱼背上，她看起来很像个身材细长的旁遮普女性：又高又单薄，长发编成一条辫子。亚穆纳河女神则站在一只乌龟背上，一眼便可认出是个泰米尔人——她有着性感的大厚唇，波浪起伏的鬈发，若隐若现的紧身胸衣，令她的丰满酥胸几乎一览无遗；两姐妹之中，以她较为迷人。

就在奥利维娅和我站着看太阳升到黑色的缓流圣河之上时，有个管理火葬场的殡葬礼仪师（dom）穿过我们身后的拱道出现了。他的头上顶着一个装有骨灰的浅坛，缓缓地、庄严

肃穆地，向着河阶走下去，然后跳上停泊在下面的两艘小船之

337　一，再走到最远处，解开船缆，静候这艘小舢板荡到水流中。
等他离岸漂到主流中，便轻轻地将骨灰倾入河水中，就好像亚
瑟王把宝剑抛回湖中似的。有一会儿，白色的骨灰在水面打
转，然后便沉下去了；只有黑色的木炭还漂浮着，慢慢地在涡
流中盘旋，终于悠悠地顺流而下漂向恒河。

　　当那个殡葬礼仪师回到岸上时，我便向他问路，问尼利庙
的所在，这座神庙的地点据说是举行十马祭之处。他指着下游
几百码处，并说他可以用他的船载我们过去。我们上了船，这
个殡葬礼仪师——犹如印度的阴间冥河摆渡船夫——拿起了
桨，把船推离岸边。

　　就在这个节骨眼上开始下雨了，起初不过是阵雨，但很快
就成了昏天黑地的倾盆大雨，在我们周围激起圈圈涟漪。河岸
上有个男洗衣工（dhobi）蹲在捣衣石上面，仿佛被这从天而
降的豪雨吓呆了，动也不动。那些盘腿沿着河阶而坐的苦行僧
则仰头望天，满怀期望。

　　我们乘着船经过许多位于河岸上的小庙，船桨在雨水打乱的
水面上忽入忽出、水花四溅地划着；我们顺流而下，朝着尼刚柏
河阶南端方向划去。然后，殡葬礼仪师慢慢向河岸靠去。他先跳
上了岸，把船首拉向最底层的台阶并指着河阶的上方。

　　走到河阶上方，环抱在一片印度楝树林之中的，是一座阴
暗的古庙，灰泥雕塑已受到几百年来的雨季的雨水污染。里面
正殿的中央被排成正方形的黑色石柱围起，供奉着湿婆神的阳
具图腾（lingam）；它摆在一个白色大理石雕成的女性外阴图
腾（yoni）中。有个铜壶架在三脚架上，底部有个小洞，好让
亚穆纳河河水从壶中滴下来，滴进蛋形的阳具石头图腾，水又

流经阴道图腾滴到地面上，最后流到河中。

当我们站在昏暗光线之中，庙后面阴暗深处走出一个满身橘黄的苦行僧，头戴蜂巢般的头饰，留着浓密的黑色大胡子，一盏油灯的摇曳火光照亮了他的脸。

"您好（Namaskar）。"他说着，举起了两手做出印度教教徒的合十礼欢迎手势。他的额上搽有湿婆神小红点；眼睛黑得像亚穆纳的河水。然后，他见到我们正在看的东西便用印地语说："这个阳具图腾是般度五子供奉在这里的。"

"是什么时候？"我悄声问道。

"在举行过帝王十马祭之后，"这苦行僧说，"这个阳具图腾标出了举行地点。"

事实上，这个阳具图腾看来像中世纪早期的产物；绝对不是史前文物，然而苦行僧的话显示，这个最古老的故事至今依然在德里流传，有关"神圣知识河岸"以及因陀罗补罗湿多建城的传奇，从古时一直流传到今时今日。

站在黝黑的庙里，外面倾盆大雨正落在浴场河阶上，我恍然大悟，不用说，当然是那些亚穆纳河岸边的苦行僧保存了这些古代德里传说：十马祭以及早在那之前的各时代故事，包括雨季期间河流泛滥、漂来圣典，等等。这的确是个很神奇的传说：德里诞生的神秘故事，无可否认地是跟每年一度从雨季中重生联系在一起的。

因陀罗补罗湿多陷落了；穆斯林来统治了 600 年又走了；英国人昙花一现地插了一脚进来，如今几乎已被人遗忘。但是湿婆，这个世界上最古老的神，依然为众生所膜拜；梵文——比当今任何活语言早了千年以上的语言——依然为人所读、所讲。除此之外，苦行僧和隐修僧——《摩诃婆罗多》里两种为人熟知的人物——至今依然活跃，依然遵循古时印度修行之道：舍世出家，云游四海，以寻求觉悟智慧；舍世而求六根清净，大彻大悟。那些湿淋淋、不修边幅、趺坐河岸边的印度楝树及榕树下的人物，必然就是德里延续至今的命脉所在。

我们捐了点香油钱，放在阳具图腾底座那一小堆万寿菊花瓣中。

之后，我们缓缓在温暖的雨中走回小船停泊处。在河阶最下层，有个湿透的云游僧像疯子一样跳着舞，蹦来蹦去，两臂伸向天空。他头顶上方的印度楝树枝叶于风中摇曳，一道叉形闪电亮过之后，几乎紧接着便传来霹雳雷鸣。

339

雨水如瀑布倾泻，马上把我们两个都淋成了落汤鸡，又哗啦啦地落到河阶上并水花四溅地落到石阶下的河中。

随着如决堤般的水声，整个世界都渐渐消逝在白色的瀑布之中。

参考文献

总体参考文献

Michael Alexander, *Delhi and Agra: A Traveller's Companion* (London, Constable, 1987)

Maheshwar Dayal, *Rediscovering Delhi: The Story of Shahjehanabad* (New Delhi, S. Chand, 1982)

H.C. Fanshawe, *Delhi Past and Present* (Reprint edn: New Delhi, Vintage Books, 1992)

R.E. Frykenberg (ed.), *Delhi Through the Ages* (Delhi, Oxford University Press, 1986)

Gordon Hearn, *The Seven Cities of Delhi* (Calcutta, Thacker, Spink, 1928)

H.K. Kaul (ed.), *Historic Delhi* (Delhi, Oxford University Press, 1985)

Sir Sayyid Ahmad Khan, *Asar al-Sanadid* trans. R. Nath as *Monuments of Delhi: A Historical Study* (New Delhi, Ambika Publications, 1979)

Y.D. Sharma, *Delhi and Its Neighbourhood* (New Delhi, Archaeological Survey of India, 1974)

Khuswant Singh, *Delhi: A Portrait* (New Delhi, Oxford University Press, 1983)

Percival Spear, *Delhi: A Historical Sketch* (Oxford, Oxford University Press, 1937)

Percival Spear, *Delhi: Its Monuments and History* (Bombay, Oxford University Press, 1945)

第二章

Pranay Gupte, *Mother India: A Political Biography of Indira Gandhi* (New York, Charles Scribner's Sons, 1992)

Inder Malhotra, *Indira Gandhi: A Personal and Political Biography* (London, Hodder and Stoughton, 1989)

Mark Tully, *From Raj to Rajiv: Forty Years of Indian Independence* (London, BBC, 1988)

Mark Tully and Satish Jacob, *Amritsar: Mrs Gandhi's Last Battle* (London, Jonathan Cape, 1985)

第三章

Ahmed Ali, *Twilight in Delhi* (London, Hogarth Press, 1940)

Maulana Abdul Kalam Azad, *India Wins Freedom* (New York, Longmans, 1960)

Alan Campbell-Johnson, *Mission With Mountbatten* (London, Robert Hale, 1951)

Nirad C. Chaudhuri, *Thy Hand Great Anarch!* (London, Chatto and Windus, 1987)

Michael Edwardes, *The Last Years of British India* (London, Cassell, 1963)

Trevor Royle, *The Last Days of the Raj* (London, Michael Joseph, 1989)

Pavan K. Verma, *Mansions at Dusk: The Havelis of Old Delhi* (New Delhi, Spantech, 1992)

第四章

Charles Allen, *Plain Tales from the Raj* (London, Andre Deutsch, 1975)

Robert Byron, 'New Delhi', *Architectural Review*, 69, January 1931

Philip Davies, *Splendours of the Raj: British Architecture in India 1660–1947* (London, John Murray, 1985)

Nigel B. Hanklin, *Hanklyn-Jankin, A Stranger's Rumble-Tumble Guide to Some Words, Customs and Quiddities Indian and Indo-British* (New Delhi, Banyan Books, 1992)

Christopher Hussey, *The Life of Sir Edwin Lutyens* (London, Country Life, 1950)

Robert Grant Irving, *Indian Summer:*

Lutyens, Baker and Imperial Delhi (New Haven, Yale University Press, 1981)

Thomas R. Metcalf, *An Imperial Vision* (Oxford, Oxford University Press, 1989)

Jan Morris with Simon Winchester, *Stones of Empire: The Buildings of the Raj* (Oxford, Oxford University Press, 1983)

Clayre Percy and Jane Ridley, *The Letters of Edwin Lutyens* (London, Collins, 1985)

Gavin Stamp, 'Indian Summer', *Architectural Review*, 159, June 1976

Sir Henry Yule, *Hobson Jobson* (London, John Murray, 1904)

第五章

C.F. Andrews, *Zaka Ullah of Delhi* (Cambridge, Heffer, 1924)

Mildred Archer, *Between Battles: The Album of Colonel James Skinner* (London, Al-Falak and Scorpion, 1982)

Mildred Archer, 'Artists and Patrons in Residency Delhi, 1803–1858', in R.E. Frykenberg, *Delhi Through the Ages* (Delhi, Oxford University Press, 1986)

Mildred Archer and Toby Falk, *India Revealed: The Art and adventures of James and William Fraser 1801–35* (London, Cassell, 1989)

C.A. Bayly, *Rulers, Townsmen and Bazaars: North Indian Society in the Age of British Expansion 1770–1870* (Cambridge, Cambridge University Press, 1983)

Alex Cain, *The Cornchest for Scotland* (Edinburgh, National Library of Scotland, 1986)

Emily Eden, *Up the Country* (Reprint edn: London, Virago, 1983)

Fanny Eden, *Tigers, Durbars and Kings: Fanny Eden's Indian Journals 1837–1838* ed. Janet Dunbar (London, John Murray, 1988)

James Forbes, *Oriental Memoirs* 4 vols. (London, White, Cochrane, 1813)

William Franklin, 'An Account of the Present State of Delhi', *Asiatik Researches*, 4, 1795

James Baillie Fraser, *Military Memoirs of Lieut-Col. James Skinner*, 2 vols. (London, Smith, Elder, 1851)

Narayani Gupta, *Delhi Between Two Empires 1803–1931: Society, Government and Urban Growth* (New Delhi, Oxford University Press, 1981)

Christopher Hibbert, *The Great Mutiny* (London, Allen Lane, 1978)

Denis Holman, *Sikander Sahib* (London, Heinemann, 1961)

Victor Jacquemont, *Letters from India (1829–32)* 2 vols. trans. Catherine Phillips (London, Macmillan, 1936)

M.M. Kaye (ed.), *The Golden Calm: An English Lady's Life in Moghul Delhi. Reminiscences by Emily, Lady Clive Bayley, and by her father, Sir Thomas Metcalfe* (London, Webb and Bower, 1980)

Lady Maria Nugent, *Journal of a Residence in India 1811–1815* 2 vols. (London, 1839)

Ralph Russel (ed.), *Ghalib: The Poet and his Age* (London, George Allen and Unwin, 1972)

Pavan K. Verma, *Ghalib: The Man, The Times* (New Delhi, Penguin, 1989)

Stuart Cary Welch (ed.), *The Emperor's Album* (New York, Metropolitan Museum, 1987)

第六章

Mozaffar Alam, *The Crisis of Empire in Mughal North India: Awadh and the Punjab, 1707–48* (New Delhi, Oxford University Press, 1986)

Stephen P. Blake, *Shahjahanabad: The Sovereign City in Mughal India 1639–1739* (Cambridge, Cambridge University Press, 1991)

Dargah Quli Khan, *The Muraqqa'-e Dehli* trans. Chander Shekhar (New Delhi, Deputy Publications, 1989)

Ralph Russel and Khurshid ul-Islam, *Three Mughal Poets* (New Delhi, Oxford University Press, 1991)

S.K. Sharma, *Hijras: The Labelled Deviants* (New Delhi, Gian Publishing House, 1989)

Percival Spear, *The Twilight of the the Mughuls: Studies in Late Mughul Delhi* (Cambridge, Cambridge University Press, 1951)

第七章

Catherine B. Asher, *Architecture of Mughal India* (Cambridge, Cambridge University Press, 1992)

François Bernier, *Travels in the Mogul Empire, 1656–68* ed. Archibald Constable, trans. Irving Brock (Reprint edn: Delhi, S. Chand, 1972)

Sir Richard Burn (ed.), *The Cambridge History of India Vol. IV: The Mughul Period* (Cambridge, Cambridge University Press, 1937)

Zahiruddin Farukhi, *Aurangzeb and his Times* (Bombay, D.B Tarapovevala, 1935)

William Foster (ed.), *Early Travels in India 1583–1619* (Reprint edn: New Delhi, Oriental Books Reprint Corporation, 1985)

Bamber Gascoigne, *The Great Moghuls* (London, Jonathan Cape, 1971)

Gavin Hambly, *Cities of Mughul India* (New York, G.P Putnam's Sons, 1968)

Mirza Kamran, 'The *Mirza Nama* (The Book of the Perfect Gentleman) of Mirza Kamran with an English translation', ed. and trans. Maulawi M. Hidayat Husain, *Journal of the Asiatic Society of Bengal*, NS 9, 1913

Inayat Khan, *The Shah Jehan Nama* ed. W.E Begley and Z.A Desai (New Delhi, Oxford University Press, 1990)

Ebba Koch, *Mughal Architecure* (Munich, Prestel-Verlag, 1991)

Elizabeth B. MacDougall and Richard Ettinhausen (eds), *The Islamic Garden* (Cambridge, Mass., Harvard University Press, 1976)

Niccolao Manucci, *Storia do Mogor* trans. William Irvine 4 vols. (Reprint edn: Calcutta, Editions Indian, 1965)

Elizabeth B. Moynihan, *Paradise as a Garden in Persia and Mughal India* (New York, George Braziller, 1979)

Kalika-Ranjan Qanungo, *Dara Shukoh* (Calcutta, M.C. Sarkar, 1935)

Constance M. Villiers Stuart, *Gardens of the Great Mughals* (London, 1913)

第八章

Julian Baldick, *Mystical Islam: An Introduction to Sufism* (London, I.B. Tauris, 1989)

Zia-ud-Din Barni, *Ta'rikh-i Firuz Shahi* in Sir H.M. Elliot and John Dowson (ed. and trans.), *The History of India as told by its own Historians* vol. 3 (London, Trubner, 1871)

Ibn Battuta, *Travels in Asia and Africa 1325–1354* (London, Routledge and Kegan Paul, 1929)

E.A.T.W. Budge, *The History of Alexander the Great, Being the Syriac Version* (London, John Murray, 1889)

William Crooke, *The Popular Religion and Folklore of Northern India* 2 vols. (Reprint edn: Delhi, Munshiram Manoharlal, 1968)

Simon Digby, *Warhorse and Elephant in the Delhi Sultanate: A Study in Military Supplies* (Karachi, 1971)

Simon Digby, 'Qalanders and Related Groups' in Y. Friedmann (ed.), *Islam in India* Vol.1 (Jerusalem, Magna Press, 1984)

Ross E. Dunn, *The Adventures of Ibn Battuta: A Muslim Traveller of the 14th Century* (London, Croom Helm, 1986)

H.A.R. Gibb, *The Travels of Ibn Battuta* 3 vols. (Cambridge, Cambridge University Press, 1971)

Sir Wolseley Haig (ed.), *The Cambridge History of India Vol. III: Turks and Afghans* (Reprint edn: Delhi, S. Chand, 1987)

A.M. Hussain, *The Rise and Fall of Muhammed bin Tughluq* (London, Luzac, 1938)

Abdu'l Malik Isami, *Futuhu's Salatin or The Shah Nama-i-Hind* 3 vols. trans. A.M Hussian (Aligarh, Asia Publishing House, 1967–77)

K.S. Lal, *The Twilight of the Sultanate* (Bombay, Asia Publishing House, 1963)

Bruce B. Lawrence, *Notes From a Distant Flute: The Extant Literature of Pre-Mughal Indian Sufism* (Teheran, Imperial Iranian Academy, 1978)

S.B.P. Nigam, *Nobility Under the Sultans of Delhi* (Delhi, Munishiram Manoharlal, 1968)

Khaliq Ahmad Nizami, 'A Medieval Indian Madrasah', in K.A. Nizami, *Studies in Medieval Indian History and Culture* (Allahabad, Kitab Mahal, 1966)

Khaliq Ahmad Nizami, *Some Aspects of Religion and Politics in India during the Thirteenth Century* (New Delhi, Idarah-i Adabiyat-i Delli, 1974)

Ishtiaq Husian Qureshi, *The Administration of the Sultanate of Delhi* (Lahore, Muhammed Ashraf, 1942)

Saiyid Athar Abbas Rizvi, *A History of Sufism in India* 2 vols. (New Delhi, Munshiram Manoharlal, 1978)

Jalal-ud-Din Rumi, *The Mathnawi* ed. and trans. R.A. Nicholson (London, Luzac, 1925–40)

Annemarie Schimmel, *I Am Wind, You Are Fire: The Life and Work of Rumi* (Boston, Shambhala, 1992)

Idries Shah, *The Way of the Sufi* (London, Jonathan Cape, 1963)

Idries Shah, *The Sufis* (London, Octagon Press, 1964)

Christine Troll, *Muslim Shrines in India* (New Delhi, Oxford University Press, 1989)

Sin-Leqi-Unninni, *Gilgamesh* trans. John Gardiner and John Maier (New York, Vintage Books, 1985)

Anthony Welch and Howard Crane, 'The Tughluqs: Master Builders of the Sultanate', in *Muqarnas* vol. 1 (New Haven, Yale University Press, 1983)

第九章

D.P. Agrawal and Dilip K. Chakrabarti (ed.), *Essays in Indian Prehistory* (Delhi, Agam Prakashan, 1976)

Bridget and Raymond Allchin, *The Rise of Civilisation in India and Pakistan* (Cambridge, Cambridge University Press, 1983)

Walter A. Fairservis, *The Roots of Ancient India: The Archaeology of Early Indian Civilisation* (New York, Macmillan, 1971)

D.H. Gordon, *The Prehistoric Background of Indian Culture* (Bombay, Bhulabhai Memorial Institute, 1958)

S.P. Gupta and K.S. Ramachandran (ed.), *Mahabharata: Myth and Reality* (Delhi, Agam Prakashan, 1976)

J.P. Joshi, 'The Mahabharata and Indian Archaeology', in B.M. Pandey and B.D. Chattopadhyaya (ed.), *Archaeology and History* (Delhi, Agam Kala Prakashan, 1987)

David Kinsley, *Hindu Goddesses: Visions of the Divine Feminine in the Hindu Religious Tradition* (Berkeley, University of California Press, 1986)

B.B. Lal, 'Excavations at Hastinapura and Other Explorations in the Upper Ganga and Sutlej Basins 1950–5?', *Ancient India*, 10–11, 1954–5)

Vettam Mani, *Puranic Encyclopaedia* (Delhi, Motilal Banarsidas, 1975)

Henry Moore, *Henry Moore at the British Museum* (London, British Museum Press, 1981)

Carr Stephen, *The Archaeology and Monumental Remains of Delhi* (Reprint edn: Allahabad, Kitab Mahal, 1967)

Margaret and James Stutley, *A Dictionary of Hinduism: its Mythology, Folklore, and Development, 1500 BC– AD 1500* (London, Routledge and Kegan Paul, 1977)

Vyasa, *The Mahabharata* 3 vols. trans. J.A.B. Van Buitenen (Chicago, University of Chicago Press, 1973–8)

Benjamin Walker, *The Hindu World: An Encylopedic Survey of Hinduism* 2 vols. (London, George Allen and Unwin, 1968)

索　引

(索引页码为原英文书页码，即本书页边码)

Adab al-harb Wa'l-Shaj'a, 266–7
Ad Begum, 167
Ajmer, 308–11
Alam, Mazaffar, 165
Alexander the Great, 300
Ali, Ahmed, 59–60, 62–5, 149
　Twilight in Delhi, 58–60, 63
Ali Manzil, 57
Ambassador cars, 11, 15, 28, 151, 263–4
Anangpala Tomar, 321
Anglo-Indians, 129, 130–8
Archaeological Survey of India, 126, 222, 325
Asaf Jah, 165
Aurangabad, 238
Aurangzeb, 156, 197–8, 206, 218, 230, 232–4, 237–40, 283

Baha-ud-Din, 297–8
Ballads, 326–7
Ballimaran, 270
Bardai, Chand, 320
Bayley, Emily, 130, 145
Begampur, 256–8
　its mosque, 258–60
Bernier, François
　Travels in the Mogul Empire, 191–3, 194, 197–8, 199–200, 219–21, 223, 234, 237, 239
Bombay Fornicator, 23
British cemetery, 117–19, 146
British Residency, 98, 102–14, 144–6
Brown, Bert, 133–5
Bureaucracy, 19–22, 67–9, 255

Calcutta, 98, 107
Calligraphy, 51
Castration, 171, 179, 180
Chaman Guru, 174–83
Chandigarh, 85
Chandni Chowk, 54–5, 198, 237, 248–9
Chauhan, Prithviraj, 320–1
Chichester, Hugh, 148
China, embassy to, 305–6
Civil war (1657), 232–4, 237
Cobblers' Bazaar, 50
Condoling, 73–4
Coronation Park, 71–2
Customs regulations, 67–9

Dalrymple, Olivia, 6, 11, 48–9, 94, 99–100, 118, 200–1, 246, 261–2, 320
Dara Shukoh, 111, 196–7, 230, 232–4, 236–8
　his wedding, 206–7, 214
Daulatabad, 293–8

Delhi, 7–9
　Battle of, 98
　its buildings, 23–4
　Chandni Chowk, 54–5, 198, 237, 247–9
　its history, 36–7, 43–5, 95–6, 156, 165–9, 230–4, 257–8, 266, 292–5, 320–1, 323–5, 330
　the monsoon, 13, 318, 332, 338–9
　Mutiny Memorial, 149–50
　New Delhi, 79–83
　the Old City, 50–60, 109–10
　Rajpath, 48, 81
　in spring, 200
　its stories, 7
　street life, 18, 54–5, 109–10, 247–9
　in summer, 245–7, 260–2, 273–4, 313–16
　its traffic, 15
　and violence, 35–6, 95
　in winter, 94–5, 119–20, 151, 185–7
Dervishes, 276, 282–4, 286–7, 290–1, 297–304
　whirling, 276, 310–11
Diwali, 91–4
Diwan-i-am, 219, 220
Djinns, 7, 9, 64, 172, 234, 239, 243, 286–7, 288–90, 309
Dusshera, 45–6, 93, 245

East India Company, 70, 126, 128
Eden, Fanny, 138
Elephants, 199–200, 247, 257, 280–1, 326
Eunuchs, 167, 169–83, 199, 204, 221, 284

Faith healing, 283–4
Fakirs, 239
　see also Dervishes, Sufism
Fardine, 224–8
Feroz Shah Kotla, 7
Forbes, James, 97–8
Forster, E. M., 58
Fowler, Marion and Joe, 135–7
Franklin, Lieut. William, 96–7
Fraser, Aleck, 107–9, 113–14, 120–1, 123, 139–42
Fraser, Edward, 139–41
Fraser, James, 112–13, 121, 127–8, 129–30, 142, 143, 144, 145
Fraser, Malcolm, 100
Fraser, William, 98–109, 112–14
　his art collections, 101–2, 104–5
　his death, 145–6
　his harem, 109
　his houses, 120–6, 143–4

and law enforcement, 105–6
his letters and diaries, 101–6, 112–13, 139

Gandhi, Indira, 27, 115
  assassination of, 27–8
Gandhi, Rajiv and Sanjay, 115
Gardens, 235–7
  Hayat Baksh, 221
  Lodhi, 262–3
  Roshanara Bagh, 198–9, 236, 240
  Shalimar, 234–7
Ghalib, 61, 99, 148–9
Ghazi-ud-Din, 185–6
Gilgamesh Epic, 301
Ghiyas-ud-Din Tughluk, 266, 275, 276
Gloriana Finishing School, 11–12, 45
Green Sufi, the, 298–304
Gunthe Wallah, 258–9

Haidar, Dr Abdul, 209–15
Hakim Abdul Jamil, 271–3
Haksar Haveli, 56
Haqqee, Shanulhaq, 60–4
Hastinapura, 325, 327, 329, 331
Hauz Khas, 267–71
Havelis, 55–7, 59, 126, 242
Haxby, Phyllis and Edith, 86–90
Hayat Baksh, 221
Hazar Ustan, 257
Heber, Bishop, 126
Hindi Rao House, 143–4
Hinduism, 25, 45–6, 91–4, 235, 251, 254, 336
Hobson Jobson: A Glossary of Anglo-Indian Colloquial Words and Phrases, 74
Holi, 245
Hood, Lady, 139, 143
Human sacrifice, 195
Humayan, 325
  his tomb, 244
Humperdinck, Engelbert, 131

Ibn Battuta, 253–8, 265, 290–4, 296, 305–6
Id, 249–53
Imam Bukhari, 252
Indian Mutiny, 117, 147–50
Indraprastha, 9, 323–5, 332–4, 338
Isami, 294–5

Jaffery, Dr Yunus, 184–90, 206, 215, 217–21, 224, 228–9, 247–50, 277–85, 301–4
Jahanara Begum, 197–8, 223, 231, 238
Jahanpanah, 258–60, 307
Jalebis, 40–1
Jama Masjid, 192–3, 200, 250–3
Jantar Mantar, 24
Jacquemont, Victor, 101, 105, 106, 109, 114, 144
Jhuggis, 24–5, 92

Kabir-ud-Din Awliya, 307
Kali Yuga, 304
Karachi, 60–5
Kausambi, 329
Khalifas, 160–5

Khan, Ahmed Baksh, 127, 144
Khan, Ali Akbar, 51–3
Khan, Shamim Akbar, 50–3
Khan, Ali Mardan, 125
Khan, Azam, 167
Khan, Boob, 308–9
Khan, Dargah Quli, 165–8, 172
Khan, Inayat *see Shah Jehan Nama*
Khan, Khalil Ullah, 233
Khwaja Khizr, 298–304
Khwaja Moin-ud-Din Chisti, 307–11
Kite flying, 225

Ladoo, 12, 14, 28, 317
Lahore Gate, 218
Lake, Lord, 129
Lal, Professor B. B., 325–31
Lal, Mr Bhajan, 209
Lal, Mr Devi, 213
Language, 73–5, 142, 187–8, 209
  see also Urdu
Laxmi, 93–4
Lodhi Garden, 262–3
Lutyens, Sir Edwin, 78–85

MacLuskie Ganj, 131
Mahabharata, 9, 321–2
Maharajah of Jaipur, 129
Mahrattas, 128, 129, 157
Makhan-i-Khizr, 302–4
Mandu, 223
Manucci, Niccolao, 172, 173
  Mogul India, 191, 193–5, 196–7, 198, 231, 232–3, 238
Maruti cars, 8, 11, 23, 152
Massacres
  during 1857 mutiny, 147, 149–50
  Persian (1739), 95, 168
  of Sikhs (1984), 28–35
Medicine, 269–73
Mehfils, 168
Metcalfe, Charles, 99, 105, 114, 138, 145, 146
Metcalfe, Sir Thomas, 313–14
Mirza Farkunda Zamal, 243
Mirza Nama, 215–17
Moniack House, 99–103
Monitor lizard, 296
Monkeys, 134–5
Monsoon, 13, 318, 332, 338–9
Moorcroft, William, 101
Mosques, 148
  Begampur, 258–60
  Jama Masjid, 192–3, 200, 250–3
  Pearl, 221–2
  at Safdarjung's tomb, 152
Mourning rituals, 318–19
Mughal Empire, 95, 98, 125, 187, 191–200, 235
Mumtaz Mahal, 196, 206, 223
Murad Baksh, 232, 234
Muraqqa'-e-Dehli, 165–9, 173, 299, 301
Murti, 251–2
Muslims, 189, 211, 224, 235, 247–60, 275, 320–1
  see also Partition

Nadir Shah, 95, 103, 168

Naqqar Khana, 218−19, 229
Nasir-ud-Din, 229−30
Nehru, Jawaharlal, 56, 85, 243
New Year party, 151−4
Nicholson, Brig. Gen. John, 115
Nicholson, Norah, 114−17
Nickoo, 48−9, 119
Nigambodh Ghat, 9, 334−9
Nili Chattri, 337−8
Nizami, Hassan Ali Shah, 285−6
Nizamuddin, 9, 275−87
Nugent, Lady, 107
Nur Bai, 167

Ochterlony, Sir David, 98, 103, 111−12, 138

Painted Grey Ware, 328−31
Pakeezah Sultan Begum, 240−4
Palaces, 97−8, 223
Paradise, 236
Partition, 11, 36−7, 39−45, 50, 57, 62−5, 190, 243
Partridge fights, 159−65
Peacock Throne, 219
Pearlk Mosque, 221−2
Pigeons, 225−8
Poets, 53, 60, 157, 167−8, 268, 294
Pollution, 24
Portal, Iris, 75−80
Postman, Mr Shahiduddin, 207−9, 213, 214
Poverty, 24, 109−10
Prasad, Mr Raj, 122−6
Prem Hijra, 181
Prostitutes, 17
Purana Qila, 78, 323, 330−1, 334
Puri, Mr and Mrs, 9, 11−15, 28, 36, 42, 48−9, 93−4, 119, 154−5, 188, 201−2, 262, 274, 316−20, 335

Qadam Sharif, 166
Quran, the, 300
Qutab Minar, 260

Racism, 130−1, 136, 138
Raj, 75−80, 83, 84, 112−14, 149−50, 205, 314−16
  nostalgia for, 71, 88
Ramadan, 224−5, 247−50
Ravanna, 45−6
Red Fort, 110, 121, 140, 147, 187, 215, 217−24, 244
Religion, 228−9, 275−6
  see also Hinduism, Muslims, Sikhs, Sufis
Religious divisions, 148, 239, 280−1
  see also Partition
Richard, Cliff, 131, 134
Riots
  against Sikhs, 28−35
  during Partition, 40−4
Roshanara, 197−200, 223, 234, 238, 239−40
Roshanara Bagh, 198−9, 236, 240
Ross, Dr, 113

Saddam Hussein, 249
Sadr-ud-Din, Pir, 7, 9, 287−90
Safdarjung, 97, 155−9, 165

his tomb, 152, 157−9
Sahabzadi Qamar Sultan, 242−4
St James's Church, 131
Sandhu, Sohan Singh, 32−5
Sarmadi, Pir Syed Mohammed, 283−4
Seton, Charles, 108
Shah Alam, 96
Shah Jalal, 282
Shah Jehan, 187, 190, 195−8, 218, 219−20, 223, 230−4, 238
Shah Jehan Nama, 187, 188, 191, 206, 217−18, 220, 299
Shahjehanabad, 50−60, 97, 195, 198, 225
Shah Madar, 282
Shah Nawaz, 167
Shah Shuja, 232
Shalimar garden, 234−7
Shams-ud-Din Khan, 145−6
Shastri Bhavan, 20
Shihab-ud-Din, 292−3
Sikhs, 201, 202, 318−19
  massacre of, 28−35
Simla, 76, 84, 314−16
Singh, Balvinder, 15−17, 19, 28−30, 31, 48, 69−70, 91, 120, 121, 137, 159−64, 181, 185, 188, 208, 209, 211, 246−7, 262−4, 273−4, 301, 332−3
Singh, Punjab, 15, 19, 29, 39−41, 70, 120, 159, 160, 165
Siri, 260
Skinner, Colonel James, 101, 126−30, 146
  his children, 130−1
Skinner, Hercules, 128
Skinner's Horse, 101, 126−9
Smith, Henry, 133−5
Sprengler, Dr, 113−14
Stephens, Carr
  The Archaeology and Monumental Remains of Delhi, 333−4
Sufism, 7, 166−7, 275−95, 299, 307−11
Sulaiman Shikoh, 232
Sultan, Begum Hamida, 57−8
Sumroe, Begum, 113
Superstition, 203

Taj Mahal, 157, 187, 192−3, 196
Taqi, 167, 169
Teg Bahadur, Guru, 239
Telephone Nigam Ltd, 20
Thompson, Sir John, 78
Times of India, 73−4
Tombs, 284−6
  Humayan's, 244
  Nizam-ud-Din's, 276−9
  Safdarjung's, 47, 152, 157−9
  Taj Mahal, 157, 187, 192−3, 196
  Tughluk's, 307
Trilokpuri, 30−5
Tughluk, Muhammed bin, 255, 256, 257−8, 291−3, 296, 305−7
Tughlukabad, 260, 264−7, 276
Tully, Mark, 209
Turkman Gate, 55, 169
Twilight, the, 95−9, 147, 150
Tykhana, 101, 123−6

Unani medicine, 269−73
Urdu, 51, 58, 60, 64
Urs festival, 307−11

图书在版编目（CIP）数据

精灵之城：德里的一年／（英）威廉·达尔林普尔
（William Dalrymple）著；黄芳田译 . --北京：社会
科学文献出版社，2022.2
　　书名原文：City of Djinns：A Year in Delhi
　　ISBN 978 - 7 - 5201 - 8861 - 6

　　Ⅰ.①精…　Ⅱ.①威…②黄…　Ⅲ.①印度－历史
Ⅳ.①K351

中国版本图书馆 CIP 数据核字（2021）第 167043 号

精灵之城
——德里的一年

著　　者／〔英〕威廉·达尔林普尔（William Dalrymple）
译　　者／黄芳田

出 版 人／王利民
组稿编辑／董风云
责任编辑／张　骋
责任印制／王京美

出　　版／社会科学文献出版社·甲骨文工作室（分社）（010）59366527
　　　　　　地址：北京市北三环中路甲 29 号院华龙大厦　邮编：100029
　　　　　　网址：www.ssap.com.cn
发　　行／社会科学文献出版社（010）59367028
印　　装／南京爱德印刷有限公司

规　　格／开　本：889mm × 1194mm　1/32
　　　　　　印　张：13.625　字　数：313 千字
版　　次／2022 年 2 月第 1 版　2022 年 2 月第 1 次印刷
书　　号／ISBN 978 - 7 - 5201 - 8861 - 6
著作权合同
登 记 号／图字 01 - 2016 - 7068 号
定　　价／79.00 元

读者服务电话：4008918866